유통관리사 2급 동영상강의

책으로 ~~~~ 실력 쌓자!

유통관리사 **4과목**
핵심이론 완벽정리

유통관리사가 생소한
수험생들에게 꼭 필요한
유통 길잡이

저자 직강의 명강의와
함께 달리는 즐거운
합격 로드

시스컴
SISCOM

유통관리사 2급 단기완성
동영상 강의 커리큘럼

1
유통 · 물류
일반관리

유통의 이해
유통경영전략
유통경로 구성원
유통경영관리
물류경영관리
유통기업의 윤리와 법규

2
상권분석

유통 상권조사
입지분석
개점 전략

3
유통마케팅

유통마케팅 전략기획
유통점포관리

4
유통정보

유통정보의 이해
주요 유통정보화기술 및 시스템
유통정보의 활용
전자상거래

유통관리사
4주완성
이동근 · 유준수

2급

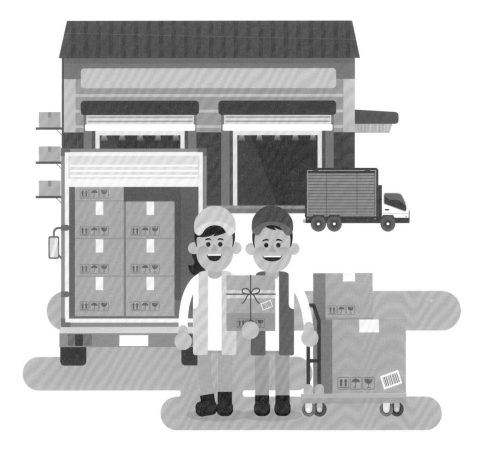

유통관리사 강사 **이동근**

이력

* 강원대학교 일반대학원 박사과정(경영학)
* 한국외국어대학교 경영학 석사
* 現 라인원격평생교육원 경영전략 교수
* 現 중앙원격평생교육원 광고학 교수
* 現 고용노동부 원격교육(이러닝) 훈련 위원
* 現 한국호텔관광교육재단 외래교수
* 前 강남전문학교 경영학부 전임교수
* 前 건국대학교 미래지식교육원 외래교수
* 前 서울 문예전문학교 강사
* 前 서울경영교육원 유통관리사 2급 및 독학사 전임강사
* 前 서울모드패션디자인 전문학교 유통관리사 2급 특강 강사

저서

* 유통관리사 2급 한권으로 끝내기, 유통관리사 2급 단기완성
* 유통관리사 2급

유통관리사 강사 **유준수**

이력

* 강원대학교 경영학 박사
* 한림성심대학교 행정과 겸임교수
* ㈜에스비컨 대표

저서

* 독학사 재무회계
* 은행 FP 등

2024

4주완성

인쇄일 2024년 1월 5일 8판 1쇄 인쇄	**발행처** 시스컴 출판사
발행일 2024년 1월 10일 8판 1쇄 발행	**발행인** 송인식
등 록 제17-269호	**지은이** 이동근, 유준수
판 권 시스컴2024	

ISBN 979-11-6941-303-9 13320
정 가 17,000원

주소 서울시 금천구 가산디지털1로 225, 514호(가산포휴) | **홈페이지** www.nadoogong.com
E-mail siscombooks@naver.com | **전화** 02)866-9311 | Fax 02)866-9312

발간 이후 발견된 정오사항은 홈페이지 도서정오표에서 알려드립니다.(홈페이지 → 자격증 → 도서정오표)

국내 유통시장 개방과 해외 유통업체의 진출로 유통의 글로벌화가 진행되고 있으며, 인터넷의 급성장과 국민생활수준의 향상으로 유통 및 물류와 관련된 소비자의 요구가 심화되고 있습니다. 또한 유통업체들이 점차 전문화, 대형화되어감에 따라 물류관리를 합리화하고 물류 비용을 절감하는 한편, 판매업무 등을 효율적으로 관리하려는 움직임이 일면서 각 유통업체와 물류업체들은 종합적인 판매기획과 전략을 수립하고, 유통경영과 관리를 수행할 수 있는 전문인력에 대한 필요를 절감하게 되었습니다.

국가에서도 업계의 이러한 움직임에 부응하여 유통관련 종사자의 일정비율을 유통관리사로 고용하도록 의무화하고 있으며, 또한 이를 고용하는 업체에는 자금을 지원하는 등 아낌없는 투자와 노력을 다하고 있는 실정입니다.

이런 유통전문인력에 대한 수요 폭증의 추세로 볼 때, 취업대란을 겪고 있는 지금의 현실에서 유통관리사 자격증 취득은 백화점이나 대형할인점, 마트, 기타 유통·물류회사의 유통책임자로 쉽게 취업할 수 있는 마스터키를 쥐는 것과 다름이 없습니다.

유통관리사 자격시험은 유통·물류학뿐만 아니라 경영·마케팅·정보기술 분야의 내용까지 결합하여 출제되고 있기 때문에 방대한 분량의 시험범위로 여러 수험생들이 학습에 부담을 가지고 있습니다. 이러한 수험생들의 고민을 덜어주고자 최근 유통관리사 자격시험에서 자주 출제되었던 이론을 선별하고, 핵심적인 내용을 요약·정리한 유통관리사 2급 단기완성을 구성하게 되었습니다. 본서의 특징 및 장점은 다음과 같습니다.

첫째, 핵심이론만을 엄선하여 정리하였기 때문에 유통관리사 시험을 처음 준비하는 수험생이라면 최근 출제 경향을 한눈에 익힐 수 있으며, 이미 세부적인 학습을 마친 수험생이라면 짧은 기간 안에 전 과목을 요약적으로 정리할 수 있습니다.

둘째, 과목별 적중문제를 통해 핵심이론을 한 번 더 정리하고, 시험 출제 유형 및 경향을 파악할 수 있도록 하였습니다.

유통관리사 자격시험은 학습 분량이 방대한 만큼 짧은 기간 안에 얼마나 효율적으로 학습하느냐가 관건입니다. 유통관리사 2급 단기완성으로 유통관리사 자격시험을 준비하시는 모든 수험생들에게 합격의 영광이 함께 하길 바랍니다.

유통관리사 2급 자격시험 안내

유통관리사 가이드

유통관리사란?

유통관리사 검정은 대한상공회의소에서 시행하는 국가공인 자격시험으로, 소비자와 생산자 간의 커뮤니케이션, 소비자 동향 파악 등 판매 현장에서 활약할 전문 인력을 양성하기 위해 마련되었다.

유통관리사의 주요 업무

백화점, 쇼핑센터 등 대규모 유통업체에서 유통실무, 유통관리, 경영지도, 판매관리, 판매계획 수립 및 경영분석 등의 업무를 담당한다.

• 유통관리사 1급 : 유통업체의 경영자, 지점장급으로 경영 담당
• 유통관리사 2급 : 유통업체의 매장 주임이나 감독자, 실장, 과장급으로 일선관리업무 담당
• 유통관리사 3급 : 고객을 직접 상대하는 일반 판매원으로 고객응대업무 담당

> 「유통산업발전법」 제24조 유통관리사
> 유통관리사는 다음 각 호의 직무를 수행한다.
> 1. 유통경영 · 관리 기법의 향상
> 2. 유통경영 · 관리와 관련한 계획 · 조사 · 연구
> 3. 유통경영 · 관리와 관련한 진단 · 평가
> 4. 유통경영 · 관리와 관련한 상담 · 자문
> 5. 그 밖에 유통경영 · 관리에 필요한 사항

진출분야 및 전망

- 유통업체의 전문화 · 대형화, 국내 유통시장 개방, 해외 유통업체의 진출 등으로 말미암아 유통전문가에 대한 필요성 증대로 인력수요가 크게 늘어날 예정이다.
- 유통시장의 개방과 산업구조의 변화로 유통관리사의 업무비중이 점차 높아짐에 따라 대우와 수입 면에서 전망이 밝은 자격증으로 자리 잡고 있다.
- 정부 및 유통업체의 관심 증가로 유통업체나 물류업체 취업 시 필수 자격증으로 인정받고 있다.

유통관리사 자격시험 안내

▌주관 및 시행처

- 주관 : 산업통상자원부
- 시행처 : 대한상공회의소

▌응시자격 : 제한 없음

▌원서접수

- 인터넷 접수 : 대한상공회의소 자격평가사업단(license.korcham.net)
- 접수기간 중 해당 상공회의소 방문 접수 가능
- 검정수수료 : 29,700원(부가세 포함)

▌검정기준

자격명칭		검정기준
유통관리사	2급	유통에 관한 전문적인 지식을 터득하고 관리업무 및 중소유통업 경영지도의 보조 업무 능력을 갖춘 자

▌시험과목별 문제 수 및 제한시간

등급	검정방법	시험과목	문제 수	시험시간	출제방법
2급	필기시험	– 유통물류일반관리(25문항) – 상권분석(20문항) – 유통마케팅(25문항) – 유통정보(20문항)	객관식 90문항	09:15~10:55 (100분)	객관식 (5지선다)

※ 필기시험 입실시간 – 09 : 00

유통관리사 2급 자격시험 안내

▎출제기준 : 상위 급수는 하위 급수의 출제범위를 포함함

▎합격결정 기준

등 급	검정방법	합격결정 기준	
		만 점	합격점수
2급	필기시험	매 과목 100점	매 과목 40점 이상 전 과목 평균 60점 이상

※ 과락은 40점으로 평균 60점이 넘는다 하더라도 한 과목이라도 40점 아래가 있으면 과락 처리되어 불합격입니다.

▎가산점수 혜택기준

가산점수	혜택기준
10점	유통산업분야에서 3년 이상 근무한 자로서 산업통상자원부가 지정한 연수기관에서 40시간 이상 수료 후 2년 이내 2급 시험에 응시한 자

● **가산점 적용방법**
- 채점 결과 과락이 있으면 적용치 않고 불합격 처리됩니다.
- 평균 점수에 가산점을 부여하는 방식으로 총점이나 과목별 점수에 가산하는 방식이 아닙니다.
  예) 2급 평균 50점 + 가산점 10점 = 합격

● **유통연수 지정기관**
- 대한상공회의소
- 한국생산성본부
- 산업통상자원부 장관이 지정한 기관(산업통상자원부 유통물류과)

※ 각 기관별 연수 시행 유무는 별도로 확인하시기 바랍니다.
※ 통신강좌는 가점혜택을 받을 수 없습니다.

과목별 세부 출제기준

제1과목	대분류	중분류	세분류
유통 물류 일반 관리 (25문항)	유통의 이해	유통의 이해	유통의 개념과 분류 / 유통(중간상)의 필요성 / 유통기능 (function)과 유통흐름(flow)
		유통경로 및 구조	유통경로의 개념 / 유통경로의 유용성 / 유통경로의 유형과 조직 / 유통경로의 믹스
		유통경제	유통산업의 경제적 역할 / 상품생산 · 소비 및 교환 / 유통비 용과 이윤
		유통산업의 이해 및 환경	유통의 발전과정 / 유통환경의 변화와 특징 / 유통산업관련 정책 / 글로벌 유통산업의 동향과 추세
	유통 경영전략	유통경영환경 분석	유통경영전략의 필요성과 이해 / 유통경영의 비전과 목표 / 유통경영의 외부적 요소분석 / 유통경영의 내부적 요소 분석
		유통경영전략의 수립과 실행	유통기업의 사업방향 결정 / 기업수준의 경영전략, 사업부 수준의 경영전략, 기능별 경영전략 / 경쟁우위와 경쟁전략 / 경영혁신 / 다각화 · 통합전략과 아웃소싱전략 / 전략적 제휴, 합작투자, 인수합병전략 / 유통기업의 글로벌화 전략 / 기타 유통경영전략 / 경영전략의 대안 평가 및 선택
		유통경영전략의 평가 및 통제	전략의 평가 / 전략의 통제 / 성과의 환류(feedback)
	유통 경영관리	조직 관리	조직 이론 / 조직구조의 유형 및 설계 / 조직의 목표관리와 동 기부여 / 조직의 의사전달과 갈등관리 / 조직문화와 리더십
		인적자원관리	인사관리의 기초와 개념 / 직무분석과 직무평가 / 인적자원 의 확보와 개발 / 인적자원의 활용과 배치 / 인적자원의 보 상과 유지
		재무관리	재무관리의 개요 / 화폐의 시간적 가치와 현재가치 및 균형 가격 / 자본예산과 자본조달 / 자본비용
		구매 및 조달관리	구매 및 조달관리의 개념 및 절차 / 공급자 선택 및 관리 / 구매실무(원가계산, 구매가격, 구매계약, 구매협상, 재고관 리) / 품질관리 / 글로벌 구매 및 조달관리

물류 경영관리	도소매물류의 이해	도소매물류의 기초 / 도소매물류의 고객서비스
	도소매물류관리	물류계획 / 운송, 보관, 하역, 창고관리 / 포장관리 / 물류관리를 위한 정보기술 / 물류비 / 물류아웃소싱과 3자물류, 4자물류 / 국제물류
유통기업의 윤리와 법규	기업윤리의 기본개념	기업윤리의 기본개념 / 기업윤리의 기본원칙 / 유통기업의 사회적 책임 / 유통기업윤리 프로그램의 도입과 관리 / 기업환경의 변화와 기업윤리 / 시장구조와 윤리/ 양성평등에 대한 이해
	유통관련 법규	유통산업발전법 / 전자문서 및 전자거래기본법 / 소비자기본법

제2과목	대분류	중분류	세분류
상권 분석 (20문항)	유통 상권조사	상권의 개요	상권의 정의와 유형 / 상권의 계층성
		상권분석에서의 정보 기술 활용	상권분석과 상권정보 / 상권정보시스템, 지리정보 활용
		상권설정 및 분석	상권분석의 개념 및 평가 방법 / 상권설정 / 업태 및 업종별 상권의 분석 / 상권 · 입지분석의 제이론 / 상권조사의 방법과 분석
	입지분석	입지의 개요	도매입지와 소매입지의 개요 / 업태 및 업종과 입지 / 물류와 입지
		입지별 유형	지역 공간 구조 / 도심입지 / 쇼핑센터입지 / 기타입지
		입지선정 및 분석	입지선정의 의의 / 입지영향인자 / 업태별 입지 개발방법 / 경쟁점(채널) 분석 / 입지의 선정
	개점 전략	개점 계획	점포개점 의의 및 원칙 / 투자의 기본계획 / 개점입지에 대한 법률규제검토
		개점과 폐점	출점 및 개점 / 점포개점을 위한 준비 / 업종전환과 폐점

제3과목	대분류	중분류	세분류
유통 마케팅 (25문항)	유통마케팅 전략기획	유통마케팅전략	시장 세분화 / 목표시장 선정 / 포지셔닝 전략
		유통경쟁 전략	유통경쟁의 개요 / 유통경쟁의 형태 / 소매업태의 성장과 경쟁 / 글로벌 경쟁전략 / 서비스 마케팅
		상품관리 및 머천다이징 전략	머천다이징 및 상품관리의 개요 / 머천다이징과 브랜드 / 업태별 머천다이징 및 상품기획 / 상품 카테고리 계획과 관리 / 상품매입과 구매계획 / 상품수명주기별 상품관리전략 / 단품관리전략
		가격관리전략	가격관리의 개요 / 가격설정의 방법 / 가격설정 정책 / 업태별 가격관리
		촉진관리전략	촉진관리전략의 개요 / 프로모션믹스 / 업태별 촉진전략(옴니채널, O2O, O4O 등) / e-Retailing촉진 / 소매정보와 촉진
	디지털 마케팅 전략	소매점의 디지털 마케팅 전략	디지털 마케팅에 대한 이해 / 온라인 구매결정과정에 대한 이해 / 소매점의 디지털 마케팅을 위한 목표결정 / 타겟 고객층 파악 / 경쟁분석과 마케팅 포지셔닝
		웹사이트 및 온라인 쇼핑몰 구축	사용자 경험(UX)에 대한 이해 / 온라인 쇼핑몰의 중요성과 이점 / 온라인 쇼핑몰 기능과 결제 시스템 / 검색엔진 마케팅과 검색엔진 최적화(SEO) / 보안과 개인정보 보호
		소셜미디어 마케팅	소셜미디어 플랫폼에 대한 이해 / 소셜미디어 마케팅 전략과 콘텐츠 제작 / 소셜미디어 광고
		데이터분석과 성과측정	디지털 마케팅 데이터 분석의 개요 / 효과적인 분석도구와 측정지표 / 사용자 데이터 수집과 분석
	점포관리	점포구성	점포구성의 개요 / 점포의 구성과 설계 / 점포 디자인 / 온라인 쇼핑몰 구성과 설계 / 온라인 쇼핑몰 UI, UX 등
		매장 레이아웃 및 디스플레이	매장 레이아웃의 개요 / 매장의 구성과 분류 / 매장 배치와 통로 설정 / 상품진열의 조건 및 형식 / 상품진열 및 배열기법 / 비주얼 프리젠테이션 개요 및 기술 / 컬러 머천다이징의 기초지식 / 디스플레이 웨어와 POP 광고 취급 방법
		매장 환경관리	매장환경의 개요 / 매장 내외부 환경관리 / 매장 구성요소와 관리 및 통제 / 매장 안전관리

	상품판매	상품판매의 개요 / 판매서비스 / 상품 로스(Loss)관리
상품판매와 고객관리	고객관리	고객의 이해 / 고객관리의 개요 / 고객정보의 수집과 활용 / 고객응대기법
	CRM전략 및 구현방안	CRM의 배경 및 장점 / CRM의 도입방법 및 고려사항 / CRM의 정의 및 필요성 / CRM의 유형 / CRM 구현 단계 / 유통기업의 CRM 구축방안
유통마케팅 조사와 평가	유통마케팅 조사	유통마케팅 조사의 개요 / 유통마케팅 조사의 방법과 절차 / 유통마케팅 자료분석기법
	유통마케팅 성과평가	유통마케팅 성과평가의 개요 / 유통마케팅 목표의 평가 / 유통 업의 성과평가 / 경로구성원의 평가 / 영향력 및 갈등 평가 / 온라인유통마케팅의 성과지표(전환율, 노출수, CPC, CPM 등)

제4과목	대분류	중분류	세분류
유통 정보 (20문항)	유통정보의 이해	정보의 개념과 정보화 사회	정보와 자료의 개념 / 정보 · 자료 · 지식 간의 관계 / 정보 혁명의 의의와 특성 / 정보화 사회의 개요 / 정보화 사회의 특징과 문제점 / 정보의 유형
		정보와 유통혁명	유통정보혁명의 시대 / 유통업에 있어서의 정보혁명 / 정보화 진전에 따른 유통업태의 변화
		정보와 의사결정	의사결정의 이해 / 의사결정의 종류와 정보 / 의사결정의 단 계와 정보 / 의사결정지원 정보시스템(DSS, GDSS, EIS 등) / 지식경영과 지식관리시스템 활용
		유통정보시스템	유통정보시스템의 개념 / 유통정보시스템의 유형 / 유통정 보시스템의 운영 환경적 특성 / 유통정보시스템의 구성요소 / 유통정보시스템의 기획 / 유통정보시스템의 분석 · 설계 · 구축 / 정보 네트워크
	주요 유통정보화 기술 및 시스템	바코드, POS EDI, QR 시스템 구축 및 효과	바코드의 개념 및 활용 / POS의 개념 및 활용 / EDI의 개념 및 활용 / QR의 개념 및 활용

유통정보의 관리와 활용	데이터관리	데이터베이스, 데이터웨어하우징, 데이터마트 / 빅데이터, R, 데이터마이닝 등 데이터 수집 · 분석 · 관리기술 및 관련 장비 / 데이터 거버넌스
	개인정보보호와 프라이버시	개인정보보호 개념 / 개인정보보호 정책 / 개인정보보호 기술 / 보안시스템 / 프라이버시 개념 / 프라이버시 보호 정책 / 프라이버시 보호 기술
	고객충성도 프로그램	고객충성도 프로그램의 개념과 필요성 / 고객충성도 프로그램을 위한 정보기술
전자상거래	전자상거래 운영	전자상거래 프로세스 / 물류 및 배송 관리 시스템 / 전자결제 시스템
유통혁신을 위한 정보자원관리	ERP 시스템	ERP 개념 / ERP 요소기술 / ERP 구축 / 유통분야에서의 ERP 활용
	CRM 시스템	CRM 개념 / CRM 요소기술 / CRM 구축 / 유통분야에서의 CRM 활용
	SCM 시스템	SCM 개념 / SCM 요소기술 / SCM 구축 / 유통분야에서의 SCM 활용
신융합기술의 유통분야에서의 응용	신융합기술	신융합기술 개요 / 디지털 신기술 현황 / 신융합 핵심 기술 / 신융합기술에 따른 유통업체 비즈니스 모델 변화
	신융합기술의 개념 및 활용	빅데이터와 애널리틱스의 개념 및 활용 / 인공지능의 개념 및 활용 / RFID와 사물인터넷의 개념 및 활용 / 로보틱스와 자동화의 개념 및 활용 / 블록체인과 핀테크의 개념 및 활용 / 클라우드컴퓨팅의 개념 및 활용 / 가상현실과 메타버스의 개념 및 활용 / 스마트물류와 자율주행의 개념 및 활용

유통관리사 2급 단기완성

1 유통의 이해

1절 유통의 이해

유통의 개념

생산자로부터 소비자에게 재화 및 서비스를 이전시키는 장소, 시간 및 소유의 효용성을 창조하는 활동이다.

① 광의의 의미 : 상품뿐만 아니라 화폐 · 유가증권 등이 경제주체 사이에서 사회적으로 이전하는 상태를 말한다.

② 협의의 의미 : 단지 상품유통만을 뜻하며, 생산물의 이동을 위하여 교섭하는 상적유통과 그 결과로서 생산물을 이동하는 물적유통이 있다.

유통의 목적

① 수송 · 보관 · 재고 · 포장 · 하역 등을 효율적으로 관리하여 고객에 대한 서비스를 향상시킨다.

② 유통비용을 절감시킨다.

③ 매출의 증대와 가격의 안정화를 꾀한다.

유통의 역할

① 사회적 불일치의 극복 : 생산과 소비 사이에는 생산자와 소비자가 별도로 존재하는 사회적 분리가 존재하며, 유통은 이러한 사회적 간격을 해소하는 역할을 한다.

② 장소적 불일치의 극복 : 생산과 소비 사이에는 상품이 생산되는 생산지와 소비되는 소비지가 서로 다른 장소적 분리가 있으며, 유통은 이러한 장소적 차이를 해소하는 역할을 한다.

③ 시간적 불일치의 극복 : 생산과 소비 사이에는 생산시기와 소비시기의 차이라는 시간적 분리가 있으며, 유통은 이러한 시간적 차이를 해소하는 역할을 한다.

유통의 기능

① 매매 : 생산과 소비 사이의 사회적 분리를 극복하기 위하여 생산자로부터 상품을 구입하여 소비자에게 판매함으로써 상품의 소유권을 이전시키는 기본적인 기능이다. 매매의 기능으로는 상품의 수집과 분산, 중개가 있다.

18

핵심요약이론

시험에 출제되는 핵심 내용만을 모아 단기간에 체계적이고 효율적인 학습이 가능하도록 구성하였습니다.

적중문제

각 과목별로 기출문제의 경향에 따른 적중문제와 해설을 실어, 이론의 효과적인 복습과 함께 출제 예상문제에도 대비할 수 있도록 구성하였습니다.

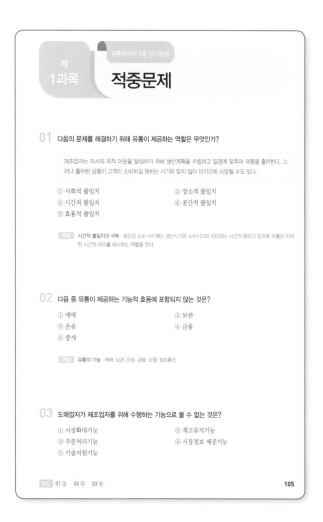

제1과목

유통관리사 2급 단기완성

적중문제

01 다음의 문제를 해결하기 위해 유통이 제공하는 역할은 무엇인가?

제조업자는 자사의 최적 이윤을 달성하기 위해 생산계획을 수립하고 일정에 맞추어 제품을 출하한다. 그러나 출하된 상품이 고객이 소비하길 원하는 시기와 맞지 않아 단기간에 사장될 수도 있다.

① 사회적 불일치　　　　　　② 장소적 불일치
③ 시간적 불일치　　　　　　④ 공간적 불일치
⑤ 효용적 불일치

해설　시간적 불일치의 극복 : 생산과 소비 사이에는 생산시기와 소비시기의 차이라는 시간적 분리가 있으며, 유통은 이러한 시간적 차이를 해소하는 역할을 한다.

02 다음 중 유통이 제공하는 기능적 효용에 포함되지 않는 것은?

① 매매　　　　　　　　　　② 보관
③ 운송　　　　　　　　　　④ 금융
⑤ 중개

해설　유통의 기능 : 매매, 보관, 운송, 금융, 보험, 정보통신

03 도매업자가 제조업자를 위해 수행하는 기능으로 볼 수 없는 것은?

① 시장확대기능　　　　　　② 재고유지기능
③ 주문처리기능　　　　　　④ 시장정보 제공기능
⑤ 기술지원기능

정답　01 ③　02 ⑤　03 ⑤　　　　　　　　　　　105

이 책의 목차

제1과목

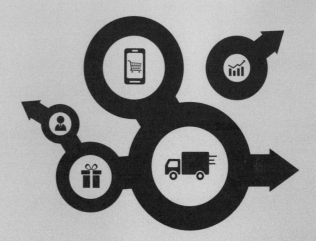

유통물류일반관리

1 유통의 이해

1절 유통의 이해

🔹 유통의 개념

생산자로부터 소비자에게 재화 및 서비스를 이전시키는 장소, 시간 및 소유의 효용성을 창조하는 활동이다.

① 광의의 의미 : 상품뿐만 아니라 화폐 · 유가증권 등이 경제주체 사이에서 사회적으로 이전하는 상태를 말한다.

② 협의의 의미 : 단지 상품유통만을 뜻하며, 생산물의 이동을 위하여 교섭하는 상적유통과 그 결과로서 생산물을 이동하는 물적유통이 있다.

🔹 유통의 목적

① 수송 · 보관 · 재고 · 포장 · 하역 등을 효율적으로 관리하여 고객에 대한 서비스를 향상시킨다.

② 유통비용을 절감시킨다.

③ 매출의 증대와 가격의 안정화를 꾀한다.

🔹 유통의 역할

① **사회적 불일치의 극복** : 생산과 소비 사이에는 생산자와 소비자가 별도로 존재하는 사회적 분리가 존재하며, 유통은 이러한 사회적 간격을 해소하는 역할을 한다.

② **장소적 불일치의 극복** : 생산과 소비 사이에는 상품이 생산되는 생산지와 소비되는 소비지가 서로 다른 장소적 분리가 있으며, 유통은 이러한 장소적 차이를 해소하는 역할을 한다.

③ **시간적 불일치의 극복** : 생산과 소비 사이에는 생산시기와 소비시기의 차이라는 시간적 분리가 있으며, 유통은 이러한 시간적 차이를 해소하는 역할을 한다.

🔹 유통의 기능

① 매매 : 생산과 소비 사이의 사회적 분리를 극복하기 위하여 생산자로부터 상품을 구입하여 소비자에게 판매함으로써 상품의 소유권을 이전시키는 기본적인 기능이다. 매매의 기능으로는 상품의 수집과 분산, 중개가 있다.

② **보관** : 생산과 소비 사이의 시간적 분리를 극복하기 위해 생산시기부터 소비시기까지 상품을 안전하게 관리하는 기능이다.

③ **운송** : 생산과 소비 사이의 장소적 분리를 극복하기 위해 생산지에서 소비지까지 상품을 운반하는 기능이다.

④ **금융** : 자금이 필요한 사람에게 융통해 줌으로써 생산과 매매의 성립을 용이하게 하고 거래의 확대를 도모하는 기능이다.

⑤ **보험** : 유통과정상의 위험을 부담하여 생산이나 매매업무가 안전하게 이루어질 수 있도록 하는 기능이다.

⑥ **정보통신** : 생산자와 소비자 간의 정보를 수집 · 전달하여 상호 의사소통을 원활하게 하는 기능이다.

🗧 유통의 분류

① **상적유통** : 상류(商流)라고 하며, 유통부문 중 재화의 이동을 동반하지 않는 상거래 유통으로 서류 · 금전 · 정보의 이동을 의미한다.

② **물적유통** : 물류(物流)라고 하며, 수송 또는 보관업무만을 전문적으로 취급하는 유통으로 상적유통에 따른 상품의 운반 · 보관 등의 활동을 의미한다.

③ **금융적유통** : 유통활동에서 발생하는 위험부담이나 필요한 자금융통, 거래대금 등의 이전활동을 의미한다.

④ **정보유통** : 유통상품에 대한 정보를 제공하거나 물적유통의 각 기능 사이에 흐르는 정보를 원활하게 연결하여 고객에 대한 서비스를 향상시키는 활동을 의미한다.

🗧 상적유통의 담당자

① **소매업** : 생산자나 도매업자로부터 구입한 상품을 소비자에게 판매하는 것을 주된 업무로 하는 유통업이다.

② **도매업** : 최종 소비자 이외의 구매자에게 상품 및 서비스를 판매하는 유통업으로, 생산자와 소매업을 연결함으로써 상품의 수요와 공급을 원활하게 유지한다.

🗧 물적유통의 담당자

① **운송업** : 운송로에 따라 운송을 담당하는 운송기관의 업무이다.

② **창고업** : 재화를 소비시기까지 보관할 목적으로 보관시설인 창고를 소유하고 상품을 보관하는 업무이다.

🎁 금융적유통의 담당자

① **금융업** : 유통활동을 원활하게 할 수 있도록 필요한 자금을 조달하는 업무이다.

② **보험업** : 유통과정에서 상품에 대한 화재 · 도난 · 사고 · 부주의로 발생하는 재산상의 손실에 대하여 일정한 금액의 보험금을 보상함으로써 유통활동을 안전하게 하는 업무이다.

🎁 정보유통의 담당자

① **정보처리업** : 유통활동에 관련된 여러 정보를 분석 · 처리하여 그 정보를 활용할 수 있도록 효율적으로 관리하는 업무이다.

② **통신업** : 생산지나 소비지 사이에 상품의 생산 · 소비 · 금융 · 가격변동 등과 관련된 여러 정보를 컴퓨터나 인터넷을 통해 상대방에게 신속 · 정확하게 전달하여 상품의 교환이 유리하게 이루어지도록 한다.

🎁 유통기구

① **수집기구** : 소량이면서 분산적으로 생산되는 농산물, 원시생산물, 가내공업제품 등을 대규모의 제조공업이나 유통기관이 도매시장에 공급하는 유통기구이다.

② **중개기구** : 수집기구에 의해 집하된 상품을 분산기구에 분산하는 연락조직으로, 수집기구와 분산기구의 중간에 위치하는 유통기구이다.

③ **분산기구** : 수집기구가 수집한 상품을 중개기구를 통해 구입하여 재판매하는 기능을 담당하는 유통기구이다.

2절 유통산업의 환경

🎁 유통산업의 구조적 특성

① 영세성과 과밀성 ② 저생산성

③ 비조직성과 비체계성 ④ 폐쇄적 · 이중적인 유통구조

🎁 유통산업의 사회적 역할

① 소비문화의 창달 ② 사회에 풍요성 제공

❤ **유통산업의 경제적 역할**

① 생산자와 소비자 간 매개 역할　② 산업발전의 촉매

③ 고용창출　④ 물가조정

❤ **유통산업의 인구통계적, 사회적 환경변화**

① 소비자의 가치지향 소비(명품구매 등)와 친환경 소비추세 증가

② 국제경기 둔화에 따른 국내 경제성장 둔화, 이에 따른 민간소비 둔화

③ 핵가족화, 싱글족 등의 증가로 시간절약형 소비, 근거리 소비 등 증가

④ 노령화사회가 가속화됨으로 인해 뉴시니어층의 소비영향력 증가

⑤ 할인점 쇼핑이 선호되고 있고, 쇼핑시간의 중요성 증가

⑥ 구매력 분산으로 소비의 다양화, 가치화, 편의주의화 가속화

⑦ 상품선택이 까다로워지고 브랜드보다 점포애호도의 비중 증대

⑧ 연대적 소비행동 증대

❤ **시장유통환경 변화**

① 국내 경제성장률이 둔화되고 있고, 가처분 소득이 감소하는 추세

② 원자재가격 상승과 이상기후로 인한 생산량 감소로 물가 상승

③ 소비자의 명품선호현상이 늘고 있으며, 외국인관광객 증가

④ 오픈프라이싱 폐지, SSM 영업규제 등, 중소기업 친화적 정책 강화

⑤ 유통채널 시장포화로 인해 업체 간 경쟁을 넘어 업태 간 경쟁 치열

⑥ 복합형태의 점포나 신규업태 등이 새롭게 등장

⑦ 소매업체의 영업시간 확대 및 배달서비스 증가

3절　유통경제

❤ **거시경제**

① **주요 연구대상** : 성장이론, 무역이론, 화폐이론, 경기순환 이론 등

② **주요 연구변수** : 소득, 고용, 물가, 금리, 환율 등

③ **시장요소** : 노동시장, 제품시장, 금융시장, 증권시장

🎁 물가변동

① 의미 : 화폐가치를 바탕으로 재화의 구매 가능량을 나타내는 개념이다.

② 인플레이션의 원인은 원가압력 인플레이션과 수요견인 인플레이션으로 구분된다.

> • 인플레이션 : 화폐명목가치 > 화폐실질가치의 상태
> • 디플레이션 : 화폐명목가치 < 화폐실질가치의 상태

🎁 실업

① 의미 : 일할 수 있는 노동력이 완전히 고용되지 않은 상태이다.

② 종류 : 계절적 실업, 마찰적 실업, 자발적 실업, 비자발적 실업 등으로 구분된다.

🎁 고용과 수요의 관계

① 단기적으로 한 지역의 고용률과 구매력은 비례한다.

② 지역의 고용 환경은 상품에 대한 전반적 수요 동향에 영향을 미친다.

③ 다양한 산업에 걸쳐 고용이 이루어지는 지역일수록 상품 수요가 경기순환의 영향을 적게 받는다.

④ 극소수 산업의 비중이 높은 지역의 고용 동향은 상황에 따라 급격하게 악화된다.

🎁 인플레이션에서의 의사결정

인플레이션이란 화폐가치의 실질구매력이 감소하는 현상이며, 기업이 대응할 수 있는 방법은 다음과 같다.

① 실질구매력 수준에 맞춰 제품과 서비스를 제공한다.

② 생산성이 낮은 인력이나 시설을 정리한다.

③ 자가 상표의 비중을 늘리고, 재고비용 및 수송비용을 축소한다.

🎁 시장의 가정

① 독점시장

　㉠ 단일의 판매자만 존재한다.

　㉡ **독점의 발생원인** : 법률적 특권, 경제적 특권, 기타 독점적 특권

② 과점시장 : 소수의 판매자가 시장전체에 상품을 공급한다.

　㉠ 동질적 상품의 비협조적 과점시장 : 차별화 시도, 치킨런 행위

　㉡ 동질적 상품의 협조적 과점시장 : 리더행위 추종, 카르텔

③ 독점경쟁시장

㉠ 다수의 판매자가 이질적 상품을 제공한다.

　　　㉡ 독점적 경쟁시장의 경쟁형태 : 비가격경쟁, 광고경쟁

　④ 완전경쟁시장

　　　㉠ 다수의 거래자 존재, 동질적 상품판매, 자유로운 시장진입 가능

　　　㉡ 전자상거래 시장에서 지지하는 가정이다.

탄력성

　① 수요의 가격탄력성이 비탄력적인 경우, 가격이 오르면 총수입은 증가하고 가격이 하락하면 총수입은 감소한다. (<1)

　② 수요의 가격탄력성이 탄력적인 경우, 가격이 오르면 총수입은 감소하고 가격이 하락하면 총수입은 증가한다. (>1)

정상재와 열등재

　① 정상재 : 소득이 증가하면 제품의 수요가 늘어난다.

　② 열등재 : 소득이 증가하면 제품의 수요가 감소한다.

대체재와 보완재

　① 대체재 : 동일한 효용을 얻을 수 있는 재화를 의미하며 한 제품의 수요가 증가하면 다른 제품의 수요가 감소한다.

　② 보완재 : 두 재화를 따로따로 소비했을 때의 효용을 합한 것보다 함께 소비했을 때의 효용이 증가하는 재화를 의미하며 한 제품의 수요가 증가할 때 다른 제품의 수요가 동반 증가한다.

4절　유통경로 및 구조

유통경로

　① 의의

　　　㉠ 상품이 생산자로부터 생산되어 소비자 또는 최종 수요자에 이르기까지 거치게 되는 과정ㆍ통로ㆍ코스를 말한다.

　　　㉡ 생산자의 제품이 최종 소비자나 사용자에게 전달될 때까지의 마케팅 활동을 수행하는 중간상들의 상호 연결과정이다.

② 유통경로의 효용

 ㉠ **시간효용(Time Utility)** : 재화나 서비스의 생산과 소비 간 시차를 극복하여 소비자가 재화나 서비스를 필요로 할 때 이를 소비자가 이용 가능하도록 해주는 효용이다.

 ㉡ **장소효용(Place Utility)** : 지역적으로 분산되어 생산되는 재화나 서비스가 소비자가 구매하기 용이한 장소로 전달될 때 창출되는 효용이다.

 ㉢ **소유효용(Possession Utility)** : 재화나 서비스가 생산자로부터 소비자에게 거래되어 소유권이 이전되는 과정에서 발생하는 효용이다.

 ㉣ **형태효용(Form Utility)** : 대량으로 생산되는 상품의 수량을 소비지에서 요구되는 적절한 수량으로 분할 · 분배함으로써 창출되는 효용이다.

③ 유통경로의 필요성

 ㉠ **총거래수 최소화의 원칙** : 생산자와 소비자가 직거래를 하는 것보다 중간상이 개입하면 거래가 보다 효율적으로 이루어져 총거래수가 줄어든다는 원칙이다.

 ㉡ **집중준비의 원칙** : 도매상이 유통경로에 개입하여 상품재고의 도매상 집중현상을 소매상에 분산함으로써 도매상의 대량보관기능을 분담시키고, 사회 전체의 상품재고 총량을 감소시킨다는 원칙이다.

 ㉢ **분업의 원칙** : 유통경로에서 수급조절기능, 보관기능, 위험부담기능, 정보수집기능 등을 제조업자가 일괄적으로 수행하기보다는 중간상들이 분업의 원리로 참여하면 유통기능이 경제적 · 능률적으로 원활하게 수행될 수 있다는 원칙이다.

 ㉣ **변동비 우위의 원칙** : 무조건적으로 제조와 유통기관을 통합하여 대규모화하기보다는 각각의 유통기관이 적절한 규모로 역할분담을 하는 것이 비용면에서 훨씬 유리하다는 원칙이다.

🛡 유통경로의 사회 · 경제적 기능

① **교환과정의 촉진** : 유통경로는 교환과정에서부터 발생하였고 시장경제가 복잡해질수록 교환과정 역시 복잡해지며, 더 많은 생산자와 잠재적인 소비자가 증가함에 따라 시장에서의 거래 수를 감소시키고 거래를 촉진한다.

② **제품구색 불일치의 완화** : 생산자는 규모의 경제를 실현하기 위하여 소품종 대량생산을 하는 반면, 소비자가 다양한 제품을 요구함에 따라 발생하는 제품구색의 불일치를 유통경로가 완화시킨다.

③ **거래의 표준화** : 제품, 가격, 구입단위, 지불조건 등을 표준화하여 시장에서의 거래를 용이하게 한다.

④ **생산과 소비의 연결** : 생산자와 소비자 사이에 존재하는 지리적 · 시간적 · 정보적 장애를 극복하여 양자 간에 원활한 거래가 이루어지도록 한다.

⑤ **고객 서비스 제공** : 소비자에게 A/S(After Service), 제품의 배달, 설치 및 사용방법의 교육 등

의 서비스를 제공한다.

⑥ **정보제공기능** : 유통기관 특히 소매업은 유형재인 상품의 판매기능뿐만 아니라 소비자에게 상품정보, 유행정보, 생활정보 등과 같은 무형의 가치도 함께 제공한다.

⑦ **쇼핑의 즐거움 제공** : 소매점도 소비자의 쇼핑 동기를 충족할 수 있도록 물적 요인(점포의 위치, 점포의 설비, 인테리어, 휴식 및 문화공간, 진열대의 구조 및 진열, 조명, 냉·난방 등)과 인적 요인(판매원의 고객에 대한 표정, 용모, 복장, 언행 등)이 조화를 이루도록 해야 한다.

🎁 유통경로의 유형

① 소비재 유통경로

    ㉠ 생산자가 소비자에게 직접 판매하는 경우 : 생산자 → 최종 소비자

    ㉡ 소매상을 경로로 하는 경우 : 생산자 → 소매상 → 최종 소비자

    ㉢ 도매상과 소매상을 경로로 하는 경우 : 생산자 → 도매상 → 소매상 → 최종 소비자

    ㉣ 도매상, 중간 도매상, 소매상을 경로로 하는 경우

② 산업재 유통경로

    ㉠ 산업재 생산자 → 산업재 사용자

    ㉡ 산업재 생산자 → 도매상 → 산업재 사용자

    ㉢ 산업재 생산자 → 산업재 생산자 대리점 → 도매상 → 산업재 사용자

    ㉣ 산업재 생산자 → 산업재 생산자 대리점 → 산업재 사용자

    ㉤ 산업재 생산자 → 산업재 생산자 판매지점 → 도매상 → 산업재 사용자

    ㉥ 산업재 생산자 → 산업재 생산자 판매지점 → 산업재 사용자

🎁 소매업 유통경로의 변천과정

① **비상설시장(Periodic Market)** : 가장 원시적인 단계의 시장

② **상설시장(Permanent Market)** : 직업적인 중간상이 생겨나면서 일정한 지역을 중심으로 소매상들이 집합하여 상업을 영위하는 시장

③ **분화시장(Fragmented Market)** : 소득의 증가, 도시화, 교통 통신망의 발전 및 대량생산 체제의 구축을 중심으로 수직적·수평적 분화가 야기되면서 근대화된 통합시장 구조의 모습을 갖추기 이전의 시장

④ **통합시장(Integrated Market)** : 소매기관의 대형화와 수직적 통합의 과정을 통해 생성된 현대적 시장

> 비상설시장 → 상설시장 → 분화시장 → 통합시장

🎁 유통경로의 마케팅 기능

① **소유권이전기능** : 유통경로가 수행하는 마케팅 기능 중 가장 본질적인 기능으로, 생산자와 소비자 간의 소유적 격리를 조절하여 거래가 성립되도록 하는 기능이다.

② **물적유통기능** : 생산과 소비 사이의 장소적·시간적 격리를 조절하는 기능이다. 장소적 격리를 극복함으로써 장소 효용을 창출하는 운송기능과 시간적 격리를 극복하여 시간 효용을 창출하는 보관기능을 수행한다.

③ **조성기능** : 소유권이전기능과 물적유통기능이 원활히 수행될 수 있도록 지원하는 기능이다.

　　㉠ **표준화기능** : 수요와 공급의 품질적 차이를 조절하여 거래과정에서 거래단위, 가격, 지불조건 등을 표준화한다.

　　㉡ **시장금융기능** : 유통기관이 외상거래, 어음발행, 할부판매, 담보 등의 시장금융을 담당함으로써 생산자와 소비자의 원활한 마케팅 기능을 도모한다.

　　㉢ **위험부담기능** : 유통과정에서 물리적 위험과 경제적 위험을 유통기관이 부담함으로써 소유권이전기능과 물적유통기능이 원활하도록 지원한다.

　　㉣ **시장정보기능** : 기업이 필요로 하는 소비자 정보와 소비자가 필요로 하는 상품정보를 수집 및 제공함으로써 정보적으로 격리되어 있는 양자를 매개하여 거래를 촉진한다.

🎁 소매업의 마케팅 기능

① **소유권이전기능** : 생산자와 소비자 간의 소유권이나 인적 격리를 조절하여 마케팅이 이루어지게 하는 교환기능으로, 마케팅 기능 중 가장 본질적인 기능이다.

　　㉠ **구매** : 구매기능은 최종 소비자에 의한 구매보다는 재판매를 위해서 구매하는 것을 말한다.

　　㉡ **판매** : 판매기능은 고객이 상품 또는 용역을 사거나 판매자의 상업상 중요한 아이디어에 기인해서 호의적으로 행위를 하도록 하는 것 또는 예상 고객을 원조하거나 설득하는 대인적·비대인적 과정을 말한다.

② **물적유통기능** : 생산과 소비 간의 장소적·시간적 격리를 조정하는 기능이다.

　　㉠ **운송** : 운송의 목적은 소수요지에서 대수요지로 재화를 수송하고 재화의 장소적 수급조절을 하는 데 있다.

　　㉡ **보관** : 보관의 목적은 초과공급 시 상품재고를 저장하고, 초과수요 시 부족한 재화를 공급하는 데 있다.

③ **조성기능** : 소유권이전기능과 물적유통기능이 원활히 수행되도록 조성하는 기능을 말한다.

　　㉠ **표준화 및 등급화** : 상품 표준화는 상품의 사용 또는 소비를 보다 합리적으로 하게 하는 동시에 그 상품의 유통을 원활하게 하며, 생산의 합리화를 추진함으로써 가격의 저감화를 꾀하는 데 목적이 있다.

　　㉡ **시장금융** : 시장금융은 마케팅 활동을 수행하는 데 있어 필요불가결의 요소이다.

ⓒ **위험부담** : 여러 가지 잡다한 우발적 사고와 자연적 · 사회적 제반사정의 변화로부터 야기되는 상품 · 서비스의 감가 또는 생산과정과 거래과정에서 일어날지도 모르는 손실 발생에 대한 부담을 의미한다.

ⓔ **시장정보** : 시장정보는 마케팅 기능 가운데서도 가장 광범위한 기능의 하나로, 일반적인 기업의 전반에 관한 정보를 포함한 것으로 시장자료, 시장경영기능에 관한 정보, 경제적인 특수화를 지시 · 조종하는 데 관련된 모든 활동 등에 대한 정보가 포함된다.

거래비용이론

① 거래비용 이론에 따르면 기업은 거래에 따른 부가적 비용을 줄이기 위해 거래기능을 내부화하려는 시도가 일어나며, 이 과정 속에서 유통기능의 통합이나 분할이 일어난다.

② 시장이 효율적이지 못할 때, 기업이 시장을 통해 독립된 경로구성원과 거래관계를 맺는 것보다 모든 경로관련활동을 직접 수행함으로써 시장에서의 거래비용을 줄일 수 있다는 이론이다.

대리인이론

① 대리인이론은 기업의 소유와 경영의 분리원칙에 입각해 소유자와 경영자 간의 계약이 형성되고 이 관계에서 여러 가지 문제점이 발생된다는 것으로 유통경로에 있어 제조업체와 중간상이 각자 자신의 이익을 극대화하기 위해 자신과 상대방의 행위를 조정하는 과정에서 유통경로 구조가 결정된다고 주장한다.

② 소유자의 자의적 비용삭감은 대리인으로 하여금 일을 수행하는 데 업무동기부여 저하, 부정의 가능성을 유발하며, 대리인이론에서 소유자(주인)의 이익극대화는 결국 대리인과 관련한 비용을 최소화시키는 것이라고 보고 이를 달성하기 위한 방법을 연구한다.

③ 대리인이론을 통해 수직적 통합, 유통갈등, 유통경로관리, 프랜차이즈, 중간상 동기부여, 최적 생산자-중개상 계약형태 등을 설명할 수 있다.

기능위양이론

① 전체 유통활동이 최적화 되는 방법은 각각의 특별한 능력을 가진 자에게 유통의 다양한 역할을 배분하는 것이라고 보는 이론이다.

② 신설기업은 자원이 부족하기 때문에 기능적으로 전문화된 타기업에게 특정한 기능들을 위임하나, 성장하여 이전된 기능 중 일부 기능을 보다 저렴한 비용으로 수행하는 수단이 생기게 되면 이들 기능을 스스로 수행한다.

③ 기능위양을 통해 업무수행으로 경제적 효율성이 달성된다.

🎁 소매업 수레바퀴이론(Wheel of Retailing)

① 사회 · 경제적 환경변화에 따른 소매상의 진화와 발전을 설명하는 대표적 이론이다.

② 신규형태의 소매점이 시장에 진출하는 초기에는 저가격 · 저서비스 · 상품구색의 제한적 갖춤으로 등장하고, 점차 동종의 신규소매점 등장으로 경쟁이 유발되면서 이에 대응하여 고비용 · 고가격 · 고서비스로 경쟁적 우위를 지키고 차별화를 시도하게 되며, 그 결과 새로운 유형의 혁신적 소매점이 저가격 · 저마진 · 저서비스로 시장진입을 꾀하는 과정이 수레바퀴처럼 되풀이된다는 이론이다.

③ 소매업 수레바퀴이론은 모든 유형의 소매점에 일률적으로 적용되는 이론은 아니다.

소매업 수레바퀴이론의 단계별 특징

구분	도입기	성장기	취약기
성격	혁신적 소매상	전통적 소매상	성숙 소매상
시장지위	유치	신장(성장)	쇠퇴
영업특성	• 저가격 • 최소한의 서비스 • 점포시설의 미비 • 제한적 제품구색	• 고가격 • 차별적 서비스 • 세련된 점포시설 • 제품구색 욕구의 충족 • 번화가에 위치	• 고가격 • 고품질, 고서비스 • 고비용, 대자본 • 보수주의 • ROI(투자수익률) 감소

🎁 소매업 아코디언이론(Retail Accordion Theory)

① 소매업의 진화과정을 소매점에서 갖춘 상품믹스를 기준으로 보는 이론이다.

② 상품믹스가 확대 → 수축 → 확대되는 반복 진화과정이 아코디언과 유사하여 이름이 붙여진 이론이다.

③ 소매점은 다양한 상품구색을 갖춘 점포로 시작하여 시간이 경과함에 따라 점차 전문화되고 한정된 상품계열을 취급하는 소매점 형태로 진화하며, 이는 다시 다양하고 전문적인 제품계열을 취급하는 소매점으로 진화해 가는 것으로 본다.

🎁 소매업 수명주기이론(Retail Life Cycle Theory)

① 한 제품의 라이프사이클 과정을 소매점 수명주기로 보는 이론이다.

② 소매점은 도입기 → 성장기 → 성숙기 → 쇠퇴기의 단계를 지나게 되는 것으로 본다.

소매업 수명주기이론의 단계별 특징

구분	특징	수명주기의 단계			
		도입기	성장기	성숙기	쇠퇴기
시장 특성	경쟁자 수	거의 없음	중간	동종업태 내의 높은 직접경쟁	이종업 간의 높은 간접경쟁
	판매증가율	매우 빠름	빠름	중간	매우 느림
	이익 수준	낮음	높음	중간	매우 확정
소매업자 전략	투자, 위험부담의 결정	높은 위험부담	성장 유지를 위한 높은 투자	성장세분시장에 대한 선별적 투자	자본지출의 최소화
	경영의 중심적 관심	소매개념의 정립 및 정착	시장위치 선점	소매개념의 수정	탈출 전략
	통제 정도	최소	중간	최대	중간

🎁 정·반·합 이론 – 변증법적 과정(Dialectic Process)

① 소매점의 진화과정을 변증법적 유물론으로 설명하는 이론이다.

② 소매점의 정·반·합 과정

 ㉠ 정(正, Thesis) : 고가격·고서비스·저회전율로 도심지에 화려한 백화점이 등장한다.

 ㉡ 반(反, Antithesis) : 저가격·저마진·저서비스·고회전율로 검소한 시설을 갖추고 교외에 할인점이 등장한다.

 ㉢ 합(合, Synthesis) : 백화점과 할인점의 장점을 취합하여 절충한 평균마진·평균회전율·중간가격·제한된 서비스·보통시설을 갖추고 제3의 할인백화점이 교외지역에 등장한다.

2 유통경영전략

1절 유통경로의 설계

❤ 유통경로 설계 고려요소

① 소비자의 유통서비스 기대수준 분석
  ㉠ 고객이 기다리는 시간의 단축
  ㉡ 취급제품의 다양성
  ㉢ 입지의 편리성(점포의 수와 분포)
  ㉣ 구매단위의 최소화(구매 및 보관의 편리성)

② 유통경로의 목표설정 시 고려사항
  ㉠ 기업의 목표
    • 계량적 목표 : 판매증대, 이익증대 등
    • 질적 목표 : 소비자 만족, 사회적 책임이행 등
  ㉡ 기업의 특성 : 인적 · 물적 · 재무적 지원
  ㉢ 제품 특성 : 표준화 정도, 기술적 복잡성, 가격, 부피 등
  ㉣ 중간상 특성 : 중간상 유형별 장 · 단점
  ㉤ 경쟁적 특성 : 경쟁자의 유통경로 믹스
  ㉥ 환경적 특성 : 경기변동, 법적 · 제도적 환경요인

❤ 유통경로 설계

① 제1단계 : 유통범위의 결정요인
  ㉠ 전속적 유통경로전략 : 일정한 지역에서 한 점포가 자사제품을 독점적으로 취급하도록 하는 전략
  ㉡ 개방(집약)적 유통경로전략 : 가능한 한 많은 점포들이 자사제품을 취급하도록 하는 전략
  ㉢ 선택적 유통경로전략 : 전속적 유통경로와 개방적 유통경로의 중간 형태로, 일정 수준이 넘는 중간상을 골라 자사제품을 취급하도록 하는 전략

유통경로전략의 대상과 특징

구분	대상	특징
전속적 유통경로전략	자동차, 주요 내구재, 패션의류, 가구 등의 제품을 생산하는 기업	• 소매상 또는 도매상에 대한 통제 가능 • 긴밀한 협조체제 형성 • 유통비용의 감소 • 제품 이미지 제고 및 유지기능 • 귀금속, 자동차, 고급의류 등 고가품에 적용
개방(집약)적 유통경로전략	고객들이 자주 구매하여 구매 시 최소의 노력을 원하는 편의품들을 생산하는 기업	• 소매상이 많음 • 소비자에게 제품의 노출 최대화 • 유통비용의 증가 • 체인화의 어려움 • 식품 · 일용품 등 편의품에 적용
선택적 유통경로전략	일정지역 내에 일정수준 이상의 이미지 · 입지 · 경영능력을 갖춘 소매점	• 전속적 유통경로에 비해 제품노출 확대 • 개방적 유통경로에 비해 소매상의 수가 적어 유통비용의 절감효과 • 의류, 가구, 가전제품 등에 적용

② 제2단계 : 유통경로의 길이 결정요인

영향요인	짧은 경로	긴 경로
제품특성	• 비표준화된 중량품, 부패성 상품 • 기술적 복잡성, 전문품	• 표준화된 경량품, 비부패성 상품 • 기술적 단순성, 편의품
수요특성	• 구매단위가 큼 • 구매빈도가 낮고 비규칙적 • 전문품	• 구매단위가 작음 • 구매빈도가 높고 규칙적 • 편의품
공급특성	• 생산자 수가 적음 • 제한적 진입과 탈퇴 • 지역적 집중 생산	• 생산자 수가 많음 • 자유로운 진입과 탈퇴 • 지역적 분산 생산
유통비용 구조	장기적으로 불안정 → 최적화 추구	장기적으로 안정적

③ 제3단계 : 통제수준의 결정요인

㉠ 유통경로에 대한 통제수준이 높을수록 유통경로에 대한 수직적 통합이 강화되어 기업이 소유하게 된다.

㉡ 유통경로에 대한 통제수준이 최저로 되는 경우에는 독립적인 중간상을 이용하게 된다.

㉢ 양자 사이에는 프랜차이즈나 계약 또는 합자의 방식으로 이루어지는 유사통합이 있다.

🎁 전속적 유통경로의 선택

① 고객들이 제품 구매 시 고도의 관여를 필요로 한다.

② 제조기업의 유통경로 구성원에 대한 고도의 통제가 필요하다.

③ 타사 상표들과 효과적인 경쟁이 필요하다.

④ 제품과 연관된 배타성과 유일하다는 이미지를 더욱 효과적으로 전달할 수 있다.

⑤ 경로구성원과의 긴밀한 관계를 더욱 공고히 하여 판매의 원활화를 꾀할 수 있다.

🎁 선택적 유통경로의 이점

① 선적비용과 같은 유통비용을 낮출 수 있다.

② 경로구성원의 수가 많을 때보다 구성원들과의 관계를 더 잘 유지할 수 있다.

③ 제품개념에 독특함, 희소성, 선택성 같은 이미지를 부여하고자 할 때 적절하다.

④ 경로구성원에게 고객들의 서비스에 관한 교육이 필요로 한 제품의 경우에 적절하다.

🎁 개방적 유통경로의 문제점

① 중간상의 수가 많아질수록 동일한 제품을 시장에서 구매할 수 있는 기회가 많아져 제품 판매에 대한 경쟁이 과열될 수 있다.

② 중간상의 숫자가 많아지므로 제조업체는 이들에게 적시에 상품을 공급하기 위해 충분한 재고를 항상 보유하여야 한다.

③ 품질보증이나 수리 같은 부수적 서비스의 수준이 낮아질 수 있다.

④ 중간상 간 치열한 가격경쟁으로 인해 마진과 동기부여가 감소할 수 있다.

⑤ 중간상의 경쟁이 심해져(비협조적 과점경쟁) 별도의 촉진프로그램을 통한 동기부여가 필요하다.

🎁 수직적 마케팅 시스템(VMS : Vertical Marketing System)

① 의의

    ㉠ 상품이 제조업자에게서 소비자에게 이전되는 과정의 수직적 유통단계를 전문적으로 관리하고 집중적으로 계획한 유통경로이다.

    ㉡ 중앙통제적 조직구조를 가지며 경로구성원 간의 조정을 기할 수 있는 시스템이다.

    ㉢ 유통경로가 전문적으로 관리되고 규모의 경제를 실행할 수 있는 프랜차이즈 시스템이 대표적이다.

② 이론적 근거

    ㉠ 구매자와 공급자 간의 거래가 일회성에서 그치는 것이 아니라 반복적일 경우 수직적 통합을 선호하게 된다.

    ㉡ 불확실한 상황하에서 수직적 통합은 거래 상대방에 대해 높은 수준의 통제력을 발휘할 수

있고 기회주의적인 행동을 방지할 수 있다.

ⓒ 가격과 같은 시장정보가 자유롭게 노출되기보다는 소수의 집단에게만 공유되어 있는 경우, 정보의 비대칭성이 발생하므로 이를 해소하기 위해 수직적 통합을 시도하게 된다.

③ 수직적 마케팅 시스템의 도입배경

ㄱ 유통비용의 절감(생산과 유통활동을 조정함으로써 유통경로의 효율성 제고)

ㄴ 목표이익의 확보

ㄷ 기업의 상품 이미지 제고(제조업자가 제품의 품질 및 고객유지 등을 통제할 수 있어 일관된 서비스 제공 가능)

ㄹ 가격안정 또는 유지의 필요성

ㅁ 유통경로 내에서의 지배력 획득

ㅂ 경쟁자에 대한 효과적인 대응

ㅅ 대량 생산에 의한 대량 판매의 요청

ㅇ 상품을 적기에 공급하거나 적량 확보 가능

경영전략 관점에서의 수직적 마케팅 시스템의 세분화

수직적 통합을 유통경로 의사결정이 아닌 경영전략 관점에서 볼 때, 다각화의 범주로 포함할 수 있다. 다각화는 비관련다각화와 관련다각화로 구분되며, 관련다각화는 다시 유통경로 이전 단계의 상향가치 사슬(upstream)을 획득하는 후방 통합과 유통경로 다음 단계의 하향가치사슬(downstream)을 획득하는 전방 통합으로 구분된다.

🎁 수직적 마케팅 시스템의 형태

① 기업형 수직적 마케팅 시스템(Corporate VMS) : 유통경로상의 한 구성원이 다음 단계의 경로 구성원을 소유해서 지배하는 형태이다.

ㄱ 전방 통합 형태 : 제조회사가 자사 소유의 판매점이나 소매상을 통하여 판매하는 형태

ㄴ 후방 통합 형태 : 소매상이나 도매상이 제조회사를 소유하는 형태

② 계약형 수직적 마케팅 시스템(Contractual VMS) : 수직적 마케팅 시스템 중 가장 일반적인 형태로, 유통경로상 서로 다른 단계에 있는 독립적인 유통기관들이 상호 경제적인 이익을 달성하기 위하여 계약을 기초로 통합하는 형태이다.

ㄱ 도매기관 후원 자유 연쇄점 : 도매상이 후원하고 다수의 소매상들이 계약으로 연합하여 수직 통합하는 형태

ㄴ 소매상 협동조합 : 독립된 소매상들이 연합하여 소매 협동조합 같은 임의 조직을 결성하여 공동으로 구매·광고·판촉활동 등을 하다가 최종적으로 도매활동이나 소매활동을 하는 기구로 수직 통합하는 형태

ⓒ 프랜차이즈 시스템 : 모회사나 본부가 가맹점에게 특정 지역에서 일정 기간 동안 영업할 수 있는 권리나 특권을 부여하고 그 대가로 로열티를 받는 시스템

③ 관리형 수직적 마케팅 시스템(Administrative VMS) : 경로 리더에 의해 생산 및 유통단계가 통합되는 형태로, 일반적으로 경로구성원들이 서로 다른 목표를 가지고 있으므로 이를 조정·통제하는 일이 어렵다.

> 경로 리더(Channel Leader) : 유통계열화에 참여하는 유통기관들 가운데 규모나 명성 또는 경제력 등이 지도적 위치에 있는 기업

④ 동맹형 수직적 마케팅 시스템(Alliances VMS) : 둘 이상의 경로구성원들이 대등한 관계에서 상호의존성을 인식하고 긴밀한 관계를 자발적으로 형성하여 통합하는 형태이다. 제휴시스템이라고도 하며, 계약이나 소유에 의해 통합하는 것이 아니라 서로 대등한 입장에서 상호의존의 필요에 의해 통합하는 것이다.

❤ 수직적 마케팅 시스템의 장·단점

장점	단점
• 총유통비용의 절감이 가능하다. • 자원 및 원재료 등을 안정적으로 확보할 수 있다. • 혁신적인 기술을 보유할 수 있다. • 새로 진입하려는 기업에게 높은 진입 장벽으로 작용한다.	• 초기에 막대한 자금이 소요된다. • 시장이나 기술의 변화에 대하여 기민한 대응이 곤란하다. • 각 유통단계에서의 전문화가 상실된다.

❤ 수직적 마케팅 시스템의 비교

영향요인	기업형	계약형	관리형	동맹형
	소유	계약	경로 리더 의존	상호의존
독립성	소유	독립	독립	독립
상호의존성	매우 높음	높음	낮음	높음
수직적 통합의 정도	비독립	높음	낮음	매우 낮음(대등관계)
공식화·연관성·정보공유도	매우 높음	높음	낮음	높음

❤ 수평적 마케팅 시스템(HMS : Horizontal Marketing System)

① 의의

ⓐ 기업이 가지고 있는 자본, 노하우, 마케팅, 자원 등을 수평적으로 결합하여 시너지 효과를

얻기 위해 통합하는 형태의 유통경로이다.

ⓛ 동일한 유통경로단계에 있는 두 개 이상의 기업이 대등한 입장에서 자원과 프로그램을 결합하여 일종의 연맹체를 구성하고 공생·공영하는 공생적 마케팅(Symbiotic Marketing)이다.

ⓒ 새로운 마케팅 기회를 개발하기 위해 무관한 개별 기업들이 재원이나 프로그램을 결합하여 합작투자하는 형태이다.

② 기업 간 얻을 수 있는 시너지 효과

㉠ 마케팅 시너지 : 여러 제품에 대해서 공동으로 유통경로, 판매, 관리, 조직, 광고 및 판매촉진, 시장판매를 하고 창고를 공동으로 이용함으로써 얻게 되는 효과이다.

ⓛ 투자 시너지 : 공장의 공동사용, 원재료의 공동조달, 공동연구개발, 기계 및 공구의 공동사용으로 얻는 효과이다.

ⓒ 경영관리 시너지 : 경영자 경험의 결합 및 기업결합 등에서 얻는 효과이다.

🔰 수평적 마케팅 시스템의 형태

분야		생산	
생산		• 공동생산협정 • 기술제휴	• 생산시설의 공동이용 • 공동연구개발
마케팅	제품	공동제품의 개발	상표권의 공동취득
	유통	• 유통시설의 공동이용 • 프랜차이즈	공동판매기구의 설립
	촉진	• 공동광고 • 대고객 공동서비스	• 공동판매촉진 • 마케팅 협정

🔰 복수경로 마케팅 시스템(MMS : Multichannel Marketing System)

① 기업이 하나 이상의 고객 세분시장에 도달하기 위해 두 개 또는 그 이상의 마케팅 경로를 사용하여 시장에 대응하는 것으로 세분시장에 대한 효과적 대응을 목표로 한다.

② 단일시장이라도 차별화된 욕구가 존재할 수 있다.

복수 유통경로의 채택 사유
- 소비자의 수량적 요구가 서로 다른 경우
- 생산된 제품의 재고가 많이 남아 있는 경우
- 판매촉진에 대한 소비자의 반응이 다른 경우
- 고객집중도가 매우 다른 지역시장들을 대상으로 하는 경우
- 동일한 지역 대상 내에서도 가격에 대한 고객의 반응이 다른 경우

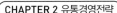

- 한 기업이 생산하는 제품들이 전혀 다른 형태와 용도를 갖는 경우
  - 장점 : 판매범위가 넓으므로 판매량이 크게 증가된다.
  - 단점 : 각 유통경로 간 갈등이 심화되고, 시장의 특성에 따라 이중가격이 형성될 수 있다.

🎁 온라인–오프라인 리테일 연계전략

① 오프라인에 투입된 인력을 부가가치가 높은 업무에 집중시키고 주문접수와 같이 비교적 단순한 업무는 인터넷을 적극 활용한다.
② 전통적인 시장세분화에 활용되는 세분시장별 차별화원칙을 인터넷에 적용할 수 있다.
③ 온라인과 오프라인 유통채널에 따라 고객가치에 있어 차별화된 제품을 제공한다.
④ 유통채널 간의 갈등을 최소화하기 위해 때로는 주문 가능지역을 제한한다.

2절 유통경영전략의 수립과 실행 및 평가

🎁 소매업의 경영전략

① 경영전략이란 변동하는 기업환경 속에서 기업이 유지·성장하기 위해서 외부환경의 변화에 대해 기업 전체가 적응 또는 대응하기 위한 방향의 설정과 그 수단의 선택에 관한 의사결정이다.
② 제품의 수명주기가 단축되고 기술수준이 높아지고 있는 환경 속에서 경쟁우위를 위해서는 경영전략의 수립이 필요하다.

🎁 소매기업의 목표

① **시장성과 목표** : 매출액과 시장점유율의 향상
② **재무성과 목표** : 금전적·경제적 향상
③ **사회적 목표** : 사회적 욕구 충족
④ **개인적 목표** : 개인 및 종업원의 욕구 충족

🎁 소매업의 전략적 계획의 종류

① **연간 계획(Annual Plan)** : 1년을 기준으로 한 수집, 집행, 마케팅 상황, 기록표, 예산, 통제, 당해 연도의 마케팅 전략 등의 계획을 말한다.
② **장기 계획(Long Range Plan)** : 장기 목표를 달성하기 위한 마케팅 전략 및 필요한 자원 등의 계획을 말한다.

③ **전략적 계획** : 기업의 목표와 역량을 변화하는 마케팅 기회와 조화를 이룰 수 있도록 개발하고 유지하는 계획을 말한다.

🍂 소매업 경영전략의 집행(시장대응전략)

① **시장침투전략**
  ㉠ 고객 수 증가방안   ㉡ 고객 구매량 증대방안
  ㉢ 구매빈도의 증가방안   ㉣ 기존고객의 관리철저
② **시장개발전략**
  ㉠ 새로운 세분시장 개척 : 기존시장에서 새로운 세분시장을 유인하는 전략이다.
  ㉡ 운영혁신 : 새로운 목표시장을 겨냥해서 점진적으로 경쟁전략을 바꾸어 가는 전략이다.
③ **생산성 향상전략**
  ㉠ 가격과 마진의 증가에 초점을 맞추는 전략이다.
  ㉡ 비용절감을 통해 수익성을 제고하는 전략이다.
  ㉢ 상품믹스의 개선을 통해 상품회전율을 제고하는 전략이다.
  ㉣ 성숙기나 쇠퇴기 국면에 접어든 소매업에 적당한 전략이다.

3절 유통경영전략의 평가 및 통제

🍂 유통시스템 성과평가기준

① **효과성** : 고객만족도, 클레임건수, 수요예측 정확성, 시장별 차별적 서비스, 신시장 개척건수 및 비율, 중간상 거래전환건수, 신규대리점 수와 비율 등
② **효율성(생산성)** : 단위당 총 유통비용, 단위당 총 물류비용, 단위당 수송비, 단위당 창고비, 적정재고 유지비, 투자수익률, 유동성 등

🍂 소매업 경영전략의 평가

① 머천다이징 계획   ② 가격 계획
③ 광고 및 판촉 계획   ④ 유통 및 판매지원 계획
⑤ 재무 계획   ⑥ 시설 계획
⑦ 인적 자원 계획   ⑧ 소매정보시스템

❧ 전략적 이익모형(strategic profit model)

① 자본관리와 이윤관리, 재무관리와 고수익관리의 범주에서 기업의 이익을 달성하자는 수익성 분석모형 및 계획화 도구이다.

② 기업이 이용 가능한 세 가지 수익경로(자산회전율, 순매출이익률, 영업레버리지)를 바탕으로 수익을 관리할 수 있으며 기업의 재무전략 평가에 있어 유용한 지침을 제공한다.

❧ 전략적 이익모형에서 주요 재무지표

① 순매출이익율(Net Profits/Net Sales) : 당기순이익을 순매출로 나눈 비율

② 총 자산회전율(net sales/total assets : asset turnover) : 순매출을 총 자산으로 나눈 비율

③ 총 자산이익율(net profits/total assets : return on assets or earning power) : 당기순이익을 총 자산으로 나눈 비율

④ 순가치 대비 총 자산비율(total assets/net worth : leverage ratio) : 총 자산을 순가치로 나눈 비율

⑤ 순가치 대비 순이익 비율(return on investment or return on net worth)

❧ 재무비율

① 유동비율 : 기업의 자금상환능력을 가늠하기 위해 사용하는 지표로, 이 비율이 클수록 지불 능력이 높다.

② 수익성 비율 : 기업이 얼마나 효율적으로 관리되고 있는지를 나타내는 종합적 지표로, 매출총이익률, 영업이익률, 총자산이익률 등이 있다.

③ 레버리지 비율 : 기업이 어느 정도 타인자본에 의존하고 있는지를 측정하기 위한 비율로, 부채성 비율이라고도 한다.

④ 활동성 비율 : 기업이 소유하고 있는 자산들이 얼마나 효율적으로 이용되고 있는가를 추정하는 비율로, 일정기간의 매출액을 각종 주요 자산으로 나누어 산출한다.

3 유통경로 구성원

1절 도매업

🔶 도매업의 개념

① 재판매 또는 사업을 목적으로 구입하는 자에게 상품이나 서비스를 판매하는 데 관련된 모든 활동을 하는 상인이다.

② 도매상은 최종 판매상이 아니므로 소매상처럼 입지 · 판촉 · 점포분위기 등과 관련한 마케팅에 상대적으로 주의를 덜 기울인다.

③ 도매업자들은 일반적으로 넓은 상권을 대상으로 대규모 거래를 하며, 소매업자와는 다른 법적 규제와 세제의 적용을 받는다.

🔶 우리나라 도매업의 특징

① **소매업체의 체인화** : 체인소매업체의 체인본부가 도매상의 기능인 중개와 분산기능을 자체적으로 수행하므로 도매상의 역할을 축소시키고 있다.

② **제조업체의 유통 지배력** : 제조업체의 광범위한 재판매가격 유지행위로 말미암아 유통산업 내의 실질적인 경쟁이 일어나지 않아 도매업의 효율성은 향상되지 못하였다.

③ **소매업자의 도매업 기능의 수행** : 우리나라의 경우 국토가 협소하여 제조업체와 소매상이 직접 접촉하기 쉬운 여건이므로 소매업자나 대형 소매업자가 도매업자의 기능을 대신하는 경우가 빈번하다.

④ **제조업체의 수직적 계열화** : 대리점 · 직판점 · 특약점 등 제조업체의 수직적 계열화가 계속 심화되었고, 도 · 소매 기능의 혼재 속에서 도매업은 발전하지 못하였다.

⑤ **불공정거래행위** : 소매상의 무자료 거래관행과 제조업체의 납품거부 등 도매상의 발전을 가로막는 또 다른 장애요인이 되어 왔다.

🔶 도매업의 기능

① 제조업자를 위해 수행하는 기능
　㉠ 시장확대기능
　㉡ 재고유지기능

ⓒ 주문처리기능

ⓔ 시장정보 제공기능

ⓜ 고객서비스 대행기능

② 소매업자를 위해 수행하는 기능

㉠ 구색갖춤기능

ⓛ 소단위 판매기능

ⓒ 신용 및 금융기능

ⓔ 소매상 서비스기능

ⓜ 기술지원기능

🗃 도매업태의 분류

① 성격상 분류 : 제조업자 도매상, 상인 도매상, 대리점, 브로커

② 기능상 분류 : 도매상, 잡화업자, 중개업자, 분산업자, 중앙도매시장, 기능중간상 등

③ 특정기능에 따른 분류 : 현금무배달 도매상, 직송 도매상, 통신판매 도매상, 트럭배달 도매상, 선반진열 도매상

④ 경영주체에 따른 분류 : 독립 도매상, 제조 도매상, 공동 도매상, 도·소매상, 연쇄 도매상

⑤ 유통상 위치에 따른 분류 : 대규모 도매상, 중규모 도매상, 소규모 도매상

⑥ 서비스의 범위에 따른 분류 : 완전기능 도매상, 한정기능 도매상

⑦ 취급상품의 전문성에 따른 분류 : 일반 도매상, 일반계열 도매상, 전문품 도매상

⑧ 제품에 대한 소유권 유무에 따른 분류 : 소유권이 있는 도매상, 소유권이 없는 도매상

🗃 상인 도매상

자신이 취급하는 상품에 대한 소유권을 보유하며, 제조업자나 소매상과는 별도로 독립하여 운영하는 사업체이다.

① 완전기능 도매상 : 유통단계에서 도매상의 모든 기능과 광범위한 서비스를 제공하는 도매상이다.

㉠ 일반상품 도매상 : 소비자가 요구하는 거의 모든 상품을 유통하는 도매상이다.

ⓛ 한정상품 도매상 : 철물이나 가구처럼 어느 정도 연관성이 있는 상위의 제품 몇 가지를 동시에 취급하는 도매상이다.

ⓒ 전문품 도매상 : 불과 몇 가지의 전문품 라인만을 취급하는 도매상이다.

② 한정기능 도매상 : 도매상의 기능 중 한정된 일부 기능만을 수행하는 도매상이다.

㉠ 트럭 도매상 : 신속한 배달을 필요로 하는 빵·우유·야채·과일 등의 상품을 트럭으로 슈퍼마켓·병원·호텔·레스토랑 등에 제공하는 도매상으로, 판매와 배달기능을 모두 수행한다.

 ⓛ **직송 도매상** : 제품의 이동이나 보관이 어려운 목재·석탄 등과 같은 제품을 도매상은 주문만 받고 제조업자가 직접 운송까지 책임지는 형태로, 도매상은 재고를 보유하거나 배달기능을 수행하지 않는다.

 ⓒ **선반중개 도매상** : 소매점의 진열선반 위에 위탁으로 상품을 공급하는 진열 도매상으로, 선반에 전시된 상품에 대한 소유권은 도매상이 가지고 최종 소비자에게 판매된 상품에 한해서 소매상에게 대금을 청구한다.

 ⓔ **현금거래 도매상** : 소규모 소매상에게 한정된 제품만을 신용판매가 아닌 현금지불을 조건으로 판매하는 도매상으로, 배달을 하지 않는 대신 싼 가격으로 소매상에 상품을 공급한다.

🔹 대리 도매상

대리 중간상 또는 기능 중간상이라고도 하는데, 이들은 취급하는 상품에 대한 소유권을 보유하지 않고 단지 상품거래를 촉진시켜준 뒤 판매가격의 일정비율을 수수료로 받는다.

① **제조업자 대리인(Manufacturers Agent)** : 가격·배달·보증·커미션·판매지역 등과 관련하여 제조업자와 공식적인 계약을 체결한 대리인으로, 주로 가전제품·가구·의류 등을 취급한다.

② **판매 대리인(Selling Agent)** : 제조업자를 대신하여 제조업자의 전체 생산량을 판매해 주는 대리인으로, 주로 석탄·화학·금속·산업기계 및 장비 등을 취급한다.

③ **구매 대리인(Purchasing Agent)** : 구매자를 대신하여 제품의 인수·검사·수송·보관 등의 기능을 수행하는 대리인이다.

④ **수수료 상인(Commission Merchant)** : 제품의 소유권을 보유하지 않으며 제조업자의 판매협상을 대리하고 수수료와 비용만을 취득하는 대리인으로, 농산물 유통 및 수산물 유통에서 활동한다.

⑤ **중개인(Broker)** : 구매자와 판매자의 거래협상을 중개하는 기능을 갖는 대리인으로, 주로 부동산업자·증권업자·보험업자 등이 이에 해당된다.

🔹 제조업자 도매상

제조업자에 의해 운영되는 도매상으로 주로 재고통제와 판매 및 촉진관리를 향상할 목적으로 활용된다.

① 제조업자가 자기 소유로 설치한 판매점으로 재고통제 및 판매촉진의 관리가 수월하다.

② 독립적인 도매상이 아닌 판매지점 또는 판매사무소의 형태를 띤다.

🟤 도매상의 형태와 특징

구분	제조업자 도매상	상인 도매상	대리 도매상
소유권	제조업자가 제품을 소유	도매상이 제품을 소유	제조업자가 제품을 소유
통제 및 기능	제조업자가 모든 기능을 통제하고 수행	도매상이 도매기능을 통제하고 일부 또는 전부의 기능을 수행	제조업자와 도매상이 각각 약간의 통제와 기능을 수행
현금흐름	제조업자가 판매하고 대금을 회수	도매상은 제조업자에게 대금을 지불하고 제품을 구입하면 다시 그 제품을 고객에게 판매	제품이 판매되면 도매상은 대금을 제조업자에게 지불하고 커미션이나 수수료를 받음
최적 이용	고객의 수가 적을 때, 지역적으로 집중되어 있을 때 적당함	제조업자가 많은 제품계열을 보유하고 있거나 지역적으로 분산된 고객에게 판매할 때 적당함	제조업자가 소규모 마케팅이 부족할 때, 상대적으로 고객의 지명도가 약할 때 적당함

2절 소매업

🟤 소매업의 개념

① 소비재를 타인으로부터 조달하거나 스스로 제조하여 소비자에게 최종적으로 판매하는 일을 주 업무로 하는 유통업이다.
② 경제재의 분류에 있어 소비재를 취급하는 판매 경영체이다.
③ 재화 생산에서 소비에 이르는 유통과정에서 소비자에게 직결되는 사업체로 최후의 유통단계에 위치한다.

🟤 소매업의 사회적 · 경제적 역할

① 소비자에 대한 역할
  ㉠ 올바른 상품을 제공하는 역할
  ㉡ 적절한 상품의 구색을 갖추는 역할
  ㉢ 필요한 상품의 재고를 유지하는 역할
  ㉣ 상품정보 · 유행정보 · 생활정보를 제공하는 역할
  ㉤ 쇼핑의 장소를 제공하는 역할
  ㉥ 쇼핑의 즐거움을 제공하는 역할

⊗ 쇼핑의 편의를 제공하는 역할

② 생산 및 공급업자에 대한 역할

　　㉠ 판매활동을 대신하는 역할

　　㉡ 올바른 소비자정보를 전달하는 역할

　　㉢ 물적유통기능을 수행하는 역할

　　㉣ 금융기능을 수행하는 역할

　　㉤ 촉진기능을 수행하는 역할

　　㉥ 생산노력을 지원하는 역할

💎 소매업태의 분류

① **가격대별 분류** : 저가격 할인점, 고가격 백화점, 고급 편의점, 하이퍼마켓, 중가격 슈퍼마켓, 콤비네이션 스토어

② **경영규모별 분류** : 편의점, 전문점, 잡화점, 백화점, 창고점, 양판점, 쇼핑센터

③ **점포밀집에 따른 분류** : 주거지역, 인근 쇼핑센터, 중심상가지역, 아웃렛 몰, 지역 쇼핑센터

④ **점포의 통제에 따른 분류** : 프랜차이즈, 거상(브로커), 기업연쇄점, 소매상협동조합, 소비자협동조합

⑤ **점포의 유무에 따른 분류** : 점포형, 무점포형

💎 백화점

① **의의**

　　㉠ 선매품을 중심으로 생활필수품, 전문품에 이르기까지 다양한 상품계열을 취급하며, 대면판매, 현금정찰판매, 풍부한 인적 · 물적 서비스로서 판매활동을 전개하는 대규모 소매기관이다.

　　㉡ 백화점은 여러 가지 다양한 상품계열을 폭넓게 취급하는 상점으로, 각각의 상품계열은 전문 구매자 또는 상품화 담당자가 따로 있어서 독립적으로 관리한다.

② **백화점의 영업특성**

　　㉠ 단일소유, 단일경영의 대형소매점 형태를 취한다.

　　㉡ 명성을 배경으로 고객을 유치한다.

　　㉢ 강력한 재정능력을 보유하고 있다.

　　㉣ 기능별 전문화에 의한 합리적 경영을 추구하고 실시한다.

　　㉤ 현대적인 건물과 시설, 대량매입의 경제성 등을 추구한다.

　　㉥ 균형 있는 상품구성과 다양한 서비스, 엄격한 정찰제를 실시한다.

　　⊗ 선매품 또는 전문점 중심의 다양한 상품을 부문별 조직에 의해 판매한다.

🎁 회원제 도매클럽(MWC : Membership Wholesale Club)

① 의의

　㉠ 회원제로 운영되고 있는 창고형 가격할인 업태로, 회원으로 가입한 고객만을 대상으로 판매한다.

　㉡ 매장은 거대한 창고형으로 꾸며지고 실내장식은 보잘 것 없으며, 진열대에 상자 채로 진열하여 고객이 직접 박스단위로 구매함으로써 할인점보다 20~30% 정도 더 싸게 판매하는 업태이다.

② 회원제 도매클럽의 특징

　㉠ 매장규모가 큰 창고형태의 점포로 운영된다.

　㉡ 할인점보다 가격이 20~30% 정도 저렴하다.

　㉢ 대표적인 품종 2,800~4,000개 정도의 한정된 품목만을 취급한다.

　㉣ 주로 일용품이 중심이 되고 식품의 비중이 높다.

　㉤ 안정된 매출확보를 위해 상품을 박스나 묶음 단위로 진열, 판매한다.

　㉥ 회원제가 원칙이므로 장기적이고 안정적인 고객의 확보가 가능하다.

　㉦ 회원들의 회비를 자금운영에 활용하여 저가공급이 가능하다.

🎁 할인점(DS : Discount Store)

① 의의

　㉠ 표준적인 상품을 저가격에 대량판매하는 상점으로, 특정 제품의 가격을 일시적으로 인하하여 판매하는 것이 아니라 모든 제품에 대하여 상시적으로 싼 가격(EDLP : Every Day Low Price)에 판매하는 소매점을 말한다.

　㉡ 식품과 일용잡화 등 소비재를 중심으로 한 중저가 브랜드 중 유통회전이 빠른 상품을 취급한다.

　㉢ 묶음(Bundle)이나 박스 단위로 판매하며, 철저한 셀프서비스를 통해 저가격으로 대량판매한다.

② 할인점의 특징

　㉠ 저가격으로 판매한다.

　㉡ 저가격의 저품질 상품을 판매하는 것이 아니라 전국적 상표품에 중점을 둔다.

　㉢ 셀프서비스와 최소시설로 운영한다.

　㉣ 저가지역에 입지하여 아주 먼 거리의 고객을 흡수한다.

　㉤ 견고하고 기능적인 점포구조를 가진다.

🔷 하이퍼마켓(Hypermarket)

① 의의

　　㉠ 식품 · 비식품을 풍부하게 취급하며, 대규모의 주차장을 보유한 매장면적 2,500㎡ 이상의 소매점포를 말한다.

　　㉡ 대형화된 슈퍼마켓에 할인점을 접목시켜 저가로 판매하는 초대형 소매점이다.

　　㉢ 영국 · 프랑스 · 네덜란드 등 유럽 지역에서 급속하게 발달한 슈퍼마켓을 초대형화한 소매업태로, 1960년 프랑스의 까르푸 사에 의해 개발되어 점차 유럽에서 남아메리카, 아시아 등으로 확산되고 있다.

② 하이퍼마켓의 특징

　　㉠ 주요고객

　　　• 자가 승용차를 소유하고 있는 중간 소득계층

　　　• 소득수준이 낮은 가격 반응형 구매자

　　　• 생활리듬과 새로운 쇼핑 분위기를 원하는 다수의 질적인 구매자

　　㉡ 상품구색

　　　• 주로 슈퍼마켓에서 취급하는 식품과 생활필수품 등이며, 식품과 비식품 간의 구성비는 대략 60 : 40 정도이다.

　　　• 상품은 주로 구매빈도가 높고 널리 알려진 국내외 유명제품이며, 유통업자 상표(Private Brand) 상품도 많다.

　　　• 제품의 종류에 있어서 기본품은 중저가의 편의품이 중심이 되며, 이에는 선택품도 큰 비중을 차지한다.

　　㉢ 상품조달

　　　• 대개 개별점포가 독자적으로 농장 · 공장 등 공급자와 계약을 체결함으로써 직거래 방식으로 이루어지고, 경우에 따라서는 일부 품목을 그룹의 집중구매센터로부터 조달받기도 한다.

　　　• 점포 내에서의 거래단위인 소매포장은 산지 또는 공장에서 만든 원래의 중간포장 그대로 이며, 일부 신선식품은 날 것 또는 자연상태 그대로인 것도 있다.

　　㉣ 가격조건

　　　• 철저한 저마진 · 저가격 정책을 채택하고 있어 구매가격이 전품목에 걸쳐서 정상적인 소매가격에 비해 10~15% 정도 저렴하다.

　　　• 하이퍼마켓의 저마진 · 저가격은 대량거래, 구매기능과 판매기능의 구매 거래선과 고객에로의 이전, 철저한 셀프서비스, 시설 · 저장 · 이동 · 진열 · 가격표시 등 방법의 효율화, 유통업자 브랜드의 활용 등 다양한 소매경영전략을 통해 실현된다.

　　㉤ 입지 및 상권

　　　• 일반적으로 지가가 높은 도심 또는 주거지역은 피하고 지가가 저렴한 지역인 대도시 근

교에 독자적으로 입지를 선택한다.

- 지역 쇼핑센터의 대체역할을 수행하기 위해 출점하는 경우도 있으며, 자가용을 소유한 고객의 접근 가능성을 높이기 위해 대개 고속도로, 주요 간선도로, 교차로 등을 끼고 있다.
- 상권은 매우 넓어서 소요시간 30분 이내에 위치한 근접도시 및 그 위성지역을 포괄한다.

슈퍼마켓

① 의의 : 편의품을 중심으로 구색을 갖추고 셀프서비스 방식과 할인정책 등을 채택함으로써 박리다매(薄利多賣)를 도모하며 전체의 관리기능을 중앙에 집중시키는 한편, 효율적인 다점포화 정책에 따라 체인확대를 기본으로 하는 대규모 소매기관이다. 우리나라의 경우 식료품 및 일용 잡화를 위주로 소비자의 자기 서비스 방식에 의하여 판매되는 영업장으로서, 연쇄사업자와 가맹계약을 체결한 점포이다.

② 슈퍼마켓의 특징
  ㉠ 넓은 구색과 다양한 상품
  ㉡ 상품의 초저가 판매
  ㉢ 셀프서비스와 자기 선택적 진열
  ㉣ 대규모의 시설
  ㉤ 보통 체크아웃 카운터(Checkout Counter)로 고객 서비스의 집중화

③ 기본원리(Cash & Carry 시스템)
  ㉠ 고객이 직접 진열된 상품을 스스로 선택한다.
  ㉡ 외상이 아니라 현금으로 구입하고, 다점포화(Chain Operation)를 추구한다.
  ㉢ 고객 스스로 운반해 가는 대신에 상품 가격을 타점포보다 낮게 함으로써 더 많은 고객을 확보한다.

④ 슈퍼체인 : 슈퍼마켓 단위점포의 대형화 · 표준화를 실현하는 효과적인 방편으로서의 체인화 전략이다.
  ㉠ 슈퍼체인의 형태
  - 회사형 체인 : 연쇄화 사업자(체인본부)의 자금으로 10개 이상의 직영 슈퍼마켓을 운영하는 형태이다.
  - 가맹점형 체인 : 체인본부와 가맹점포가 별개의 기업으로 있으면서 상품을 공급 · 지도하는 형태로서 30개 이상의 가맹 슈퍼마켓을 필요로 한다.
  ㉡ 슈퍼체인의 경영목적
  - 대형화 · 표준화 방편으로서의 체인화
  - 박리다매(薄利多賣)와 집중구매
  - 합리적 구매체제의 확립

독립소매점

① 일반적으로 볼 때 가족 노동력을 위주로 하기 때문에 조직력이 없고 비전문적인 소규모 점포이다.

② 식료품 · 잡화 · 의류 등의 편의품을 취급하는 상점이 많으며, 우리나라 소매점의 대부분이 이에 해당된다.

③ 소비자와 매우 가까이 있어 대면판매 및 신용판매를 할 수 있으므로 현실적으로 매우 경쟁력이 있다.

④ 우리나라의 독립소매점은 유통기능의 전문화가 어렵고 대량 상품화에 따른 이익을 기대하기 어렵기 때문에, 최종 소비자가격이 높고 상품구색의 질은 저하되어 영세상점의 규모를 탈피하지 못한다.

연쇄점(체인점, Chain Store)

① 의의

  ㉠ 같은 유형의 상품을 판매하는 여러 개의 점포가 중앙본부로부터 하달되는 통제 · 관리를 통해 고도의 획일화 · 표준화를 이룩하면서, 전체 판매력 및 시장점유율을 강화해 나가는 소매조직이라고 할 수 있다.

  ㉡ 연쇄점은 표준화 · 단순화 · 집중화라는 원칙을 상품화, 점포정책, 점포관리, 업무관리, 평가방식 및 교육훈련 등에 일관되게 적용하여 수행하는 경영체제이다.

② 연쇄점의 특징

  ㉠ 중앙본부의 관리체제를 전제로 하기 때문에 각 점포는 중앙본부의 통일적 방침 아래 관리 · 운영되고, 판매기능만 가진다.

  ㉡ 상품화의 동질성이 그 전제가 되므로 각 점포에서 제공되는 상품만이 아니라 제시방법도 표준화된다.

③ 경영원리

  ㉠ 제품을 대량 구입함으로써 구입비용을 인하하여 원가를 절감한다.

  ㉡ 전국적으로 분산되어 있는 다수의 단위점포를 통한 총판매량의 극대화를 가능하게 한다.

  ㉢ 대량판매에서 이루어지는 총매출액과 매출이익의 증대를 동시에 취하는 영업방식을 채택하고 있다.

  ㉣ 백화점처럼 단독점포의 경영조직인 상품별 분업과는 전혀 다른 기능별 분업을 조직원리로 삼고 있다.

회사형 연쇄점(Corporate Chain Store)

① 체인본부가 주로 소매점포를 직영하되, 가맹계약을 체결한 일부 소매점포에 대하여 상품의

공급 및 경영지도를 계속하는 형태의 체인이다.

② 체인본부의 표준화된 경영방식을 따르며, 단일자본 및 기업에 의하여 조직된 다수의 점포로 구성된다.

③ 각 지점은 체인본부의 강력한 관리와 통제 아래 운영되며, 지점에서 임의대로 할 수 있는 재량은 거의 없다.

④ 체인본부가 규모의 이익을 실현하기 위하여 여러 곳에 분산되어 있는 개별적인 소비자의 특성에 대응하여 자기 자본과 자기 책임 하에서 점포를 여러 곳에 전개하는 형태이다.

⑤ 백화점과 달리 지역특성에 따라 수많은 점포를 운영하되 중앙 집중적 대량구매의 이점을 살리며, 개별점포가 모두 동일한 건축양식, 가격, 상품들을 취급하므로 소비자들에게 소구력을 높이는 장점이 있다.

◈ 편의점(Convenience Store)

① 의의

㉠ 식료품 위주로 대면판매 방식 또는 셀프서비스 방식에 의하여 판매하는 소매점포로서, 연쇄화 사업자가 직영하거나 연쇄화 사업자와 가맹계약을 체결한 소규모 점포이다.

㉡ 대규모 소매업이 제공할 수 없는 편의성을 고객에게 제공하는 가족적인 경영방식의 점포이다.

② 편의점의 특징

㉠ 편의점은 슈퍼마켓에 비해 다소 높은 가격을 유지한다.

㉡ 보통 편리한 위치에 입지하여 장시간 영업을 하며, 재고회전이 빠른 식료품과 편의품 등의 한정된 제품계열을 취급한다.

③ 편의점의 기본조건

㉠ **입지의 편의성** : 주택 근처에 위치함으로써 고객이 일상적 구매를 손쉽게 할 수 있다.

㉡ **시간상의 편의성** : 영업시간이 길기 때문에 언제든지 필요에 따라 구매할 수 있고, 가깝기 때문에 구매 소요시간도 적게 든다.

㉢ **상품구색상의 편의성** : 식료품 및 일용잡화 등의 상품구색에 의해 일상생활이나 식생활의 편의성을 제공한다.

㉣ **우호적인 서비스** : 슈퍼마켓에서는 맛볼 수 없는 대인적인 친절한 서비스를 제공한다.

㉤ **소인원 관리** : 소수의 가족 노동력으로 관리하기 때문에 인건비가 절약된다.

◈ 가맹점형 연쇄점

① 임의형 연쇄점(Voluntary Chain Store)

㉠ 도매점이 주체가 되어 소매점을 가맹점으로 모집하여 조직화한 것으로, 가맹점형 연쇄점의 가장 대표적인 형태이다.

ⓛ 다수의 소매점이 기업으로서 독립성을 유지하면서 공동의 이익을 달성하기 위해 체인본부를 중심으로 분업과 협업의 원리에 따라 구성되는 체인조직이다.

ⓒ 체인본부의 계속적인 경영지도 및 체인본부와 가맹점 간 협업에 의하여 가맹점의 취급품목·영업방식 등의 표준화사업과 공동구매·공동판매·공동시설 활용 등 공동사업을 수행하는 형태의 체인사업이다.

ⓔ 도매점이 자신의 판매확대의 한 방안으로서 소매점의 확보가 필요함에 따라 생겨난 제도이다.

ⓜ 프랜차이즈형 가맹점과 달리 본사와 가맹점 간에 수평적 구조를 이룬다.

ⓗ 편의점이나 슈퍼마켓 등의 강력한 구매력을 필요로 하는 곳에 효과적이다.

② 협동형 연쇄점(Cooperative Chain Store)

㉠ 소매점 자체가 주체가 되는 연쇄점으로 동일업종의 소매점들이 중소기업협동조합을 설립하여 공동구매·공동판매·공동시설활용 등의 사업을 수행하는 형태의 체인사업이다.

ⓛ 규모가 비슷한 소매의 동업자끼리 공동으로 본부를 설치하는 경우와, 대규모 소매점이 본부를 설치하고 작은 규모의 소매점이 이에 참여하는 경우가 있다.

③ 프랜차이즈 가맹점(Franchise Chain Store)

㉠ 본부가 가맹점과의 계약에 따라 가맹점에게 자기의 상호·상표 등을 사용할 수 있게 할 뿐만 아니라 동일한 사업을 실행하는 권리를 주는 동시에, 경영에 관한 지도를 하고 상품과 노하우를 제공하며 그 대가로 가맹점으로부터 가입금·보증금·정기적인 납입금을 징수하는 제도이다.

ⓛ 프랜차이즈 본부는 직영점과 가맹점의 경영활동을 철저하게 분석함으로써 인간의 두뇌와 같은 역할을 수행한다.

ⓒ 가맹점은 일정한 지역에서 독점적인 영업권이 보장되는 동시에 경험이 없어도 완비된 프로그램에 의해 어느 정도의 이익을 올릴 수가 있으며, 대규모 조직에 참가하는 데서 오는 규모의 이익을 확보할 수 있다.

대중양판점(GMS : General Merchandise Store)

① 의의

㉠ 의류 및 생활용품을 다품종 대량판매하는 대형 소매점이다.

ⓛ 슈퍼마켓과 백화점의 중간정도이며, 상품구색과 서비스는 백화점에 가깝다.

ⓒ 다점포화를 통해서 중앙구매를 하여 원가를 절감시킬 수 있기 때문에 백화점보다 가격적인 면에서 유리하다.

② 대중양판점의 특징

㉠ 중저가의 일상 생활용품을 주로 취급하며, 초고가 상품은 취급하지 않는다.

ⓛ 백화점보다 낮은 가격대로 자체상표를 가지며, 체인에 의해 다점포화를 추구한다.

ⓒ 매장면적은 3,000평(2,000~5,000평) 정도이며, 전체적으로 지방 백화점과 비슷하다.

ⓔ 다품종의 대량판매가 목적이므로 백화점보다는 상품 수가 적으나 더 실용적인 상품을 취급한다.

전문점(Specialty Store)

① 의의
- ㉠ 특정범위 안의 상품들을 집중적이고 전문적으로 취급하는 소매점을 말한다.
- ㉡ 선매품 · 전문품을 취급하는 소매점이지만, 그 취급하는 분야의 상품에 대해 풍부한 구색을 갖춤으로써 그 분야의 어떤 수요나 소비자의 요구에도 깊이 있는 만족을 줄 수 있는 점포를 말한다.
- ㉢ 취급상품, 판매기술, 판매원은 물론 점포의 전체적인 이미지나 감각에 있어서 고도의 전문성을 구비하고 이로 말미암아 전문적 효용을 고객에게 제공하는 소매업이다.

② 전문점의 특징
- ㉠ 제한된 상품 · 업종에 대해서 다양한 품목을 골고루 깊이 있게 취급한다.
- ㉡ 고객에 대한 고도의 상담과 서비스를 제공한다.
- ㉢ 우수한 머천다이징 능력을 바탕으로 하여 소비자의 욕구에 보다 부응할 수 있는 개성 있는 상품, 차별화된 상품을 취급한다.

전문점의 경영전략

① **고객의 세분화** : 생활 스타일에 입각한 시장 세분화를 통해 목표고객을 명확히 한다.
② **목표고객대응 상품화** : 고객의 유형별 세분화에 따라 목표고객을 위한 전문점을 표방한다.
③ **점포식별의 확인** : 자기점포의 개성이 명확히 식별될 수 있도록 기업식별화(CI : Corporate Identification)를 적극 전개해 나간다.

전문점의 장 · 단점

① 장점
- ㉠ 취급상품의 종류가 다양해지며 최신상품이나 유행상품을 보다 많이 구비함으로써 상품회전율의 고도화를 기할 수 있다.
- ㉡ 어느 특정상품에 한정된 경영을 할 수 있기 때문에 대량구매를 통한 해당 상품의 비용절감을 기할 수 있다.
- ㉢ 구매와 판매의 노력을 특정상품에 집중시킬 수 있기 때문에, 여타의 소규모 소매점의 경우와는 달리 그 방면의 전문가로서 보다 전문적인 경영을 할 수 있다.

② 단점
- ㉠ 취급상품의 종류가 한정되어 있기 때문에 수요의 변화 등에 따른 위험을 분산하기가 비교

적 곤란하다.

ⓛ 취급상품의 한정성 때문에 일반 소비자의 흡인력이 약하고 고객이 한정되기 쉽다.

❤ 전문 할인점

① 카테고리 킬러(Category Killer)

ㄱ 특정한 상품계열에서 전문점과 같은 상품구색을 갖추고 저렴하게 판매하는 할인형 전문점이다.

ㄴ 대량판매와 낮은 비용으로 저렴한 상품가격을 제시한다.

ㄷ 다른 유통업자들이 카테고리 킬러의 상품과 차별화시키기 어려울 정도로 높은 브랜드 이미지를 갖춘 상품들을 취급한다.

ㄹ 주로 완구, 스포츠용품, 가전용품, 자동차용품, 레코드, 사무용품 등을 취급한다.

② 홈센터(Home Center)

ㄱ 주택의 개·보수, 리모델링에 사용되는 건자재, 가구 등을 파는 유통업체로, 주거생활과 관련된 전 상품을 취급한다.

ㄴ 주택 하나를 꾸미기 위한 기본 건축자재부터 가정용품에 이르기까지 모든 품목을 구비하여 원스톱 쇼핑의 개념으로 운영한다.

ㄷ 소득수준의 향상과 근로시간의 감소에 따른 레저활동의 관심 고조, 주택보급률의 증가에 따른 주택구입 붐과 주거개선의 관심 증가로 발전된 신업태이다.

❤ 아웃렛(Outlet)

① 자사 직영 메이커의 비인기 상품, 재고품, 하자상품 및 이월상품 등을 특별할인 가격으로 판매하는 일종의 재고처리 업태이다.

② 당초에 메이커의 직영점으로 출발해 공장 근처에서 과잉 생산품을 염가에 판매하는 소매점이었으나, 최근에는 타 메이커의 상품이나 타소매점에서 팔고 남은 물건도 할인 판매한다.

③ 주로 팔다 남은 재고품, 다소 흠이 있거나 치수가 맞지 않는 상품을 판매하는 것이므로 상품의 구색이 잘 갖춰져 있지 않다.

④ 가격이 시중가에 비해 30~40% 정도 저렴하여 고객확보에 유리하다.

❤ 무점포 소매업

무점포 소매업은 거리와 시간, 장소, 상품에 구애를 받지 않는 것은 물론 상품에 관한 정보에서부터 대금결제까지 한 번에 처리할 수 있으므로 고객의 편리함과 시간 절약, 판매자의 유통단계 축소와 거래자의 거래비용 등이 절감된다. 특히 우리나라의 경우는 무점포 구매의 역사가 짧지만 가장 시장성이 높은 마케팅의 한 분야로서 그 성장 가능성으로 말미암아 다른 어떤 분야보다 발전이 기대된다.

❧ 무점포 소매점의 종류
① 통신판매업
② 방문판매업
③ 자동판매기 소매업

❧ 통신판매점
① 카탈로그판매점(Catalog Store) : 소매점이 구매가능 상품과 주문방식을 수록한 카탈로그를 소비자에게 제공하고, 전화나 사람을 통해 주문을 받는 소매 유형이다.
② 텔레마케팅(Telemarketing) : 전화로 소비자에게 상품정보를 제공하여 구매를 유도하거나 다른 매체를 통해 광고를 접한 소비자가 수신자부담 전화번호를 이용하여 주문을 하는 소매 유형이다. 통신판매가 수동적인데 반해 텔레마케팅은 적극적으로 고객반응을 창출하고, 입수된 고객자료를 통해 잠재고객을 계속적으로 공략할 수 있다.
③ TV 홈쇼핑 : TV를 통해 소비자에게 직접 제품과 서비스를 판매하는 것으로 홈쇼핑 채널을 통해 제품을 판매한다. TV 화면을 통해 제품의 특징이나 사용설명 등의 정보를 쉽게 알 수 있으며, 중소기업들이 개발한 아이디어 상품이 인기를 끌고 있다. 그러나 상품의 과대광고 및 장점만을 부각시킨 광고로 말미암아 정보의 신뢰성 확보가 미흡하고, 배송 후 반품률이 높다는 단점이 있다.
④ 전자상거래 : 전자상거래가 구축된 인터넷 쇼핑몰을 통해 제품과 서비스를 판매한다. 장소 및 시간적 제약을 받지 않아 국내는 물론 외국의 소매점에서도 구매가 가능하며, 소비자는 저렴한 가격으로 제품을 구매하고, 판매자는 여러 단계에 걸친 부대비용을 절감할 수 있다.

❧ 텔레마케팅
많은 기업에서 일반화되어 있는 전화를 통한 소매 기법으로 무점포 소매 방법 중의 하나이다.
① 텔레마케팅은 소비자들이 자신의 집에서 광고나 카탈로그에 반응하게끔 한다는 점에서 통신판매와 상당히 밀접하게 관련을 맺고 있다.
② 일반적으로 소비자들은 전화를 이용하여 제품을 구입하며, 정보의 취득, 금융업무의 처리, 서비스 예약 등에 이르기까지 전화를 이용한 다양한 편익이 소비자에게 제공되고 있다.

❧ TV 홈쇼핑
TV 홈쇼핑은 TV를 통해 상품의 특성과 용도를 소개, 설명하고 시청자로부터 구매의욕을 불러일으켜 고객들이 무료전화로 상품을 주문하는 유통산업이다. 철저한 품질관리와 가격경쟁력, 고객감동 서비스, 고급정보를 기반으로 주문 시 상품을 고객이 요구하는 장소까지 배송해 주는 등 24시간 열려 있는 첨단 무점포 판매시스템이다.

① TV 홈쇼핑의 장점

   ⑦ 제품구색과 이용에 있어 시간상의 제약이 없다.

   ⓒ 정해진 기일에 따라 반품 및 교환할 수 있다.

   ⓒ 중간 유통업체의 단축으로 소비자 가격이 저렴하다.

   ⓔ 자세한 상품설명으로 착오로 말미암은 구매의 위험을 줄인다.

② TV 홈쇼핑의 단점

   ⑦ 상품을 직접 볼 수 없으므로 배송 뒤 반품의 우려가 높다.

   ⓒ 허위나 과장된 상품설명 및 광고로 소비자가 피해를 입을 수 있다.

   ⓒ 전산오류나 특정상품의 주문과다로 배송이 늦어질 수 있다.

   ⓔ 환불 및 교환절차가 까다로우며 늦다.

③ TV 홈쇼핑의 개선방안

   ⑦ 소비자가 직접 볼 수 없으므로 눈앞의 상품같이 상품정보를 제시해야 한다.

   ⓒ 상품 카테고리별로 일정한 시간대를 정해서 방영한다.

   ⓒ 기획상품으로 소비자의 주의를 끌어야 한다.

   ⓔ 마일리지, 적립금, 할인쿠폰과 같은 부대서비스를 제공한다.

   ⓜ 단골회원에게는 별도의 혜택을 제공한다.

🔖 인터넷 소매업

인터넷이나 PC 통신 등의 전자매체를 이용하여 홈페이지에 신설된 상점을 통해 실시간으로 상품을 거래하고 신용카드 또는 전자결제수단 등으로 유·무형의 재화와 용역을 거래하는 것을 말한다. 소비자와의 거래뿐만 아니라 금융기관, 정부기관, 운송기관 등과 같이 거래에 관련되는 모든 기관과 관련한다.

① **유형제품** : 인터넷 소매업을 통해 소비자들이 선택할 수 있는 제품의 구색을 보다 많이 갖추고, 제품에 대한 정보와 편리함을 보다 많이 제공함으로써 제품에 대한 가치를 부가시킨다. **예** 서적, 의류, 전자제품 등

② **무형제품** : 가장 규모가 큰 부문으로 네트워크를 통해 소비자의 컴퓨터로 직접 배달할 수 있는 무형제품은 물리적으로 확인하거나 검토할 수 없으므로 전통적인 상거래는 전자상거래가 제공하는 편리성을 능가할 만한 장점이 없다. **예** 소프트웨어, 영화, 음악 등

   ⑦ 무형제품의 분류

     • 성인오락, 온라인 게임, 음악 및 영화

     • 전자우편

     • 금융서비스

     • 여행서비스(항공권 예약 서비스)

     • 전자신문, 전자도서 및 잡지

방문판매업

제조업자가 직접 소비자에게 자사의 세일즈맨을 통해 상품을 판매하는 방식으로 서적·화장품·보험 등이 대표적인 품목이다.

① 유통업자의 마진을 지불하지 않게 되어 이익을 얻게 된다.

② 제조업자의 이미지가 판매원을 통해 올바르게 소비자에게 전해진다.

③ 유통단계에서의 불필요한 재고나 반품이 없게 되어 생산계획을 세우기 쉽다.

방문판매업의 성공요건

① 상품의 단가이익률이 비교적 높아야 한다.

② 강한 설득력이 있는 상품이어야 한다.

③ 브랜드 로열티가 있으며 메이커의 지명도가 높아야 한다.

④ 세일즈맨의 육성·관리 등이 필요하다.

자동판매기 소매업

① 자동판매기로 불리는 기계를 통해 판매되는 소매방식이다.

② 점포가 없는 장소나 점포가 문을 닫은 후에도 구매할 수 있어 24시간 무인판매가 가능하다.

③ 값싸고 표준화되어 크기나 무게가 대체로 균일한 편의품의 성격을 가진, 잘 알려진 사전판매 상표품(Presold Brands)의 판매에 주로 적용된다.

④ 인건비가 절약되는 반면 기계의 투자액이 크기 때문에 소비자 부담가격이 높다.

⑤ 커피, 청량음료, 담배 등 몇 가지 제한된 품목에서 인스턴트 식품을 비롯하여 그 영역이 점차 확대되고 있다.

카탈로그·DM 소매업

오늘날 박람회, 전시회, 견본시장, 직매장, 요리교실 등의 이벤트가 많아짐에 따라 각 기업의 판매전략을 위한 도구로 카탈로그의 매체 가치가 새롭게 인식되고 있다. 주요업체로는 각 신용카드 회사와 전국에 수없이 산재해 있는 중소규모의 전문 우편업체들이 있으며, 그 밖에 유명백화점 또한 제조업체, 농산물 생산단체 및 일반 유통업체들의 기존 판매체제를 보완하는 수단이다.

① 카탈로그 소매업

    ㉠ 상품을 구매할 것으로 예상되는 손님에게 실물 견본 대신 상품의 구체적인 설명 및 실물 사진, 가격 구입상 참고가 될 만한 사항 등을 명시해 놓은 카탈로그를 발송하여 우편이나 전화 또는 인터넷 등으로 주문받아 판매하는 것이다.

    ㉡ 상품이나 기업의 소개를 위해 만든 인쇄물로서, 용도별로 목록, 요람, 편람, 안내서 등과 같은 영업안내 소책자를 가리킨다.

ⓒ 카탈로그 배포의 경우 소비자 입장에서는 쇼핑시간을 절약할 수 있고, 판매자 입장에서는 세일즈맨 파견에 비해 경비가 절감된다는 장점이 있다.

② DM 소매업 : 광고물을 우편물 등의 형태로 선정된 특정 소비자에게 전달하는 수단으로, 고객의 기대감을 유발하고 동시에 예측가능한 행동으로 유도하는 방법이다.

　ⓐ DM 소매업의 특징

　　• 대상을 자유롭게 선택 · 압축(성별, 연령, 직업, 지위, 취미 등)하는 등 대상을 정확하게 통제할 수 있다.

　　• 원하는 날짜나 시간에 발송이 가능하다.

　　• 크기, 형태, 내용 등의 표현이 자유롭다.

　　• 우편을 받음으로써 선택의 우월감과 개봉의 기대감으로 반응이 빠르다.

　　• 상품의 샘플이나 상품 사용 후기 등 다른 내용물을 함께 우송할 수 있다.

　ⓑ DM 소매업의 단점

　　• 우송하는 우편보다 고객의 반응이 저조하다.

　　• 고가의 우편비용과 인쇄비용이 부담된다.

　　• 유행과 소비자 취향 변화에 대한 대응이 뒤떨어진다.

　ⓒ DM 소매업의 전략사항

　　• 리스트는 신선하고 압축되어 있을수록 가치가 높다.

　　• 추첨 등 이벤트를 시행하거나 상품샘플을 동봉하여 개봉률을 높인다.

　　• DM의 외부는 첫 이미지를 고려하여 디자인을 중시한다.

　　• 내부의 내용은 소비자 입장의 이익에 관해 설명한다.

　　• 생일, 연하장 및 계절인사를 적극 활용한다.

💌 직접판매

직접판매란 전화로 주문을 하거나 방문 세일즈맨을 이용해 가정이나 직장을 직접 방문하여 판매하는 방식을 말한다. 직접판매는 가정에서 이루어지기도 하고, 직장에서 이루어지기도 하며 일부는 전화를 통해서 이루어지기도 한다.

① 방문판매

　ⓐ 재화 또는 용역의 판매(위탁 및 중개)를 업으로 하는 판매업자가 방문의 방법으로 그의 영업소, 대리점, 기타 영업장소 외의 장소에서 소비자에게 권유하여 계약의 청약을 받거나 계약을 체결하여 재화 또는 용역을 판매하는 것을 말한다.

　ⓑ 진열 · 견본판매 등과 같이 물품판매의 한 형태이며, 행상(行商)도 방문판매의 일종이다.

　ⓒ 근래에 와서는 소득증대에 따른 구매력의 향상으로 방문판매가 손님과 직접 대면(對面)하는 판매법으로 주목을 받게 되었으며, 화장품 · 약품 · 서적 · 자동차 · 보험 · 증권 등의 상품이 방문판매의 품목에 포함된다.

② 방문판매의 특징

 ㉠ 판매원이 고객과 맨투맨 접촉을 하므로 광고에 비해 고객 1인당 소요비용이 많이 들지만 반품의 확률이 적다.

 ㉡ 손님이 원하는 상품을 실제로 보여주고 설명함으로써 손님이 상품구매 시 충분한 정보를 얻을 수 있다.

 ㉢ 교통체증으로 말미암은 방문시간의 증가로 활동에 어려움이 따른다.

 ㉣ 판매자들의 허위 또는 과장된 제품설명으로 충동구매가 잦다.

 ㉤ 판매자들의 강제적인 판매로 물품을 구입하기도 한다.

🎁 다단계판매

① 다단계판매란 제조업자 → 도매업자 → 소매업자 → 소비자와 같은 일반적인 유통경로를 거치지 않고 다단계 판매업자(회사)가 판매하는 상품을 사용해 본 소비자가 다단계 판매조직의 판매원이 되어 상품을 구입, 다른 소비자에게 판매하는 과정이 순차·단계적으로 이루어지는 판매형식이다.

② 다단계판매의 특징

 ㉠ **직접판매방식** : 기업에서 생산된 상품이 소비자에게 판매되기까지 중간상인이 개입되지 않고 생산자 혹은 대규모 유통업자가 소비자에게 직접 상품을 판매하는 방식이다.

 ㉡ **무점포 방문판매** : 판매원들은 재택근무를 하는 계약 영업사원과 같이 회사에 출근하지 않고 직접 소비자를 만나 상품을 소개하고 판매한다.

 ㉢ **자기판매 및 대리판매** : 판매회사가 직접 자사의 판매원들을 통해 각 가정으로 상품을 보내 판매하며, 또한 자신들의 판매원을 통해 소비자를 소개받아 그들에게 판매하는 형태를 취한다.

 ㉣ **방문판매 및 지참판매, 배달판매** : 방문판매와 인적판매의 속성을 모두 가지고 있기 때문에 판매원들이 직접 제품을 가지고 가서 판매하거나 주문받은 상품을 소비자에게 직접 배달한다.

4 유통경영관리

1절 조직의 구성과 관리

💠 조직의 정의

① 조직은 인간의 집합체로 특정한 목표의 추구를 위해 의식적으로 구성된 사회적 체제를 말한다.

② 조직은 어느 정도 공식화된 분화와 통합의 구조 및 과정, 그리고 규범을 내포하고 있으며 상당히 지속적인 성격을 가진다.

💠 조직화의 원칙

① **목적성의 원칙** : 조직의 각 부문은 목표가 있어야 하며, 이는 전체 조직의 목적에 부합되고 조화되어야 한다.

② **명령의 일원화 원칙** : 조직의 구성원은 한 사람의 상사 또는 특정 단수의 직근 상사로부터 명령과 지시를 받아야 한다.

③ **전문화의 원칙** : 조직의 형성 시 먼저 각 직무의 존재 이유와 그 기능의 내용을 명확히 한 후 그 직무에 적합한 인력을 배치해야 한다.

④ **책임·권한의 원칙** : 권한과 책임은 상호 적절히 대응해야 하며, 권한은 공정하게 배분되어야 한다.

⑤ **권한위임의 원칙** : 조직 내의 하위자가 자신의 독자적인 판단으로 직무를 수행할 수 있도록 상위자가 지니는 직무수행의 권한을 일부 하위자에게 위임한다.

⑥ **통제한계의 원칙** : 한 사람의 상사가 지위나 감독 등 관리할 수 있는 부하의 수에는 한계가 있다.

💠 조직화 원칙의 변화방향

① 명령단계의 축소

② 명령일원화 원칙의 퇴조

③ 통제범위의 확대

④ 스태프(staff) 부문의 축소

⑤ 분산화와 집중화의 동시 진행

🎁 조직의 유형

① **직계 조직** : 기업조직 내의 명령 계통이 경영자로부터 각급 관리자를 거쳐 조직 말단에 이르기까지 직선적으로 연결되는 조직형태

② **기능별 조직** : 마케팅 활동을 관련 업무나 수행기능별로 분류한 조직형태

③ **직계참모 조직** : 명령일원화의 원리와 전문화의 원리를 조화시켜 경영의 대규모화, 복잡화에 대응할 수 있도록 만들어진 조직구조

④ **제품관리 조직** : 특정 제품이나 제품 라인을 전담하는 제품 관리자를 두고 각 관리자들이 담당 제품에 관련된 모든 마케팅 활동을 수행하는 조직구조

⑤ **지역별 조직** : 제품시장이 광범위하거나 지역별 수요의 특성이 상이할 때 이용되는 조직

⑥ **프로젝트별 조직** : 일시적으로 조직 내의 인적, 물적 자원을 결합하는 조직형태

⑦ **매트릭스 조직** : 기능별 조직과 프로젝트 조직의 장점을 합한 형태

⑧ **네트워크 조직** : 각기 높은 독자성을 지닌 조직단위나 조직들 사이의 협력적 연계장치로 구성된 조직

🎁 물류조직의 변천

① **분산형** : 각 공장 및 영업분야, 운송분야, 총무분야 등에 분산되어 있는 물류조직

② **집중형** : 대개의 기업이 판매분야와 생산분야가 지역적으로 떨어져 있는데, 이를 구분해서 관리하는 물류조직

③ **독립부문형** : 판매분야와 생산분야를 공동으로 관리하는 하나의 독립된 전사적(全社的)인 물류조직

④ **독립채산형** : 기업 내에 존재하는 물류사업부 형태의 부서형 물류조직

⑤ **자회사형** : 이윤을 추구하는 물류 전문회사 형태의 기업형 물류조직

🎁 물류조직의 형태

① **직능형 조직**

　ㄱ 라인 부문과 스태프 부문의 물류활동이 미분화된 조직이다.

　ㄴ 물류부를 총무부와 경리부에, 영업과 및 창고과를 판매부에, 발송과를 제조공장에 두는 조직형태이다.

　ㄷ 전사적인 물류정책 · 전략 · 계획 등을 도모할 수 없다.

　ㄹ 직능형 조직 자체가 조직적으로 미숙하여 물류 전문집단의 육성이 곤란하다.

　ㅁ 물류활동이 타부문 활동 속으로 매몰된다.

② **라인 & 스태프형 조직**

　ㄱ 직능형 조직의 결점을 보완하고 라인과 스태프의 기능을 분화하여 작업부문과 지원부문을

분리한 조직이다.

ⓛ 라인과 스태프를 분리함으로써 실시기능과 지원기능을 명확히 한다.

ⓒ 스태프는 라인을 지원하며, 전문 영역의 관점에서 라인을 지원하는 서비스 스태프와 경영 계획 등 기업 전반의 업무를 담당하는 제너럴 스태프로 구성된다.

라인 & 스태프형 조직의 장·단점

장점	단점
• 영업과 물류활동의 일체화가 가능하다. • 유통 전체 시스템의 정합성을 유지할 수 있다. • 경영자의 영업정책을 물류에 신속하게 반영할 수 있다. • 영업을 대표하여 생산이나 구입부문과의 조정이 쉽다. • 물류부문의 생각, 의견, 제안 등이 영업부문에 반영되기 쉽다.	• 물류의 일원적 관리가 어렵다. • 책임과 관련하여 권한이 없다. • 실행력이 결핍되기 쉽다. • 물류에 관한 최종 책임이 없다. • 물류부문과 영업부문이 혼재되어 있을 경우 물류 부문이 이것을 직접 관리하기가 어렵다.

③ 사업부형 조직

ⓞ 기업의 규모가 커지고 경영자가 모든 것을 세밀하게 관리하기가 어려워졌기 때문에 등장한 조직으로, 상품을 중심으로 한 상품별 사업부 조직과 지역을 중심으로 한 지역별 사업부 조직이 있다.

ⓛ 라인 & 스태프에 의한 분권적 집권조직이라 할 수 있다.

ⓒ 기본적으로 각 사업부가 이익책임 부서이며, 마치 하나의 회사와 같이 운영이 이루어진다.

ⓔ 사업부형 조직하에서는 서비스 스태프나 제너럴 스태프가 존재한다.

ⓜ 물류부문의 스태프 조직이 존재하면 원칙으로는 본부와 사업부 쌍방에 물류부문의 스태프가 존재한다.

④ 그리드형 조직

ⓞ 다국적 기업에서 많이 볼 수 있는 물류조직의 형태이다.

ⓛ 모회사와 자회사 간의 권한이양의 형태로 이루어진다.

ⓒ 모회사의 스태프 부문이 복수 자회사의 해당 부문을 횡적으로 관리·지원한다.

ⓔ 각국의 자회사는 제너럴 스태프와 서비스 스태프를 두고 영업활동의 결과에 대한 책임을 진다.

ⓜ 국제적으로 전개되는 물류권을 일원화하고 관리 수준을 일정 수준으로 끌어올리는 것을 목적으로 한다.

⑤ 매트릭스 조직

ⓞ 계층적인 기능식 구조에 수평적 사업부제 조직을 결합한 부문화의 형태로 상호 연관된 구조이다.

ⓒ **장점** : 자원의 효율적인 활용, 직원들의 높은 수준의 주인의식, 몰입도 및 높은 작업의욕을 체험할 수 있다.

      ⓒ **단점** : 팀 구성원들 사이의 혼란, 보고관계와 직무에 대한 책임의 불명확성이 있을 수 있다.

🎁 조직 동기부여

① **매슬로우(A. Maslow)의 욕구계층 5단계 이론**

      ㉠ **생리적 욕구** : 인간생활에 가장 기본이 되는 의·식·주에 관한 욕구이다.

      ⓛ **안전 욕구** : 외부환경으로부터의 보호와 장래에 대한 보장과 관련된 욕구이다.

      ⓒ **사회적 욕구** : 집단에 귀속하고 싶은 욕구와 사람을 사귀고자 하는 욕구이다.

      ⓔ **자아존중 욕구** : 남으로부터 존경을 받고 싶은 욕구와 자신에 대한 믿음, 즉 자신감을 포함하는 욕구이다.

      ⓜ **자아실현 욕구** : 자신의 잠재적 능력을 최대한 개발하여 이를 구현해 보고자 하는 욕구이다.

② **앨더퍼(Alderfer)의 ERG 이론** : 앨더퍼는 인간욕구 5단계설을 수정하여 3단계 욕구이론으로 전개하였으며, 이는 욕구가 하급 단계에서 상급의 단계로만 진행하는 것이 아니라 반대의 방향으로도 이행한다는 이론이다.

③ **맥그리거(D. McGregor)의 X, Y 이론** : 맥그리거는 「기업의 인간적 측면」에서 인간에 대한 가정을 전통적 인간관인 X이론과 현대적 인간관인 Y이론으로 제시하였다.

인간관

X이론	• 본성적으로 일을 싫어하며 되도록 일을 회피 • 일을 하게 하려면 강제·명령·벌칙 등을 가함 • 변화를 싫어하며, 수동적이고 소극적인 경향
Y이론	• 반드시 일을 싫어하지는 않으며, 상황이나 조건에 따라 일을 즐김 • 조직의 목표달성을 위해 수동적인 명령도 따르지만 능동적인 활동도 중시 • 책임의식과 자아존중 욕구를 가지고 충실히 일하는 존재

④ **허즈버그(Herzberg)의 욕구충족요인**

      ㉠ **위생요인(불만요인)** : 회사의 정책과 행정, 감독유형, 보수, 대인관계, 작업조건

      ⓛ **동기요인(만족요인)** : 직무상의 성취감, 직무성취에 대한 인정, 수행에 보람을 느끼는 직무, 책임의 부여, 자신의 성장과 발전

⑤ **McCelland의 성취동기이론**

      ㉠ 성취욕구는 개인의 성과를 말하는 것이나 권력욕구와 친교욕구는 다른 사람들과의 관계와 관련되어 있다.

      ⓛ 강한 성취욕구는 개개인들이 작업을 수행하는 데 얼마나 동기 부여되어 있느냐와 관련이 있으며 두 번째 성취욕구는 훈련에 의해 강화될 수 있다는 것이다.

ⓒ 사람들은 높은 성취 지향형, 권력 지향형, 친교 지향형으로 나누어질 수 있다.

🎖 리더십

조직 구성원들이 그 조직 목적 달성에 자발적으로 협력하도록 유도하는 작용과 기능을 말하며, 조직목표 달성을 위해 동기를 부여하고 영향력을 미치는 쇄신적, 창의적인 능력이나 기술이다.

① 리더십의 기능
　　㉠ 목표설정과 대표성 있는 목표수립에 기여한다.
　　㉡ 목표달성을 위한 인적, 물적 자원을 동원한다.
　　㉢ 조직의 일체성과 적응성을 확보한다.
　　㉣ 조직활동의 통합 및 조정을 통제한다.

② 리더십의 특징
　　㉠ 지도자와 추종자 및 환경적 변수 간의 함수관계를 갖는다.
　　㉡ 조직의 목표달성을 위한 목표지향적이다.
　　㉢ 리더십의 효율성이 상황에 따라 달라지는 동태적, 신축적 성격을 갖는다.
　　㉣ 지도자의 권위를 통해야만 발휘되는 기능이다.

③ 리더십의 종류
　　㉠ **자립심이 강할 경우** : 자립심이 강할 경우에는 중요한 지시만 하고, 그 외에는 본인에게 맡긴다는 방임적 리더십을 취하는 것이 바람직하다.
　　㉡ **의타심이 강할 경우** : 의타심이 강할 경우에는 일의 상세한 점까지 지시를 하는 권위적 리더십이 바람직하다.
　　㉢ **자립심과 의타심이 병존하는 경우** : 부하인 경우에는 그 부하의 의견을 듣거나 적절한 조언을 해서 부하와의 대화를 진행해 가며 일의 목표와 추진방법을 정하는 이른바 민주적 리더십이 가장 적합하다.

2절　인적자원관리

🎖 인사관리의 특성

① 관리의 대상이 인간이며, 아울러 관리의 주체도 인간이다.
② 인사관리는 주체와 대상이 모두 인간이라는 점에서 볼 때 인간 상호작용의 관계로 볼 수 있으며, 이 때 이들이 공통적으로 영향을 받고 있는 사회·문화적 환경과 전통의 영향을 배경으로 하고 있음을 벗어날 수 없다.

③ 인사관리는 사람이 가지고 있는 능력이나 성향을 활용하는 데 그치지 않고, 그 능력이나 성향을 바꾸는 것이 더 중요시될 때도 있다.

직무분석

① 특정 직무의 성질을 결정하는 과정으로 합리적 채용기준 마련 및 직무평가를 위한 자료를 얻기 위해 실시한다.
② 직무분석을 실시하기 위해서는 직무분석 방법, 직무분석 담당자 및 직무에 관한 사실 또는 자료 정리 등에 관해 충분한 사전연구와 조사가 선행되어야 한다.
③ 직무분석 방법
　　㉠ 직무개별 조사법 : 모든 직무를 개별로 분석
　　㉡ 직무분석 비교법 : 모든 직무 중 기준이 되는 직무만을 상세히 분석하고 그것을 기준으로 유사한 직무의 차이 부분만을 분석
④ 직무분석 정보수집 방법 : 실제 수행법, 관찰법, 면접법, 설문지법, 중요사건법, 작업기록법
⑤ 분석에 필요한 자료수집 방법 : 질문표 방식, 면접 방식, 관찰 방식

직무평가

① 기업 내의 각 직무가 차지하는 상대적 가치를 결정하는 일로 합리적 임금구조를 유지하기 위해 실시하며, 종업원의 선택 · 배치 · 훈련 등에도 이용된다.
② 직무평가 방법
　　㉠ 서열법 : 각 직무의 난이도 및 책임성 등을 평가하여 서열을 매기는 방법
　　㉡ 분류법 : 직무의 가치를 단계적으로 구분하는 등급표를 만들고 직무평가를 그에 맞는 등급으로 분류하는 방법
　　㉢ 점수법 : 직무를 각 구성요소로 분해한 뒤 평가한 점수의 합으로 직무의 가치를 평가하는 방법
　　㉣ 요소 비교법 : 객관적으로 가장 타당하다고 인정되는 기준직무를 설정하고, 이를 기준으로 평가직무를 그것에 비교함으로써 평가하는 방법

직무설계

조직의 목표를 달성하고 직무를 맡고 있는 개인의 욕구를 만족시키기 위한 직무의 내용, 기능, 관계를 결정하는 것으로 직무의 내용, 요건, 요구되는 대인관계, 성과 등이 직무설계의 핵심요인이다.

💎 근대적인 직무설계 기법

① **직무순환** : 조직 구성원에게 돌아가면서 여러 가지 직무를 수행하게 하는 것을 말한다.
② **유연시간 근무제** : 종업원 자신이 근무시간을 스스로 선택할 수 있도록 허용하는 직무일정계획 시스템을 말한다.
③ **직무 확대** : 직무의 다양성을 증대시키기 위해 직무를 수평적으로 확대시키는 방안을 말한다.
④ **직무 충실화** : 직무 성과가 직무 수행에 따른 경제적 보상보다도 개개인의 심리적 만족에 달려 있다는 전제하에 직무 수행 내용과 환경을 재설계하려는 방법이다.
⑤ **직무특성 모형** : 직무특성 이론은 핵심직무차원, 중요심리상태, 개인의 직무성과는 중요심리상태에서 얻어지며, 중요심리상태는 핵심직무차원에서 만들어진다는 것이다.

💎 인사고과

① 종업원의 능력과 업적을 평가하여 그가 보유하고 있는 현재적 또는 잠재적 유용성을 조직적으로 파악하는 방법이다.
② **인사고과의 구성요소** : 타당성, 신뢰성, 수용성, 실용성
③ **인사고과 평정상의 오류**
　㉠ **현혹효과** : 고과자가 피고과자의 어떠한 면을 기준으로 다른 측면까지 함께 평가하는 경향
　㉡ **관대화 경향** : 피고과자를 실제의 능력이나 실적보다 더 높게 평가하는 경향
　㉢ **중심화 경향** : 평가의 결과가 평가상의 중간으로 나타나기 쉬운 경향
　㉣ **규칙적 오류** : 가치 판단상의 규칙적인 심리적 오류에 의한 것으로 이를 항상오류라고도 한다.
　㉤ **시간적 오류** : 고과자가 피고과자를 평가함에 있어 쉽게 기억할 수 있는 최근의 실적이나 능력을 중심으로 평가하려는 데서 오는 오류
　㉥ **대비오류** : 고과자가 자신이 지닌 특성과 비교하여 피고과자를 평가하는 경향
　㉦ **논리적 오류** : 서로 상관관계가 있는 요소 간에 어느 한 쪽이 우수하면 다른 요소도 당연히 그럴 것이라고 판단하는 경향
　㉧ **주관의 객관화** : 자기 자신의 특성이나 관점을 타인에게 전가하는 경향
　㉨ **상동적 태도** : 사람에 대한 경직된 편견을 가진 지각을 뜻하는 것으로 타인에 대한 평가가 그가 속한 사회적 집단에 대한 지각을 기초로 해서 이루어지는 경향

💎 채용관리

최적 상태의 인적요소를 특정 직무에 일치되도록 결정하는 과정을 말한다.
① **공개채용** : 공개상태에서 쌍방의 합의하에 결정하는 경우
② **비공개채용** : 공개되지 않은 상태에서 일방적으로 결정행위가 이루어지는 경우

채용도구

① **정형적 면접** : 구조적 면접 또는 지시적 면접이라고도 하며, 직무명세서를 기초로 하여 미리 질문의 내용목록을 준비해 두고, 이에 따라 면접자가 차례대로 질문해 나가며 이것에 벗어나는 질문은 하지 않는 방법

② **비지시적 면접** : 피면접자인 응모자에게 최대한 의사표시의 자유를 주고, 그 가운데서 응모자에 관한 정보를 얻는 방법

③ **스트레스 면접** : 면접자가 돌연 매우 공격적이고 피면접자를 무시하는 태도를 취해 피면접자를 방어적이고 좌절하게 만들어, 피면접자의 스트레스 상태에서의 감정의 안정성과 조절에 대한 인내도 등을 관찰하는 방법

④ **패널 면접** : 다수의 면접자가 하나의 피면접자를 면접·평가하는 방법

⑤ **집단 면접** : 각 집단 단위별로 특정문제에 따라 자유토론을 할 수 있는 기회를 부여하고, 토론과정에서 개별적으로 적격 여부를 심사·판정하는 방법

교육·훈련

① 기능, 지식의 습득을 통한 종업원의 전문적 능력향상 이외에 태도의 변화를 통한 종업원의 성취동기를 형성시켜 근로의욕을 증진시키며, 조직의 활성화를 촉구시키는 요소가 된다.

② 교육·훈련 개발의 방법

　㉠ 비관리자를 위한 교육훈련

　　• 직무 교육훈련(job instruction training) : 업무를 수행하면서 직접 교육을 받으며, 주로 구성원들에게 현재의 업무 수행방법을 숙지시키기 위한 목적으로 사용된다.

　　• 직장 내 교육훈련(OJT : On-the-job training) : 직접 자기에게 주어진 업무와 책임을 수행하는 과정에서 받는 교육훈련이다.

　　• 직장 외 훈련(OFF JT : Off-the-job training) : 연수원이나 교육원 등과 같은 곳에서 받는 집합 교육이다.

　㉡ 관리자를 위한 교육훈련

　　• 청년 중역회의　　　　　• 사례연구

　　• 행동모형화　　　　　　• 실험실 훈련

　　• 대역법　　　　　　　　• 역할 연기

　　• 직무 순환

승진관리

종업원의 입장에서는 자기발전의 욕구충족과 희망의 계기가 되므로 동기유발을 촉진시키는 반면 경영자의 입장에서는 종업원이 담당직무에 대한 타성에 빠져 문제의식이 결여되거나 부당하고

부정한 직무처리를 할 수 있는 문제점 등을 방지한다.

❖ 승진관리의 종류

① **직계승진제도** : 직무주의적 능력주의에 입각하여 직무의 분석·평가·등급 조절 등이 끝나 직위관리 체제가 확립되면, 그 직무의 자격요건에 비추어 적격자를 선정하고 승진시키는 방법

② **연공승진제도** : 근무연수, 학력, 경력, 연령 등 종업원의 개인적인 연공과 신분에 따라 자동적으로 승진시키는 연공주의에 의한 승진유형

③ **자격승진제도** : 연공과 능력, 즉 직무주의와 인도주의를 절충시킨 제도

④ **대용승진제도** : 자격승진제도와 같이 경영 내의 공식적인 자격을 인정하고 그에 따라 승진시키는 것이 아니라, 승진은 시켜야 하나 담당 직책이 없을 경우 인사체증과 사기 저하를 방지하기 위해 직무내용상 실질적인 승진은 없이 직위심볼상의 형식적인 승진을 시키는 방법

⑤ **조직변화 승진제도** : 승진 대상은 많으나 승진의 기회가 주어지지 않으면 사기 저하, 이직 등으로 유능한 인재를 놓칠 가능성이 있을 경우, 경영조직을 변화시켜 승진의 기회를 마련해주는 방법

❖ 임금관리

① 임금은 근로자가 기업에 기여한 근로의 대가로 지급되는 화폐적 보수로, 사용자가 근로의 대상으로 근로자에게 임금, 봉급, 기타 명칭으로 지급하는 일체의 금품을 말한다.

② 임금체계의 결정요인

  ㉠ **필요기준** : 수령자의 필요를 중시한 임금결정 기준

  ㉡ **직무기준** : 직무담당자의 임금은 그가 담당하는 직무의 내용에 따라 결정

  ㉢ **능력기준** : 종업원의 능력에 따른 임금결정

  ㉣ **성과기준** : 종업원의 조직에 대한 기여도, 즉 업적에 따라 결정

❖ 성과급제

근로자의 작업에 대한 노력 및 능률의 정도를 고려하여 높은 능률의 근로자에게는 높은 임금을 지급함으로써 그들의 생활을 보장하는 동시에 노동생산성을 향상하고자 하는 임금형태의 하나이다.

① 개인성과급 제도

  ㉠ **단순성과급제(single piece-rate plan)** : 제품단위당 임률을 정하고 여기에 실제 작업성과를 곱하여 산출한 임금이다.

  ㉡ **복률성과급제(multiple piece-rate plan)** : 작업성과의 고저 또는 다과에 따라 적용임률을 달리 산정하는 방식이다.

② 집단성과급 제도
- ㉠ 스캔런플랜(Scanlon Plan) : 종업원의 참여의식을 높이기 위해 수시로 노사위원회제도를 통한 성과활동과 관련된 상호작용적인 배분방법이다.
- ㉡ 러커플랜(Rucker Plan) : 경영성과 분배의 커다란 지침이 되며 생산가치, 부가가치를 산출하고 이에 의해서 임금상수를 산출하여 개인임금을 결정하나, 모든 결정은 노사 협력관계를 유지하기 위해 위원회를 통해 이루어진다.
- ㉢ 프렌치시스템(French System) : 공장의 목표를 달성하는 데 있어 모든 노동자들의 중요성을 강조하고 최적의 결과를 얻기 위해 노동자들의 노력에 대해 자극을 부여하려는 제도이다.

3절 구매 및 조달관리

🎁 매입관리의 중요성
① 매입을 잘해야 이윤을 올릴 수 있다.
② 제3의 이익원으로 매입관리의 역할은 중요하다.
③ 기업은 산출관리에 치중하고 투입관리에는 소홀하다.
④ 경영시스템은 구매 → 생산 → 판매의 순환에서 보듯 구매에서 시작되고 경쟁력 제고, 품질향상은 매입관리에서 시작된다.
⑤ 매입업무는 비용창출 기능보다는 이익창출 기능이 있다.
⑥ 매입업무는 비용절감의 역할보다는 조직목표 달성에 도움될 수 있는 전략적 관점으로 인식되어야 한다.
⑦ 매입기능의 전문화가 요구된다.
⑧ 무재고 원칙이나 자재소요 계획 등 자재매입의 신기법의 개발, 활용이 필요하다.

🎁 매입의 5원칙
① 매입의 1원칙 : 적정한 거래처의 선정과 확보
② 매입의 2원칙 : 적정한 품질의 확인과 확보
③ 매입의 3원칙 : 적정한 수량의 파악과 확보
④ 매입의 4원칙 : 적정한 납기의 설정과 확보
⑤ 매입의 5원칙 : 적정한 가격의 결정과 확보

🔖 매입의 목표

① 부품, 원재료, 기구, 공급품 및 서비스를 구매하는 과정에서 공급자의 위치, 선정, 개발, 관리, 동기부여를 위한 최적의 의사결정을 한다.

② 기술, 영업, 재무적인 목표를 달성한다.

③ 가치의 균형화, 이윤에의 공헌, 창의적 사업 리더십을 추구한다.

🔖 매입방식

① **정기매입** : 일정 기일에 정기적으로 매입하는 방식이다.

② **정량매입** : 적정재고를 유지하기 위해 일정량을 구입하는 방식이다.

③ **위탁매입** : 타인에게 수수료를 받고 타인의 상품을 대신 판매해 주는 방식이다.

④ **사전매입** : 물품이 시중에 출시되기 전에 미리 매입하는 방식이다.

🔖 매입전략

① 매입 전에 매입자 회사의 상사와 상의한다.

② 잠재공급자에 관한 2차 정보를 수집한다.

③ 보다 나은 가격조건을 위해 잠재공급자와 상의한다.

④ 널리 알려진 공급자를 선정한다.

⑤ 타 회사의 매입자와 잠재공급자에 관해 상의한다.

⑥ 잠재공급자의 회사를 방문한다.

⑦ 계약위반에 따른 엄격한 처벌규정을 정한다.

⑧ 개인적으로 선임하는 공급자를 선정한다.

⑨ 매입전문가와 상의하고 주문량을 여러 공급자에게 나누어 주문한다.

⑩ 생산계획의 차질을 우려하여 생산부서와 사전에 협의한다.

🔖 재발주 시 유의사항

① 매입조건의 검토　　　　　　　　② 수익성의 체크

③ 매입처의 절충　　　　　　　　　④ 발주 후의 플로업

⑤ 매입처와의 우호관계 유지

🔖 리드타임

① 발주에서 납품까지의 기간을 말한다.

② 발주를 한다고 해서 곧 입하되는 것이 아니므로 리드타임의 배려가 중요하다.

🎁 바이어의 역할과 평가기준

① 바이어의 역할
  ㉠ 매입처의 결정 : 목표 설정, 매입처에 관한 정보 수집, 매입처의 구체적 선정
  ㉡ 거래조건의 결정 : 직매입, 판매분매입, 위탁매입
② 매입의 평가기준
  ㉠ 제품관련 기준 : 품질, 효능, 안정성, 가격 등
  ㉡ 공급업자 관련 기준 : 공급자의 업계 평판, 마케팅능력, 광고활동, 정보제공활동, 납기 내 납품능력, 연구개발 자세, 기술적 능력, 재무능력 등
  ㉢ 공급자와 매입자의 상호관련 기준 : 매입자와 공급자의 친숙도, 상호의존도, 갈등 정도 등

🎁 재고관리의 필요성

① 적정재고 유지 : 고객이 원하는 상품의 구색을 충분히 갖추고 적정 수준의 재고를 유지하기 위함이다.
② 고객의 수요와의 합치 : 고객의 수요에 대해 항상 대응할 수 있는 상품구성을 유지하는 데 도움이 된다.
③ 이익의 증대 : 균형잡힌 재고는 판매를 증가시키고 가격인하, 에누리를 감소시켜 보다 큰 이익의 실현을 약속해 준다.
④ 상품투입에 대한 자본의 절약 : 재고통제의 결과 판매액에 대한 재고상품의 금액은 상대적으로 감소된다. 즉 상품회전율이 향상되기 때문에 투입되는 자본이 절감된다.

🎁 재고관련 비용

① 품목비용 : 재고품목 그 자체의 구매비용 또는 생산비용, 단위당 가격이 주문량, 생산량의 크기에 관계없이 일정한 경우에는 재고의사결정에 영향을 미치지 않으며, 수량할인 또는 생산량의 증가에 따라 단가가 감소하는 경우에는 재고의사결정에 영향을 미친다.
② 주문비용 : 재고품목을 외부에서 구입할 때 소요되는 여러 가지 경비와 관리를 말하며, 주문량이나 생산량의 크기에 관계없이 일정액으로 발생하는 고정비를 말한다.
③ 재고유지비용 : 재고에 묶인 자본의 기회비용, 저장시설에 대한 비용, 취급 비용, 보험료, 도난, 파손, 진부화, 세금 등 재고유지와 관련된 모든 비용을 말하며, 재고품목 1단위를 일정기간 동안 유지하는 데 드는 비용으로 표시하거나 재고품목 1단위의 가격에 대한 백분율로 표시한다.
④ 재고부족비용
  ㉠ 추후납품비용 : 재고가 보충될 때까지 기다려서 수요가 충족될 때, 제품인도의 지연에 따른 벌과금, 생산독촉비용, 신용상실 등의 비용을 말한다.

ⓛ **품절비용** : 재고가 없어 수요가 취소될 때, 현재 및 미래 이익의 상실로 말미암은 기회비용을 말한다.

☙ 재고관리 모형

① **EOQ 모형** : 경제적 주문비용과 재고유지비용을 합한 총비용이 최소가 되도록 하는 주문량이다. 즉, 재고품의 단위원가가 최소가 되는 1회의 주문량을 말한다.

　ⓐ **가정**
- 해당 제품에 대한 고객 수요는 일정하고 알려져 있다.
- 연간 단위재고유지비는 물량에 관계없이 일정하다.
- 단위구입가는 물량에 관계없이 일정하다.
- 1회 주문비용은 일정하다.
- 재고부족은 허용되지 않는다.
- 주문인도기간은 일정하다.

② **ROP 모형** : 주문기간을 일정하게 하고 주문량을 변동시키는 모형이다.

　ⓐ **수요가 확실한 경우** : 이때는 안전재고가 불필요하므로 ROP는 조달기간에 1일 수요량을 곱해 구할 수 있다.

　ⓛ **수요가 불확실한 경우** : 이때는 품절 가능성이 있으므로 안전재고를 보유해야 하며, 이때 ROP는 주문기간 동안의 평균수요량에 안전재고를 더한 값이다.

③ **ABC 관리방식**

　ⓐ 관리하고자 하는 대상의 수가 너무 많아서 모든 아이템을 동일하게 관리하기가 곤란한 경우에는 중점관리를 하여 그 중점을 계수적으로 파악한다.

　ⓛ 어떤 특정기준에 의해서 그룹핑하여 특정그룹에 있는 것에 대해 집중관리한다.

④ **JIT 모형**

　ⓐ 생산과정에서 필요한 양의 부품이 즉시 도착하기 때문에 재고의 유지가 필요 없거나 극소량의 재고만을 유지함으로써 재고관리비용을 최소화하는 방법이다.

　ⓛ 필요한 시기와 장소, 필요한 양만큼 부품조달을 강조하여 재고유지비용의 최소화는 물론 낭비요인을 제거하는 데 목표를 두고 있다.

☙ 재고관리기법

① **발주점법** : 안전재고량과 조달기간 중 판매량의 합이 발주점이고 안전재고량은 조달기간 중 매출량의 변동을 고려한다.

② **정기발주방식** : 정기발주방식의 경우에는 조달기간과 발주 사이클기간의 양자를 생각해야 하므로 안전재고량은 상대적으로 증가한다.

③ 정량유지방식 : 예비품방식이라고도 하며 출고가 불규칙하고 수요가 불안정하며, 불출빈도가 적은 특수품이나 보전용 예비품 등에 적용된다.

④ 인당발주점방식 : 사전에 출고예정이 되어 있는 경우 출고예정분은 인당계산하고, 인당수량에 대해서만 발주점방식을 적용하는 방식이다.

⑤ 2중발주점방식 : 개개의 품목이 발주점에 도달한 경우에 자동적으로 발주하기 때문에 동일품목을 일정기간에 연속적으로 조금씩 발주하는 경우가 종종 있다.

🗃 재고통제의 종류

① 금액통제 : 금액통제는 달러 컨트롤이라고도 하는데, 이는 금액에 의한 재고통제를 의미한다.

    ㉠ 부문통제 : 소매업이 둘 이상의 부문으로 분리되어 있는 경우 각 부문별로 판매액, 매출환입액, 매입액, 매입환출액, 가격결정, 가격인하, 상품회전율에 대하여 기록·관리·통제하고 부문 간의 우열을 비교·대조해서 개선을 도모해 가는 재고통제방법이다.

    ㉡ 품종통제 : 부문 내의 동일 계통에 속하는 상품 그룹으로서의 품종별 통제방법이다.

    ㉢ 적정가통제 : 적정가 또는 가격선으로 상품을 판매하는 것이 유리하다.

② 단위통제 : 몇 개, 몇 그램, 몇 미터 등 단위 또는 수량에 의해 통제하는 재고통제이다.

    ㉠ 재고실사법 : 정기적으로 현품에 대해서 재고조사를 하고 이에 따라 재고통제를 실시하며, 재고실사법에 의한 재고조사의 기간은 주, 월, 4분기, 반년 등으로 나누어서 한다. 재고통제의 목적을 위해서는 되도록 단기의 일정기간에 하는 것이 바람직하다.

    ㉡ 계속기록법 : 매출전표에 의한 2편식 매출카드에 의한 통제, 출고청구에 의한 통제, 컴퓨터에 의한 통제를 말한다.

🗃 재고통제(상품회전율)에 있어서의 표준재고결정

① 상품회전율의 산정 : 상품회전율이란 평균 상품재고액이 일정기간 회전하여 판매액을 형성하는 회전도수를 말하며, 연간 순매출액을 평균 상품재고액으로 나누어 산정한다.

$$㉠ \ 상품회전 = \frac{연간 \ 순매출액(원가)}{평균 \ 상품재고액(원가)} \qquad ㉡ \ 상품회전 = \frac{연간 \ 순매출액(매가)}{평균 \ 상품재고액(매가)}$$

$$㉢ \ 상품회전 = \frac{연간 \ 순매출액(매가)}{평균 \ 상품재고액(원가)} \qquad ㉣ \ 상품회전 = \frac{연간 \ 순매출액(수량)}{평균 \ 상품재고액(수량)}$$

② 상품회전율에 의한 표준재고액의 결정법

$$㉠ \ 평균 \ 상품재고액 = \frac{연간 \ 순매출액}{상품회전율} \qquad ㉡ \ 표준재고액 = \frac{차기 \ 매출목표액}{상품회전율}$$

③ 재고판매비율에 의한 표준재고결정법

> ⊙ 재고판매비율 = $\dfrac{\text{월초의 재고액(매가)}}{\text{그 달의 매출액}}$
>
> ⓒ 월초의 재고액(매가) = 그 달의 매출액×재고판매비율
>
> ⓒ 표준재고액 = 익월 매출목표액×재고판매비율

🗃 재고관리 시 유의사항

① 재고과다 시

⊙ 자금이 이유 없이 묶여 있음으로 자금계획에 나쁜 영향을 끼친다.

ⓒ 보관비용이 증가한다.

ⓒ 데드 스톡이 생기기 쉽다.

ⓔ 상품종류에 따라서 부패, 변질할 우려가 있다.

ⓜ 상품에 따라 구형화나 유행에 뒤쳐질 위험이 있다.

② 재고과소 시

⊙ 고객의 요구에 즉시 응하기가 어렵다.

ⓒ 고객에게 상품구성 및 구색 갖춤의 빈약감을 주게 된다.

ⓒ 인기상품이 절품되기 쉬우므로 그만큼 판매기회를 상실해 매출에 악영향을 준다.

ⓔ 빈번한 매입으로 매입비용이 증가하게 된다.

ⓜ 매입처로부터 경원시되기 쉽다.

5 물류경영관리

1절 물류와 로지스틱스

물류의 개념

① **협의의 물류** : 재화를 생산지점에서 소비지점 또는 이용지점까지 이동시키는 과정이다.

② **광의의 물류** : 원자재의 조달, 제품의 생산, 제품의 배송까지의 일련의 과정에서 제품 및 관련 정보가 효율적이고 효과적으로 연결되도록 계획 · 실시 및 통제하는 전체 과정이다.

> **물류의 구성요소** : 운송, 보관, 하역, 포장, 정보

물류의 목적

① **기업적 관점** : 최소 비용으로 고객 서비스의 극대화

② **국민 경제적 관점** : 원가절감을 통한 물류비용의 절감

③ **물적 유통의 관점** : 노동력을 배제하여 인간의 생활수준 향상

상류와 물류의 분리

① 상물분리의 의의

㉠ 물류합리화 관점에서 상류 경로와 물류 경로를 분리하여 운영하는 것이다.

㉡ 상류와 물류를 분리하더라도 양자 간의 횡적인 연계성은 물류정보시스템의 구축을 통해 의사소통이 가능하다.

㉢ 상류와 물류는 표리일체(表裏一體)의 관계에 있으므로 종래에는 동일 경로로 흐르는 경우가 많았으나, 로트(lot)화 화물을 최단 경로로 수송하는 일이 유리한 물류는 복잡한 상류 경로가 합리화를 방해하는 요인이 되는 경우도 많다.

② 상물분리의 필요성

㉠ **기업활동의 활성화 방안** : 상류와 물류의 흐름을 분리시켜 지점이나 영업소 등에서 처리하고 있던 물류활동은 배송센터나 공장의 직 · 배송 등을 통하여 수행하는 것이 효과적이다.

㉡ **물류의 합리화 방안** : 상품 판매력의 강화와 물류관리의 효율화를 위하여 상물분리가 중요시되고 있으며, 이는 대량수송 및 수 · 배송시간의 단축화, 재고의 집약화를 통한 최소 재

고화의 달성으로 고객서비스를 향상시키고, 총 물류비를 절감시킨다.

💠 물류의 중요성

① 물적 유통망은 산업전반에 커다란 비중을 차지하며 지역경제가 발전할 수 있는 원동력이다. 물류산업을 활성화하기 위한 도로건설 등의 사회적 자본확충과 같은 활동은 복리후생적으로 국민에게 긍정적인 영향을 미친다. 이것은 국가 균형발전에 이바지하여 인구의 대도시 집중현상을 막을 수 있다.

② 효율적 물류활동의 이점

 ㉠ 자원의 효율적인 이용과 생활환경의 개선을 이끈다. 증가하는 에너지비용, 부존자원과 재료의 부족, 생산성감소 등으로 특징지어지는 현 시대의 환경문제를 해결 · 개선하는 데 도움을 준다.

 ㉡ 유통업체의 대형화와 소비자 욕구 다변화와 같은 시장변화에 능동적으로 대응할 수 있다.

 ㉢ 기업은 물류비를 절감할 수 있다. 이것은 제조원가 및 유통원가 하락으로 이어져 최종제품의 가격을 낮추고 기업의 사업 경쟁력을 강화시킨다. 제조원가는 어떤 한계점 이상의 절감이 어렵지만 물류분야는 관리의 혁신을 통하여 비용 절감이 가능하다.

 ㉣ 물류원가 하락으로 인한 제조원가 하락은 장기적으로 소비자물가와 도매물가의 상승을 억제하는 기능을 수행한다.

💠 물류의 영역

① **조달물류** : 원 · 부자재를 조달해서 제조업자의 자재창고에 입하시킬 때까지의 물류과정

② **생산물류** : 자재창고의 출고작업에서부터 생산공정으로의 운반과 생산공정에서의 하역, 그리고 제품창고의 입고작업까지 원자재를 가지고 제품을 만들어가는 물류과정

③ **판매물류** : 물류의 최종단계로 제품을 소비자에게 전달하는 일체의 수 · 배송 활동과 이에 수반되는 물류과정

💠 물류의 기능

① **장소적 기능** : 생산과 소비의 장소적 거리를 조정하는 기능이다.

② **시간적 기능** : 생산과 소비시기의 시간적 거리를 조정하는 기능이다.

③ **수량적 기능** : 생산과 소비의 수량적 거리를 조정하는 기능이다.

④ **품질적 기능** : 생산자가 제공하는 재화와 소비자가 소비하는 재화의 품질적 거리를 조정하는 기능이다.

⑤ **가격적 기능** : 생산과 소비의 가격적 거리를 조정하는 기능이다.

⑥ **인적 기능** : 생산자와 소비자 사이의 인격적 거리를 조정하는 기능이다.

> **물류의 생산 – 소비 연결 기능**
> 상적유통의 효용을 충족시키는 물적유통기능(물류기능)이 존재해야만 거래를 통한 효용이 발휘된다. 물류는 경제활동을 촉진하고 실질적으로 그 행위를 성립시키는 역할을 한다.

물류의 구성

① **물자유통활동**
- ㉠ 수송기초시설활동
- ㉡ 수송활동
- ㉢ 보관활동
- ㉣ 하역활동
- ㉤ 포장활동
- ㉥ 유통가공활동

② **정보유통활동**
- ㉠ 통신기초시설활동
- ㉡ 전달활동

물류관리의 개념

물류관리(PDM : Physical Distribution Management)란 경제재의 효용을 극대화시키기 위한 재화의 흐름에 있어서 운송 · 보관 · 하역 · 포장 · 가공 등의 제 활동을 유기적으로 조성하여 하나의 독립된 시스템으로 관리하는 것이다.

물류관리의 목적

① 고객 서비스 수준의 향상
② 물류생산성의 효율화
③ 물류이익의 추구

물류관리의 필요성

① 생산비 절감의 한계에 따른 제3의 이윤원으로서의 물류비 절감의 관심도 증가
② 다품종화, 다양화, 다빈도화되어 가는 고객욕구의 변화
③ 3D 현상과 고임금 시대의 도래에 따른 무인화, 생력화(省力化)
④ 경쟁전략의 한 수단으로 고객서비스의 비교우위 확보
⑤ 변동하는 시장상황에 즉각 대응할 수 있는 적정재고 수준의 유지

물류관리의 원칙

① 집중지원의 원칙
② 신뢰성의 원칙
③ 추진지원의 원칙
④ 균형성의 원칙

⑤ 간편성(단순성)의 원칙　　　　⑥ 적시성의 원칙

⑦ 경제성의 원칙　　　　　　　　⑧ 권한의 원칙

⑨ 보호의 원칙

🔖 로지스틱스(Logistics)

① 의의 : 재화의 기점에서부터 소비자에 이르기까지 원재료, 구입품 및 완성품의 효율적인 흐름을 계획 · 실시 · 관리하기 위하여 하나 또는 그 이상의 활동을 통합하는 개념이다.

② 로지스틱스의 특징

　㉠ 물류기능은 운송 · 배송 · 보관 · 하역 · 포장 기능으로 이루어지나 로지스틱스는 물류활동의 효율화와 관련된 제품설계, 공장입지를 포함한 생산계획, 사전 또는 사후 서비스 방법까지도 포함한다.

　㉡ 판매분야에서 상품이나 보수자재 등 물자의 흐름에만 국한되지 않고 원재료 및 부품의 조달, 구입상품의 납입까지도 포함한다.

　㉢ 기업활동에서 소유권을 이전한 후의 화물의 유통 · 소비 · 폐기 · 환원 · 회수까지의 광범위한 분야를 총괄한다.

　㉣ 운송 · 배송 · 보관 · 하역 · 포장 등 제 기능을 종합한 시스템으로 분석 및 설계가 필요하다.

🔖 로지스틱스의 범위

활동범위	활동사항	결정사항
주요 활동	운송	경로, 수단, 기술, 빈도, 속력
	재고관리	재고, 기록, 공급계획
	마케팅	고객수요, 경쟁자의 능력
	유통관리	생산데이터, 창고관리, 고객수요, 물류체제조건, 재고, 물류수요반영, 자금의 흐름, 데이터 분석
지원 활동	보관	보관능력, 배치
	물자관리	이동요구, 장비선택, 보관순서
	포장	하역, 보관, 보호를 위한 포장의 요구
	입지 및 규모	위치, 수, 규모, 수용의 할당
	계획과 분류	순서, 집합, 적기

🔖 3S 1L 원칙

① 신속하게(Speedy)　　　　　　② 확실하게(Surely)

③ 안전하게(Safely)　　　　　　　④ 저렴하게(Low)

🚚 7R 원칙

① 적절한 상품(Right Commodity) ② 적절한 품질(Right Quality)
③ 적절한 양(Right Quantity) ④ 적절한 시기(Right Time)
⑤ 적절한 장소(Right Place) ⑥ 적절한 가격(Right Price)
⑦ 좋은 인상(Right Impression)

2절 물류시스템과 물류서비스

🚚 물류시스템

① **의의** : 여러 환경하에서 물류의 목적을 달성하려는 개별적인 요소들의 체계적인 집합체이다.
② **물류시스템의 목적**

> 시간과 공간 및 일부 형질 변경의 효용창출을 극대화할 수 있는 물류서비스의 제공과 물류비의 최소화 및 최적 물류시스템을 구성함으로써 이익을 도모하는 데 있다.

　㉠ 신뢰성 높은 운송 기능 ㉡ 신뢰성 높은 보관 기능
　㉢ 포장 기능 ㉣ 하역 기능
　㉤ 신속한 배송 기능 ㉥ 재고서비스 기능
　㉦ 유통가공 기능 ㉧ 정보 기능
　㉨ 피드백 기능

🚚 물류시스템의 설계목표

① 서비스성 ② 신속성
③ 공간의 효율적 이용 ④ 규모의 적정화
⑤ 재고관리의 적정화

🚚 물류효율분석

① **현상 파악** : 현재 수행하고 있는 물류의 형태와 총물류비의 소요액을 파악한다.
② **개선안 작성** : 현 물류의 여러 개선방안을 수립한다.
③ **물류비 견적서 작성** : 각 개선안 수행에 대한 물류비 견적서를 작성한다.
④ **물류비의 비교** : 각 개선안의 물류비를 비교하여 최선안을 선택한다.

⑤ **절감액의 계산** : 현재 수행하고 있는 물류를 최선의 개선안으로 대체할 경우 절감할 수 있는 금액을 계산한다.

⑥ **종합 평가** : 위의 최적안이 비용측면 이외의 요소들을 고려하여도 가장 효율적인 방안인지를 점검하기 위하여 종합적인 평가를 실시한다.

🎁 전체 물류시스템 분석

물류목표와 제약점 설정 → 물류 분석팀의 구성 → 내부 및 외부 자료수집 → 시뮬레이션을 이용한 자료분석 → 도출된 해를 중심으로 집행

🎁 부분 물류시스템 분석

① 고객 수익성 분석(경로분석)
② 창고 생산성 분석(보관 · 포장 · 선적업무)
③ 운송비용 분석(전체 운송비 절감)
④ 제품 수익성 분석(식료품 산업에 이용)
⑤ 산업기준 분석(산업 차원에서 이루어지는 분석)

🎁 물류시스템의 설계 시 고려사항

① 대고객 서비스 수준

> 대고객 서비스 수준은 물류시스템의 설계에 있어서 고려되어야 할 가장 중요한 요소다.

② 설비입지
③ 재고정책
④ 운송수단과 경로

🎁 물류시스템 설계에 영향을 미치는 요소

① 기존의 물류활동
② 산업 · 제품별 인식
③ 물류시스템과 관련된 기능조직
④ 경쟁적 우위의 확보

🎁 물류 서비스

제품에 대한 시간 및 장소효용을 창출하는 데 있어서 물류시스템의 유효성을 측정하는 수단으로, 납품 서비스, 시간 서비스, 품질 서비스, 재고 서비스, 애프터 서비스, 고충 서비스, 시스템

서비스 등으로 구성된다.

💎 물류 서비스의 중요성

① 물류 전체의 목표결정에 중요한 요소이다.
② 고객 서비스의 정도를 측정하는 관리지표이다.
③ 고객의 신용을 얻는 중요한 요소이다.
④ 매출액과 이익을 증가 및 촉진시키는 요소이다.
⑤ 경합을 극복하는 요소이다.

💎 물류 서비스의 접근사고

① **총 비용 관점** : 특정 수준의 고객 서비스 수준을 달성하려면 물적 유통의 각 요소의 비용을 가시적인 것과 숨겨진 부분을 모두 동시에 고려하는 것이 필요하다고 인식하는 관점
② **비용상쇄 개념** : 총 비용 접근법과 일맥상통한 것으로 서로 다른 활동의 비용 패턴이 경우에 따라서는 서로 간에 상충하는 경우가 발생한다고 인식하는 관점
③ **부분최적화의 제거** : 한 부분의 유통 기능이 최적화되어 그 결과가 다른 유통 기능의 성과에 손실을 주게 된다면 이는 부분최적화일 뿐이므로 유통망의 목표는 전체 경로의 목표를 달성할 수 있는 구조가 만든다는 인식
④ **전체 시스템 관점** : 물적유통 개념을 확장한 것으로 물적유통 기능 관리의 핵심. 전체 유통경로를 통해 서로 다른 기능을 수행하는 비용을 상쇄시키는 데까지 유통의 개념을 확장하는 관점

💎 헤스켓(Heskett)의 서비스 결정요인

① 주문의 최소량
② 주문 시 재고부족 정도
③ 고객주문에 대한 충족도
④ 일정기간 내의 주문배달량
⑤ 주문과 배달 사이의 경과시간
⑥ 주문의 편의성과 융통성 정도
⑦ 주문과 발주 사이의 경과시간
⑧ 주문 즉시 충족시켜 줄 수 있는 고객의 주문비율
⑨ 고객에게 즉시 판매 가능한 상태로의 배달 정도

💎 물류 서비스 영향요인

① **거래 전 요소** : 물류와 직접 관련되지는 않지만, 고객 서비스 전체에 영향을 주는 활동

거래정책관련 문서, 고객관련 문서, 조직구조, 시스템 유연성, 기술적 서비스 등

② **거래 중 요소** : 제품을 고객에게 이동시키는 과업과 직접 관련된 활동

재고부족 수준, 반품처리능력, 주문 사이클 요소, 적시성, 이동적재, 시스템의 정확성, 주문의 편리성, 제품 대체 가능성 등

③ **거래 후 요소** : 제품이 판매된 후에 영향을 발휘하게 되는 활동

설치, 보증, 수리, 부품, 제품추적, 고객의 항의 및 불평, 제품포장, 수리기간 중 대체품 제공 등

3절　물류비 관리

💎 물류비의 개념

① 물류활동을 수행하는 데 소비되는 경제 가치이다.
② 원재료의 조달에서부터 완제품이 생산되어 거래처에 납품 또는 반품, 회수, 폐기 등에 이르기까지 제반 물류활동에 소요되는 모든 경비를 말한다.

💎 물류비의 산정

① 물류활동에 수반되는 원가자료를 제공하고 물류합리화에 의한 원가절감이나 서비스 개선에 대한 관리지표를 제공한다.
② 물류활동의 관리와 물류 합리화의 추진을 효과적으로 수행하기 위하여 물류비의 실체를 명확히 포착하고 관리체계를 확립하는 데 필수적이다.

💎 물류비 산정의 목적

① 생산과 판매부문의 불합리한 물류활동 발견
② 물류비의 크기를 표시하여 사내에서 물류의 중요성 인식
③ 물류활동의 계획, 관리, 실적 평가
④ 물류활동의 문제점 파악

💌 물류비의 기능별 분류

비용이 어떠한 물류기능을 위하여 발생하였는가를 기준으로 분류하는 방법이다.

① **물자유통비** : 유형의 제품을 물리적으로 유통시키기 위하여 소비되는 비용

　ㄱ **포장비** : 제품을 운송 · 보관하는 데 필요한 운송포장비(판매포장비 제외)

　ㄴ **수송비** : 장소적 효용창출을 위해 제품을 한 장소에서 다른 장소로 이동시키는 데 사용된 비용

　ㄷ **보관비** : 시간의 효용창출을 위해 제품을 일정 기간 보관하기 위한 비용

　ㄹ **하역비** : 제품을 포장 · 운송 및 유통가공 업무에 수반하여 동일 시설 내에서 이동시키는 데 발생하는 비용

　ㅁ **유통가공비** : 물자유통 과정에서 물류의 효율을 향상시키기 위하여 가공에 사용되는 비용 (생산가공비 제외)

② **물류정보비** : 무형정보의 전달비용을 말하며 생산정보 유통비, 거래정보 유통비 등의 비물류정보 유통비는 제외

　ㄱ **재고관리비** : 재고에 관련된 정보를 전달하는 데 드는 비용

　ㄴ **주문처리비** : 발주 · 수주 등 주문처리에 관련된 정보를 처리하는 데 드는 비용

　ㄷ **고객 서비스비** : 출하문에 대한 응답 및 출하촉진 등의 업무와 관련된 정보를 전달하는 데 드는 비용

③ **물류관리비** : 물류계획, 조정, 통제에 소요되는 비용

💌 물류비의 영역별 분류

기업에서 물류는 원재료의 조달에서부터 제품 배송에 이르기까지 범위가 광범위하므로 그 성격에 따라 구분하는 방법이다.

① **왕로(往路)물류비**

　ㄱ 조달물류비　　　　　　　　　　　ㄴ 생산물류비

　ㄷ 사내물류비　　　　　　　　　　　ㄹ 판매물류비

② **귀로(歸路)물류비**

　ㄱ 반품물류비

　ㄴ 회수물류비

　ㄷ 폐기물류비

💌 물류비의 원가계산

① **원가계산의 목적**

　ㄱ 재무제표 작성에 필요한 원가를 집계한다.

1과목

유통물류일반관리

ⓛ 가격계산 또는 원가관리에 필요한 정보를 제공한다.

ⓒ 이익계획의 수립 및 예산관리의 집행에 필요한 원가정보를 제공한다.

ⓔ 경영비교 및 분석에 필요한 원가자료를 제공한다.

② 원가계산의 절차

　　㉠ 제1단계 : 물류원가계산 목표의 명시

　　㉡ 제2단계 : 물류비 자료의 식별과 입수

　　㉢ 제3단계 : 물류비 배부기준의 설정

　　㉣ 제4단계 : 물류비의 배부와 집계

　　㉤ 제5단계 : 물류원가계산의 보고

🎁 물류비 원가계산의 방식

① 관리회계방식(일반기준) : 원가계산 제도에 의하여 물류활동에 대한 비용을 측정하는 방식이다.

　　㉠ 비교적 정확한 물류비 계산이 가능하며, 산출된 물류비 정보를 활용한 원가절감 목표의 수행에 유용하다.

　　㉡ 정확한 물류비를 계산하기 위해서는 물류비의 정의와 분류, 물류비 계산단위의 결정, 물류비 자료의 입수와 집계방법, 물류간접비 배부방법과 기준 설정, 물류비 보고서 작성방법 등 물류관리의 목적에 부합하는 원가계산 제도의 개발이 필요하다.

② 재무회계방식(간이기준) : 손익계산서에 나타난 계정과목 중에서 지불해야 할 운송료나 지불해야 할 보관료 등의 물류관련 비용항목을 중심으로 계산하는 방식이다.

　　㉠ 계산된 물류비가 총매출액 대비 물류비의 약 $\frac{1}{3}$ 정도 밖에 되지 않아 실질적인 물류비 계산에는 실효성에 문제가 있다.

　　㉡ 초기 물류관리단계, 물류비 계산에 비용이 많이 소요되는 경우나 물류원가계산 시스템의 미확립으로 개략적인 정보에 만족하는 기업 등에 참고자료로 이용된다.

🎁 물류비의 원가분석

원가변동의 원인을 명백히 하고 관리자별로 파악함으로써 원가관리를 합리적으로 추진하는 데 그 목적이 있다. 원가를 분석하려면 먼저 비용을 변동비와 고정비로 구분하여야 한다.

🎁 물류비의 원가분석 단계

① 부분별 분석 : 재무회계 내에서는 물류원가가 전사적으로 포함되어 있기 때문에 물류부문의 형태적 과목마다의 비용을 집계하여 그 총액을 파악한다.

② 기능별 분석 : 형태적 과목에서 파악된 물류부문의 원가를 물류기능 면에서 분석하고 파악한다.

③ 적용별 분석 : 부분별 · 기능별 분석을 기초로 하여 제품별 · 지역별 · 경로별 원가분석을 행하

고 실태를 명확하게 한다.

④ **대체 가능성 분석** : 원가분석의 제 정보를 기초로 하여 현재의 물류수단과 방법을 대체 가능한 것으로 개선하는 경우의 원가비교를 실시하고, 개선의 가부에 대한 의사를 결정한다.

원가분석 방법

① **변동비에 의한 분석** : 수량에 의한 차와 단가에 의한 차로 나누어서 분석한다.

② **고정비에 의한 분석** : 금액에 의한 차를 분석하는 방법과 조업도에 의한 차를 분석하는 방법이 있다.

　⊙ **금액 차이** : 실적고정비 − 예산고정비

　⊙ **금액 차이에 의한 단위당 비용 차** : (실적고정비 − 예산고정비) ÷ 예산매출량

　⊙ **조업도 차이에 의한 단위당 비용 차** : (예산고정비 ÷ 실적수량) − (예산고정비 ÷ 예산수량)

③ **구성 차이에 의한 분석** : 변동비의 단가 차가 품종구성, 지역구성 등에 의해 변화되기 때문에 이러한 요인들에 대해 그 차이를 분석하는 방법이다.

물류비 예산관리

① **물류예산** : 물류활동에 대한 계획을 수량화한 것을 의미하며, 예산의 주요 기능은 계획 · 조정 · 통제이다.

② **물류예산관리** : 기업의 물류활동을 위해서 설정된 물류부문 방침에 의거하여 물류관리자가 물류요원의 의견을 수렴하여 과학적으로 예산을 편성하고, 예산의 실시에서는 관련 지출을 조정하는 것과 함께 지출을 통제하는 것을 의미한다.

③ **물류예산의 통제방법** : 사전통제방법, 기중통제방법, 사후통제방법

물류예산의 종류

① **발생형태별 예산** : 물류재료비 예산, 물류노무비 예산, 물류경비 예산

② **물류영역별 예산** : 조달물류비 예산, 사내물류비 예산, 판매물류비 예산

③ **물류기능별 예산** : 포장비 예산, 운송비 예산, 보관비 예산, 하역비 예산, 유통가공비 예산, 물류경비비 예산, 물류관리비 예산

④ **관리목적별 예산** : 제품별 물류비 예산, 지역별 물류비 예산, 고객별 물류비 예산

물류예산의 편성

> 물류예산 = 물류계획 × (실적수준 + 물류물가의 상승 가능성) − 합리화 계획

① **자가물류비 예산액** : 물류량 1단위당 물류비 표준을 설정하고 여기에 물류량 예산액을 곱한다.

② **지불물류비 예산액** : 지불대금인 인가요금과 운임을 근거로, 물류량 1단위당 물류비 요금·운임 표준을 설정하고 여기에 물류량 예산액을 곱한다.

③ **정보유통비·물류관리비 예산액** : 물류량과는 직접적인 관계가 없기 때문에 일정 기간(원칙적으로 1개월) 예산총액을 전기의 실적과 차기의 예측을 고려하여 계산한다.

💎 물류예산의 차이 분석

물류예산의 집행 후 물류활동에 관한 예산목표의 달성 여부와 예산운영의 효율성을 파악하기 위해 예산과 실적의 차이를 명확하게 하는 과정이다.

💎 물류예산 차이 분석의 방법

① **물류비 예산·실적 차이의 합계** : (실제물류량 × 실제가격) − (예산물류량 × 예산가격)

② **물류비 가격 차이** : (예산가격 − 실제가격) × 실제물류량

③ **물류비 능률 차이** : 예산가격 × (실제물류량에 대한 예산물류량 − 실제물류량)

④ **물류비 조업도 차이** : 예산가격 × (예산물류량 − 실제물류량에 대한 예산물류량)

💎 물류예산 차이 분석의 효과

① 물류활동에 대한 문제점 발견과 명확성

② 물류종사자에 대한 동기 부여

③ 물류활동의 개선조치 강구

④ 물류활동에 대한 업적평가

⑤ 당기의 예산보고서에 관한 기본적인 자료제공

⑥ 차기의 물류계획과 예산편성에 관한 정보제공

4절 물류합리화

💎 물류표준화

포장·하역·보관·수송·정보 등 각각의 물류기능 및 단계에서 사용되는 물동량의 취급단위를 표준화 또는 규격화하고, 여기에 이용되는 기기·용기·설비 등의 강도나 재질 등을 통일하는 것을 말한다.

물류표준화의 필요성

① 물동량의 이동과 흐름이 증대함에 따라 물류의 일관성과 경제성을 확보해야 한다.
② 물류비의 과다부담을 덜어 준다.
③ 새로운 기술, 새로운 소재, 공장자동화, 하역·보관의 기계화 및 자동화 등 수·배송의 합리화를 위해서는 물류의 표준화가 전제되어야 한다.
④ 국제화 시대에 있어 국제환경에 대응하기 위해 국제표준화에 연계될 물류표준화는 긴요한 과제이다.
⑤ 국가에 의한 표준화 규격의 설정으로 기업 규격의 선도적인 역할을 해야 한다.
⑥ 물류활동의 효율성을 제고하는 데는 물류의 표준화가 선행되어야만 한다.

물류표준화의 목적

① 물류활동의 효율화 ② 화물유통의 원활화
③ 수급의 합리화   ④ 물류비의 저렴화

물류표준화의 방안

소프트웨어 분야	하드웨어 분야
• 물류용어 통일 • 거래 단위 표준화 • 전표 표준화 • 바코드 등의 표준코드 활용 • 포장치수 표준화	• 팰레트의 표준화 • 내수용 컨테이너 보급 • 지게차 표준화 • 트럭 적재함 표준화 • 보관시설 표준화 • 기타 물류기기 표준화

물류표준화의 기초 조건

① 수량(Quantity)   ② 크기와 길이(Large & Length)
③ 품질(Quality)   ④ 서비스(Service)

물류공동화

수·배송의 효율화를 높이고 비용을 절감하기 위해 동일 지역 또는 동일 업종을 중심으로 노동력, 수송수단, 보관설비, 정보시스템 등 물류시설을 2인 이상이 공동으로 설치하고 이용·관리하는 것을 말한다.
① 물류공동화의 도입과 활용은 물류비 절감과 고객 서비스 향상을 추구하는 물류합리화의 기본이 된다.
② 동종업체나 이종 연관기업들이 전국적, 지역적으로 물류시설을 설치·운용하는 것보다 최소

의 비용으로 최대의 이익을 올릴 수 있다.

🔹 물류공동화의 목적

① 사람 · 물자 · 자금 · 시간 등 물류자원을 최대한 활용함으로써 비용절감을 도모한다.
② 고객에 대한 서비스 향상을 도모한다.
③ 대기오염 · 소음 · 교통체증 등 외부불경제에 대한 문제의 최소화를 도모한다.

🔹 물류공동화의 효과

① 자금조달 능력의 향상
② 수송 단위의 대량화
③ 정보의 네트워크화
④ 차량유동성 향상
⑤ 다빈도 소량배송에 의한 서비스 확대
⑥ 수 · 배송 효율의 향상

🔹 물류공동화의 방안

① 공동 수 · 배송 체제의 도입
② 물류자회사와 물류공동회사의 설립
③ 공동 집 · 배송단지의 건립(물류센터와 물류단지)

🔹 물류공동화의 전제조건

① 자사의 물류시스템을 완전히 개방해야 한다.
② 표준물류심벌(ITF) 및 업체 통일전표와 외부와 교환이 가능한 팔레트를 사용해야 한다.
③ 서비스의 내용을 명확하게 하고 표준화해야 한다.
④ 통일된 회계기준에 근거하여 물류비를 명확하게 산정하고 체계화해야 한다.

물류공동화의 장 · 단점

장점	단점
• 물류비용의 절감 • 수 · 배송의 효율성 향상 • 정보망 구축에 대한 효율성 향상 • 물류 서비스의 안정적 공급 및 서비스 수준의 향상	• 중복 투자의 감소에 따른 물류의 생산성 향상 • 당사자 간의 이해 불일치 발생 • 기밀유지가 곤란 • 운임요금 결정의 어려움 • 수송 수요의 세분화 · 개성화에 따른 대처에 미흡 • 리더 또는 조정자의 확보 및 물류업자 선택의 어려움

🔰 공동 집 · 배송단지의 건립(물류센터와 물류단지)

① **물류센터** : 복수의 공급자와 수요자가 존재하는 물품의 유통과정에서 이를 통합하여 계획화하고, 효율화를 도모하기 위하여 공급자와 수요자의 중간에 설치하여 배송의 효율화를 도모하는 물류시설을 말한다.

② **물류단지** : 화물터미널, 창고단지, 유통단지, 도매시장, 개별 기업의 집 · 배송센터, 유통가공센터 등 각종 물류시설을 집약하는 종합적인 물류거점을 말한다.

🔰 공동 집 · 배송단지

① **의의** : 동종 및 이종 업체 간 또는 유통업체들이 대규모 유통업무단지를 조성하여 도매거래기능, 유통가공기능, 공동 수 · 배송기능, 공동 재고관리기능을 수행하는 대규모 물류단지이다.

② **공동 집 · 배송단지의 종류**

　㉠ **공동건물식** : 하나의 건물에 다수업체의 집 · 배송단지를 단지화하는 방식이다.

　㉡ **연간식** : 각 기업체의 집 · 배송센터를 연립식 건물에 집단화하여 설치하는 방식이다.

　㉢ **가구식** : 거대한 단지에 질서 있게 구획을 설정하여 원활한 단지 내 지도를 만들어 다수의 구획단위로 구분하는 방식이다.

🔰 공동 수 · 배송 체제의 도입

공동 수 · 배송 체제의 구축은 기업들의 물류공동화 방법 가운데 물류비 절감을 위한 첫 번째 물류합리화 방안이다.

🔰 공동 수 · 배송의 유형

① **배송공동형** : 화물 거점시설까지 각 화주가 운반하는 방식으로 배송만을 공동화한다.

② **집 · 배송공동형** : 집하와 배송의 공동방식으로 특정 화주 공동형과 운송업자 공동형이 있다.

③ **납품대행형** : 각 화주의 주도로 유통가공, 분배, 납품 등의 작업을 대행하는 방식이다.

④ **노선집하공동형** : 노선의 집하부분만 공동화한 방식으로, 화주가 지정한 노선업자에게만 화물을 이송한다.

⑤ **공동수주 · 공동배송형** : 운송업자가 협동조합을 설립하여 공동수주 · 배송하는 방식이다.

🔰 소화물 일관운송

화주로부터 1건 또는 1개 이상의 소형 · 소량의 화물운송을 의뢰받아 송화주의 문전에서 수화주의 문전으로 화물의 집하 · 포장 · 운송 · 배달에 이르기까지 자기의 책임하에 화물운송 및 이에 관련된 일련의 서비스를 신속 · 정확하게 제공하는 수송서비스이다.

① 소형 · 소량 화물의 운송을 위한 운송체계이다.

② 문전에서 문전까지 운송의 일괄서비스를 제공한다.

③ 일괄서비스의 편리성, 야간운송, 소화물의 배달 및 현재 위치 등에 관한 정보를 제공한다.

④ 소형차량을 이용한 도시 내 권역별 공동 집·배송 체제의 유지로 도심 내 교통문제를 최소화한다.

⑤ 단일 운임과 요금체제를 통한 경제성 있는 운송서비스를 제공한다.

⑥ 제품의 운송 시 규격화된 포장서비스를 제공한다.

⑦ 재고비용이 감소하면 수송비용이 증가한다.

🐾 소화물 일관운송의 전략

① 수송서비스의 안전·정확성 제고

② 수송서비스의 신속성 제고

③ 수송서비스의 편리성 제고

④ 화물손상에 대한 완전한 보상서비스 제공

5절 물류센터

🐾 물류센터

① 의의

㉠ 복수의 공급자와 수요자가 존재하는 물품의 유통과정에서 이를 통합하여 계획화하고, 효율화를 도모하기 위해 공급자와 수요자의 중간단계에 위치하여 배송의 효율화를 도모하는 물류시설이다.

㉡ 현대의 물류시설은 보관, 환적, 집배송의 기능을 수행하게 되는데, 이 기능들이 집합적으로 수행되거나 일부 기능이 수행되는 물류시설을 통칭하여 물류센터라 한다.

> 보관센터는 물류의 효용 중 시간의 효용을 제공하고, 배송센터는 장소의 효용을 제공

② 기능에 따른 분류

㉠ 보관센터(ST : Stock Center, 창고)

㉡ 환적센터(TC : Transshipment Center)

㉢ 배송센터(DC : Distribution Center)

③ 물류센터의 기능
   ⊙ 고객의 다양한 요구에 부응하기 위하여 각종 유통가공 기능이나 조립업무를 수행하고 납입물품의 품질이나 수량을 확인하는 검품기능을 갖는다.
   ⓒ 시장점유율을 높이기 위해 수주 시 재고품절이 발생하지 않도록 제품의 확보기능을 수행하고 전시점으로서의 성격을 가미하여 판매확대를 위한 전진기지의 역할을 수행한다.
   ⓒ 일시적 또는 장기적 물품보관을 통하여 공급과 수요의 완충 또는 조정 역할을 수행한다.
   ⓔ 주문에 응하여 적기에 납품할 수 있도록 집·배송을 위한 배송기지의 역할과 운송비 절감을 도모할 수 있는 중계점 역할을 한다.

📦 물류센터의 설치효과

① 상물분리에 의한 물류의 효율화
② 교차운송의 방지
③ 재고집약에 의한 적정재고의 유지
④ 각 업소의 품목정리활동의 간략화로 판매활동에 전념 가능
⑤ 각 업소의 구입활동 집약화로 유리한 거래체결 가능
⑥ 판매정보의 집약, 조기파악으로 구입계획에 반영
⑦ 수급조정을 위한 재고집약에 의해 수급변동의 영향을 흡수완화
⑧ 신속·정확한 배송에 의한 고객서비스의 향상

📦 물류센터의 입지결정요인

① 물류거점의 입지규모
② 자재 및 제품의 재고관리
③ 효율적 배송경로
④ 차량의 크기
⑤ 야적장의 공간, 자재 등의 유효배분

> **물류센터 설치의 의사결정단계** : 시설의 필요성 인식 → 전략 대안의 도출 → 전략 대안의 평가 → 입지 및 규모의 결정

📦 물류센터의 배치형태

① **집중배치형** : 백화점, 슈퍼 등의 집·배송센터로서, 자사 체인점의 다수를 배송권으로 배송센터를 집중적으로 배치하여 공동구입, 관리의 일원화 및 계획배송을 실시하는 형태이다.
② **분산배치형** : 각 생산회사에서 생산한 물품을 인근 영업창고에 보관한 후 고객이 주문할 경우 상물분리 형태에 따라 상호 간 데이터 전송 등의 방법으로 정보시스템을 결합하여 이를 배송 운영하는 형태이다.

③ **규모별 연결형** : 중앙에 대형 배송센터를 설치하여 보급거점의 역할을 수행하게 하고 주변에 소형 배송센터를 분산하여 설치한 후, 이를 고객의 배송거점으로 활용하는 형태이다.

④ **기능별 구분형** : 다품종 소량생산 제조업자 등이 주로 활용하는 집·배송센터로서, 총체적, 합리적 재고관리를 실시하여 ABC 분석을 통해 재고를 배치하고 AB 품목은 제1선의 물류센터에 보관, C 품목은 지역블록 담당의 전략창고에 보관하는 형태이다.

⑤ **전략창고형** : 지역블록마다 1개소에 4~5개의 배송센터를 배치하는 형태이다.

🔷 복합화물터미널

① 순수 물류기능을 담당하는 물류기지이다.

② 좁은 의미에서는 배송센터나 화물터미널 외에 운송수단 간 연계시설, 화물취급장, 화물정보센터, 내륙통관기지를 포함한다.

③ 넓은 의미에서는 유통가공시설 또는 창고단지를 포함한다.

🔷 복합화물터미널의 기능

① 터미널기능   ② 혼재기능의 강화

③ 유통보관기능   ④ 변형기능

⑤ 정보센터기능

🔷 내륙컨테이너기지(ICD : Inland Container Depot)

① 화물유통을 원활하게 하기 위해 공단과 항만 사이를 연결한 대규모 물류기지이다.

② 각 운송수단 간의 연계 및 중계기능을 제외하면 미만재(未滿載) 소량수출품을 집화하고 방면별로 분류하여 컨테이너 속에 적입한 후 항만의 컨테이너 터미널까지 수송하는 혼재업무를 담당한다.

🔷 내륙 ICD의 장점

① **시설면** : 항만지역과 비교하면 창고·보관시설용 토지취득이 용이하고 시설비용이 절감되어 창고보관료가 저렴하다.

② **하역면** : 노동력의 안정적 확보와 하역작업의 기계화를 통한 노동생산성이 향상된다.

③ **수송면** : 화물의 대단위화에 따른 수송효율의 향상과 항만지역의 교통혼잡을 피할 수 있어 수송비가 절감된다.

④ **포장면** : 통관검사 후 재포장이 필요한 경우 ICD 자체 보유 포장시설을 이용한다.

⑤ **통관면** : 항만에서의 통관 혼잡을 피하고 통관의 신속화에 따른 비용을 절감한다.

6절 물류활동과 아웃소싱

💠 물류부서의 주요 임무

① 물류기획부의 주요 임무
 ㉠ 전사적인 물류전략의 수립
 ㉡ 전사적인 물류시스템의 설계 개선
 ㉢ 전사적인 물류관계 프로젝트의 추진
 ㉣ 물류예산의 편성관리
 ㉤ 물류비의 파악 및 물류비용표의 작성
② 물류담당자의 주요 임무
 ㉠ 판매관련 업무
 ㉡ 생산관련 업무
 ㉢ 물류관련 업무

💠 물류조직의 활동

① 라인(Line) 활동
 ㉠ 제품 또는 서비스의 생산과 판매에 직결된다.
 ㉡ 주문처리, 커뮤니케이션, 재고관리, 창고보관, 선적, 운송, 차량관리 등의 업무활동을 한다.
② 스태프(Staff) 활동
 ㉠ 분석, 조사, 권고 등의 성질을 가져 생산·판매의 라인 업무를 돕는 서비스를 제공한다.
 ㉡ 시스템의 검토, 재고분석, 하역기술, 창고설계, 지역계획 등의 업무활동을 한다.

💠 물류자회사

① 각 기업별로 관리되고 있는 물류조직이 하나로 통합되는 첫 번째 과정이다.
② 대기업의 경우 그룹 계열사에 흩어져 있는 사업부 단위의 물류관련 부서를 통합하여 별도의
 물류관리 전문회사를 그룹 내의 새로운 법인으로 설립하는 것이다.

💠 물류공동회사

① 동종 기업 간에 설립하여 운영되는 물류조직이다.
② 동종 경쟁사 및 이종 유사업종의 기업 간에 물류비 절감을 위하여 공동으로 설립하는 경우가
 많다.

🎁 제3자 물류

① 의의 : 원료의 조달에서 완제품의 소비에 이르는 공급체의 전체 물류기능 또는 일부분을 물류업체가 화주기업으로부터 위탁받아 대행하는 물류활동을 말하며, 줄여서 3PL(3 Party Logistics) 또는 TPL(Third Party Logistics)이라고 한다.

② 제3자 물류의 효과

    ㉠ 운영비용 감소효과   ㉡ 서비스 개선효과

    ㉢ 자본비용의 감소효과   ㉣ 핵심역량에 대한 집중효과

🎁 제4자 물류

① 의의 : 물류업무 수행능력 및 정보기술, 컨설팅 능력을 보유한 업체가 공급망상의 모든 활동에 대한 계획과 관리를 전담하여, 다수의 물류업체 운영 및 관리를 최적화함으로써 생산자와 유통업체 간의 물류 효율화를 도모하는 것이다. 4PL(4 Party Logistics), FPL(Fourth Party Logistics) 또는 LLP(Lead Logistics Provider)라고 한다.

② 제4자 물류의 목적

    ㉠ 모든 영역의 물류 서비스를 제공할 수 없었던 기존 전문 물류업체(3PL)의 한계를 극복한다.

    ㉡ 공급체인에 대하여 탁월하고 지속적인 개선효과를 발휘한다.

③ 제4자 물류의 특징

    ㉠ 세계수준의 전략 · 기술 · 경영관리를 제공한다.

    ㉡ 제3자 물류업체, 컨설팅업체, IT 업체들이 가상조직을 형성하여 한 번의 계약으로 공급체인 전반에 걸친 통합 서비스를 제공한다.

    ㉢ 원재료의 조달부터 최종 고객으로의 판매에 이르기까지 공급체인상에서 발생하는 모든 물류활동을 하나의 조직이 수행한다.

6 유통기업의 윤리와 법규

1절 기업윤리의 기본개념

🎁 기업윤리

① **도덕적 측면** : 기업활동에서 직면하는 복잡한 도덕적 문제에 당면하였을 때에 이것을 해결하기 위하여 선(옳은 일)과 악(옳지 못한 일)을 구분하는 원칙을 정하고 그 원칙을 적용하는 기법을 말한다.

> 선의 기준은 개인의 가치관에 따라서 다를 수 있다.

② **기업적 측면** : 윤리에 관계되는 기업문제를 사회적 가치관과 법규의 기본 취지를 지키면서 기업에 가장 유리한 방향으로 처리되도록 하는 기업의 의사결정방법을 말한다.

> • 기업이익을 단기적으로 생각한다.
> • 결과만 옳으면 과정은 중요시하지 않는다.
> • 합법적이지만 비윤리적일 수도 있다.

③ **개인적 측면** : 기업활동에 관련된 의사결정을 할 때에 개인의 가치관을 기준으로 의사결정을 하는 방법을 말한다.

> • 조직 내의 개인은 진공 속의 개인이 될 수 없다.
> • 개개인의 가치관에 따라서 경영문제를 자의대로 결정해서는 안 된다.

④ **종합적 측면** : 개인의 도덕적 가치관을 윤리에 관련된 기업활동과 목표에 적용시키는 원리 또는 기술을 말한다.

> • 자기이익모델에 의한 판단이 부적합하다.
> • 사회이익모델에 입각한 의사결정을 한다.

🐚 기업윤리의 필요성

① 기업윤리는 경쟁력을 강화한다.

② 비윤리적 행위는 기업에 손해가 된다.

③ 회사를 위해서 결정을 해도 책임은 개인이 진다.

④ 기업활동의 결과는 사회에 막대한 영향을 끼친다.

⑤ 자유시장 경제체제를 유지하려면 기업윤리가 필요하다.

⑥ 기업윤리문제를 잘못 다루면 기업활동에 큰 영향을 미친다.

2절 기업윤리의 기본원칙

🐚 유통의 윤리

① **소매상의 윤리문제** : 소매점의 규모가 커감에 따라서 상품유통에서 차지하는 영향력이 커지고 대규모 소매점(백화점, 할인점 등)이 경로주장이 되는 경우가 많으며 의류나 중소기업 제품일 경우에는 더욱 그런 경향이 있다.

> **경로주장(Channel Captain)** : 생산자 → 도매상 → 소매상 → 소비자로 흐르는 유통과정에서 가장 힘이 크고 지배적인 역할을 하는 기관을 말한다.

② **도매상의 윤리문제** : 최근 각종 체인(연쇄점)이나 프랜차이징(franchising)의 발달에 따라서 이러한 체인본부와 가맹 소매점 또는 단위 편의점과의 관계에서 윤리적 문제가 발생한다.

③ **유통경로의 윤리문제**

㉠ 유통경로의 비윤리적 행위는 유통질서를 문란하게 한다.

㉡ 비윤리적인 유통경로는 유통업에 대한 불신을 초래하여 결국은 유통업계나 제조업자 모두에게 불리한 결과를 가져온다.

🐚 판매원의 윤리

① **판매원의 윤리성 문제**

㉠ 일반적으로 판매원은 현지에서 혼자 판매활동을 하고, 문제가 생기면 상사와 상의 없이 현장에서 즉시 해결해야 한다.

㉡ 판매목표의 달성 여하가 판매원의 수입과 승진에 직결되므로 판매 할당량이 문제될 수 있다.

㉢ 장기간 현지에서 판매여행을 하므로 자칫하면 공적 비용과 사적 비용이 혼돈되기 쉽다.

② 판매원의 윤리성 향상 방법

    ㉠ 상세한 판매원 행동준칙 또는 영업사원 행동강령을 제정하여 알려주고 그것을 준수하도록 해야 한다.

    ㉡ 판매량 할당은 정상적인 판매활동으로 가능한 범위 내에서 정해야 하며 무리하게 그 목표량을 달성하도록 요구해서는 안 된다.

    ㉢ 영업사원이 현지에서 윤리적 문제에 직면하면 즉시 본사에 연락하여 상의하고 지시받도록 해야 한다.

    ㉣ 영업활동 속에 비윤리적 문제가 계속하여 발견될 때에는 더 큰 문제가 생기기 전에 적절하고 적극적인 조치를 취하여야 한다.

3절 유통기업의 윤리경영

🎁 유통경로의 갈등 유형

① **수평적 경로 갈등** : 소매상과 소매상 또는 도매상과 도매상 등 동일 단계에 있는 경로구성원들 간에 발생하는 갈등으로, 주로 서비스 경쟁, 판촉 경쟁, 가격 경쟁 때문에 발생한다. 동일한 상품을 취급하며 서로 간의 영역 침범이나 한 가맹점이 전체 가맹점의 이미지를 손상시키는 행태 등이 해당된다.

② **수직적 경로 갈등** : 제조업자와 중간상, 본부와 가맹점 또는 도매상과 소매상 등 서로 다른 단계에 있는 경로구성원들 간에 발생하는 갈등으로, 주로 계약 위반, 가격 및 서비스 수준의 미달 때문에 발생한다. 상호 목표의 차이, 이해의 부족, 소통의 결여 등에 원인이 있다.

③ **복수 경로 갈등** : 대리점과 할인점처럼 서로 다른 유통경로에 속해 있는 주체들 간의 갈등이다.

🎁 유통경로 갈등의 원인

① 경로구성원들 간의 목표가 불일치한 경우

② 경로구성원들이 수행해야 할 영역이 불일치한 경우

③ 현실 인식의 차이가 발생하는 경우

🎁 유통경로 갈등의 해소

① 경로 리더(Channel Leader)의 지도력을 강화한다.

② 공동 목표를 제시하여 경로 구성원들 간의 협력을 증대한다.

③ 경로구성원들 간의 커뮤니케이션을 강화한다.

④ 중재와 조정 절차를 수행하는 상설기구를 설립한다.

💠 성희롱의 이해

① 의의 : 성에 관계된 말과 행동으로 상대방에게 불쾌감, 굴욕감 등을 주거나 고용상에서 불이익을 주는 등의 피해를 입히는 행위

② 성희롱의 유형

　㉠ 신체적 : 상대의 특정 신체부위를 만져 불쾌감을 주는 행위

　㉡ 언어적 : 음담패설, 외모에 대한 성적 비유나 평가, 성적인 정보를 유포하는 행위

　㉢ 시각적 : 외설적인 시각자료를 보여주거나 성과 관련된 특정 신체부위를 노출하거나 만지는 행위

③ 성희롱 방지를 위한 조항을 규정하는 법률 : 남녀고용평등과 일·가정 양립 지원에 관한 법률, 성발전기본법, 국가인권위원회법

4절　유통관련 법규

유통산업발전법

💠 유통산업발전법의 목적

① 유통산업이라 함은 농산물, 임산물, 축산물, 수산물(가공 및 조리물을 포함한다) 및 공산품의 도매, 소매 및 이를 경영하기 위한 보관, 배송, 포장과 이와 관련된 정보, 용역의 제공 등을 목적으로 하는 산업이다.

② 유통산업의 효율적인 진흥과 균형있는 발전을 꾀하고, 건전한 상거래질서를 세움으로써 소비자를 보호하고 국민경제의 발전에 이바지함을 목적으로 한다.

💠 매장

매장이란 상품의 판매와 이를 지원하는 용역의 제공에 직접 사용되는 장소를 말한다.

① 매장에 포함되는 용역의 제공장소의 범위

　㉠「건축법 시행령」[별표 1]의 제3호 규정에 따른 제1종 근린생활시설

　　• 휴게음식점 또는 제과점으로서 같은 건축물에 해당 용도로 쓰는 바닥면적의 합계가 300

제곱미터 미만인 것

- 이용원, 미용원, 목욕장 및 세탁소
- 의원, 치과의원, 한의원, 침술원, 접골원, 조산원, 산후조리원 및 안마원
- 탁구장 및 체육도장으로서 같은 건축물에 해당 용도로 쓰는 바닥면적의 합계가 500제곱미터 미만인 것 등

ⓛ 같은 표 제4호에 따른 제2종 근린생활시설
ⓒ 같은 표 제5호에 따른 문화 및 집회시설
ⓔ 같은 표 제13호에 따른 운동시설
ⓜ 같은 표 제14호 나목에 따른 일반업무시설(오피스텔 제외)

🎁 대규모점포

① 대규모점포란 하나 또는 대통령령이 정하는 둘 이상의 연접되어 있는 건물 안에 하나 또는 여러 개로 나누어 설치되는 매장을 말한다.
② 대규모점포의 규정
  ㉠ 건물 간의 가장 가까운 거리가 50미터 이내이고 소비자가 통행할 수 있는 지하도 또는 지상통로가 설치되어 있어 하나의 대규모점포로 기능할 수 있는 것
  ㉡ 상시 운영되는 매장일 것
  ㉢ 매장면적의 합계가 3천 제곱미터 이상일 것

🎁 대규모점포로서 대통령령이 정하는 것(대규모점포의 종류)

① **대형마트** : 용역의 제공장소를 제외한 매장면적의 합계가 3천 제곱미터 이상인 점포의 집단으로서 식품ㆍ가전 및 생활용품을 중심으로 점원의 도움 없이 소비자에게 소매하는 점포의 집단
② **전문점** : 용역의 제공장소를 제외한 매장면적의 합계가 3천 제곱미터 이상인 점포의 집단으로서 의류ㆍ가전 또는 가정용품 등 특정 품목에 특화한 점포의 집단
③ **백화점** : 용역의 제공장소를 제외한 매장면적의 합계가 3천 제곱미터 이상인 점포의 집단으로서 다양한 상품을 구매할 수 있도록 현대적 판매시설과 소비자 편익시설이 설치된 점포로서 직영의 비율이 30퍼센트 이상인 점포의 집단
④ **쇼핑센터** : 용역의 제공장소를 제외한 매장면적의 합계가 3천 제곱미터 이상인 점포의 집단으로서 다수의 대규모점포 또는 소매점포와 각종 편의시설이 일체적으로 설치된 점포로서 직영 또는 임대의 형태로 운영되는 점포의 집단
⑤ **복합쇼핑몰** : 용역의 제공장소를 제외한 매장면적의 합계가 3천 제곱미터 이상인 점포의 집단으로서 쇼핑, 오락 및 업무기능 등이 한 곳에 집적되고, 문화ㆍ관광시설로서의 역할을 하며, 1개의 업체가 개발ㆍ관리 및 운영하는 점포의 집단

💠 임시시장

임시시장이라 함은 다수의 수요자와 공급자가 일정한 기간 동안 상품을 매매하거나 용역을 제공하는 일정한 장소를 말한다.

💠 체인사업

① 체인사업이라 함은 같은 업종의 여러 소매점포를 직영하거나 같은 업종의 여러 소매점포에 대하여 계속적으로 경영을 지도하고 상품, 원재료 또는 용역을 공급하는 사업을 말한다.

② 대통령령상의 체인사업

ㅤ㉠ **직영점형 체인사업** : 체인본부가 주로 소매점포를 직영하되, 가맹계약을 체결한 일부 소매점포(가맹점)에 대하여 상품의 공급 및 경영지도를 계속하는 형태의 체인사업

ㅤ㉡ **프랜차이즈형 체인사업** : 독자적인 상품 또는 판매, 경영 기법을 개발한 체인본부가 상호, 판매방법, 매장운영 및 광고방법 등을 결정하고, 가맹점으로 하여금 그 결정과 지도에 따라 운영하도록 하는 형태의 체인사업

ㅤ㉢ **임의가맹점형 체인사업** : 체인본부의 계속적인 경영지도 및 체인본부와 가맹점 간의 협업에 의하여 가맹점의 취급품목, 영업방식 등의 표준화사업과 공동구매, 공동판매, 공동시설활용 등 공동사업을 수행하는 형태의 체인사업

ㅤ㉣ **조합형 체인사업** : 같은 업종의 소매점들이 「중소기업협동조합법」 제3조에 따른 중소기업협동조합을 설립하여 공동구매, 공동판매, 공동시설활용 등 사업을 수행하는 형태의 체인사업

💠 상점가

일정 범위 안의 가로 또는 지하도에 대통령령이 정하는 수 이상의 도매점포, 소매점포 또는 용역점포가 밀집하여 있는 지구를 말한다.

💠 전문상가단지

같은 업종을 영위하는 여러 도매업자 또는 소매업자가 일정 지역에 점포 및 부대시설 등을 집단으로 설치하여 만든 상가단지를 말한다.

💠 대규모점포 등의 개설 및 등록

① **개설** : 대규모점포를 개설하고자 하거나 전통상업보존구역에 준대규모점포를 개설하고자 하는 자는 영업을 개시하기 전에 산업통상자원부령으로 정하는 바에 따라 상권영향평가서 및 지역협력계획서를 첨부하여 시장, 군수, 구청장에게 등록하여야 한다. 등록한 내용을 변경하고자 하는 경우에도 또한 같다.

② 대규모점포 등을 등록함에 있어서 신고 · 지정 · 등록 또는 허가에 관하여 시장 · 군수 · 구청장이 규정에 의하여 다른 행정기관의 장과 협의를 한 사항에 대하여는 당해 허가 등을 받은 것으로 본다.

소비자기본법

🎁 소비자의 기본적 권리

① 물품 및 용역으로 말미암은 생명 · 신체 및 재산상의 위해로부터 보호받을 권리
② 물품 및 용역을 선택함에 있어서 필요한 지식 및 정보를 제공받을 권리
③ 물품 및 용역을 사용함에 있어서 거래의 상대방 · 구입장소 · 가격 · 거래조건 등을 자유로이 선택할 권리
④ 소비생활에 영향을 주는 국가 및 지방자치단체의 정책과 사업자의 사업활동 등에 대하여 의견을 반영시킬 권리
⑤ 물품등의 사용으로 입은 피해에 대하여 신속 · 공정한 절차에 따라 적절한 보상을 받을 권리
⑥ 합리적인 소비생활을 영위하기 위하여 필요한 교육을 받을 권리
⑦ 소비자 스스로의 권익을 증진하기 위하여 단체를 조직하고 이를 통하여 활동할 수 있는 권리
⑧ 안전하고 쾌적한 소비생활 환경에서 소비할 권리

> **표시의 기준**
> ① 국가는 소비자가 사업자와의 거래에 있어서 표시나 포장 등으로 인하여 물품 등을 잘못 선택하거나 사용하지 아니하도록 물품 등에 대하여 다음 각 호의 사항에 관한 표시기준을 정하여야 한다.
> ㉠ 상품명 · 용도 · 성분 · 재질 · 성능 · 규격 · 가격 · 용량 · 허가번호 및 용역의 내용
> ㉡ 물품 등을 제조 · 수입 또는 판매하거나 제공한 사업자의 명칭(주소 및 전화번호 포함) 및 물품의 원산지
> ㉢ 사용방법, 사용 · 보관할 때의 주의사항 및 경고사항
> ㉣ 제조연월일, 품질보증기간 또는 식품이나 의약품 등 유통과정에서 변질되기 쉬운 물품은 그 유효기간
> ㉤ 표시의 크기 · 위치 및 방법
> ㉥ 물품 등에 따른 불만이나 소비자피해가 있는 경우의 처리기구(주소 및 전화번호를 포함한다) 및 처리방법
> ㉦ 「장애인차별금지 및 권리구제 등에 관한 법률」 제20조에 따른 시각장애인을 위한 표시방법
> ② 국가는 소비자가 사업자와의 거래에 있어서 표시나 포장 등으로 인하여 물품 등을 잘못 선택하거나 사용하지 아니하도록 사업자가 사항을 변경하는 경우 그 변경 전후 사항을 표시하도록 기준을 정할 수 있다.

🎁 사업자의 책무

① 물품 등으로 인하여 소비자에게 생명 · 신체 또는 재산에 대한 위해가 발생하지 아니하도록 해

야 한다.

② 물품 등을 공급함에 있어서 소비자의 합리적인 선택이나 이익을 침해할 우려가 있는 거래조건이나 거래방법을 사용하여서는 아니 된다.

③ 소비자에게 물품 등에 대한 정보를 성실하고 정확하게 제공하여야 한다.

④ 소비자의 개인정보가 분실·도난·누출·변조 또는 훼손되지 아니하도록 개인정보를 성실히 취급하여야 한다.

⑤ 사업자는 물품 등의 하자로 인한 소비자의 불만이나 피해를 해결하거나 보상하여야 하며, 채무불이행 등으로 인한 소비자의 손해를 배상하여야 한다.

🔖 한국소비자원

① 소비자권익 증진시책의 효과적인 추진을 위하여 한국소비자원을 설립한다.

② 업무내용

ㄱ 소비자의 불만처리 및 피해구제

ㄴ 소비자의 권익증진을 위하여 필요한 경우 물품등의 규격·품질·안전성·환경성에 대한 시험·검사 및 가격 등을 포함한 거래조건이나 거래방법에 대한 조사·분석의 실시

ㄷ 소비자의 권익과 관련된 제도와 정책의 연구 및 건의

ㄹ 소비자의 권익증진·안전 및 소비생활의 향상을 위한 정보의 수집·제공 및 국제협력

ㅁ 소비자의 권익증진·안전 및 능력개발과 관련된 교육·홍보 및 방송사업

ㅂ 소비자의 권익증진 및 소비생활의 합리화를 위한 종합적인 조사·연구

ㅅ 국가 또는 지방자치단체가 소비자의 권익증진과 관련하여 의뢰한 조사 등의 업무

ㅇ 기타 소비자의 권익증진 및 안전에 관한 업무

🔖 소비자분쟁조정위원회

① 소비자와 사업자 사이에 발생한 분쟁을 조정하기 위해 한국소비자원에 소비자분쟁조정위원회를 설치한다.

② 심의·의결 사항

ㄱ 소비자분쟁에 대한 조정·결정

ㄴ 소비자분쟁조정위원회의 의사에 관한 규칙의 제정 및 개폐

ㄷ 기타 조정위원회의 위원장이 토의에 부치는 사항

🔖 소비자 피해구제의 신청

① 소비자는 물품등의 사용으로 인한 피해의 구제를 한국소비자원에 신청할 수 있다.

② 국가·지방자치단체 또는 소비자단체는 소비자로부터 피해구제의 신청을 받은 경우 한국소비

자원에 그 처리를 의뢰할 수 있다.

③ 사업자는 소비자로부터 피해구제의 신청을 받은 날부터 30일이 경과하여도 합의에 이르지 못하는 경우나 한국소비자원에 피해구제 처리를 의뢰하기로 소비자와 합의한 경우, 한국소비자원에 피해구제의 처리를 의뢰할 수 있다.

④ 원장은 피해구제의 신청을 받은 경우, 그 내용이 한국소비자원에서 처리하는 것이 부적합하다고 판단되는 때에는 신청인에게 그 사유를 통보하고 그 사건의 처리를 중지할 수 있다.

식품위생법

식품위생법의 목적

식품으로 인하여 생기는 위생상의 위해를 방지하고 식품영양의 질적 향상을 도모하여 식품에 관한 올바른 정보를 제공하여 국민보건의 증진에 이바지함을 목적으로 한다.

위해식품 등의 판매 금지

① 썩거나 상하거나 설익어서 인체의 건강을 해할 우려가 있는 것
② 유독 · 유해물질이 들어 있거나 묻어 있는 것 또는 그 염려가 있는 것
③ 병을 일으키는 미생물에 오염되었거나 그 염려가 있어 인체의 건강을 해할 우려가 있는 것
④ 불결하거나 다른 물질이 섞이거나 첨가된 것, 기타의 사유로 인체의 건강을 해할 우려가 있는 것
⑤ 영업자가 아닌 자가 제조 · 가공 · 소분한 것
⑥ 안전성 평가의 대상에 해당하는 농 · 축 · 수산물 등 가운데 안전성 평가를 받지 아니하거나 안전성 평가결과 식용으로 부적합하다고 인정된 것
⑦ 수입이 금지된 것 또는 수입신고를 하여야 하는 경우에 신고하지 아니하고 수입한 것

병육 등의 판매 금지

총리령으로 정하는 질병에 걸렸거나 그 염려가 있는 동물 또는 그 질병에 의해 죽은 동물의 고기 · 뼈 · 젖 · 장기 또는 혈액을 식품으로 판매 또는 판매할 목적으로 채취 · 수입 · 가공 · 사용 · 조리 · 저장 · 소분 또는 운반하거나 진열하지 못한다.

기준 · 규격이 고시되지 아니한 화학적 합성품 등의 판매 금지

기준 · 규격이 고시되지 아니한 화학적 합성품인 첨가물과 이를 함유한 물질을 식품첨가물로 사용하거나 이를 함유한 식품을 판매 또는 판매의 목적으로 제조 · 수입 · 가공 · 사용 · 조리 · 저장 · 소분 또는 운반하거나 진열하지 못한다.

🎁 유전자변형식품 등의 표시

① 인위적으로 유전자를 재조합하거나 유전자를 구성하는 핵산을 세포 또는 세포 내 소기관으로 직접 주입하는 기술 또는 분류학에 따른 과(科)의 범위를 넘는 세포융합기술에 해당하는 생명공학기술을 활용하여 재배 · 육성된 농산물 · 축산물 · 수산물 등을 원재료로 하여 제조 · 가공한 식품 또는 식품첨가물은 유전자변형식품임을 표시하여야 한다.

② 표시하여야 하는 유전자재조합식품 등은 표시가 없으면 판매하거나 판매할 목적으로 수입 · 진열 · 운반하거나 영업에 사용하여서는 아니 된다.

🎁 허위표시 등의 금지

식품 등의 명칭 · 제조방법, 품질 · 영양 표시, 유전자재조합식품 등 및 식품이력추적관리 표시에 관하여는 다음에 해당하는 허위 · 과대 · 비방의 표시 · 광고를 하여서는 안 되고, 포장에 있어서는 과대포장을 하지 못한다. 식품 또는 식품첨가물의 영양가 · 원재료 · 성분 · 용도에 관하여도 또한 같다.

① 질병의 예방 및 치료에 효능 · 효과가 있거나 의약품 또는 건강기능식품으로 오인 · 혼동할 우려가 있는 내용의 표시 · 광고

② 사실과 다르거나 과장된 표시 · 광고

③ 소비자를 기만하거나 오인 · 혼동시킬 우려가 있는 표시 · 광고

④ 다른 업체 또는 그 제품을 비방하는 광고

⑤ 심의를 받지 아니하거나 심의 받은 내용과 다른 내용의 표시 · 광고

🎁 영업의 시설기준

다음의 영업을 하려는 자는 총리령으로 정하는 시설기준에 맞는 시설을 갖추어야 한다.

① 식품 또는 식품첨가물의 제조업 · 가공업 · 운반업 · 판매업 및 보존업

② 기구 또는 용기 · 포장의 제조업

③ 식품접객업

🎁 영업의 허가 · 신고 · 보고 · 제한

① 영업을 하고자 하는 자는 영업의 종류별 · 영업소별로 식품의약품안전처장 또는 특별자치도지사 · 시장 · 군수 또는 구청장의 허가를 받고 경미한 사항의 변경시 그 내용을 신고하여야 한다.

② 영업의 제한 : 시 · 도지사는 영업의 질서와 선량한 풍속을 유지하기 위하여 필요하다고 인정하는 때에는 영업자 중 식품접객영업자 및 그 종업원에 대하여 영업시간 및 영업행위를 제한할 수 있다.

영업자의 준수사항

① 영업자 및 그 종업원은 영업의 위생관리 및 질서유지와 국민보건위생의 증진을 위하여 총리령이 정하는 사항을 지켜야 한다.

② 식품접객영업자는 청소년에 대하여 다음의 행위를 하여서는 아니 된다.

　㉠ 청소년을 유흥접객원으로 고용하여 유흥행위를 하게 하는 행위

　㉡ 「청소년보호법」에 따른 청소년 출입 · 고용금지업소에 청소년을 출입시키거나 고용하는 행위

　㉢ 「청소년보호법」에 따른 청소년 고용금지업소에 청소년을 고용하는 행위

　㉣ 청소년에게 주류를 제공하는 행위

식품이력추적관리 등록기준 및 기록 · 보관

① 식품을 제조 · 가공 또는 판매하는 자 중 식품이력추적관리를 하려는 자는 총리령으로 정하는 등록기준을 갖추어 해당 식품을 식품의약품안전처장에게 등록할 수 있다.

② 식품을 제조 · 가공 또는 판매하는 자는 식품이력추적관리에 필요한 기록의 작성 · 보관 및 관리 등에 관하여 식품의약품안전처장이 정하여 고시하는 기준을 지켜야 한다.

③ 등록사항이 변경된 경우 변경사유가 발생한 날부터 1개월 이내에 식품의약품안전처장에게 신고하여야 한다.

④ 등록한 식품에는 식품의약품안전처장이 정하여 고시하는 바에 따라 식품이력추적관리의 표시를 할 수 있다.

⑤ 식품의약품안전처장은 등록한 식품을 제조 · 수입 · 가공 또는 판매하는 자에 대하여 식품이력추적관리기준의 준수 여부 등을 3년마다 조사 · 평가하여야 한다. 다만, 등록한 식품을 제조 · 수입 · 가공 또는 판매하는 자에 대하여는 2년마다 조사 · 평가하여야 한다.

⑥ 식품이력추적관리기준에 따른 식품이력추적관리정보를 총리령으로 정하는 바에 따라 전산기록장치에 기록 · 보관하여야 한다.

⑦ 등록자는 식품이력추적관리정보의 기록을 해당 제품의 유통기한 등이 경과한 날부터 2년 이상 보관하여야 한다.

청소년보호법

청소년보호법

① 청소년에게 유해한 매체물과 약물 등이 청소년에게 유통되는 것과 청소년이 유해한 업소에 출입하는 것 등을 규제한다.

② 청소년을 청소년 폭력 · 학대 등 청소년 유해행위를 포함한 각종 유해한 환경으로부터 보호 · 구제함으로써 청소년이 건전한 인격체로 성장할 수 있도록 한다.

☙ 청소년 유해매체물

① 청소년보호위원회가 청소년에게 유해한 것으로 결정하거나 확인하여 여성가족부장관이 고시한 매체물

② 각 심의기관이 청소년에게 유해한 것으로 결정하거나 확인하여 여성가족부장관이 고시한 매체물

☙ 청소년 유해약물

① 「주세법」의 규정에 의한 주류

② 「담배사업법」의 규정에 의한 담배

③ 「마약류 관리에 관한 법률」의 규정에 의한 마약류

④ 「화학물질관리법」의 규정에 의한 환각물질

⑤ 기타 중추신경에 작용하여 습관성, 중독성, 내성 등을 유발하여 인체에 유해작용을 미칠 수 있는 약물 등 청소년의 사용을 제한하지 아니하면 청소년의 심신을 심각하게 훼손할 우려가 있는 약물로서 대통령령이 정하는 기준에 따라 관계 기관의 의견을 들어 청소년보호위원회가 결정하고 여성가족부장관이 이를 고시한 것

☙ 심야시간대의 인터넷게임 제공시간 제한 등

① 인터넷게임의 제공자는 16세 미만의 청소년에게 오전 0시부터 오전 6시까지 인터넷게임을 제공하여서는 아니 된다.

② 여성가족부장관은 문화체육관광부장관과 협의하여 심야시간대 인터넷게임의 제공시간 제한 대상 게임물의 범위가 적절한지를 대통령령으로 정하는 바에 따라 2년마다 평가하여 개선 등의 조치를 하여야 한다.

☙ 인터넷게임 중독 등의 피해 청소년 지원

여성가족부장관은 관계 중앙행정기관의 장과 협의하여 인터넷게임 중독(인터넷게임의 지나친 이용으로 인하여 인터넷게임 이용자가 일상생활에서 쉽게 회복할 수 없는 신체적 · 정신적 · 사회적 기능 손상을 입은 것을 말한다) 등 매체물의 오용 · 남용으로 신체적 · 정신적 · 사회적 피해를 입은 청소년에 대하여 예방 · 상담 및 치료 · 재활 등의 서비스를 지원할 수 있다.

소방기본법

☙ 소방기본법

화재를 예방 · 경계하거나 진압하고 화재, 재난 · 재해, 그 밖의 위급한 상황에서의 구조 · 구급활

동 등을 통하여 국민의 생명·신체 및 재산을 보호함으로써 공공의 안녕 및 질서 유지와 복리증진에 이바지함을 목적으로 한다.

> **소방대상물** : 건축물, 차량, 선박(항구에 매어둔 선박만 해당), 선박 건조 구조물, 산림 그 밖의 인공 구조물 또는 물건을 말한다.

🎁 소방활동

국민안전처장관, 소방본부장 또는 소방서장은 화재, 재난·재해 그 밖의 위급한 상황이 발생한 때에는 소방대를 현장에 신속하게 출동시켜 화재진압과 인명구조 등 소방에 필요한 활동을 하게 하여야 한다.

소방청장 또는 소방본부장은 소방시설, 소방공사 및 위험물 안전관리 등과 관련된 법령해석 등의 민원을 종합적으로 접수하여 처리할 수 있는 소방기술민원센터를 설치·운영할 수 있다. 소방기술민원센터의 설치·운영 등에 필요한 사항은 대통령령으로 정한다.

① 소방교육·훈련
② 화재 등의 통지
③ 관계인의 소방활동
④ 소방자동차의 우선 통행
⑤ 소방대의 긴급통행
⑥ 소방활동구역의 설정
⑦ 소방활동 종사 명령

🎁 화재의 예방조치

① 소방본부장 또는 소방서장은 화재의 예방상 위험하다고 인정되는 행위를 하는 사람이나 소화활동에 지장이 있다고 인정되는 물건의 소유자·관리자 또는 점유자에 대하여 다음의 명령을 할 수 있다.
  ㉠ 불장난, 모닥불, 흡연, 화기취급 그 밖에 화재예방상 위험하다고 인정되는 행위의 금지 또는 제한
  ㉡ 타고 남은 불 또는 화기의 우려가 있는 재의 처리
  ㉢ 함부로 버려두거나 그냥 둔 위험물, 그 밖에 불에 탈 수 있는 물건을 옮기거나 치우게 하는 등의 조치
② 소방본부장 또는 소방서장은 그 위험물 또는 물건의 소유자·관리자 또는 점유자의 주소와 성명을 알 수 없어서 필요한 명령을 할 수 없는 때에는 소속 공무원으로 하여금 그 위험물 또는 물건을 옮기거나 치우게 할 수 있다.
③ 소방본부장 또는 소방서장은 옮기거나 치운 위험물 또는 물건을 보관하여야 한다.
④ 소방본부장 또는 소방서장은 위험물 또는 물건을 보관하는 경우에는 그날부터 14일 동안 소방본부 또는 소방서의 게시판에 이를 공고하여야 한다.

제 **1과목**

적중문제

01 다음의 문제를 해결하기 위해 유통이 제공하는 역할은 무엇인가?

제조업자는 자사의 최적 이윤을 달성하기 위해 생산계획을 수립하고 일정에 맞추어 제품을 출하한다. 그러나 출하된 상품이 고객이 소비하길 원하는 시기와 맞지 않아 단기간에 사장될 수도 있다.

① 사회적 불일치 ② 장소적 불일치
③ 시간적 불일치 ④ 공간적 불일치
⑤ 효용적 불일치

해설 시간적 불일치의 극복 : 생산과 소비 사이에는 생산시기와 소비시기의 차이라는 시간적 분리가 있으며, 유통은 이러한 시간적 차이를 해소하는 역할을 한다.

02 다음 중 유통이 제공하는 기능적 효용에 포함되지 않는 것은?

① 매매 ② 보관
③ 운송 ④ 금융
⑤ 중개

해설 유통의 기능 : 매매, 보관, 운송, 금융, 보험, 정보통신

03 도매업자가 제조업자를 위해 수행하는 기능으로 볼 수 없는 것은?

① 시장확대기능 ② 재고유지기능
③ 주문처리기능 ④ 시장정보 제공기능
⑤ 기술지원기능

정답 01 ③ 02 ⑤ 03 ⑤

적중문제

해설
- 도매상이 제조업자를 위해 수행하는 기능 : 시장확대기능, 재고유지기능, 주문처리기능, 시장정보 제공기능, 고객서비스 대행기능
- 도매상이 소매업자를 위해 수행하는 기능 : 구색갖춤기능, 소단위 판매기능, 신용 및 금융기능, 소매상 서비스기능, 기술지원기능

04 다음 중 도매상에 관한 설명으로 옳지 않은 것은?

① 제조업자 도매상은 제조업자에 의해 운영되는 도매상으로, 주로 재고통제와 판매 및 촉진관리를 향상할 목적으로 활용된다.
② 상인 도매상은 자신이 취급하는 상품에 대한 소유권을 보유하며 제조업자나 소매상과는 별도로 운영하는 사업체이다.
③ 브로커는 상품에 대한 소유권을 보유하지 않으며, 단지 상품거래를 촉진해주고 판매가격의 일정비율을 수수료로 받는다.
④ 완전서비스 도매상은 유통활동의 전부를 수행하는 도매상으로 특화된 부분에 따라 현금 무배달 도매상, 직송 도매상, 통신판매 도매상, 트럭 도매상, 선반진열 도매상으로 구분된다.
⑤ 도매상은 소매상을 대상으로 구색맞춤의 기능을 제공한다.

해설 현금 무배달 도매상, 직송 도매상, 통신판매 도매상, 트럭 도매상, 선반진열 도매상은 한정서비스 도매상이다.

05 다음 중 물류센터의 설치효과를 잘못 설명한 것은?

① 교차운송의 확대
② 재고집약에 의한 적정재고의 유지
③ 판매정보의 집약·조기파악으로 구입계획에 반영
④ 각 업소의 구입활동 집약화로 유리한 거래체결 가능
⑤ 상물분리에 의한 물류의 효율화

해설 물류센터의 설치효과 : 상물분리에 의한 물류의 효율화, 교차운송의 방지, 재고집약에 의한 적정재고의 유지, 각 업소의 품목정리, 활동의 간략화로 판매활동에 전념 가능, 각 업소의 구입활동 집약화로 유리한 거래체결 가능, 판매정보의 집약·조기파악으로 구입계획에 반영, 수급조정을 위한 재고집약에 의해 수급변동의 영향을 흡수 완화, 신속·정확한 배송에 의한 고객서비스의 향상 등

06 다음 중 한정서비스 도매상에 해당하지 않는 것은?

① 트럭 도매상　　　　　　　　　② 전문상품 도매상
③ 선반 도매상　　　　　　　　　④ 현금거래 도매상
⑤ 직송 도매상

해설 전문상품 도매상은 좁은 제품 구색과 다양한 품목을 가진 도매상으로 완전서비스 도매상이다.

07 다음 중 무점포 소매점이 아닌 것은?

① 트럭 도매상　　　　　　　　　② 텔레마케팅
③ TV 홈쇼핑　　　　　　　　　④ 자동판매기 소매업
⑤ 카탈로그판매점

해설 트럭 도매상은 한정서비스 도매상에 포함된다.

08 다음의 내용 중 옳지 않은 것은?

① 고용과 수요의 관계에 있어 단기적으로 한 지역의 고용율과 구매력은 비례한다.
② 실업이란 일할 수 있는 노동력이 완전히 고용되지 않은 상태이다.
③ 다양한 산업에 걸쳐 고용이 이루어지는 지역일수록 상품 수요가 경기순환의 영향을 적게 받는다.
④ 물가상승에 따라 인플레이션이 일어날 경우 화폐의 실질가치는 상승한다.
⑤ 극소수 산업의 비중이 높은 지역의 고용 동향은 상황에 따라 급격하게 악화된다.

해설 물가상승에 따라 인플레이션이 일어날 경우 화폐의 실질가치는 하락한다.

09 다음은 경제학적 관점에서 어떤 시장의 구조에 대한 설명인가?

> 소수의 판매자가 시장 전체에 상품을 공급하는 특성을 보이며, 기업은 수익을 얻기 위해 차별화를 시도하거나 경쟁적으로 가격을 하락하는 양상을 띨 수 있다.

① 독점시장   ② 과점시장
③ 독점경쟁시장   ④ 완전경쟁시장
⑤ 비협조적경쟁시장

해설 과점시장은 소수의 판매자가 시장 전체에 상품을 공급하는 형태의 시장으로 동질적 상품의 비협조적 상황에서는 차별화 시도나 과도한 가격경쟁이 일어날 수 있다.

10 제품, 가격, 구입단위, 지불조건 등을 일괄적이게 변화시켜 시장에서의 거래를 용이하게 하는 유통의 역할을 일컫는 용어는?

① 거래의 표준화   ② 공동거래물류
③ 목표단일화의 원칙   ④ 거래 수 최소화의 원칙
⑤ 분업의 효용

해설 **거래의 표준화** : 제품, 가격, 구입단위, 지불조건 등을 표준화하여 시장에서의 거래를 용이하게 한다.

11 다음의 설명 중 옳지 않은 것은?

① 유통경로의 소유권이전기능은 유통경로가 수행하는 마케팅 기능 중 가장 본질적인 기능으로, 생산자와 소비자 간의 소유적 격리를 조절하여 거래가 성립되도록 하는 기능이다.
② 유통경로의 물적유통기능은 생산과 소비 사이의 장소적 · 시간적 격리를 조절하는 기능으로, 장소적 격리를 극복함으로써 장소 효용을 창출하는 운송 기능과, 시간적 격리를 극복하여 시간 효용을 창출하는 보관기능을 수행한다.
③ 유통경로의 시장금융기능은 유통기관이 외상거래, 어음발행, 할부판매, 담보 등의 시장금융을 담당함으로써 생산자와 소비자의 원활한 마케팅 기능을 도모하는 기능이다.

④ 유통경로의 위험부담기능은 유통과정에서 물리적 위험과 경제적 위험을 유통기관이 부담함으로써 소유권이전기능과 물적유통기능이 원활하도록 지원하는 기능이다.

⑤ 유통경로의 시장정보기능은 소비자가 필요로 하는 상품의 정보를 소비자가 필요로 하는 시점에 전달하는 기능이다.

> **해설** 시장정보기능 : 기업이 필요로 하는 소비자 정보와 소비자가 필요로 하는 상품정보를 수집 및 제공하는 기능이다.

12 생산자와 소비자가 직거래를 수행하는 것보다 중간상이 개입하여 거래가 효율적이게 변한다는 유통의 핵심원칙은 무엇인가?

① 거래비용최소화 원칙   ② 집중준비의 원칙
③ 분업의 원칙   ④ 총 거래 수 최소화 원칙
⑤ 변동비 우위의 원칙

> **해설** 총 거래 수 최소화의 원칙 : 생산자와 소비자가 직거래를 하는 것보다 중간상이 개입하면 거래가 보다 효율적으로 이루어져 총 거래 수가 줄어든다는 원칙

13 기업이 거래를 수행하는 데 따르는 부가적 비용을 줄이기 위해 거래기능을 내부화 하려는 시도를 일으킨다는 것을 설명하는 이론은?

① 연기-투기이론   ② 분업이론
③ 거래비용이론   ④ 대리인이론
⑤ 가치사슬이론

> **해설** 거래비용이론에 따르면 기업은 거래에 따른 부가적 비용을 줄이기 위해 거래기능을 내부화 하려는 시도가 일어나며, 이 과정 속에서 유통기능의 통합이나 분할이 일어난다.

14 다음 중 복수유통경로의 채택 사유로 볼 수 없는 것은?

① 소비자의 수량적 요구가 서로 다르다.
② 다음 단계 거래중개자의 간섭이 심하다.
③ 생산된 제품의 재고가 많이 남아 있다.
④ 판매촉진에 대한 소비자의 반응이 다르다.
⑤ 지역시장별 고객의 욕구가 상이하다.

해설 거래중개자의 간섭이 심할 경우 복수유통경로전략을 택하는 것은 채널갈등을 야기하므로 옳지 않다.

15 다음에서 설명하고 있는 이론은 무엇인가?

> 신규형태의 소매점이 시장에 진출하는 초기에는 저가격 · 저서비스 · 상품구색의 제한적 갖춤으로 등장하고, 점차 동종의 신규소매점 등장으로 경쟁이 유발되면서 이에 대응하여 고비용 · 고가격 · 고서비스로 경쟁적 우위를 지키고 차별화를 시도하게 되며, 그 결과 새로운 유형의 혁신적 소매점이 저가격 · 저마진 · 저서비스로 시장진입을 꾀하는 과정이 되풀이된다.

① 진공지대이론 　　　　　　　② 소매아코디언이론
③ 소매정반합이론 　　　　　　④ 대리인이론
⑤ 소매수레바퀴이론

해설 지문은 소매수레바퀴이론에 대한 설명으로 사회 · 경제적 환경변화에 따른 소매상의 진화와 발전을 설명하는 대표적 이론이다.

16 다음의 문제점을 가진 유통 커버리지 구조는 무엇인가?

> • 동일한 제품을 시장에서 구매할 수 있는 기회가 많아져 제품 판매에 대한 경쟁이 치열해진다.
> • 중간상의 숫자가 많아지므로 제조업체는 이들에게 적시에 상품을 공급하기 위해 충분한 재고를 항상 보유하여야 한다.

① 집약적 유통경로　　　　　　　② 전속적 유통경로
③ 선택적 유통경로　　　　　　　④ 통합적 유통경로
⑤ 다채널 유통경로

해설　지문은 가능한 한 많은 점포들이 자사제품을 취급하도록 하는 집약(개방)적 유통경로 전략의 문제점이다.

17 기업이 전속적 유통경로를 선택하는 이유로 볼 수 없는 것은?

① 제품 구매 시 고도의 관여를 필요로 한다.
② 제조기업이 유통경로 구성원에 대한 고도의 통제가 요구된다.
③ 타사 상표들과 효과적인 경쟁이 필요하다.
④ 제품과 연관된 배타성과 유일하다는 이미지를 더욱 효과적 전달한다.
⑤ 저관여상품을 효과적으로 판매해야 한다.

해설　저관여상품의 판매 목적으로 사용되는 유통경로 의사결정은 집약적 유통경로이다.

18 제조기업이 제품을 유통하는 중개상의 역할을 수행하는 것은 수직적 통합의 유형 중 어떤 사례에 속하는가?

① 전략 통합　　　　　　　　　　② 전방 통합
③ 후방 통합　　　　　　　　　　④ 관련 통합
⑤ 비관련 통합

해설　**전방 통합** : 제조회사가 판매 등을 직접 수행하는 형태이다.

19 유통시스템 성과평가기준 가운데 효과성 판단지표로 볼 수 없는 것은?

① 리드타임률 　　　　　　　　　② 고객만족도
③ 클레임건수 　　　　　　　　　④ 거래전환건수
⑤ 신시장 개척건수

> **해설**　효과성 요소 : 고객만족도, 클레임건수, 수요예측 정확성, 시장별 차별적 서비스, 신시장 개척건수 및 비율, 중간상 거래전환건수, 신규대리점 수와 비율

20 다음의 지문에서 설명하는 것은 무엇인가?

> 소매상과 소매상 또는 도매상과 도매상 등 동일 단계에 있는 경로 구성원들 간에 발생하는 갈등으로, 주로 서비스 경쟁, 판촉 경쟁, 가격 경쟁 때문에 발생한다. 동일한 상품을 취급하며 서로 간의 영역 침범이나 한 가맹점이 전체 가맹점의 이미지를 손상시키는 행태 등이 이에 해당한다.

① 수직적 경로갈등 　　　　　　　② 수평적 경로갈등
③ 계열형 경로갈등 　　　　　　　④ 이기적 경로갈등
⑤ 불일치 경로갈등

> **해설**　동일 단계에 있는 경로 구성원들 간에 발생하는 갈등은 수평적 경로갈등이다.

21 전략적 이익모형(SPM)의 주요 재무지표에 포함되지 않는 것은?

① 순자본이익율(net profits/net worth)
② 총자산회전율(net sales/total assets : asset turnover)
③ 총자산이익율(net profits/total assets : return on assets or earning power)
④ 순가치 대비 총자산비율(total assets/net worth : leverage ratio)
⑤ 순가치 대비 순이익비율(return on investment or return on net worth)

> **해설** SPM모형의 주요 재무지표
> - 순매출이익율(net profits/net Sales)
> - 총자산회전율(net sales/total assets: asset turnover)
> - 총자산이익율(net profits/total assets: return on assets or earning power)
> - 순가치 대비 총자산비율(total assets/net worth: leverage ratio)
> - 순가치 대비 순이익비율(return on investment or return on net worth)

22 동기부여를 자극하기 위한 방안으로 욕구의 차원을 생리, 안전, 사회, 존재, 자아의 영역으로 구분한 이론은?

① 앨더퍼(Alderfer) 욕구이론

② 매슬로우(Maslow) 욕구이론

③ 허즈버그(Herzberg) 욕구이론

④ 머레이(Murray) 욕구이론

⑤ 맥클랜드(McClelland) 욕구이론

> **해설** 매슬로우(Maslow)는 욕구의 차원을 생리, 안전, 사회, 존재, 자아의 영역으로 구분하였다.

23 다음은 물류의 중요성에 관한 설명이다. 옳지 않은 것은?

① 물류산업을 활성화하기 위한 도로건설과 같은 사회적 자본확충은 국가 균형발전에 이바지하여 인구의 대도시 집중현상을 막을 수 있다.

② 효율적 물류활동은 자원의 효율적인 이용과 생활환경의 개선을 이끌며 증가하는 에너지비용, 부존자원과 재료의 부족, 생산성감소 등으로 특징지어지는 현시대의 환경문제를 해결하거나 개선하는 데 도움을 준다.

③ 물류는 유통업체의 대형화와 소비자 욕구 다변화와 같은 시장변화에 능동적으로 대응할 수 있도록 해준다. 예를 들어 배송 시 정해진 시간 내에 할 수 있어 수요자의 욕구에 부응한다면 고객만족을 창출할 수 있다.

④ 물류 흐름이 향상되면 기업은 물류비를 절감할 수 있다. 이것은 제조원가 및 유통원가 하락으로 이어져 최종제품의 가격을 낮추고 기업의 사업 경쟁력을 강화시킨다.

⑤ 제조원가는 관리의 혁신을 통하여 혁신적인 비용절감이 가능하지만 물류원가는 그렇지 않기 때문에 기업은 제조원가에 관심을 가짐으로써 기업 경쟁력을 하락시키는 비부가가치 활동의 낭비를 제거함과 동시에 유통물류부분의 역량을 강화시킬 수 있다.

해설 제조원가의 경우 일정수준 이상으로 비용절감이 불가능하다. 반면 물류원가는 관리의 혁신을 통한 원가절감의 폭이 크다. 따라서 기업은 물류원가에 관심을 가짐으로써 제품의 가격경쟁력을 확보하려 한다.

24 다음 중 객관적으로 타당하다고 인정되는 직무를 바탕으로 비교를 통해 직무를 평가하는 방법은?

① 서열법   ② 분류법

③ 점수법   ④ 요소비교법

⑤ 척도법

해설 요소비교법 : 객관적으로 가장 타당하다고 인정되는 기준직무를 설정하고, 이를 기준으로 평가직무를 그것에 비교함으로써 평가하는 방법

25 물류 서비스를 결정하는 요인 중 거래 전 요소에 포함되지 않는 것은?

① 거래정책관련 문서   ② 고객관련 문서

③ 조직구조   ④ 시스템 유연성

⑤ 수리기간 대체품 제공

해설
- **거래 전 요소** : 물류와 직접 관련되지는 않지만, 고객 서비스 전체에 영향을 주는 활동
  예 거래정책관련 문서, 고객관련 문서, 조직구조, 시스템 유연성, 기술적 서비스 등
- **거래 중 요소** : 제품을 고객에게 이동시키는 과업과 직접 관련된 활동
  예 재고부족 수준, 반품처리능력, 주문 사이클 요소, 적시성, 이동적재, 시스템의 정확성, 주문의 편리성, 제품 대체 가능성 등
- **거래 후 요소** : 제품이 판매된 후에 영향을 발휘하게 되는 활동
  예 설치, 보증, 수리, 부품, 제품추적, 고객의 항의 및 불평, 제품포장, 수리기간 중 대체품 제공 등

26 다음의 지문 중 재고관리의 필요성에 부합되지 않는 것은?

① 적정재고의 유지　　　　　　　② 높은 다양성 확보

③ 고객수요와의 합치　　　　　　④ 이익의 증대

⑤ 불용재고의 감소

> **해설** 높은 다양성의 확보는 제품구색을 늘리는 의사결정이다.

27 다음 중 물류관리의 일반적 원칙에 포함되지 않는 것은?

① 적절한 상품(Right Commodity)　　② 적절한 품질(Right Quality)

③ 적절한 양(Right Quantity)　　　　④ 적절한 구색(Right Line)

⑤ 적절한 시기(Right Time)

> **해설** 물류관리의 7R
> - 적절한 상품(Right Commodity)
> - 적절한 품질(Right Quality)
> - 적절한 양(Right Quantity)
> - 적절한 시기(Right Time)
> - 적절한 장소(Right Place)
> - 적절한 가격(Right Price)

28 노선의 집하부분만 공동화한 방식으로, 화주가 지정한 노선업자에게만 화물을 이송하는 공동 수ㆍ배송 방식은?

① 배송공동형　　　　　　　　　② 집ㆍ배송공동형

③ 납품대행형　　　　　　　　　④ 노선집하공동형

⑤ 공동수주ㆍ공동배송형

> **해설** **노선집하공동형** : 노선 집하부분만 공동화한 방식, 화주가 지정한 노선업자에게만 화물을 이송한다.

29 소비자 피해구제에 대한 설명으로 틀린 것은?

① 당사자가 수락한 분쟁조정의 내용은 재판상의 화해와 동일한 효력을 갖는다.

② 조정위원회는 분쟁조정 신청을 받은 경우 신청받은 날부터 30일 이내에 분쟁조정을 마쳐야 한다.

③ 당사자가 통보를 받은 날로부터 15일 이내에 조정을 수락한 경우 조정위원회는 조정조서를 작성하고, 조정위원회 위원장 및 당사자가 기명·날인하여야 한다.

④ 소비자는 물품의 사용 및 용역의 이용으로 인한 피해의 구제를 소비자정책위원회에 청구할 수 있다.

⑤ 상당한 시일이 요구되는 피해구제 신청사건으로서 대통령령이 정하는 사건에 대해서는 60일 이내의 범위에서 처리기간을 연장할 수 있다.

해설 「소비자기본법」상 소비자 피해구제는 한국소비자원에 신청할 수 있다.

30 다음 중 「유통산업법」상 대규모점포에 포함되지 않는 것은?

① 대형마트   ② 백화점

③ 쇼핑센터   ④ 복합용도개발건축물

⑤ 복합쇼핑몰

해설 「유통산업법」상 대규모점포로서 대통령령이 정하는 것 : 대형마트, 전문점, 백화점, 쇼핑센터, 복합쇼핑몰

제2과목

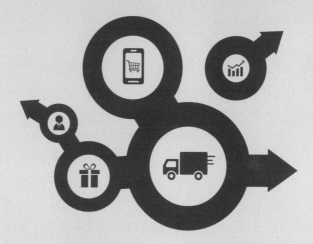

상권분석

1 유통 상권조사

1절 입지선정과 평가

❖ 입지

① 입지의 중요성
- ㉠ 소매점은 '입지산업(立地産業)'이라고 할 만큼 장소의 위치에 따라 매출과 이익에 직접적인 영향을 주는 전략요인의 역할을 한다.
- ㉡ 입지선정은 지속적인 경쟁우위를 개발하기 위해 사용될 수 있으므로 전략적인 요인이다.
- ㉢ 부적합한 입지선택은 상품기획부문의 실수보다 더 치명적이다.
- ㉣ 입지조건에 따라 유통전략 믹스상 다른 요인들에게도 영향을 준다.
- ㉤ 입지는 다른 영향으로 현재의 기대와 미래의 목적이 변질될 수 있어 정기적으로 평가돼야 한다.

② 입지구성의 기본요소
- ㉠ 유도시설
- ㉡ 인지성
- ㉢ 통행량 및 교통량
- ㉣ 상권의 질
- ㉤ 동선
- ㉥ 시계성
- ㉦ 건물과 토지
- ㉧ 영업력
- ㉨ 경합성(대체성)

③ 소매점에 있어서의 입지유형
- ㉠ **도심번화가(CBDs)** : 전통적인 상업 집적지로 고급전문점이나 백화점 등이 입지하고 있어 다양한 분야에 걸친 고객흡인력을 지닌다.
- ㉡ **도심터미널** : 철도환승지점을 중심으로 발달한 상업 집적지로, 역사 백화점 또는 터미널 빌딩 등이 핵점포역할을 담당한다.
- ㉢ **도심주택지** : 인구밀집지역으로 원래부터 상점가가 있어 대규모 소매점의 출점이 매우 곤란한 지역이다.
- ㉣ **교외터미널** : 외곽도시의 관문으로까지 발전한 상업 집적지로, 양판점들이나 지점격 백화점, 대규모 전문점 체인 등이 다수 위치한다.
- ㉤ **간선도로변** : 교외를 왕래하는 자동차 고객을 대상으로 하는 상업입지지역으로, 주로 쇼핑센터를 중심으로 주말이나 휴일에 특히 번성하는 지역이다.
- ㉥ **교외주택지** : 주택대부 부담이 많은 소비자나 젊은 세대가 많은 지역으로, 원래부터 상점가가 적고 저렴한 가격과 새로운 감각이 중요시되는 지역이다.

ⓐ 대규모 유통단지 : 단지 내 중심지에 위치한 상업 집적지로, 독점적 상업활동을 영위하기 위하여 저비용, 정가판매를 전개하는 지역이다.

📦 입지선정

입지주체가 요구하는 입지조건을 갖춘 토지를 발견하고 주어진 부동산에 관한 적정 용도를 결정하는 것을 말한다.

① 입지의 선택기준

㉠ 가시성	㉡ 접근성	㉢ 상권력
㉣ 인구밀도	㉤ 성장성	㉥ 편의성
㉦ 안정성	㉧ 주차장	

② 입지선정의 중요성

㉠ 입지선정 과정은 좀 더 유리한 경쟁을 하려는 입지경쟁이 전개되며, 그 결과로 토지의 단위면적당 노동과 자본의 투자비율을 높여 토지이용을 집약화시킨다.

㉡ 입지선정의 잘못은 경영관리상 노력의 낭비와 사업의 실패를 초래한다.

㉢ 대상 부동산 위치와 주위의 다른 부동산과의 균형 여부가 매우 중요하다.

㉣ 부동산의 가치는 대상 부동산의 유용성이 최고일 때 가장 크다.

㉤ 부동산은 일단 사용하면 그 용도를 마음대로 바꾸기 어려운 비가역성을 가지므로 입지선정의 전문성이 요구된다.

📦 입지평가 기본원칙

① **이용가능성** : 고려 중인 장소의 실제 임대, 매입의 기대성

② **적합성** : 장소의 규모와 구조의 적합성

③ **수용가능성** : 창업 희망자가 임대, 매입할 자원이 있는지의 기대성

📦 풍수지리적 관점의 입지고려 요소

① **경제성** : 사업장의 입지여건이 아무리 좋아 보여도 개점에 필요한 투자비용이 수익성을 능가하면 의미가 없다.

② **균형성** : 신규로 영업을 고려하고 있는 사업장의 입지여건이 그 상권 내에 위치하고 있는 유사점포와의 경쟁에서 우위를 차지할 수 있어야 한다.

③ **조화성** : 선택한 아이템과 주변 상권과의 조화로, 유사한 점포 혹은 보완적 특성의 점포가 밀집되어 있을수록 선택의 폭이 넓어진다.

🦋 상업입지의 공간 균배의 원리에 따른 분류
① **집심성 점포** : 도시의 중심지에 입지해야 유리하다.
　　예 백화점, 고급음식점, 보석가게, 고급의류점, 대형서점, 영화관 등
② **집재성 점포** : 동일한 업종이 서로 한곳에 모여 있어야 유리하다.
　　예 가구점, 중고서점, 전자제품, 기계점, 관공서 등
③ **산재성 점포** : 서로 분산입지를 해야 유리하다.
　　예 잡화점, 이발소, 세탁소, 대중목욕탕, 소매점포, 어물점 등
④ **국부적 집중성 점포** : 어떤 특정 지역에 동업종끼리 국부적 중심지에 입지해야 유리하다.
　　예 농기구점, 석재점, 비료점, 종묘점, 어구점 등

🦋 상업입지의 패턴
① **분산적 근린형 상업입지** : 일상에서 사용되는 실용품과 생활용품 중심의 상품 구매
② **집결적 근린형 상업입지** : 근거리, 편리성, 친밀성에 의한 점포 선택
③ **광역중심형 상업입지** : 전문점, 고가품 등의 제품을 판매하는 점포가 유리함

🦋 유형별 입지
① **적응형 입지** : 거리에서 통행하는 유동인구에 의해 영업이 좌우되는 입지로, 주로 패스트푸드, 판매형 아이템 사업 등이 해당되며, 도보자가 접근하기 쉬운 출입구, 시설물, 계단 등 가시성이 좋아야 한다.
② **목적형 입지** : 고객이 특정한 목적을 가지고 이용하는 입지로, 특정 테마에 따라 고객이 유입되기 때문에 차량접근 및 주차장 이용이 편리해야 한다.
③ **생활형 입지** : 아파트, 주택 등 지역 주민들이 이용하는 입지로, 주로 식당 등이 해당되므로 도보나 차량을 모두 흡수할 수 있어야 한다.

🦋 좋은 입지선정의 특성
① **균형성** : 인근 경쟁점과의 규모, 인테리어 상태 등의 균형
② **안정성** : 점포의 투자규모와 수익성과의 관계
③ **조화성** : 주변 상권과의 조화

🦋 상업지의 입지조건
① **사회 · 경제적 조건**
　　㉠ 배후지의 중요성, 교통수단과 접근성
　　㉡ 당해 지역의 지가수준, 임료수준, 매상고, 교통량, 입지경쟁 등

② **물리적 조건**

 ⊙ 가로의 구조는 업종에 따라 달라질 수 있으나 일반적으로 동서로 된 가로는 서쪽, 커브를 이룬 가로는 내부 쪽, 역이나 정류장 등을 향한 가로는 우측, 비탈길은 하부가 유리하다.

 ⓒ 가로의 길이가 500m 이상의 직선인 경우는 상가로 유리한 위치가 되지 못하나, 100m 이내에서 끊어지는 경우도 불리하다.

 ⓒ 일일 교통인구는 5,000~6,000명 정도이며, 주거지는 가로보다 낮으면 마이너스 요인이 되고, 상업지는 가로보다 높으면 마이너스 요인이 된다.

💎 **소매업의 입지조건**

① **출점을 위한 유통시설 입지 평가요소**

 ⊙ **주먹구구식 방법** : 경영자의 주관적인 경험에 의존하는 방법

 ⓒ **체크리스트 방법** : 특정 입지에서의 매출, 비용에 영향을 주는 요인들을 살피는 방법

 ⓒ 판매 잠재력의 변이를 모델화하여 살피는 방법

② **입지·부지의 평가요소**

 ⊙ **보행고객통행량** : 통행인 수, 통행인의 유형

 ⓒ **차량통행량** : 차량통행 대수, 차종, 교통밀집 정도

 ⓒ **주차시설** : 주차장 수, 점포와의 거리, 종업원 주차의 가능성

 ⓔ **교통** : 대중교통수단의 이용가능성

 ⓜ **점포구성** : 상권 내 점포 수와 규모, 인근 점포와 자사 점포의 유사성, 소매점

 ⓗ **특정의 부지** : 시각성, 입지 내에서의 위치, 대지 및 건물의 크기와 모양

 ⓢ **점유조건** : 소유 또는 임대조건, 운영 및 유지비용, 세금, 도시계획과의 관련 여부

③ **유통집적시설에 유리한 입지조건**

 ⊙ **교외지역** : 인구가 충분하고 앞으로도 인구증가가 예상된다.

 ⓒ **간선도로망** : 어디에서든 자동차로 올 수 있다.

 ⓒ **핵점포의 존재** : 누구든지 찾아오므로 고객의 집객력이 높다.

 ⓔ **지역 최대의 주차장** : 자동차 시대의 편의를 제공한다.

 ⓜ **점포부족상태** : 소비자가 대형 유통시설의 출점을 기대하고 있다.

 ⓗ **독립상권으로의 성격** : 구매력이 다른 상권으로 유출되기 어려운 조건을 갖고 있다.

💎 **넬슨(R. L. Nelson)의 소매입지론 – 8가지 입지평가**

① **접근 가능성** : 고객들을 자신의 점포로 유인하는 데 어떤 장애요소가 있는지 검토해야 한다.

② **성장 가능성** : 시장규모나 선택한 상권이 주변의 인구 증가와 고객들의 소득 증가로 어느 정도 성장할 수 있는지 검토가 이루어져야 한다.

③ **중간 저지성** : 상업지역으로 가는 고객을 중간에 유인하기 위해 그들의 주거지와 전에 다니던 장소의 중간에 점포를 개점하는 것이 유리하다.

④ **상권의 잠재력** : 상권에서 취급하는 상품이 수익성 확보가 가능한 것인지 검토가 이루어져야 한다.

⑤ **누적적 흡인력** : 동종의 점포가 서로 집중된 것이 업종에 따라 유익한 경우가 많다.

⑥ **양립성** : 상권에 서로 보완되는 상품을 취급하는 점포가 양립하면 유리하다.

⑦ **경쟁회피성** : 상업용지는 경합이 가장 작은 장소를 선택해야 한다.

⑧ **입지의 경제성** : 입지의 비용을 수익성 및 생산성과 관련하여 선택해야 한다.

2절 입지환경분석

❖ 인구통계

가구, 인구, 가구당 인구, 연령별 구조를 파악하기 위해서는 시·구 통계연보를 시청이나 구청 동사무소에서 구해야 하며, 도·소매업 조사보고서, 서비스업 조사보고서 등을 통해 그 지역 주민들의 생활상을 파악할 수 있다.

① **인구의 증가** : 총인구의 증가는 개인소득의 증가와 더불어 유통업 전체의 계속적인 발전 가능성을 의미하므로 특정 거래지역에서 소매점을 개설하는 경우에는 거래지역 내의 총인구 변화를 면밀히 파악해야 한다.

② **가족 구성원의 감소** : 저출산 현상과 반비례하여 고급 어린이용품의 수요는 증가하며, 독신 및 이혼의 경우도 늘어나는 추세이므로 여행용품, 인스턴트 식품류, 소형아파트, 원룸 등에 대한 수요도 늘어날 것으로 파악해야 한다.

③ **인구구조의 변화** : 과거에는 나이가 어릴수록 층이 넓은 피라미드형이었으나, 현재는 청년층이 어린이층보다 넓은 종형으로 바뀌었다. 거래지역의 인구구조는 취급상태, 구색 등을 결정하는 데 중요한 요인이 된다.

❖ 라이프스타일

시장의 분석에 있어서 인구통계학적 분류 외에 소비자의 심리적 측면을 고려할 필요가 있는 것은 제품의 새로운 의미부여, 신제품 개발 등에서도 소비자의 잠재적 요구를 파악할 필요가 있기 때문이다.

① **인구통계학적 변인** : 연령, 성별, 인종, 세대 형태, 주택소유 형태, 교육수준, 직업, 소득수준 등을 들 수 있는데, 소비자의 연령이나 소득수준의 분포가 소비자에 따라 다양하게 나타나는

것은 점포의 입지에 있어 중요한 관찰대상이 된다.

② **지리구조 변인** : 거주하는 지역에 따른 소비자의 특성구분을 통해 이루어진다.

③ **심리구조 변인** : 소비자의 가치관, 태도, 성격 등으로 소비자를 유형화하여 분류하며, 이는 심리구조적 세분화의 중요한 수단이 된다.

🔹 경쟁상황 파악

① **업종분석** : 상권 내의 업종별 점포 수, 업종비율, 업종 · 층별 분포를 파악한다. 업종별로 판매업종과 서비스업종으로 구분할 수 있는데, 이들의 구조를 파악하여 경쟁상황을 인지한다.

② **점포분석** : 건물의 층별 점포구성을 분석하여 건물의 1층 구성비가 높으면 상권이 나쁘고, 구성비가 고르면 상권이 좋다.

③ **브랜드분석** : 우리나라 소비자는 브랜드 선호도가 높으므로 유명 브랜드가 많이 입점되어 있으면 좋은 입지이다.

🔹 시너지효과 분석

① 동종업종이 집적되어 있으면 초기 투자비가 높다.

② 판매업종이 집중된 명동이나 백화점, 할인점에 외식업을 출점하면 시너지효과를 최대한 확보할 수 있으며, 서비스 업종이 집중된 음식점이나 유흥 · 위락단지, 숙박업, 학원, 극장 등 같은 업종끼리 집중되면 시너지효과가 극대화된다.

③ 특정 시설에 의존하는 입지를 선택하는 것이 좋다. 호텔이나 백화점, 시장, 대형오피스, 대형상가, 대형 복합빌딩 등의 바로 옆이나 그 영향권에서 벗어난 지역에 입점해야 한다. 하지만 소매점 판매업의 경우, 소비자들이 대형 할인점 등 대형 시설물을 좋아하고, 사이버 시장이 증가하고 있으며, 재고의 부담과 점포의 과부하 상태를 고려하여, 특정 시설에 의존하는 입지를 가급적 피해야 한다.

🔹 점포접근성

① **입지의 접근성**

　㉠ **고객창출형** : 광고, 상품의 독자성 평가, 판매촉진 수단에 의해서 독자적인 고객을 흡인하는 형태로 백화점, 대형 슈퍼마켓, 특수한 전문점 등이다.

　㉡ **고객의존형** : 가까운 점포에 의해 흡인된 고객이 주변의 점포로 구매하러 가는 점포의 형태이다.

　㉢ **통행량 의존형** : 쇼핑을 목적으로 하지 않는 유동인구 등이 구매하는 형태이다.

② **접근성 분석**

　㉠ **적응형 입지** : 도보자의 접근성을 우선 고려하여 도보자가 접근하기 쉬운 출입구라야 하고,

시설물, 계단, 가시성 등이 좋아야 한다. 출입구는 자동문이나 회전문은 피하고, 대부분의 도보객은 버스나 택시, 지하철을 이용하므로 이들 교통시설물과 근접하면 좋다.
  ⓒ **목적형 입지** : 특정 테마에 따라 고객이 유입되므로 차량이 주 도로에서 접근하기 쉬워야 하며, 규모가 큰 주차장이 건물 앞쪽에 있어야 이용자의 편리성이 높다.
  ⓒ **생활형 입지** : 지역주민이 주로 이용하는 식당 등이 해당된다. 도보나 차량을 모두 흡수할 수 있어야 하므로 주차시설을 갖추고 도보객의 접근도 유리한 지역에 출점해야 한다.
③ **점포의 접근성**
  ㉠ 점포 전면도로의 접근로가 고객 흡인력이 있어야 한다.
  ㉡ 전면도로의 특색을 잘 파악해야 매출에 영향을 미친다.
  ㉢ 점포의 특징에 따라 일조나 통풍을 고려하여야 한다.

📦 접근성 구성요소
① **거시요인** : 도로패턴, 도로상태, 자연장애, 인공장애
② **미시요인** : 점포외관, 교통량, 도로정체, 출입문제
③ **센터내부요인** : 임대료지가, 핵점포 여부, 점포밀집성, 누적유인성

📦 점포 가시성
① 고객충성도가 높거나 역사적으로 오래된 유명 점포의 경우에 있어서 가시도는 크게 중요하지 않다.
② 고객충성도가 낮거나 유동고객에 대한 의존도가 높은 경우 가시도는 매우 중요한 요소이다.

2 입지분석

1절 상업지의 공간구성이론

◈ 동심원 이론

미국의 사회학자 버제스(E. W. Burgess)가 1925년 시카고시에 대한 실증적 연구를 통하여 제창한 이론으로, 그는 도시의 구조를 중심 비즈니스지대, 전이지대(도시발전 과정에서 특정지대의 확장으로 소멸될 가능성이 많은 지대), 자립근로자 거주지대, 중산층 거주지대, 통근자 거주지대의 5종으로 분류하고, 이들 지대는 동심원적 구조를 이루어 제각기 외측에 인접한 지대를 잠식하면서 팽창해가는 것이라고 주장하였다.

◈ 선형 이론

호이트(H. Hoyt)가 1939년 미국의 142개 도시를 대상으로 교통로의 발달과 관련지어 도시 내부구조를 설명한 이론이다. 도심에 중심 업무 지구가 있고 도심으로부터 새로운 교통로가 발달하면 교통로를 축으로 도매 · 경공업 지구가 부채꼴 모양으로 확대된다. 그리고 그와 인접하여 사회 계층이 다른 주민들의 주거 지역이 저급, 중급, 고급 순으로 발달함으로써 도시 교통의 축이 거주지 분화를 유도한다고 보는 이론이다.

◈ 다핵심 이론

울만(E. Ulman)과 해리스(C. Harris)가 1945년 미국의 대도시를 조사하여, 도시의 발달은 하나의 핵을 중심으로 구조화되어 있지 않고, 다른 기능을 수행하는 몇 개의 핵을 중심으로 전개된다는 사실을 규명한 이론이다. 도시의 성장과 발달은 도심의 업무 지구 이외에도 여러 개의 교통 결절점을 중심으로 한 부심이나 신주택 단지 또는 신공업 지구 등에 의해서도 이루어진다고 보았다.

◈ 다차원 이론

시몬스(J. W. Simmons)가 1965년 「도시 토지이용의 기술적 모델」이란 논문에서 도시의 내부구조는 사회적 패턴에 따라 다수의 독립된 3차원이 구성된다고 주장한 이론이다.

🔷 중심지 이론

한 지역 내의 생활거주지(취락)의 입지 및 수적분포, 취락들 간의 거리관계와 같은 공간구조를 중심지 개념에 의해 설명하려는 이론이다. 중심지 이론에 의하면 한 도시(지역)의 중심지 기능의 수행 정도는 일반적으로 그 도시(지역)의 인구규모에 비례하며, 중심도시(지역)를 둘러싼 배후상 권의 규모도 도시(지역)의 규모에 비례하여 커진다.

① 가정

    ㉠ 지표공간은 균질적 표면(isotropic surface)으로 되어 있고, 한 지역 내의 교통수단은 오직 하나이며 운송비는 거리에 비례한다.

    ㉡ 인구는 공간상에 균일하게 분포되어 있고 주민의 구매력과 소비행태는 동일하다.

    ㉢ 인간은 합리적인 사고에 따라 의사결정을 하며 최소의 비용과 최대의 이익을 추구하는 경 제인(economic man)이다.

2절   입지특성

🔷 주거입지

① 자연적 조건

    ㉠ **지형** : 남·동쪽이 트이고 완만하게 경사지고, 북·서쪽은 계절풍을 막아주는 산과 숲이 있는 것이 좋다.

    ㉡ **지세** : 붕괴 위험성이 있는 언덕배기나 절벽 밑은 피하고, 움푹 파여 들어간 소형 분지도 주 거지의 입지 조건에 맞지 않다.

    ㉢ **토지와 지반 상태** : 집터는 단단하고 강해야 하며, 지질은 점토와 사토가 약간씩 섞인 토양이 좋다.

    ㉣ **기상조건** : 강수량, 풍향, 일조시간, 기온 등은 입지에 상당한 영향을 준다.

② 사회·행정적 조건

    ㉠ 공해, 위험, 혐오시설의 유무 파악   ㉡ 도로, 교통수단 파악

    ㉢ 공공시설의 정비상태 파악   ㉣ 공법상의 규제상태 파악

    ㉤ 지역의 사회적 환경 파악

🔷 공업입지

① 시장 지향형

    ㉠ 신선도 유지가 필요한 식품, 부패의 위험성이 높은 제품의 경우 적합하다.

ⓒ 교통비용을 절감해야 하는 경우에 추구하며, 중량이나 부피가 늘어나는 산업에 유리하다.

ⓒ 일반 소비자와 접촉이 많이 필요한 제품을 생산하는 경우에 적합하며, 재고 확보가 필요한 제품을 생산하는 공장에 유리하다.

② **노동 지향형** : 변동비와 고정비 중 고정비가 차지하는 비중이 최저점인 경우에 유리하며, 주로 의류 · 신발, 인쇄 · 출판업 등이 적합하다.

③ **원료 지향형** : 편재원료를 많이 사용하는 공장에 적합하며, 총 비용 중 원료의 수송비 비중이 상당한 제품을 생산하는 공장에 적합하다.

④ **운송비 지향형** : 농작물을 밭떼기하여 농공단지 내에서 가공하는 공장에 적합하며, 바다에 위치한 제철공장과 제련공장의 경우도 필요한 입지이다.

도심입지(CBDs)

대도시나 소도시의 전통적인 도시상업지역으로, 상업활동으로 많은 사람들을 유인하며, 대중교통의 중심지역이라고도 할 수 있다. 소매업에서 가장 성공적인 중심상업지역은 그 지역에 많은 주민이 거주하는 지역이다.

① 도심입지(CBDs)의 특징

ⓐ 상업활동으로 말미암아 많은 사람들을 유인하여 지가(地價)가 최대에 이른다.

ⓑ 대중교통의 중심지이며, 도시에서 접근이 쉬운 지점이다.

ⓒ 집약적 토지이용에 따른 건물의 고층화, 과밀화로 주거의 기능은 약화된다.

ⓓ 도시의 중추관리 기능과 고급 서비스 기능 등이 집중되어 있다.

ⓔ 주 · 야간의 인구대비가 가장 뚜렷하다.

ⓕ 주거지와 도심의 업무지 간에 교통혼잡이 심각하다.

② 도심입지(CBDs)의 단점

ⓐ 높은 범죄율과 날씨에 대한 통제가 불가능해 교외에 사는 쇼핑객들의 진입이 어렵다.

ⓑ 저녁과 주말에 이루어지는 쇼핑은 도심입지에서 대체로 저조할 수 있다.

ⓒ 무계획성으로 말미암은 문제가 발생할 수 있다.

ⓓ 주차문제의 발생으로 쇼핑객들이 불편하다.

쇼핑센터

① 도시 주민의 교외로의 이동, 즉 이른바 스프롤(Sprawl)현상과 더불어 자가용의 보급에 따라 제2차 세계대전 뒤 미국에서 발전한 집합형 소매상점가이다. 도시 근교에 광대한 토지를 확보하여, 원스톱쇼핑이 가능하도록 계획적으로 만들어진 대규모 상점가를 말한다.

② 백화점, 대형 슈퍼마켓 등을 핵점포로 하여 각종 전문점을 비롯한 위락시설, 공동시설 등이 부수적으로 입주하고 있으며, 주차장을 완비한 계획적 상점가로서 일반적으로 도시주변 또는 교외에 위치하고 있다.

③ 쇼핑센터의 특징

㉠ 인구가 교외로 이동해 가면서 교외 쇼핑센터가 성장하였다.

㉡ 도심입지를 능가하는 상품의 구색을 제공한다.

㉢ 한곳에 점포를 집합시킴으로써 더 많은 고객을 유인하게 된다.

④ 쇼핑센터의 유형

㉠ 스트립(Strip) 쇼핑센터

네이버후드센터 (neighborhood center)	소비자와 가장 가까운 지역에서 그들의 일상적 욕구를 만족시키기 위한 편리한 쇼핑장소를 제공하도록 설계된 곳을 말한다.
커뮤니티센터 (community center)	네이버후드센터보다 다양한 범위의 의류와 일반 상품을 제공한다.
파워센터 (power center)	할인백화점, 할인점, 창고형 클럽, 카테고리 킬러를 포함하는 일부 대형 점포들로 구성되어 있는 곳을 말한다.

㉡ 쇼핑몰

지역센터 (Regional Center)	일반 상품과 서비스를 다양하게 제공한다.
슈퍼지역센터 (Super Regional Center)	지역센터보다 큰 규모로 더 많은 고객의 유인과 보다 깊이 있는 제품구색을 갖춘다.
패션/전문센터 (Fashion/Special Center)	선별된 패션이나 우수한 품질, 고가의 제품을 판매하는 고급 의류점이나 선물점으로 구성된 곳을 말한다.
아웃렛센터 (Outlet Center)	유통업자 상표제품을 할인 판매하는 곳을 말한다.

⑤ 쇼핑센터의 구성요소

㉠ **중심상점** : 쇼핑센터의 중심으로 고객을 끌어들이는 기능을 가지고 있으며, 백화점이나 종합슈퍼마켓, 대형 전문점 등이 있다.

㉡ **몰(Mall)** : 쇼핑센터 내의 주요 보행동선으로 고객을 핵상점과 각 상점으로 고르게 유도하는 쇼핑거리인 동시에 고객 휴식처의 기능을 갖는다.

㉢ **코트(Court)** : 몰의 군데군데에 고객이 머물 수 있는 공간을 마련한 곳으로 분수, 전화박스, 식수, 벤치 등을 설치하여 고객의 휴식처를 조성함과 동시에 정보 안내를 제공하며 쇼핑센터를 상징하는 연출장의 기능을 한다.

㉣ **전문상가** : 전문점의 구성과 배치는 그 쇼핑센터의 특색에 따라 차이가 있지만, 쇼핑센터 내의 보행거리를 최대한 길게 하여, 고객이 쇼핑센터에 머무는 시간을 길게 유도해야 한다.

㉤ **사회 · 문화시설** : 커뮤니티에 대한 기여와 고객유치의 2차적 요소인 레저시설, 은행, 우체국 등의 사회시설, 각종 강좌 등의 문화시설은 쇼핑센터가 가져야 할 또 하나의 기능이다.

⑥ 쇼핑센터의 문제점

ⓐ 대기업을 모태로 삼은 대형 쇼핑센터들은 막강한 자본력과 유통채널 장악을 통해 이른바 향토 유통업체들을 줄도산시켰다.

ⓑ 대형할인점이나 유명 백화점이 지역사회에 진출할 때의 가장 큰 문제점은 자금의 본사집중으로 지역자금이 역외유출 된다는 점이다.

ⓒ 지역 재래시장은 대형 쇼핑센터의 쾌적한 쇼핑환경에 못 미침으로 말미암아 지역주민들의 지역 재래시장 이용 감소로 황폐화되어 간다.

ⓓ 지역에 대형 쇼핑센터가 설립될 경우 주변상권 및 주거지역의 교통에 상당한 혼잡을 가져올 수 있다.

💎 쇼핑센터의 유형

① 근린형(Neighborhood) 쇼핑센터

ⓐ 식료품 · 약품 · 화장품 등 일상생활에 필요한 물품을 판매한다. 세탁소 · 이발소 · 구두수선 등의 인적 서비스를 제공하며, 슈퍼마켓을 핵점포로 한다.

ⓑ 편의품을 주로 제공하는 핵점포는 대부분 $660m^2$(200평) 내외의 슈퍼마켓이고, 총 면적 $3,300m^2$(1,000평) 내외인 최소형의 쇼핑센터이다.

② 지역형(Community) 쇼핑센터

ⓐ 근린형 쇼핑센터의 편의품과 개인적 서비스에 겸해서 일반 패션의류 · 귀금속 · 전자제품 등 선매품과 일부의 전문품도 취급하며, 근린형보다 넓은 상권을 대상으로 한다.

ⓑ 대부분의 경우 핵점포는 $990m^2$(300평) 규모의 슈퍼마켓과 버라이어티 스토어(다품종점, Variety Store) 등이다.

③ 광역형(Regional) 쇼핑센터

ⓐ 고급의류 · 가구 · 귀금속 · 장식품 · 내구소비재 등 질과 양에 있어서 풍부한 구색을 갖춘 40~150개 점포의 전문점이 모여 있고, 강력한 고객 흡인력을 가진 대형 백화점을 핵점포로 한다.

ⓑ 아파트 단지에 건설되어 있는 쇼핑센터는 핵점포를 슈퍼마켓으로 하나, 규모는 광역형 쇼핑센터이다.

💎 쇼핑몰(Shopping Mall)

① 의의 : 도심지역의 재활성화를 위하여 도시재개발의 일환으로 형성된 새로운 쇼핑센터의 유형으로 폐쇄형 쇼핑몰의 형식을 취한다.

② 도심 몰 형태의 쇼핑센터의 특징

ⓐ 황폐화되어 가는 도심으로 고객을 흡인할 수 있게 한다.

ⓛ 유류가 부족할 때에는 도심에 올 때 대중교통 수단을 이용하는 것이 효율적이다.

ⓒ 직장·오락·구매 등의 기능을 모두 제공하는 도시생활에 매력을 느끼는 맞벌이 가족들의 욕구를 충족시킨다.

🎁 상점가(Shopping Street)

① 일정한 범위 안의 도로나 지하도에 50개 이상의 도매점포·소매점포 및 용역점포가 밀집해 있는 지구를 말한다.

② 상점가를 소매기능의 집적인 소매 중심지(Retail Center) 또는 중심 구매지구(Central Shopping District)로 보는 경우 → 번화가, 지하상가 등

③ 역사적으로 보아 자연발생적으로 형성되어 온 비계획적 소매집적과 계획적인 소매집적으로 구분하여 후자는 쇼핑센터로 보고, 전자만을 상점가로 보는 경우 → 지하상가, 유명상점가, 소매시장 및 쇼핑빌딩 등

④ 분명한 조직체를 가진 집단으로서의 상점군을 상점가로 보는 경우 → 상가 진흥조직으로서 조직화된 소매집적

🎁 파워센터(Power Center)

① 가격이 저렴한 할인점이나 카테고리 킬러 등 저가를 무기로 한 염가점(廉價店)을 한 곳에 모아 놓은 초대형 소매센터를 말한다.

② 광대한 부지와 대형 주차장이 마련되어 있다.

③ 각 점포 앞에 차를 주차시킬 수 있으며, 단시간에 쇼핑을 끝낼 수 있다.

🎁 테마파크(Theme Park)

① 주제가 있는 공원이라는 뜻으로, 어떠한 테마를 설정하여 그 테마를 실현시키고자 하는 제반 시설·구경거리·음식·쇼핑 등 종합적인 위락공원을 구성하여 방문객들로 하여금 놀이에서 휴식까지 하나의 코스로 즐기도록 하는 위락시설이다.

② 독특한 주제를 가지고 이를 적절히 표현하는 소재를 이용하여 방문객들에게 일상을 탈피하는 경험을 제공하는 공원이다.

🎁 노면 독립입지

군집입지의 반대개념으로 창업자는 신설점포의 입지선정과 기존상권을 선택할 것인가, 아니면 스스로 독자적인 상권을 개발할 것인가에 대한 결정을 해야 하며, 이러한 결정에 따라 경영전략이 달라진다. 독립입지의 점포는 유사 업종의 상권 활성화 정도에 따른 수요 적응형이 아니므로 수요를 끊임없이 창출해내야 한다.

① 노면 독립입지의 특징

장점	단점
• 저렴한 임대료 • 가시성이 큼 • 넓은 주차공간 • 확장의 용이성 • 고객 위주의 편의성 • 영업시간, 간판에 대한 규제가 완화	• 다른 점포와의 시너지효과를 누리지 못함 • 고객 유치가 어려움 • 다량의 마케팅 비용이 필요함

② 독립입지의 점포유형

　㉠ **전문품점** : 독립입지의 가장 대표적인 형태이며, 고객이 구매를 위한 노력을 아끼지 않으므로 가격수준도 높은 유명 브랜드를 갖춘 상점이다.

　㉡ **편의품점** : 일상의 필수품을 판매하는 상점으로 구매결정이 비교적 신속하고 가격수준이 낮다.

　㉢ **회원제 창고점** : 창고형 도 · 소매점이라고도 하며, 일정한 회비를 정기적으로 내는 회원에게만 30~50% 할인된 가격으로 판매한다.

🔖 독립입지가 선호되는 상황

① **업종 전문성** : 비교우위에 있는 확실한 기술력을 보유하고 있는 업종

② **역량 전문성** : 뛰어난 마케팅 능력을 보유하고 충분한 능력발휘가 가능한 업종

③ 대규모 자본을 투자하여 다른 업체와 확실한 비교 우위를 설정할 수 있음

④ 고객이 적극적으로 찾아올 수 있는 서비스와 시설규모를 갖출 수 있음

🔖 복합용도개발지역

Gurney Breckenfeld(1972)가 처음으로 사용한 용어로 상업, 업무, 문화, 위락 등 다양한 기능을 밀접하게 연관시켜 편리성과 쾌적성을 제고시킨 건물 또는 건물군의 개발을 이르는 말이다.

① **복합용도의 기본요건(Witherspoon, 1976)**

　㉠ 세 가지 이상의 용도 수용

　㉡ 물리적, 기능적 규합

　㉢ 통일성 있는 계획에 의한 개발

② **복합용도개발지역의 기능**

　㉠ **주거기능** : 도심공동화 현상을 방지하며, 투자비가 높은 반면 수익성은 낮다.

　㉡ **업무기능** : 자금조달이 상대적으로 쉽고, 특별한 내부시설 없이도 건물 내 수용이 가능하다.

　㉢ **상업기능** : 건물 내의 타용도 이용자에 의해 이미 상권이 형성되어 있으므로 유리하다.

　㉣ **호텔기능** : 건물의 이미지를 창조하고 호텔 이용자들의 야간이동인구를 확보하게 되며, 경

제적 측면에서 가장 수익성이 높다.

🔶 백화점(대형점)

백화점은 동일한 경영과 동일 공간 내에서 각계각층의 많은 종류의 상품을 체계적으로 조직하고 진열, 판매하는 형태를 취하는 대규모 소매기관이다.

① 특징
　㉠ 다종다양한 상품 그리고 서비스를 대형 판매하는 시스템으로 원스톱 쇼핑을 제공하고 있다.
　㉡ 취급 상품수는 보통 10만 품목 이상이면서도 다품종소량판매를 위한 매입방식이 다양하다.
　㉢ 주로 제조업자나 도매업자가 백화점에 상품의 판매를 위탁하고, 판매하지 못한 상품은 반품하는 방식으로 운영된다.
　㉣ 개별점포의 매입방식에서 본부집중매입과 공동매입방식으로 시스템을 전환하고 있다.

② 백화점의 입지별 분류
　㉠ 도심형 : 도심의 중심상업지역에 있고 대규모의 상품을 취급하는 백화점을 말한다.
　㉡ 터미널형 : 대도시에서의 교외 교통망과 시내 교통망과의 접속점을 중심으로 한 상업지구에 위치하며 건축물과 결합된 경우도 있다.
　㉢ 교외형 : 교외 주택지의 교통중심지구에 위치한 백화점 형식이며, 건물은 2~3층의 저층이나 대규모로 넓은 주차장을 갖추고 있다.

③ 백화점의 입지관련 고려사항
　㉠ 상권 : 고객 흡수력이 미치는 범위, 상점의 현재 매상고에 기여하는 고객이 분포하는 지역, 구매력 예상, 내객이동경향의 파악
　㉡ 교통기관 관련 : 내객의 유출 및 유입량, 교통기관의 종류와 수송상황, 교통기관의 변화에 의한 영향
　㉢ 상업지역의 상호관계 : 도시, 상점가, 상점가 내의 입지, 상점가의 업종구성 및 성격의 구분
　㉣ 고객유치 관련시설 : 주차장, 교통시간, 백화점의 유명도, 가격의 합리성, 기타 환경조건

🔶 의류패션 전문점

도시상권의 중심에 점포가 형성되어 소비를 주도하며, 어패럴 메이커나 도매시장에서 의류를 매입 또는 위탁받아 상품을 판매하거나 자신의 점포를 설계하고 상품과 서비스를 제공한다. 또한 의류패션 전문점은 고객의 요구에 부응하는 적정 상품을 적절한 시기와 양, 가격을 고려하여 판매한다. 의류패션 전문점은 백화점보다 더 좋은 입지에 위치하며, 소비자들이 물건을 비교하며 시간을 보내는 쇼핑상품을 진열하고 있다.

① SPA(제조소매업 : Speciality Store Retailer of Private Label Apparel)
　㉠ SPA란 미국 청바지 회사 'GAP'이 1986년 도입한 개념으로 '전문점(Speciality Store Retailer)'과 '자사상표(Private Label)' 및 '의류(Apparel)'라는 의미를 합친 합성어이다.

ⓒ SPA는 패션 전문점이 제조업체로부터 매입하여 단순히 판매만 하는 소매기능에서 더 나아 가 기획, 생산하는 제조기능까지 갖춘 전문점을 의미한다.

② SPA의 특징

　㉠ 기획부터 판매에 이르기까지 하나로 연결되어 있다.

　㉡ 브랜드들은 대형매장을 직영하는 방식으로 해결해 대리점이나 백화점에 30~40% 가량의 수수료를 줄 필요가 없어 유통비용 절감을 통하여 원가인하를 할 수 있다.

　㉢ 소비자의 패션경향을 파악해 신속한 기획과 생산, 반품과 매장관리를 할 수 있어 재고부담 이 적다.

　㉣ 브랜드 콘셉트가 직접 전달되고 비용절감을 통해 소비자의 부담을 더는 합리적인 패션유통 의 한 형태이다.

　㉤ 이미 판매에서 검증된 상품만을 만들어 판매한다.

　㉥ 기획, 생산, 유통의 합리화와 비용절감을 통해 가격 경쟁력을 갖추고 빠르게 모두 판매하는 것을 목표로 한다.

③ SPA의 운영전략

　㉠ 시장조사를 통한 시장상황 파악

　㉡ 매장구성 및 관리

　㉢ 재고관리 확립

　　• 인기상품을 파악한 후 매장에 적극 반영하고, 비인기상품은 바로 반품한다.

　　• 반품할 수 없는 상품은 원가판매, 끼워 팔기 등으로 손해를 최소화한다.

　　• 시장 상인들과의 신뢰도 확립 및 유지를 통해 반품 시 불이익을 최소화하고, 시장에 잡혀 있는 현금의 액수를 최소화한다.

🎁 식료 · 잡화점

① **슈퍼마켓** : 식료품을 파는 소규모 구멍가게로부터 시작하였으며, 점차 크기, 가격, 서비스가 고객의 입장에서 발전했다. 현재의 슈퍼마켓은 셀프서비스로 운영되며 식료품뿐만 아니라 건 강 및 미용용품, 일반상품도 제한적이나마 판매되고 있다.

② **대형식료 · 잡화 소매업체** : 슈퍼마켓의 규모가 커지면서 다양한 종류의 상품을 취급하기 시작 했고, 일반 슈퍼마켓의 식료품 매출은 대형식료 · 잡화 소매업체의 출현으로 감소되었다.

③ **편의점** : 현대의 식료품점으로 제한된 종류의 구색과 상품만을 취급하나, 상품을 신속하게 살 수 있다. 그래서 편의점은 작은 규모에도 높은 판매력을 가지고 있다.

④ **입지선정 시 고려사항**

　㉠ **판매력** : 점포의 취급품에 대한 소비자의 구매관습, 예상고객의 시간대별 통행량, 통행인의 속성과 분포, 경쟁점포 및 기타 상점과의 입지상 관계

ⓛ **교통의 편리성** : 거주지와 점포까지의 교통수단

　　　ⓒ **시간** : 거주지와 점포까지의 소요시간

　　　ⓔ **위치** : 시간대 및 요일별 변화, 주차장소, 상점가의 위치, 도로의 폭, 비탈, 상가의 좌·우 측 건물 여부 등

　　　ⓜ 투자자본의 회수 전망 및 시기

🎁 패션잡화점

① 패션수명주기

　　　㉠ **프롭스(Flops)** : 거의 대부분의 소비자들이 거부하는 형태로 극히 일부 패션 혁신층이나 선도층을 위해서만 한번쯤 사용되다 버려지는 패션

　　　ⓛ **패즈(Fads)** : 소수집단에게 받아들여져 짧은 기간 유행하다가 사라지는 패션

　　　ⓒ **포즈(Fords)** : 꾸준하게 오랜 기간 동안 많은 소비자들에게 수용되는 패션

　　　ⓔ **클래식(Classic)** : 많은 사람들의 의복에 대한 기본적인 욕구에 부합되고 단순한 디자인으로 오래 유행이 지속되는 스타일

② 패션잡화점의 입지 및 상권분석 시 고려사항

　　　㉠ 점포의 기본환경 조사

　　　ⓛ 점포가 위치한 상권의 분석

　　　ⓒ 점포주변의 유동인구 조사

　　　ⓔ 점포의 접근성, 가시성, 편의성을 고려

🎁 다점포 경영

각 지역의 발전성이나 상권 자체가 갖고 있는 이점 등을 자사의 이익과 연계시키기 위한 수단으로, 각 해당 지역에 자사의 지점포를 출점하게 하는 이른바 다점포화 정책에 따라 만든 각 체인점의 영업활동에 대한 경영관리를 말한다. 매입 및 판매활동의 기능을 각기 분할하여 본점이 전 지점의 매입을 통괄적으로 담당하고 지점은 오로지 판매활동을 담당하도록 한다.

다점포 경영의 장·단점

장점	단점
• 본점은 원자재를 대량 매입한 후 지점포에 공급하는 방식을 취하므로 저렴한 가격에 원자재를 공급한다. • 본점의 경험과 노하우를 이어받아 시행착오가 적으며, 실패의 위험성이 적다. • 본점의 꾸준한 상품개발과 시장조사로 시장변화에 빠르게 적응한다. • 이미 인지도를 확보한 상품과 상호를 이용하기 때문에 광고 및 홍보 효과가 크다. • 지점포를 신설할 때 자금보조를 받을 수 있다.	• 상품 및 유니폼과 관련해 본점의 방침에 따른 운영이 이루어지므로 비독립적이다. • 같은 상호와 상품을 취급하므로 한 지점포의 잘못으로 다른 지점포까지 그 영향이 미친다. • 지점포는 본점에 지속적인 로열티를 지급해야 한다. • 지점포에 대한 본점의 지원이 원활히 이루어지지 않을 수 있다. • 본점의 일관된 운영방식으로 지역적 특성이 고려되지 않을 수 있다. • 지점포의 자의적인 양도 및 매매가 제한된다.

🎁 다점포 경영의 입지

① 같은 경쟁 지역으로 상권의 일부가 중복되는 동일 상권의 연속선상에 놓여있는 경쟁점포 인근 지역에 출점하는 것이 좋다.

② 기존 점포와의 경쟁을 피해 기존 점포의 상권을 벗어나 도심의 중심부나 역전, 또는 재개발 지역에 단독으로 대형점포를 만들어 진출할 경우 기존 점포와의 상권 경쟁은 피할 수 있으나 막대한 투자비용이 예상된다.

③ 토지 비용이 낮고 주차 능력이 뛰어난 변두리 외곽 지역으로 진출할 경우 기존 점포와의 분쟁은 없겠지만, 개점 후의 매출 예측이 어렵고 성공여부의 예측 역시 불확실하다.

🎁 상권과 입지의 업종선택 차이

① 입지 의존형 업종 : 의류업, 식료품업, 음식업 등
② 상권 의존형 업종 : 택배업 등

3절 상권

🎁 상권의 정의

① 미국마케팅협회(AMA) : 상권이란 특정 마케팅 단위 또는 집단이 재화 또는 용역을 판매·인도함에 있어 비용과 규모면에서 경제적이며, 그 규모가 어떤 경계에 의해 결정되어지는 지역범위

② 스턴(L. Stern) : 상권이란 제공되는 제품이나 서비스 자체의 성질, 구매과정에 대한 소비자태도의 인지라는 두 가지 요인으로 설명될 수 있는 것이며, 구매자, 판매자, 판매량이라는 세 가지 측면으로 분리하여 상권력이 파악됨

③ 애플바움(W. Applebaum)과 코헨(Cohen) : 한 점포가 어떤 기간 동안에 거래를 획득하는 지역

④ 허프(Huff) : 지정기업이나 다수기업에서 판매하는 상품이나 서비스를 판매할 확률이 0 이상인 잠재적 고객을 포함하고 있는 지리상의 지역

⑤ 중소기업청 : 상권이란 특정소매업 또는 시장, 점포의 상품을 구매하는 고객의 대다수가 살고 있는 지역을 뜻하기 때문에 단순한 원형별 거리로만 표시되는 것만 아니라 내적 요소시간 및 내적 편의성에 그 기초를 두고 있으며 흔히 아메바 형태로 설정됨

🎁 상권의 개념

① 상권이란 상업상의 거래를 행하는 공간적 범위로, 점포가 고객을 흡인하거나 흡인할 수 있는 범위 또는 다수의 상업시설이 고객을 흡인하는 공간적 범위를 말한다.

  ㉠ **판매자 측면** : 특정 마케팅 단위 또는 집단이 상품과 서비스를 판매·인도함에 있어 비용과 취급규모 면에서 경제적이며, 그 규모가 어떤 경계에 의해 결정되는 지역범위를 의미한다.

  ㉡ **구매자 측면** : 적절한 가격의 재화 및 용역을 합리적으로 발견할 수 있을 것으로 기대되는 지역범위를 의미한다.

  ㉢ **판매량 측면** : 특정 소매상이 매출액의 90% 이상을 실현하는 지역범위로, 전체 매출액의 75%가 실현되는 지역이 1차 상권이고 추가로 15%가 실현되는 지역범위가 2차 상권이다.

② 상권은 시장지역 또는 배후지라고도 부르며 점포와 고객을 상행위와 관련, 흡수할 수 있는 지리적 영역이며, 경쟁자의 출현은 상권을 차단하는 중요한 장애물이다.

③ 상권은 지역상권(General Trading Area), 지구상권(District Trading Area), 개별점포상권(Individual Trading Area) 등 계층적으로 분류될 수 있다.

④ 상권의 크기는 주택가에 입지할수록 좁아지고, 주변에 점포가 많으면 넓어지며 상권 간에도 계층성이 존재한다.

⑤ 상권이란 하나의 점포 또는 점포들의 집단이 고객을 유인할 수 있는 지역적 범위를 나타내며, 판매수량의 크기에 따라 1차, 2차, 3차 상권 및 영향권으로 구분할 수 있다.

🎁 권역별 상권의 분류

① **근린(지점)형 상권** : 주택가형이나 소형 상권으로 반경 500~1,500m이며, 인구 10,000~30,000명 이하를 상권으로 한다. 주로 생필품을 중심으로 한 식품류와 편의품 위주의 상품을 취급·판매하는 상가가 형성되어 있는 권역이다.

② **지구중심형 상권** : 동이나 읍·면의 절반 또는 전체를 상권으로 포함하며, 주로 봉제의류, 액

세서리, 내의류, 아기용품, 신발류 등 소비빈도가 높은 비식품류를 넓게 취급한다. 가격을 다소 낮게 책정하여 대량 판매를 시도하는 중형 규모의 상권이 형성되어 있는 권역이다.

③ **지역중심형 상권** : 시의 경우, 시 전부와 인접 1~2개 구·읍·면을 상권으로 하며, 지방 중소도시의 경우는 그 중소도시 전 지역을 대상으로 한다. 편의품과 선매품 이외에 고급 패션의류, 고급가구 등 전문품을 취급하는 대중양판점과 같은 대규모 상권이 형성되어 있는 권역이다.

④ **도심형 광역상권** : 시내 전역 및 전국을 대상으로 할 수 있는 상권이 형성되어 있는 권역이다.

🔻 군집형태에 따른 상권의 분류

① **복합군집형 상권** : 각양각색의 업종들이 상호 보완작용을 하며 상행위를 하는 여러 업종의 집합군
   예 시내 중심가, 대형 백화점 등
② **전문군집형 상권** : 동일 또는 유사한 상품이나 서비스를 제공하는 동 업종의 집합군
   예 먹자골목, 가구골목, 유흥 주점가 등

🔻 배후지 특성에 따른 상권의 분류

① **도심 상권** : 종로나 명동과 같이 유동인구가 많고 인구를 유입할 수 있는 집객시설인 대형 백화점, 대형 쇼핑센터, 남대문시장, 동대문시장 등이 있는 상권을 말한다.
② **역세권** : 모든 역을 중심으로 상권이 활발하게 형성되는 권역을 말한다.
③ **아파트단지 상권** : 아파트의 평형별로 거주하는 연령층과 생활수준에 따라 소비가 결정된다.
④ **주택지 상권** : 적은 자본으로 창업하여 쉽게 접하고 이용할 수 있는 상가이다. 인구밀도가 월등히 높은 지역은 상권이 좋다.

🔻 경쟁상황 정도에 따른 상권의 분류

① 과소지역 상권은 해당 지역의 욕구를 만족시키기 위한 특정 제품이나 서비스를 판매하는 점포가 매우 부족한 지역이며, 과다지역 상권은 이와 반대로 점포가 너무 많아 일부가 도산하는 경우이다.
② 특정상품이나 서비스를 몇몇 점포가 과점하여 판매하는 과점지역 상권은 경쟁력 있는 점포의 경우 그 시장에 진입하여 이익을 볼 수 있다. 포화지역 상권의 경우는 경쟁 소매업체들이 이익을 많이 남길 수 있도록 해주기 때문에 소매업체들이 매력적으로 생각한다.

🔻 고객 흡인율별 상권의 분류

① **1차 상권** : 점포 매출 또는 고객 수의 60% 이상을 점유하며, 점포에 지리적으로 인접한 지역에 거주하는 소비자들이 주요 고객이다.

② **2차 상권** : 점포 매출 또는 고객 수의 23~30%를 포함하며, 1차 상권의 외곽에 위치해 있다. 주요 고객은 밀집되어 있는 것이 아니라 지역적으로 넓게 분산되어 있다.

③ **3차 상권** : 한계상권이라고도 하며, 점포 이용고객은 5~10%를 차지한다. 상권지역의 외곽에 위치하며, 주요 고객은 점포로부터 장거리에 위치하여 고객의 수와 이들의 구매빈도가 적어 점포 매출액에서 차지하는 비중이 낮다.

🎁 상권에 영향을 미치는 요소

① **자연적 조건** : 하천이나 산, 강 등의 자연조건은 상권에 영향을 미친다.

② **교통체계** : 도로나 대중교통 수단은 상권의 접근성 확대에 영향을 미친다.

③ **점포 규모와 유통업의 형태** : 일반적으로 점포의 규모가 클수록 상권은 넓어지며, 규모가 작을수록 상권은 좁아진다. 취급하는 상품의 종류에 따라서도 상권의 범위는 달라진다.

🎁 수직적 · 수평적 밀도

① **수직적 밀도** : 상권이 작고 도보 고객이 많아 구매 빈도가 높다. 예를 들어 고층 아파트 빌딩이 많은 서울 강남, 목동 및 노원구, 성남의 분당 등 신도시에서 나타난다.

② **수평적 밀도** : 수평적 밀도 입지는 상권은 넓으나 차량 고객이 많고 구매 빈도가 낮은 특징이 있다. 예를 들어 서울의 강북 및 지방도시에서 많이 나타난다.

🎁 소자본 상권의 특징

① **접근의 용이성** : 소자본 상권에서 소매점의 입지는 특히 중요하다. 거리, 교통, 주차장 등 유동인구의 접근이 용이해야 한다.

② **상품의 다양성** : 고객이 폭넓게 선택할 수 있도록 다양해야 한다.

③ **가격의 저렴성** : 상품의 가격이 저렴하면 다소 먼 거리의 고객 흡인도 가능하다.

🎁 소매점포 입지요건

① **입지조건과 환경**

　㉠ 신규 아파트 단지 외에 주변 지역 개발로 인구증가가 계속되며 거주 주민이 비교적 고른 생활수준을 나타낸다.

　㉡ 도로망이 정비된 곳은 자동차를 이용한 접근성이 뛰어나 광역상권을 대상으로 한 업종에 매우 유리하다.

　㉢ 고객을 흡인할 수 있는 유리함을 가지고 있으므로 핵점포와 가까운 곳이 좋다.

　㉣ 주차장이 매출에 많은 영향을 미치므로 주차장은 여유 있게 확보해야 한다.

　㉤ 독립상권 지역은 외부의 구매력이 유입되지 않으나 지역 내 구매력 유출이 적으므로 안정

적으로 점포운영을 할 수 있다.

② 조사항목

　㉠ 지리적 요건 : 지형과 지세를 조사하며, 현장조사를 통하여 대지의 상태와 도로와의 인접성, 지대의 높고 낮음, 도로 · 지하철 · 버스노선 등 교통의 편의를 조사한다.

　㉡ 사회 · 경제적 특성 : 사업체 구분별, 종사자 규모별, 업종별 지역 내 사업체 현황을 조사하여 지역의 산업현황과 소득수준을 가늠해 볼 수 있다.

　㉢ 상권 내 업종조사 : 전수조사를 원칙으로 하며 상권 내에 어떠한 업종이 주로 분포되어 있고 위치별로 어떠한 특성을 지니고 있는지 조사한다.

🍀 상권결정 3요소(Rosenbloom)

① 지리적 범위

② 잠재적 · 실제적 수요

③ 제공되는 상품 및 서비스의 다양함

🍀 상권변화

상권이 변화된다는 것은 기존의 상가 및 점포 사이에 새로운 상가나 점포가 들어서거나 소비자의 위치가 변하는 것을 말한다.

🍀 상권의 변화요인

대형 할인점 · 백화점 · 지하철의 등장, 버스터미널 및 정류장의 형성 및 이전, 관공서 · 대규모 회사의 등장 및 이전 등이 있다.

🍀 시간, 비용, 상품특성에 따른 상권변화 특성

① 소비자나 판매자가 감안하게 되는 시간과 비용에 따라 상권이 바뀐다.

② 상권비용이란 고객에게 도달하는 데 소비되는 지출로, 도달에 소비되는 비용이 클수록 상권 반경은 줄어든다.

③ 소비자가 직접 이동하는 경우, 재화의 종류에 따라 소비자가 투자하는 시간과 비용이 바뀌게 되어 상권의 크기도 바뀐다.

④ 보존성이 강한 상품일수록 오랜 운송에도 견딜 수 있어 상권력이 넓다.

4절 상권분석

상권분석법의 구분체계

① 기술적 상권분석 : 체크리스트, 유추법, 비율법, 전문가 판단법
② 규범적 상권분석 : 크리스탈러, 로쉬, 레일리, 컨버스
③ 확률적 상권분석 : 루스, 허프, MCI, MNL

기술적 방법에 의한 상권분석 방법

① 체크리스트법 : 상권의 규모에 영향을 미치는 요인들을 수집·평가하여 이들에 대한 시장잠재력을 측정하는 방법으로 부지와 주변 상황에 관하여 사전에 결정된 변수 리스트에 따라 점포를 평가하는 방법이다.

체크리스트법의 변수

구분	요인
제반입지 요인	• 행정구역 상황 및 행정구역별 인구통계 특성 • 상권 내 자연경계 특성(강, 하천, 산, 구릉 등) • 상권 내 도로 및 교통특성(도로, 대중교통노선, 통행량, 주차시설, 상권으로의 접근 용이성 등) • 상권 내 도시계획 및 법·행정적 특기사항 • 상권 내 산업구조 및 소매시설 현황 및 변화패턴 • 상권 내 대형 건축물, 인구 및 교통유발시설
고객특성 분석	• 배후상권 고객 : 목표상권의 지역경계 내에 거주하는 가구 • 직장고객 : 점포 주변에 근무하는 직장인 고객 • 유동고객 : 기타의 목적으로 점포 주변을 왕래하는 유동인구 중에서 흡인되는 고객
경쟁분석	• 위계별 경쟁구조 분석 • 업태별, 업태 내 경쟁구조 분석 • 잠재 경쟁구조 분석 • 경쟁·보완관계 분석

㉠ 한계 : 체크리스트 작성에 있어 작성자의 주관 개입 가능성이 있으므로 분석 결과의 신뢰성이 떨어진다.

② 유추법

㉠ 새로운 점포가 위치할 지역에 대한 판매예측에 많이 활용되는 방법들 중의 하나가 애플바움(Applebaum)이 개발한 유추법(Analog Method)이다.

㉡ 자사의 신규점포와 특성이 비슷한 유사점포를 선정하여 그 점포의 상권범위를 추정한 결과를 자사점포의 신규입지에서의 매출액(상권규모)을 측정하는 데 이용하는 방법으로 가능매상고 추계에 주로 사용된다.

ⓒ 한계 : 어떤 점포를 유추 점포로 결정하는지에 따라 상권 추정 및 입지가 달라진다. 또한 유사한 점포를 선정했을 때 조사자의 주관 개입 가능성이 있어 객관성의 문제가 있다.

③ 현지조사법

　ⓒ 대상 부지의 정확한 평가를 위해서 실시되며 대상점포나 판매제품, 조사성격 및 연구자의 주관에 따라 내용은 달라진다.

　ⓒ 조사자에 따라 주관적으로 조사될 가능성이 높다.

④ 비율법

　ⓒ 여러 가지 비율을 사용하여 적절한 부지를 선정, 평가하는 방법이다.

　ⓒ 간단하며 저렴하게 자료를 손쉽게 구할 수 있으나 상권 확정에 분석자의 주관성이 개입되어 가능매상고에 대한 예측력이 떨어진다.

💎 규범적 방법에 의한 상권분석 방법

① 크리스탈러(W. Christaller)의 중심지 이론

　ⓒ 상업중심지로부터 중심기능(또는 상업서비스 기능)을 제공받을 수 있는 가장 이상적인 배후상권의 모양은 정육각형이며, 정육각형의 형상을 가진 배후상권은 중심지 기능의 최대도달거리(Range)와 최소수요충족거리(Threshold Size)가 일치하는 공간구조이다.

　ⓒ 상업중심지의 이상적 입지와 이들 간의 분포관계는 중심지 기능의 최대도달거리, 최소수요충족거리, 육각형 형태의 배후지 모양, 중심지 계층 등과 관련이 있다.

　ⓒ 상업중심지의 계속적인 존립을 위해 최소한의 정상이윤이 확보되어야 하며, 이를 위해 일정 지역범위 내의 소비자들로부터 최소한의 수요가 발생되어야 한다.

　ⓒ 상업중심지의 정상이윤 확보에 필요한 최소한의 수요를 발생시키는 상권범위를 최소수요충족거리(Threshold)라고 한다. 결국 최소수요충족거리는 상업중심지의 존립에 필요한 최소한의 고객이 확보된 배후지의 범위를 말한다.

　ⓒ 중심지의 최대도달거리(Range)가 최소수요충족거리(Threshold)보다 커야 상업시설이 입지할 수 있다.

　ⓒ 한 지역 내 거주자들이 모든 상업중심지로부터 중심기능(최적 구입가격으로 상품을 구입하는 것)을 제공받을 수 있고, 상업중심지들 간에 안정적인 시장균형을 얻을 수 있는 이상적인 상권모형은 원형 대신에 정육각형의 형상을 가질 때이다. 정육각형의 상권모형에서는 최대도달거리와 최소수요충족거리가 일치한다.

② 로쉬(A. Lösch)의 수정중심지 이론

　ⓒ 중심지계층의 공간구조를 K=3, K=4, K=7의 3개의 경우에 대한 중심지 간의 포함원리에 국한하지 않고 K값을 확대함으로써 보다 융통성 있는 상권구조 이론을 전개하였다.

　ⓒ 인구의 분포가 연속적 균등분포가 아니라 불연속 인구분포를 이루기 때문에 각 중심지의 상권규모(육각형의 크기)가 다르다고 가정하여 비고정 K-value 모형을 제시하였다.

크리스탈러와 로쉬의 차이점

크리스탈러	로쉬
최상위 중심지의 육각형 상권구조에 하위 중심지들이 포함되는 하향식 도시공간구조를 제시	보편적인 최하단위의 육각형 상권구조에서 출발하여 상위계층의 상업중심지로 진행하는 상향식 도시공간 구조를 전개
K=3, K=4, K=7 각각의 경우에서 상업중심지들 간의 공간구조를 설명	크리스탈러의 육각형 이론에 비고정원리를 적용함으로써 보다 현실적인 도시공간구조를 반영
고차 상업중심지는 저차 상업중심지의 유통기능을 전부 포함할 뿐 아니라 별도의 추가기능을 더 보유	고차 상업중심지가 저차 상업중심지의 모든 상업기능을 반드시 포함하지는 않음

③ 레일리(W. J. Reilly)의 소매인력법칙

$$\frac{B_a}{B_b} = \left(\frac{P_a}{P_b}\right)\left(\frac{D_b}{D_a}\right)^2$$

단, B_a : A시의 상권영역(중간도시로부터 도시 A가 흡인하는 소매흡인량)

B_b : B시의 상권영역(중간도시로부터 도시 B가 흡인하는 소매흡인량)

P_a : A시의 인구(거주)　　　　　　　　P_b : B시의 인구(거주)

D_a : A시로부터 분기점까지의 거리　　　D_b : B시로부터 분기점까지의 거리

㉠ 소비자들의 구매 이후 행위가 점포까지의 거리보다 점포가 보유하는 흡인력에 의하여 결정된다는 이론이다.

㉡ 소비자의 쇼핑행동을 고려한 소매인력법칙은 개별점포의 상권경계보다는 이웃 도시들 간의 상권경계를 결정하는 데 주로 이용된다.

㉢ 한계 : 거리가 점포선택에 중요한 영향을 끼치지만 소비자가 항상 가까운 점포를 찾는다는 최근 거리가설은 합리적이지 못하다. 즉, 원거리에 위치한 점포의 상품가격과 교통비를 합한 총가격이 가까운 점포를 이용할 경우의 비용보다 저렴하다면 소비자는 장거리 점포에서 보다 싼 상품을 구매할 수 있다.

④ 컨버스(Converse)의 수정 소매인력법칙

㉠ 컨버스의 제1법칙 : 주로 선매품과 전문품에 적용되는 모델로 경쟁지역인 A와 B에 대하여 소비자가 둘 중 어느 지역에서 구매할지의 상권 분기점을 찾아내는 것이다. 선매품과 전문품에 한정되어 적용된다.

$$D_a = \frac{D_{ab}}{1 + \sqrt{\dfrac{P_b}{P_a}}} \text{ or } D_b = \frac{D_{ab}}{1 + \sqrt{\dfrac{P_a}{P_b}}} \left(\text{단, } \frac{B_a}{B_b} = 1\text{일 경우 적용 가능} \right)$$

단, D_a : A시로부터 분기점까지의 거리 D_b : B시로부터 분기점까지의 거리

     D_{ab} : AB 두 도시(지역) 간의 거리 P_a : A시의 인구

     P_b : B시의 인구

확률적 방법에 의한 상권분석 방법

① 허프(D. L. Huff)의 확률모델

$$P_{ij} = \frac{S_j^a \div D_{ijk}^b}{\sum\limits_{k=1}^{J} (S_k^a \div D_{ijk}^b)}$$

P_{ij} : 소비자 i가 점포 j를 선택할 확률

S_j : 점포 j의 매장크기

D_{ij} : 소비자 i가 점포 j까지 가는데 걸리는 시간 또는 거리

a : 소비자의 매장면적에 대한 민감도 계수

b : 소비자의 점포까지의 거리에 대한 민감도 계수

J : 소비자가 고려하는 전체 점포의 수

허프모형은 소비자들의 점포선택과 소매상권의 크기를 예측하는 데 가장 널리 이용되어 온 확률적 점포선택 모형이다. 1960년대 초 처음으로 점포의 상권을 추정하기 위한 확률적 모형을 소개한 이후 허프모형은 이론적이고 실제 적용력 측면에서의 이점 때문에 소매기관 연구자들과 소매업체들에 의해 상권분석에 폭넓게 활용되어 왔다.

㉠ 소비자의 점포에 대한 효용은 점포의 매장면적이 클수록 증가하고, 점포까지의 거리가 멀수록 감소한다.

㉡ 특정점포에 대한 선택확률은 상권 내에서 소비자가 방문을 고려하는 각 점포대안의 효용의 총합에 대한 해당 점포 효용 비율로 표시된다.

㉢ 적당한 거리에 고차원 중심지가 있으면 인근의 저차원 중심지를 지나칠 가능성이 커진다.

㉣ 고차원 계층일수록 수송 가능성은 더욱 확대된다.

㉤ 소비자의 구매행동은 주로 소비자의 기호나 소득에 의해 좌우되므로 소비자에게 맞는 상품을 선택, 판매해야 한다.

㉥ 허프모형의 이점

• 상권지도를 작성할 수 있다.

• 상업시설 간 경쟁구조를 파악하고 활용할 수 있다.

• 최적 상업시설 또는 매장면적에 대한 유추가 가능하다.
• 상업시설 또는 점포에 방문할 수 있는 고객 수를 산정할 수 있다.
• 가계지출 등을 파악하여 상품별 소비지출액을 정의하면 특정 지역 내 신규점포의 예상매출액을 산출할 수 있다.

② 수정 허프모델

소비자가 어느 사업지에서 구매하는 확률은 그 상업집적의 매장면적에 비례하고, 그곳에 도달하는 거리의 제곱에 반비례한다는 것을 공식화한 것이다.

$$P_{ij} = \frac{\dfrac{S_j}{D_{ij}^{\,2}}}{\displaystyle\sum_{j=1}^{n} \dfrac{S_j}{D_{ij}^{\,2}}}$$

단, P_{ij} : i지점의 소비자가 j상업집적에 가는 확률
S_j : j상업집적의 매장면적 D_{ij} : i지점에서 j까지의 거리

③ MCI(Multiplicative Competitive Interaction) 모형

MCI모형은 허프모형이 상권추정에 유익한 것은 사실이나 점포의 규모와 거리변수만 가지고 개별 상점들의 시장점유율을 계산한다는 한계에서 착안, 점포의 규모와 거리 이외에 다양한 점포특성을 포함하여 개별점포의 방문확률을 구하는 모형이다.

④ MNL(Multi Nominal Logit) 모델

1980년대 이후 소비자의 점포선택 행위와 특정점포의 시장점유율을 예측하는 데 많이 이용되고 있는 허프모형 이외의 또 다른 확률적 선택모형이다.

㉠ 개념

• MNL 모델은 마케팅 모형에서 시장점유율을 위한 모형으로 소비자의 선택고정의 불확정성을 잘 반영하고 있다.
• 상권 내 소비자들의 각 점포에 대한 개별적인 쇼핑여행에 대한 관측자료를 이용하여 각 점포에 대한 선택확률의 예측은 물론, 각 점포의 시장점유율 및 상권의 크기를 추정할 수 있다.

㉡ 가정

• 소비자의 특정 점포에 대한 효용은 결정적 요소와 무작위 요소로 구성된다.
• 확률적 효용극대화 이론에 근거하여 소비자는 고려 중인 점포 대안들 중에서 가장 효용이 높은 점포를 선택한다.
• 무작위 요소는 서로 독립적이며 이중지수분포를 가진다.

5절 상권예측지표의 활용

점포포화지수(IRS : Index of Retail Saturation)

① 특정소매업의 지역 내 수요공급을 파악할 때 사용하는 지표이다.

② 점포의 밀집도에 따른 경쟁 정도를 측정할 수 있다.

③ IRS값이 적을수록 점포가 초과공급 되어 있다고 볼 수 있다.

$$IRS = \frac{수요량}{특정업태의 \ 총 \ 매장면적}$$

$$= \frac{지역시장 \ 총 \ 가구 \ 수 \times 가구당 \ 특정업태 \ 지출액}{특정업태의 \ 총 \ 매장면적}$$

시장확장잠재력(MEP : Market Expansion Potential)

① 지역시장이 업태와 업종에 따라 미래의 사업장을 개설할 수 있는지 여부를 판단할 때 사용하는 지표이다.

② 거주자들이 지역시장 이외의 다른 지역에서 지출하는 지출액을 추정하는 데 유용하다.

③ MEP점수가 높을수록 총 수요의 증가가능성이 높다고 해석된다.

판매활동지수(SAI : Sales Activity Index)

① 다른 지역과 비교하여 특정 지역 내의 1인당 소매매출액을 나타내는 지표이다.

② SAI가 높으면 그 지역의 비거주자에 의한 구매가 많다고 해석한다.

구매력지수(BPI : Buying Power Index)

① 시장의 구매력을 측정하는 지표로 인구, 소매매출액, 유효소득을 이용하여 산출한다.

② 특정가격에 판매되는 상품의 판매잠재력을 예측하는 데 유용하다.

③ 지수가 높을수록 시장구매력이 높다고 해석한다.

3 개점 전략

1절   상권 조사

❖ 상권 조사

① 지도상에 반경 500m와 1km의 원을 그리고 나서 지형을 판단한 후 실제의 상권을 추정해서 그린다.

② 쇼핑이 끝난 고객을 면접 조사하며, 가능한 한 점포에서 떨어진 조용한 곳에서 질문을 한다.

③ 자신의 점포에서 차로 5분까지의 상권 내 주요 지리를 걸어서 자기 점포와 같은 품목을 취급하고 있는 점포를 조사한다.

④ 조사방법은 위치와 매장면적, 취급품종 가격대를 체크한다.

❖ 상권의 설정방법

① **단순원형 상권설정법** : 일반적으로 가장 많이 활용되는 방법으로 '기본 상권을 몇 km로 할 것인가' 정하는 것이다. 기본 상권을 불명확하게 하면 상권설정의 의미와 목적이 없다.

② **실사 상권설정법** : 단순원형 상권설정법과는 달리 현장에서 인간이 가진 오감을 활용해 상권을 파악하는 방법으로 점포에 찾아온 고객의 범위를 파악하는 것을 목적으로 한다.

③ **앙케이트를 이용한 상권설정법** : 점포에 찾아온 고객들을 대상으로 하여 직접 물어보고 조사한 뒤 그 결과를 집계, 분석하여 상권설정에 활용하는 방법이다.

④ **고객 리스트를 통한 상권설정법** : 특정 점포의 고객정보를 상권설정을 위한 샘플로 활용하는 방법으로, 앙케이트를 이용한 상권설정법에 비해 시간과 비용이 절감된다.

❖ 2차 자료 이용법

이미 실시된 2차 자료를 이용하여 시간적 간격을 참작해서 대략적인 상권을 파악하는 방법이다.

① **타임페어법** : 소비자가 주로 이용하는 교통수단의 편리성을 중심으로 점포에서 역까지 전철과 버스노선별 소요시간 및 요금을 조사하는 방법이다.

② **판매기록이용법** : 일정 기간 동안 판매활동을 통한 판매기록과 고객명부 등을 이용한 기록을 중심으로 상권을 추정하는 방법이다.

내점객 조사방법

① **드라이브테스트** : 조사자가 차를 타고 이동하면서 만나는 소비자들을 조사하는 방법으로, 상세하고 구체적인 조사는 곤란하나 짧은 시간에 많은 조사를 할 수 있다.

② **직접면접조사** : 조사자가 각 가정을 개별방문하여 조사하는 방법으로, 주민등록기본대장에 의거하여 부재자 거주분을 포함하는 표본을 만들어서 조사해야 한다.

③ **점두조사** : 방문하는 소비자의 주소를 파악하여 자기 점포의 상권을 조사하는 방법으로, 매시간별, 요일별(평일, 주말, 휴일, 경축일 등) 등으로 구분하여 조사한다.

내점객 조사의 변수

① 객관적 변수

　㉠ 점포의 입지분석에 이용되는 변수들로는 점포의 매장면적과 상권 내 주민의 거주지, 거주지로부터 점포까지의 거리, 고객이 느끼는 점포 이미지 등이 있다.

　㉡ 일반적으로 점포 이미지가 제외된 채 객관적으로 발표되는 2차 자료만을 이용하고 있다.

② 점포 이미지 변수

　㉠ 점포 이미지는 상품의 다양성, 가격, 신선도, 서비스의 만족 등을 '매우 좋다'(5점)부터 '매우 좋지 않다'(1점)까지로 구성된 5점 리커트 척도로 측정한다.

　㉡ 슈퍼마켓 연구의 내용과 일치하며, 차이는 선행연구에서 '상품의 질'을 예비조사 결과를 참고하여 '식품의 신선도'로 바꾼 것이다.

내점객 조사의 유의점

① 점포 내점객의 전원을 조사할 수 없으므로 일정 응답자의 조사가 통계원칙에 어긋나지 않도록 표본추출의 신중한 작성이 필요하다.

② 조사대상을 정하고 시간대별로 내점객 수를 조사하고 그에 비례하여 조사 대상자를 고른다. 샘플은 내점객이 최소 100명 이상인 경우 10~20명이 적당하다.

유추법(Analog Method, 애플바움법)

자사의 신규점포와 특성이 비슷한 기존의 유사점포를 선정하여 그 점포를 분석, 새로운 점포가 위치할 지역의 판매를 예측하는 방법이다.

① 유추법의 이점

　㉠ 고객특성을 조사할 수 있으며, 상권 규모를 파악할 수 있다.

　㉡ 상권측정을 위해 고객 스포팅 기법(CST)을 활용하면 자사점포의 상권과 예상 매출액을 추정할 수 있다.

② 유추법의 문제점

　㉠ 양적 자료보다는 질적 자료를 사용함으로써 결과의 객관성이 다소 결여된다.

　㉡ 벤치마킹 대상으로 선택한 유사점포의 내부 속성 영향력에 대한 고려가 배제된다.

　㉢ 대상 선택에 따라 결과가 달라져 활용이 제한될 수 있다.

2절　경쟁점 조사

🎁 경쟁점 조사

① 아무리 상권이 뛰어나고 좋은 입지를 선정했다고 해도 상권에 자신이 하려는 업종이 포화상태라면 개점의 의미가 없다.

② 타 점포와의 경쟁에서의 승산여부와 서로 시장을 나누어 차지할 수 있을 만큼 규모가 큰 상권인지를 먼저 살펴보고, 내 점포와 경쟁점이 붙어 있는 것이 좋은지, 떨어져 있는 것이 좋은지 파악해야 한다.

③ 경쟁점 조사는 원인 없이 매출이 하락할 경우나 정기적인 시점(월별 · 분기별), 가격을 인상시키고자 할 때, 경쟁점이 판촉행사를 실시할 때, 지역행사가 있는 경우에 실시한다.

④ 같은 업종이 밀집된 상권에서 모든 업종이 상승효과를 보는 것은 아니고, 업종에 따라 서로에게 도움을 주는 업종이 있는가 하면 반대로 손해를 끼치는 업종도 있다. 상권 내에 있는 경쟁점포가 상호보완 업종이어서 자신의 점포에 좋은 영향을 주는 경우든 나쁜 영향을 주는 경우든 경쟁점 현황을 조사해야 한다.

🎁 경쟁점 조사의 목적

① 후보지 인근의 경쟁점 현황을 조사하는 목적은 경쟁점포의 인지도, 매장크기, 취급하는 상품의 성격, 영업시간, 하루 내점 고객 수 등을 조사하여 경쟁점보다 우월한 차별화 전략을 세우기 위함이다.

② 주변상권에 경쟁점이 많으면 영업에 부정적인 영향을 주는 것이 일반적이나 경쟁점이 있다고 해서 모두 불리한 것이 아니라 주위에 같은 업종이 많아서 오히려 이득을 보는 경우도 있다. 동종업의 점포가 많이 모여 있는 상권은 소비자 입장에서는 한 장소에 같은 업종이 밀집되어 있어 폭넓은 선택을 할 수 있으므로 상호 간 상승효과를 볼 수 있다.

③ 경쟁점 현황조사의 궁극적인 목적은 해당 상권을 찾아온 고객을 자신의 점포로 유인하기 위해 차별화 전략을 계획하는 것이다. 즉, 주변의 다른 점포와 같은 업종으로 영업을 하고 있더라도 자기 점포만의 전문성과 서비스를 갖추어 경쟁점을 이길 수 있어야 한다.

🔸 경쟁점 조사순서

단계	주제	항목
1단계	조사의 포인트 결정	• 자점의 문제점이 무엇인가? • 조사 포인트는 가급적 세분화하여 진행한다. • 막연한 조사는 시간과 인력만 낭비할 뿐이다.
2단계	조사의 목적 수립	• 새로운 판촉방법 도입 • 고객을 접객하는 방법
3단계	자점의 현상 요약	먼저 자점포의 문제점 정리
4단계	세부조사 항목 결정	계산대 접객요령, 인사방법, 판촉아이템 방법 등
5단계	현장조사 실시	사실에 근거한 조사 실시
6단계	조사결과 정리	각 항목별 기록유지 및 사진자료 첨부
7단계	자점과 대비분석	자점포와 비교·검토를 통해 개선점 파악
8단계	교육 후 현장에 반영	개선점을 명문화한 후 현장에 반영
9단계	시행결과 피드백	점포에 반영 후 결과에 대한 평가

🔸 경쟁점 조사대상

① 동업점포

　㉠ 상품구성, 진열, 판매방식, 접객기술 등이 월등한 점포

　㉡ 자기 점포와 입지규모, 경영방식 등이 유사한 점포

② 경쟁점포

　㉠ 현재 경쟁관계에 있는 점포

　㉡ 잠재적 경쟁점 또는 미래 경쟁관계에 놓일 가능성이 높은 점포

🔸 경쟁점 조사항목

구분	항목
고객 흡인력, 경쟁력에 관한 조사	• 매출액 • 고객 수, 수요 고객층, 상권범위 • 고객단가 • 피크타임 시간대, 요일별, 월별, 계절별 • 점포 이미지 • 경영효율

2과목
상권분석

경영전략에 관한 조사	• 규모 : 매장면적, 종업원 수 • 상품구성, 가격대, 진열량, 레이아웃 • 공급처, 납품업체, 납품방법, 유대관계 • 판매방법, 셀프서비스, 신용카드, 영업시간, 휴일 등 • 부대서비스, 배달, 전화주문, 주차장, 휴게실 등
경영자원에 관한 조사	• 경영자 : 연령, 성격, 활동력, 경력 등 • 종사자 : 자질, 채용방식, 교육훈련 • 자금력 : 자기자금, 금융동원 능력 • 경영목표 : 성장성, 적극성 등

🔹 경쟁점 조사 시 유의사항

① 먼저 상권에 동일업종이 없다면 그 이유를 확인해야 한다. 만약 아이템이 해당 상권에서 어필할 수 없어 동일업종이 없다면 개점의 의미가 없다.

② 경쟁점과 자신의 점포의 차별적인 특징을 개발하기 위해 차별화를 위한 경쟁점 조사를 행해야 한다. 어림짐작과 방향이 없는 막연한 조사보다는 어떻게 차별화를 진행하고 수익으로 연결시킬 수 있는지 방법을 생각해야 한다. 즉, 차별화를 위한 경쟁점 조사는 확실한 목표의식을 지님으로써 단순히 점포의 면적, 서비스의 우수성이라는 모호한 차별성이 아닌 경쟁점포의 취약점을 찾아내기 위해 집중적으로 조사해야 한다.

🔹 경쟁점과의 차별화 방법

① 상품을 세분화시켜 동일 고객에 한하여 꾸준한 만족을 줄 수 있는 상품을 계속적으로 구비해 두어야 한다.

② 동일한 고객에 한하여 이질적인 상품을 준비해 지속적으로 구매를 유도해야 하며, 취급상품의 폭, 가격범위, 가격대비 품질성 등 동일한 고객층에 대해서 다양한 상품구성의 접근이 필요하다.

③ 경쟁점의 관찰에 따라서는 주력상품의 중복이 아니라면 그 부문에 대해서는 경쟁점이 아니다.

🔹 경쟁점 분석

① 경쟁구조 분석의 경우 상권의 계층적 구조에 입각하여 경쟁업체를 분석하는 것이 필요하고, 잠재적인 경쟁업체를 고려해야 한다.

② 1차 상권 또는 2차 상권 내의 경쟁업체를 중점적으로 분석해야 하지만, 경우에 따라서는 3차 상권에 위치한 업체도 강력한 경쟁상대로 철저히 분석해야 한다.

③ 현재는 그 상권에서 영업하고 있지 않지만, 미래에 점포개설을 준비하는 업체도 경쟁업체로 분석해야 한다.

🔶 상품정책 조사

① 부문별 매출과 담당인원 수를 조사하며, 매출을 추정한다.

② 계산대 수, 매장면적, 종업원 수를 조사하여 점포 전체의 매출을 추정한다.

③ 부문별로 주력상품을 선택해서 판매가를 조사한다.

④ 조사 중 경합점이 있다면 경합점에 대해서도 같은 항목으로 조사한다.

🔶 판매점의 구색 및 가격분석

① 상품구성의 요소분석

ㄱ 계열구성 : 상품의 폭으로 점포가 취급하는 비경합적 상품계열의 다양성이나 수를 결정하는 것이다.

ㄴ 품목구성 : 상품의 깊이로 동일한 상품계열 내에서 이용가능한 변화품이나 대체로 같은 품목의 수를 결정하는 것이다.

② 적정 가격과 품질의 비교

ㄱ 주력품종의 가격수준 속에서 적정가격을 조사하여 적정가격이 일치하지 않을 경우 이 점포를 경쟁점에서 제외시킬 수 있다.

ㄴ 적정가격이 일치하는 경우는 마지막으로 품질을 비교한다. 자기 점포의 품질이 뛰어나다면 상관없지만 같은 수준이라면 경쟁점이라고 할 수 있다.

ㄷ 상품이 국산품일 경우에는 반드시 브랜드를 비교할 필요가 있다.

🔶 경쟁점의 입지와 취급상품의 일치여부

① 소매업은 수동적인 영업형태를 취하는 경우가 대부분이다. 찾아오는 고객들을 상대해야 하는데, 입지라는 관점에서 보는 점포는 우선 점포의 크기와 입지의 집적도의 관점에서 살펴보는 것이다.

② 점포의 크기와 내방고객의 수는 비례한다. 그러나 이와 아울러 살펴야 할 것은 주로 이용 고객들이 어떤 곳에서 매장으로 오는지를 살펴보아야 한다.

③ 입지의 집적도가 높은 곳이란 가까운 곳에서 많은 고객이 찾아오는 경우이며, 단골고객의 방문 빈도수가 높은 곳이다.

④ 교통조건은 점포입지의 집적도에 상당히 많은 영향을 미치는데, 현재의 입지 집적도와 경쟁 점포의 출현, 그리고 기존점포의 위치 등이 입지와 고객수준과의 일치여부를 점검하는 데 중요한 사항이 된다.

🔶 경쟁점 대책 필요사항

① 상권변화에 집중 : 소매점의 1차 상권을 중심으로 건물의 신축, 증축계획, 사무실 이전, 관공

서 신설, 병원 설립, 아파트 재건축 사업 시행 등의 사항을 평소에 조사해 두어야 한다.

② **경쟁점 출현에 대비** : 신규 경쟁점포가 출현한다는 정보는 신속히 파악해서 이에 대비해야 한다.

③ **상권 내 업종변화 파악** : 상권 내 업종 변동상황을 잘 관찰해야 하며, 현재의 영업이 과연 장기적으로 볼 때 발전 가능성이 있는가 하는 점도 잘 판단해야 한다.

④ **위기상황 파악** : 외부환경의 변화로 인한 위기상황을 빨리 파악해 소매점의 영업방향의 전환 및 체질개선으로 활용한다면 또 다른 도약을 위한 기회요인이 될 수 있다.

🛡 레이아웃 조사

① 점포 입구의 폭과 깊이, 벽면 진열장, 곤도라의 수, 계산대 수, 부문 배치와 같이 점포 전체의 상태를 기억한 뒤 나중에 점포 밖에서 스케치하도록 한다.

② 경합점에 대해서도 매장면적, 계산기의 대수, 부문별 매출을 조사한다.

🛡 벤치마킹의 개념

① 벤치마킹이란 기업이 동종 및 타 업종 기업의 우수한 상품이나 기술을 선정, 자사의 생산방식이나 판매방식 등에 합법적으로 응용하는 것을 말한다.

② 새로 출점하는 자사의 점포나 새롭게 출점하는 경쟁점과의 관계에서 경쟁변화의 흐름을 읽어내고, 그 흐름을 주도하기 위한 방법 중의 하나이다.

🛡 벤치마킹의 방법

① 벤치마킹의 적용

  ㉠ 우수한 상대와 자사 간 성과에 영향을 미치는 업무 프로세스상의 차이, 제도 및 방침상의 차이, 자원 투입상의 차이점들을 파악하여 자사에 적용하는 것이다.

  ㉡ 벤치마킹 결과 상대에 비해 취약한 분야의 Level-up을 위한 혁신활동을 전개하는 모든 활동까지를 의미한다.

② 체크리스트 작성

  ㉠ 최고경영자의 Best-Practice에 대한 열정, 의지 및 확신을 가진 혁신활동의 주도도 중요하지만 사전에 실시단계별 명확한 체크리스트 작성이 중요하다.

  ㉡ 처음은 상대적으로 쉬운 상대부터 비교하여 성공체험을 쌓아나가 단계별로 최고를 지향하도록 한다.

적중문제

01 다음 중 입지구성의 요소로 볼 수 없는 것은?

① 인지성
② 통행량 및 교통량
③ 동선
④ 건물과 토지
⑤ 인접성

> **해설** 입지구성의 **기본요소** : 유도시설, 인지성, 통행량 및 교통량, 상권의 질, 동선, 시계성, 건물과 토지, 영업력, 경합성 (대체성)

02 다음은 소매점 입지유형에 관한 설명이다. 옳지 않은 것은?

① 전통적인 상업 집적지로 고급전문점이나 백화점 등이 입지하고 있어 다양한 분야에 걸친 고객 흡인력을 지니는 곳은 도심번화가이다.
② 철도 환승지점을 중심으로 발달한 상업 집적지로, 역사, 백화점 또는 터미널 빌딩 등이 핵점포 역할을 담당하는 곳은 도심 터미널이다.
③ 인구밀집지역으로 원래부터 상점가가 있어 대규모 소매점의 출점이 매우 곤란한 지역은 도심 주택지이다.
④ 외곽도시의 관문으로까지 발전한 상업 집적지로, 양판점들이나 지점격 백화점, 대규모 전문점 체인 등이 다수 위치한 곳은 간선 도로변이다.
⑤ 주택대부 부담이 많은 소비자나 젊은 세대가 많은 지역으로, 원래부터 상점가가 적고 저렴한 가격과 새로운 감각이 중요시되는 지역은 교외주택이다.

> **해설** 외곽도시의 관문으로까지 발전한 상업 집적지로, 양판점들이나 지점격 백화점, 대규모 전문점 체인 등이 다수 위치한 곳은 교외 터미널이다.

03 다음 중 공간균배이론에 따른 점포의 예와 연결이 바르지 않은 것은?

① 집심성 점포 : 관공서　　　　　② 집재성 점포 : 가구점
③ 산재성 점포 : 잡화점　　　　　④ 국부 집중성 점포 : 농기구점
⑤ 정답없음

> **해설**　집심성 점포 : 백화점, 고급음식점, 보석가게, 고급의류점, 대형서점, 영화관 등

04 다음은 어떤 입지특성을 설명하고 있는 것인가?

> 거리에서 통행하는 유동인구에 의해 영업이 좌우되는 입지로, 주로 패스트푸드, 판매형 아이템 사업 등이 해당되며, 도보자가 접근하기 쉬운 출입구, 시설물, 계단 등 가시성이 좋아야 한다.

① 목적형 입지　　　　　　　　② 적응형 입지
③ 생활형 입지　　　　　　　　④ 근린형 입지
⑤ 커뮤니티 입지

> **해설**　적응형 입지에 대한 설명이다.

05 다음 중 넬슨이 제시한 입지평가원칙에 포함되지 않는 것은?

① 접근 가능성　　　　　　　　② 성장 가능성
③ 중간 저지성　　　　　　　　④ 상권 적합성
⑤ 누적적 흡인력

> **해설**　넬슨의 입지평가원칙 : 접근 가능성, 성장 가능성, 중간 저지성, 상권의 잠재력, 누적적 흡인력, 양립성, 경쟁회피성, 입지의 경제성

06 다음은 입지평가의 원칙 중 어떤 특성에 대한 설명인가?

> 소매입지를 평가하는 데 있어 특정 상업지역으로 이동하는 고객을 중간에 유인하면 수익을 창출할 수 있다는 것으로 점포개설예정자는 고객의 주거지 혹은 점포까지 이동하는 길목에 점포를 개점하는 것이 유리하다.

① 접근 가능성
② 성장 가능성
③ 중간 저지성
④ 상권 적합성
⑤ 누적적 흡인력

> **해설** 중간 저지성 : 상업지역으로 가는 고객을 중간에 유인하기 위해 그들의 주거지와 전에 다니던 장소의 중간에 점포를 개점하는 것이 유리하다.

07 다음은 입지를 평가하는 데 있어 적용되는 고려 사항에 관해 설명한 것이다. 옳지 않은 것은?

① 점포개설예정자는 고객들을 자신의 점포로 유인하는 데 어떤 장애요소가 있는지 검토해야 한다.
② 점포개설예정자는 점포선택에 있어 입지의 비용을 수익성 및 생산성과 관련하여 검토해야 한다.
③ 점포개설예정자는 상권에서 취급하는 상품이 수익성 확보가 가능한 것인지 검토해야 한다.
④ 점포개설예정자는 창업 희망자가 충분한 수익을 발생시킬 수 있는 점포를 임대, 매입할 수 있는지 검토해야 한다.
⑤ 점포개설예정자는 유사한 업종이 몰려있는지 살피고 그러한 점포가 있는 입지는 반드시 피해야 한다.

> **해설** 누적적 흡인력 관점에서는 동종의 점포가 서로 집중된 것이 업종에 따라 유익한 경우가 많다. 그러나 공간균배이론적 관점에서는 점포가 분산적으로 입지하는 것이 유리할 경우가 있다. **예** 산재성 점포에 속하는 잡화점 등의 경우

08 다음은 어떤 특성을 가진 상권에 대한 설명인가?

> 한계상권이라고도 하며, 점포 이용고객은 5~10%를 차지한다. 상권지역의 외곽에 위치하며, 주요 고객은 점포로부터 장거리에 위치하여 고객의 수와 이들의 구매빈도가 적어 점포 매출액에서 차지하는 비중이 낮다.

① 1차 상권
② 2차 상권
③ 3차 상권
④ 4차 상권
⑤ 외곽상권

해설 지문에서 설명하는 상권은 3차 상권이다.

09 다음은 상권에 대한 설명이다. 옳지 않은 것은?

① 상권이란 상업상의 거래를 행하는 공간적 범위로, 점포가 고객을 흡인하거나 흡인할 수 있는 범위 또는 다수의 상업시설이 고객을 흡인하는 공간적 범위를 말한다.
② 상권이란 특정 마케팅 단위 또는 집단이 상품과 서비스를 판매·인도함에 있어 비용과 취급 규모 면에서 경제적이며, 그 규모가 어떤 경계에 의해 결정되는 지역범위를 의미한다.
③ 판매자 측면의 상권은 적절한 가격의 재화 및 용역을 합리적으로 발견할 수 있을 것으로 기대되는 지역범위를 의미한다.
④ 판매자 측면에서 전체 매출액의 대부분이 실현되는 지역이 1차 상권이고, 추가로 15% 정도가 실현되는 지역범위가 2차 상권이다.
⑤ 상권의 크기는 주택가에 입지할수록 좁아지고, 주변에 점포가 많으면 넓어지며 상권 간에도 계층성이 존재한다.

해설 적절한 가격의 재화 및 용역을 합리적으로 발견할 수 있을 것으로 기대되는 지역범위는 구매자 측면의 상권이다.

10 다음 중 점포의 접근성을 평가하기 위한 요소로 적합하지 않은 것은?

① 가시성   ② 도로 구조

③ 점포의 실내장식   ④ 교통량과 흐름

⑤ 도로 진입과 퇴출

> **해설** 접근성 평가요소 : 도로 구조, 도로 상태, 주 도로로의 진입과 퇴출, 교통량과 흐름, 가시성 등

11 다음은 크리스탈러의 중심지 이론에 관한 설명이다. 옳지 않은 것은?

① 상업중심지로부터 중심기능(또는 상업서비스 기능)을 제공받을 수 있는 가장 이상적인 배후상권의 모양은 원형이며, 이러한 모양의 형상을 가진 배후상권은 중심지 기능의 최대도달거리(Range)와 최소수요충족거리(Threshold size)가 일치하는 공간구조이다.

② 상업중심지의 이상적 입지와 이들 간의 분포관계는 중심지 기능의 최대도달거리, 최소수요충족거리, 육각형 형태의 배후지 모양, 중심지 계층 등과 관련이 있다.

③ 상업중심지의 계속적인 존립을 위해 최소한의 정상이윤이 확보되어야 하며, 이를 위해 일정 지역범위 내의 소비자들로부터 최소한의 수요가 발생되어야 한다.

④ 상업중심지의 정상이윤 확보에 필요한 최소한의 수요를 발생시키는 상권범위를 최소수요충족거리(Threshold)라고 한다. 결국 최소수요충족거리는 상업중심지의 존립에 필요한 최소한의 고객이 확보된 배후지의 범위를 말한다.

⑤ 중심지의 최대도달거리(Range)가 최소수요충족거리(Threshold)보다 커야 상업시설이 입지할 수 있다.

> **해설** 상업중심지로부터 중심기능(또는 상업서비스 기능)을 제공받을 수 있는 가장 이상적인 배후상권의 모양은 정육각형이며, 정육각형의 형상을 가진 배후상권은 중심지 기능의 최대도달거리(Range)와 최소수요충족거리(Threshold)가 일치하는 공간구조이다.

12 다음은 공간입지에 관한 학자들의 주장을 정리한 것이다. 옳지 않은 것은?

① 동심원 이론은 미국의 사회학자 버제스(Burgess)가 1925년 시카고시에 대한 실증적 연구를 통하여 제창한 이론으로, 그는 도시의 구조를 중심 비즈니스지대, 전이지대, 자립근로자 거주지대, 중산층 거주지대, 통근자 거주지대의 5종으로 분류하고, 이들 지대는 동심원적 구조를 이루어 제각기 외측에 인접한 지대를 잠식하면서 팽창해가는 것이라고 주장하였다.

② 선형 이론은 호이트(H. Hoyt)가 1939년 미국의 142개 도시를 대상으로 교통로의 발달과 관련지어 도시 내부 구조를 설명한 이론으로 도심에 중심 업무 지구가 있고 도심으로부터 새로운 교통로가 발달하면 교통로를 축으로 도매·경공업 지구가 부채꼴 모양으로 확대되며 인접한 다른 사회 계층 주민들의 주거 지역은 저급, 중급, 고급 순으로 발달한다고 주장하였다.

③ 원심력 이론은 울만(E. Ulman)과 해리스(C. Harris)가 1945년 미국의 대도시를 조사하여, 도시의 발달은 하나의 핵을 중심으로 구조화되어 있지 않고, 다른 기능을 수행하는 몇 개의 핵을 중심으로 전개된다는 사실을 규명한 이론으로 도시의 성장과 발달은 도심의 업무 지구 이외에도 여러 개의 교통 결절점을 중심으로 한 부심이나 신주택 단지 또는 신공업 지구 등에 의해서도 이루어진다고 보았다.

④ 다차원 이론은 시몬스(J. W. Simmons)가 주장한 이론으로 그는 도시내부의 사회적 패턴에도 다수의 독립된 차원이 존재한다고 하였다.

⑤ 중심지 이론은 주변 지역에 재화와 용역을 공급하는 중심지의 분포와 계층 구조에 관한 공간적 규칙성을 규명한 크리스탈러(W. Christaller)의 이론으로 도시 내 생활거주지의 입지 및 수적 분포 거리관계 등의 공간구조를 중심지개념에 의해 설명하는 이론이다.

해설 울만(E. Ulman)과 해리스(C. Harris)가 1945년 미국의 대도시를 조사하여, 도시의 발달은 하나의 핵을 중심으로 구조화되어 있지 않고, 다른 기능을 수행하는 몇 개의 핵을 중심으로 전개된다는 사실을 규명한 이론은 다핵심 이론이다.

13 다음 중 유추법의 특징으로 볼 수 없는 것은?

① 자사의 신규점포와 특성이 비슷한 기존의 유사점포를 선정하여 그 점포를 분석, 새로운 점포가 위치할 지역의 판매를 예측하는 방법이다.

② 고객특성을 조사할 수 있으며, 상권 규모를 파악할 수 있다.

③ 양적 자료보다는 질적 자료를 사용함으로써 결과의 객관성이 다소 결여된다.

④ 벤치마킹 대상으로 선택한 유사점포의 내부 속성 영향력에 대한 고려가 반영된다.

⑤ 대상 선택에 따라 결과가 달라져 활용이 제한될 수 있다.

해설 유추법은 벤치마킹 대상으로 선택한 유사점포의 내부 속성 영향력에 대한 고려가 배제된다는 문제점이 존재한다.

14 다음 중 독립입지(Freestanding Site)가 선호되는 상황이 아닌 것은?

① 비교우위에 있는 확실한 기술력을 보유하고 있는 업종

② 단일의 계획된 개발에 맞추어 누적적 흡인력과 양립성 요건을 갖춘 업종

③ 뛰어난 마케팅 능력을 보유하고 충분한 능력발휘가 가능한 업종

④ 대규모 자본을 투자하여 다른 업체와 확실한 비교우위를 설정할 수 있는 기업

⑤ 고객이 적극적으로 찾아올 수 있는 서비스와 시설규모를 갖출 수 있는 기업

해설 독립입지가 선호되는 상황

• 비교우위에 있는 확실한 기술력을 보유하고 있는 업종

• 뛰어난 마케팅 능력을 보유하고 충분한 능력발휘가 가능한 업종

• 대규모 자본을 투자하여 다른 업체와 확실한 비교우위를 설정할 수 있는 기업

• 고객이 적극적으로 찾아올 수 있는 서비스와 시설규모를 갖출 수 있는 기업

15 다음 중 다점포 경영의 특징으로 보기 어려운 것은?

① 지점포를 신설할 때 자금보조를 받을 수 있다.
② 본점의 경험과 노하우를 이어받아 실패의 위험성이 적다.
③ 이미 인지도를 확보한 상품과 상호를 이용하기 때문에 광고 및 홍보 효과가 크다.
④ 개별화된 맞춤형 운영전략을 설정하여 점포를 운영한다.
⑤ 본점은 원자재 대량 매입 후 지점포에 저렴하게 공급한다.

해설 다점포 경영은 일관된 운영방식을 적용한다. 때문에 지역적 특성이 고려되지 않을 수 있다.

16 다음 중 CST법의 특징으로 볼 수 없는 것은?

① 상권의 규모를 파악할 수 있다.
② 상권의 규모에 대응되는 상권분기점의 추정 및 매출액 분석이 가능하다.
③ 규모가 다른 동심원을 그려가면 각 원이 차지하는 고객비율을 계산할 수 있다.
④ 상권 내 고객들의 인구 통계적 및 사회 경제적 특성을 분석할 수 있다.
⑤ 점포의 확장계획에 유용하게 활용될 수 있으며 경쟁의 정도를 측정할 수 있다.

해설 **고객점묘법의 활용**
• 상권의 규모를 파악할 수 있다.
• 1차 상권, 2차 상권 및 한계상권을 결정할 수 있다.
• 규모가 다른 동심원을 그려가면 각 원이 차지하는 고객비율을 계산할 수 있다.
• 상권 내 고객들의 인구 통계적 및 사회 경제적 특성을 분석할 수 있다.
• 점포의 확장계획에 유용하게 활용될 수 있으며 경쟁의 정도를 측정할 수 있다.
• 점포의 머천다이징과 가격정책의 수립에 유용한 지침으로 활용할 수 있다.
• 광고 및 판촉전략 수립에 이용될 수 있다.
• 매출액(상권규모)을 측정하는 데 이용하는 방법으로 가능매상고 추계에 주로 사용된다.

17 다음 중 체크리스트법에 대한 설명으로 옳지 않은 것은?

① 이해하기 쉽고 사용하기 쉽다는 장점이 있다.

② 객관적인 해석이 가능하다.

③ 부지와 주변상황에 관하여 사전에 결정된 변수 리스트에 따라 대상점포를 평가한다.

④ 특정 상권의 제반 특성을 체계화된 항목으로 조사하고 이를 바탕으로 신규점 개설 여부를 평가하는 방법으로 상권분석의 결과를 신규점의 영업과 마케팅 전략에 반영한다.

⑤ 전문가의 노하우가 잘 반영된다.

해설 체크리스트법의 단점은 주관적인 지표설정으로 인한 해석의 다의성이다.

18 다음 중 허프 모형의 가정과 특징에 대한 설명으로 옳지 않은 것은?

① 허프 모형은 소비자들의 점포선택과 소매상권의 크기를 예측할 때 이용되는 확률적 점포선택 모형이다.

② 허프 모형에서는 소비자의 점포에 대한 효용은 점포의 매장면적이 클수록 증가하고, 점포까지의 거리가 멀수록 감소한다.

③ 허프 모형에서는 소비자의 특정 점포에 대한 효용은 점포의 크기와 점포까지의 거리에 좌우된다고 가정한다.

④ 허프 모형의 특정 점포에 대한 선택확률은 상권 내에서 소비자가 방문을 고려하는 점포 대안들의 효용의 총합에 대한 해당 점포의 효용의 비율이다.

⑤ 허프 모형에서는 소비자의 점포이동거리가 분석에서 사용되는 실제거리와 일치하지 않을 수 있다.

해설 소비자가 생각하는 거리가 분석에서 사용되는 실제거리와 일치하지 않을 수 있다는 점은 레일리 모형에서 제시되는 비판이다.

19 다음 중 규범적 상권분석기법에 포함되지 않는 것은?

① 체크리스트법

② 크리스탈러의 중심지 이론

③ 레일리의 소매중력법칙

④ 컨버스의 수정 소매인력 1법칙

⑤ 컨버스의 수정 소매인력 2법칙

> **해설** • 서술적 상권분석기법 : 유추법, 전문가 판단법, 체크리스트법
> • 규범적 상권분석기법 : 크리스탈러 중심지 이론, 레일리 소매중력법칙, 컨버스 수정 소매인력법칙
> • 확률적 상권분석기법 : 루스의 선택공리, 허프 모형, MCI 모형, MNL 모형

20 철수는 A시와 B시를 직선으로 연결한 구간 내 존재하는 작은 도시 C에 살고 있다. 그가 살고 있는 도시 C를 기준으로 두 도시 간의 거리는 A시와는 10km, B시와는 8km이고, 각각의 도시인구는 A시가 5만 명, B시가 3만 명이다. 소매중력법칙을 이용하여 A도시가 철수를 끌어들일 수 있는 상권력(흡인력)을 구하면? (단, 소수점 셋째 자리에서 반올림 한다.)

① 약 180%

② 약 107%

③ 약 95.2%

④ 약 87.3%

⑤ 약 52%

> **해설** 상대적 흡인력 $= \dfrac{\text{A시의 흡인력}}{\text{A시의 흡인력} + \text{B시의 흡인력}} \times 100$ (단, B시의 흡인력$=1$)
>
> 소매중력법칙을 이용하면
>
> A시의 흡인력 $= \left(\dfrac{5}{3}\right)\left(\dfrac{8}{10}\right)^2 \fallingdotseq 1.07$ 그리고 $\dfrac{1.07}{1.07+1}$ 에서
>
> 즉 B시의 흡인력이 1일 때, A시의 흡인력은 1.07이 된다. 이는 다시 말해 A시의 흡인력은 A시와 B시의 총 흡인력 2.07 중 1.07만큼 작용함을 알 수 있다.
>
> ∴ A시의 흡인력은 $\dfrac{1.07}{2.07} \times 100 = 51.69 \fallingdotseq 52\%$

21 다음 중 경쟁점 조사와 관련된 내용으로 적절하지 않은 것은?

① 먼저 경쟁에 대한 개념이 필요하다.

② 조사의 목적에 따라 시기가 달라져서는 안 된다.

③ 경쟁과 양립관계를 명확히 파악하여 경쟁자가 누구인지를 알아내야 한다.

④ 점포의 경쟁개념이 확고해진 경우 경쟁점을 정의하고, 그 경쟁점보다 비교우위를 점할 수 있는 차별화 정책을 모색해야 한다.

⑤ 현재 상권 내에서 영업하고 있는 업체뿐 아니라 점포 개설을 준비하는 업체도 분석해야 한다.

해설 경쟁점 조사는 조사의 목적에 따라 시기가 달라질 수 있다.

22 다음 중 점포포화지수(IRS)에 대한 설명으로 옳지 않은 것은?

① 특정소매업의 지역 내 수요공급을 파악 시 사용하는 지표이다.

② 점포의 밀집도에 따른 경쟁 정도를 측정할 수 있다.

③ IRS값이 적을수록 점포가 초과공급 되어 있다고 볼 수 있다.

④ 거주자들이 지역시장 이외의 다른 지역에서 지출하는 지출액을 추정하는 데 유용하다.

⑤ IRS는 수요량/특정업태의 총매장면적으로 산출한다.

해설 **시장확장잠재력**(MEP : Market Expansion Potential)
- 지역시장이 업태와 업종에 따라 미래의 사업장을 개설할 수 있는지 여부를 판단할 때 사용하는 지표이다.
- 거주자들이 지역시장 이외의 다른 지역에서 지출하는 지출액을 추정하는 데 유용하다.
- MEP점수가 높을수록 총수요의 증가 가능성이 높다고 해석된다.

23 철수가 사는 동네에는 동일한 효용을 제공하는 가방판매점이 3군데 존재한다. 철수의 집을 중심으로 각각의 점포까지의 거리와 매장면적이 다음과 같다고 가정할 때, 철수가 C 점포를 선택할 확률은 약 얼마인가?

점포	점포 도달거리	철수의 거리 반응성	점포 크기	철수의 크기 반응성
A	5km	3	400m²	1
B	8km	3	300m²	1
C	10km	3	800m²	1

① 약 85%

② 약 47%

③ 약 24%

④ 약 17%

⑤ 약 5%

해설 개별 점포의 효용 $= \dfrac{(\text{매장면적})^{\text{크기 반응성}}}{(\text{도달거리})^{\text{거리 반응성}}}$

전체점포의 효용 = 개별 점포 효용성 값의 총 합

특정 점포의 효용성 $= \dfrac{\text{특정 점포의 효용}}{\text{전체 점포의 효용}} \times 100$

A 점포의 효용성 $= \dfrac{400^1}{5^3} = \dfrac{400}{125} = 3.2$

B 점포의 효용성 $= \dfrac{300^1}{8^3} = \dfrac{300}{512} \fallingdotseq 0.59$

C 점포의 효용성 $= \dfrac{800^1}{10^3} = \dfrac{800}{1,000} = 0.8$

전체 효용 $= 3.2 + 0.59 + 0.8 = 4.59$

$\therefore$ C 점포의 효용성 : $\dfrac{0.8}{4.59} \times 100 = 17.429\cdots \fallingdotseq 17\%$

제3과목

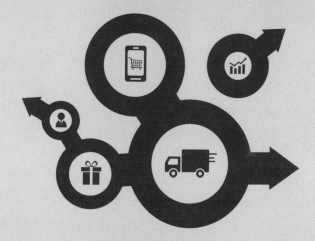

유통마케팅

1 유통마케팅 전략기획

1절 마케팅 전략

◆ 마케팅의 의의

① 마케팅은 고객의 니즈(Needs)와 원츠(Wants)를 파악하고 이들의 욕구를 충족시켜줄 수 있는 다양한 수단을 제공하여, 거래당사자인 기업과의 긍정적 관계를 계속적으로 유지시키는 활동 전부를 통칭하는 개념이며, 간단히 정리하면 교환을 통한 가치창조와 소비자 욕구충족을 위한 모든 활동을 말한다.

② 현대적 마케팅 : 소비자 만족을 추구하고, 소비자의 욕구를 확인하며, 욕구를 충족시켜 줄 수 있는 제품을 생산하여 판매하는 형식으로 사회적 과정으로서의 마케팅 활동과 수익적 운용의 중요성을 강조한다. 이러한 현대적 마케팅은 소비자의 장기적 복지증진과 증대를 추구하며, 전사적·통합적·선행적 마케팅을 추구하기 위해 기업의 모든 활동을 마케팅 중심으로 운영한다.

◆ 풀마케팅과 푸시마케팅

① 풀마케팅 전략 : 제조업체가 광고 등의 방식으로 소비자의 욕구환기와 구매자극을 일으켜 고객이 자사의 제품을 구매하도록 유도하는 마케팅 방법이다.

ㄱ 특성
  • 일반적으로 인지도가 높은 브랜드일 때 유효하다.
  • 유통경로가 길고 광고매체가 충분히 존재할 때 유효하다
  • 불특정다수의 소비자를 대상으로 한다.

② 푸시마케팅 전략 : 제조업자가 중개상에게 판매동기가 일어나도록 적정한 보상정책(예 가격할인, 중개상지원 등)을 통해 대량의 상품을 제공하면 중개상이 자신의 이익을 취하는 선에서 자발적으로 고객에게 판매를 진행하게 되는 제품 판매방식이다.

ㄱ 특성
  • 일회적인 특성이 있으며 변동비적인 특성을 지닌다.
  • 특화된 경영방식을 가진 소매업체에 효용이 높다.
  • 촉진단계에서 푸시는 유통업자가 소비자에게 적극적으로 제품을 판매하도록 유도한다.
  • 푸시전략에서는 인적판매와 중간상 판촉이 중요하다.

🔶 마케팅 환경

① **거시환경** : 정치법률환경, 기술환경, 경제환경, 사회문화적 환경

② **과업환경** : 마케팅 활동에 도움을 주는 역할을 수행하는 기관 등

③ **제약환경** : 마케팅 활동에 대해 제약의 영향을 미치는 요인(예 대중, 경쟁자, 정부 등)

🔶 마케팅 통제

① **연차계획 통제** : 매출차이, 시장점유율, 마케팅비용, 투자수익성

② **수익성 통제** : 제품, 고객집단, 지역, 시장세그먼트, 주문량

③ **효율성 통제** : 판촉, 광고, 유통, 판매부서

④ **전략 통제** : 마케팅 효과성, 마케팅 감사

🔶 마케팅 정보시스템

① **마케팅 정찰 시스템** : 경쟁사 정보를 수집하기 위해 외부자료를 활용시스템

② **마케팅 리서치 시스템** : 기업에 직면한 마케팅 문제의 해결을 위한 자료 시스템

③ **마케팅 분석시스템** : 기업 내부에 존재하는 정보를 통합적으로 관리하는 시스템

④ **마케팅 고객정보시스템** : 제품을 구매하는 고객정보를 체계적으로 모아 놓은 시스템

🔶 BCG매트릭스

① 개(Dog)

  ㉠ 낮은 성장률, 낮은 시장 점유율

  ㉡ 수익성이 없으며 낮은 시장 점유율을 유지하는 데에도 상당한 현금 투자가 요구된다.

② 물음표(Question Mark)

  ㉠ 높은 성장률, 낮은 시장 점유율

  ㉡ 현금 투자를 통해 시장 점유율을 증가시키거나 추가적 현금 투자를 중단할 것이 요구된다.

③ 별(Star)

  ㉠ 높은 성장률, 높은 시장 점유율

  ㉡ 대규모의 현금 투자를 요구하며, 궁극적으로 현금 젖소가 된다.

④ 현금 젖소(Cash Cow)

  ㉠ 낮은 성장률, 높은 시장 점유율

  ㉡ 현금 흐름은 별이나 물음표에 재투자된다.

🔶 GE Matrix : 산업의 강점과 산업의 매력도로 9차원으로 분류

① **유지를 위한 투자** : 외부 요인에 의한 경쟁 포지션 약화를 상쇄하는 데 필요한 만큼 SBU에 점

증적으로 투자

② **강화를 위한 투자** : SBU의 사업 강점을 증대시키기 위해 투자를 강화

③ **재건을 위한 투자** : SBU를 종전의 매력적인 포지션으로 되돌리기 위해 투자

④ **선택적 투자** : 한계 수익이 창출되는 SBU에는 투자, 그렇지 않은 SBU는 약화

⑤ **투자 축소** : 현금 회수를 위해 SBU에 대한 투자를 최소화(수확 전략)

⑥ **철수** : SBU를 축소함으로써 시장에서 철수

🎁 마이클 포터(Michael E. Porter)의 산업경쟁세력분석

① **경쟁의 축** : 잠재적 진입자, 기존경쟁자, 대체품

② **협력의 축** : 공급자, 구매자

③ **중요개념** : 진입장벽, 퇴출장벽, 전환비용, 규모의 경제, 범위의 경제

🎁 마이클 포터(Michael E. Porter)의 가치사슬분석

① **본원적 활동** : 물류, 생산, 마케팅, 고객서비스

② **지원적 활동** : 인사관리, 기술개발, 조달, 회계, 전략기획, 재무관리, 정보기술 등

③ **가치사슬분석의 핵심** : 가치공학(VE)과 가치분석(VA) 수행을 통한 기업부가가치 극대화

🎁 시장의 매력도가 낮은 상황

① 신규기업의 진입이 용이하다.

② 경쟁기업 간 시장 내 경쟁이 치열하다.

③ 구매자의 교섭력과 공급자의 교섭력이 뛰어나다.

④ 시장이 안정적이고, 경쟁자의 능력이 뛰어나다.

⑤ 대체재가 존재한다.

⑥ 고정비가 높고 퇴출장벽이 높다.

🎁 구매자의 교섭력이 높아지는 경우

① 집중적인 구매 또는 매도자의 판매량 중 상당부분을 차지할 경우

② 제품이 구매자의 코스트나 구매비의 상당부문을 차지할 경우

③ 제품이 규격화되어 있거나 차별화되어 있는 경우

④ 교체비용이 적은 경우

⑤ 구매자가 후방통합능력이 있는 경우

⑥ 구매자가 제조원가에 대해 상세한 정보를 가지고 있는 경우

💎 공급자의 교섭력이 높아지는 경우

① 공급능력이 소수의 회사에 독점되어 있고 공급대상 산업보다 집중되어 있는 경우
② 공급자들이 공급하는 제품에 대한 대체품이 없는 경우
③ 공급자들의 판매품이 기존 산업의 생산 및 경영활동에 주요한 요소가 되는 경우
④ 공급자들의 제품이 차별화되어 있거나 교체비용이 발생할 경우
⑤ 공급자들이 전방통합능력이 있는 경우

💎 대체품의 경쟁강도가 높아지는 경우

① 대체품과 기존제품의 효능이 유사할 경우
② 구매자의 성향이 대체품에 대해 호감을 가지고 있을 경우
③ 대체품의 가격이 기존 제품보다 낮거나 효능이 좋을 경우
④ 대체품의 가격 및 효능이 미래에 계속 낮아질 것으로 예상되는 경우
⑤ 대체품으로의 교체비용이 적을 경우

💎 사업단위(SBU)의 전략의 방향

① **유지전략** : 기존에 영위하던 사업단위를 현재수준으로 유지, 투자수준도 유지
② **육성전략** : 적극적으로 사업단위를 성장, 대규모 투자
③ **회수전략** : 사업단위 투자 최소화, 점진적으로 시장에서 퇴거
④ **철수전략** : 즉각적으로 사업단위를 폐지, 사업단위는 매각되거나 해체

💎 마이클 포터(Michael E. Porter)의 본원적 전략 매트릭스

환경분석을 바탕으로 기업이 택할 수 있는 전략의 범위를 구체화하는 도구이다.
① **원가우위의 전략** : 경쟁기업보다 더 낮은 원가로 재화나 서비스를 소비자에게 제공하는 것이 중요한 목표(시너지효과와 경험/학습 효과)
② **차별화전략** : 경쟁기업보다 차별화된 재화나 서비스를 소비자에게 제공하는 것이 중요한 목표
③ **집중화전략** : 경쟁시장범위가 한정적일 때 자사의 경쟁능력을 극대화하기 위해 사용

💎 다각화 추진의 동기

① 기업들의 성장에 대한 욕구를 충족시키기 위해서 개별 사업부문의 경기순환에서 오는 위험을 분산하기 위함
② 복합기업화 되면 시장지배력 증가에 도움이 되기 때문
③ 기존의 사업을 수행하는 과정에서 발생하는 부산물을 유용하게 활용하기 위함
④ 기존사업의 성장이 둔화되거나 점차 쇠퇴해 감에 따라 새로운 사업분야로 진출할 필요성 대두

⑤ 기업이 다양한 사업분야에 진출함으로써 기업 경영상의 유연성 제고와 사업의 포트폴리오 추구

❖ 소매업 믹스 전략

① 제품구색 및 서비스 믹스 결정
   ㉠ 소매상의 제품구색 : 목표고객의 구매대기와 일치되어야 한다.
   ㉡ 고객들에게 제공할 서비스 믹스 결정 : 다른 점포와 차별화되는 비가격 경쟁의 핵심수단이다.
   ㉢ 점포 분위기 결정 : 판매하고자 하는 상품을 돋보이게 하고, 고객들이 쇼핑하기에 편안한 분위기를 연출하는 것이 중요하다.

② 기준가격의 결정
   ㉠ 원가 중심의 가격결정 : 제품의 생산 및 유통과 관련된 각종 비용을 기준으로 제품의 가격을 결정한다.
   ㉡ 수요 중심의 가격결정 : 시장수요의 강도 내지 크기에 따라 제품가격을 결정한다.
   ㉢ 경쟁 중심의 가격결정 : 경쟁제품의 가격을 기준으로 하여 가격을 결정한다.

2절   유통경쟁전략

❖ 시장세분화

서로 다른 제품 또는 마케팅 믹스를 요구하는 독특한 구매자 집단으로 분할하는 활동으로 세분화를 수행할 때 세분시장 상호 간에는 이질성이 극대화되어야 하고 세분시장 내에서는 동질성이 극대화되어야 한다. 가장 좋은 세분시장을 표적으로 삼기 위해서는 각 세분시장의 크기와 성장률, 구조적 매력도, 회사 목표 및 자원과의 적합성을 평가해야 한다.

① 시장세분화의 유형
   ㉠ 지리적 세분화 : 국가 · 지역 · 군 · 도시 · 인근 등의 단위로 분할한다.
   ㉡ 행위적 세분화 : 구매자 각각의 제품에 대한 지식 · 태도 · 용도 · 반응에 기초해서 집단으로 분할한다.
   ㉢ 심리묘사적 세분화 : 구매자의 라이프스타일 · 개성 · 특성 등에 기초해서 서로 다른 집단으로 분할한다.
   ㉣ 인구통계학적 세분화 : 연령 · 성별 · 가족 수 · 직업 · 소득별 집단으로 시장을 분할한다.

② 시장세분화 전략의 유형
   ㉠ 무차별 마케팅(Undifferentiated Marketing) : 소매점이 세분시장 간의 차이를 무시하고 단일

제품이나 서비스로 전체시장에 진출하려는 전략이다.

- 원가 면에서 경제적이다.
- 광고비용이 절감된다.
- 마케팅 조사 및 제품관리비가 절감된다.
- 제품계열이 축소되어 생산재고와 수송비가 절감된다.

ⓒ **차별적 마케팅(Differentiated Marketing)** : 여러 목표시장을 표적으로 하고 각각에 대해 서로 다른 제품과 서비스를 설계하는 전략이다.

- 연구개발비와 마케팅 비용이 필요하다.
- 무차별 마케팅보다 매출액은 크나 사업운영비가 높다.

ⓒ **집중적 마케팅(Concentrated Marketing)** : 대규모 시장에서 낮은 점유율을 추구하는 대신 한두 개의 세분시장에서 높은 점유율을 추구하는 전략이다. 소매점이 자원의 제약을 받을 때 유용하며, 목표시장을 잘 선정하면 고투자수익률을 실행할 수 있다.

③ **시장세분화 전략의 선택 시 고려요인**

ㄱ **기업자원** : 기업자원이 한정되어 있으면 집중적 마케팅이 효과적이다.

ㄴ **제품의 다양성** : 제품목록 내에 상품 수가 적을 때에는 무차별 마케팅이 적합하다.

ㄷ **제품 수명주기상의 단계** : 도입단계는 무차별·집중화 전략이 적합하고, 성숙단계는 차별적 전략이 효과적이다.

ㄹ **시장의 가변성** : 동일한 취향과 수량의 제품을 구매한다면 무차별 전략이 효과적이다.

ㅁ **경쟁사의 마케팅 전략** : 경쟁사가 세분화 전략을 추진하는 경우 무차별 전략은 금물이며, 무차별 전략을 추진하는 경우에는 차별화 또는 집중화 전략이 효과적이다.

점포선택에 의한 세분화

① **행동세분화** : 경쟁점포에 있는 소비자와 비교하여 어떤 점포에 있는 소비자의 인구통계, 라이프스타일 혹은 쇼핑특징을 결정

② **효익세분화** : 쇼핑욕구에 의해 집단을 구분

③ **반응탄력성에 의한 세분화** : 점포 내 변수에 대한 소비자반응의 차이를 강조

차별화(Differentiation)

차별화된 제품이나 서비스의 제공을 통해 기업이 산업 전반에서 독특하다고 인식될 수 있는 그 무엇을 창조함으로써 경쟁우위를 달성하고자 하는 전략이다.

① **차별화 전략의 수립**

ㄱ 경쟁기업보다 낮은 비용으로 높은 수준의 차별화 방안이 필요하다.

ㄴ 품질 향상을 위해 각 생산활동 간의 연관관계를 파악한다.

ⓒ 차별화우위가 장기간 지속될 수 있는지 파악한다.

② **차별화의 방법**

　　㉠ **고유성의 강조** : 제품의 속성이나 품질 측면, 특수한 편익, 혁신적 디자인 측면에서 우월한 위치를 가진 경우

　　㉡ **가격 리더로 차별화** : 경쟁사가 모방할 수 없는 원가우위를 가진 경우

　　㉢ **기술적 우위 강조** : 하이테크 산업에서 보편적이다.

🔷 다차원 척도법(MDS : Multi-Dimensional Scaling)

서비스 개념이 정립될 수 있는 핵심적 차원 및 기능적 속성들과 이들 차원들에 대한 구매자들의 인식을 파악하는 방법이다. 다차원 척도법은 다차원의 공간에서 구매자의 특정 욕구를 만족시킬 수 있는 서비스들에 대한 구매자의 인지 구조를 지도화하여 핵심개념들의 차원을 규명하는 데 사용한다.

🔷 컨조인트 분석(Conjoint Analysis)

① 서비스 개념을 구성하고 있는 다양한 속성에 대한 상대적인 중요성을 평가하는 방법이다. 고객 개개인이 점포가 제공하는 개별 서비스속성의 수준에 대하여 얼마만큼의 선호도를 부여하는지를 추정하고자 하는 것으로 개별속성의 각 수준에 부여되는 선호도인 부분가치들을 합산함으로써 개별 고객이 여러 개의 대안들 중 어느 것을 가장 선호하게 될 지를 예측한다.

② 다차원 척도법과 유사하게 서비스에 대한 구매자의 선호도는 해당 유통서비스 개념의 특성(기능)에 의하여 묘사될 수 있다는 점을 가정하지만 관리적 관점에서 직접적으로 통제 가능한 특성만을 고려한다.

3절　마케팅 자료수집

🔷 소비자의 역할

① 소비자의 최종적인 목적은 상품을 소비하는 것보다 상품에 의해 자신에게 있을 효용을 만들어낸 다음, 가정에서의 생활 생산활동에 이용하여 그 가치를 실현하는 것이다.

② 소비자는 생활생산자이다. 소비자는 소매업체로부터 상품을 구입하고 소비·이용함으로써 자신의 생활을 만족시키기 위한 재(財)를 만들어내는 것이다.

🎁 소비자 조사의 필요성

상품, 가격, 품질, 판매조건, 판매방법 등에 대한 소비자의 불만도, 만족도, 장래에 대한 요망, 기대 등에 관한 정보는 과거의 판매기록, 상품관리자료, 판매원의 의견 · 요망의 형태로서 영업계획, 판매계획, 매입계획에 반영시킬 수 있다.

① **조사방법**
  ㉠ 점두(店頭)에서의 앙케트 조사
  ㉡ DM에 의한 질문 조사
  ㉢ 방문에 의한 면접 조사
  ㉣ 평균적인 소비자를 몇 사람 초청해서 실시하는 패널 조사
  ㉤ 번화가나 유흥업소가 많은 지구에서의 관찰 조사

② **조사단계**
  ㉠ 소비자의 일반동향에 관한 조사
  ㉡ 자점에 속하는 업계분야의 소비동향 조사
  ㉢ 자점이 위치하고 있는 지역일대의 소비동향 조사
  ㉣ 자점의 통상적인 고객의 조사

🎁 판매정보의 의의

① 판매정보의 수집과 활용은 이익증대와 직접적인 관련이 있다.
② 판매정보를 재료로 하는 의사결정의 경우 중요시해야 한다.
③ 판매정보는 이익증대뿐만 아니라 위험감소도 유의해야 한다.

🎁 판매정보의 조건

① **정확성** : 판매정보는 의사결정과정에서 나침반의 역할을 하므로 정확해야 한다.
② **객관성** : 판매정보는 자점(自店)에 불리하더라도 그 정보를 어떻게 의사결정에 반영하고, 그것을 제거하기 위한 판매활동을 어떤 식으로 전개해 가느냐를 객관적으로 판단해야 한다.
③ **계속성** : 판매정보는 계속적으로 수집되고 일정기간 동안의 경향과 동향을 반영한 것이어야 한다.
④ **표준성** : 판매정보는 형식과 체크 포인트가 표준화되어야만 의사결정을 위한 체계적인 자료로서 축적을 실현할 수 있다.
⑤ **상호보완성** : 기업환경 상호 간의 관련성을 파악하기 위한 정보도 본래 상호관련적인 성격을 가지고 있으므로 이를 수집하고 활용해야 한다.
⑥ **활용성** : 정보는 활용되는 것이 목적이며, 수집은 수단이 된다. 수집에 착수할 때는 먼저 활용 목적을 설정하고, 그것을 만족시켜 주는 내용의 정보를 가장 바람직한 상태로 구비해야 한다.

⑦ **경제성** : 판매정보를 수집하는 데 소요되는 비용과 노력으로 균형 있게 판매활동을 효과적으로 전개할 수 있어야 한다.

🎁 판매정보의 종류

① 고객에 관한 정보
　　㉠ 고객의 특성, 구매관습, 구매동기 등에 관한 정보
　　㉡ 구매자, 구매결정자, 소비자 및 이용자에 관한 정보
　　㉢ 시장규모 등에 관한 정보
② 경쟁사에 관한 정보
　　㉠ 경쟁사의 분포에 관한 정보　　㉡ 경쟁사의 시장지위(점유율 등)에 관한 정보
　　㉢ 경쟁사의 전략에 관한 정보　　㉣ 경쟁사의 구매유인에 관한 정보
③ 취급상품에 관한 정보
　　㉠ 상품의 특성에 관한 정보
　　㉡ 상품의 경력(라이프 사이클링)에 관한 정보
④ 기타에 관한 정보
　　㉠ 활동의 결과에 관한 정보
　　㉡ 일반적인 환경조건에 관한 정보
　　㉢ 자점에 관한 정보 등

🎁 판매정보수집의 기법

① **대인 면접** : 훈련을 받은 조사원이 응답자와 대면 접촉하여 데이터를 수집하는 방법이다. 질문 내용에 대한 자세한 설명과 상품, 샘플 등을 보여줄 수 있지만 비용이 많이 들고, 조사를 완료하는데 시간이 오래 걸리는 단점을 가지고 있다.
② **전화 조사** : 조사원이 전화를 통하여 응답자로부터 데이터를 수집하는 방법이다. 전화 조사는 비용이 적게 들고 조사가 빨리 완료되지만, 긴 시간 조사하기가 어려우며 복잡한 질문을 할 수 없고, 상품을 보여줄 수 없다는 단점을 가지고 있다.
③ **우편 · 팩스 조사** : 우편이나 팩스로 설문지를 보내고, 응답자가 작성한 설문지를 우편이나 팩스로 다시 보내도록 하는 방법이다. 인건비가 절약될 수 있으나 응답률이 낮은 편이며, 현재 우편 조사는 거의 쓰이지 않는 추세이다.
④ **인터넷 조사** : 인터넷 홈페이지에 설문지를 만들어 놓고 방문자들로 하여금 설문지에 응답하도록 하는 방법이다. 낮은 비용으로 빠른 시간 내에 조사를 마칠 수 있지만 적지 않은 비용이 들어간다.
⑤ **관찰법** : 많이 사용되는 방법으로, 신제품을 진열해 꾸며놓은 점내에서 고객들이 어떤 상품을

선택하는지를 관찰하거나 인파의 방향과 양, 쇼윈도에 대한 반응 등을 살펴보는 방법이다. 정확한 정보를 수집하려면 점포 내외를 불문하고 관찰하고 있다는 사실을 고객이나 통행인들이 알지 못하도록 해야 한다.

❖ 표적집단면접법

① 소수 응답자 집단을 대상으로 특정한 주제에 대해 자유롭게 토론하는 가운데 필요한 정보를 찾아 나가는 방법이다. 추후에 계량적 방법으로 검정할 수 있는 가설의 설정, 설문지 구성 시 필요한 정보의 획득, 신상품 아이디어의 물색 등의 경우에 사용될 수 있다.

② 표적시장으로 예상되는 소비자를 일정한 자격기준에 따라 6~12명 정도 선발하여 한 장소에 모이게 한 후 면접자의 진행 아래 조사목적과 관련된 토론을 함으로써 자료를 수집하는 마케팅 조사기법이다.

❖ 고객에 관한 정보

① **고객특성 파악** : 자점의 상권 안에 있는 고객을 중심으로 성별, 연령, 직업, 교육정도, 소득, 가족구성, 주거지역 등의 기준으로 파악한다.

② **구매관습 파악** : 시간대별, 날짜별, 점포유형별 등으로 매출액 동향에 관해 파악한다.

③ **구매동기 파악** : 상품가격, 판매원활동, 광고 등 어떤 요인이 구매결정에 영향을 미쳤는가 등에 대한 정보를 파악한다.

④ **소비·사용관습** : 사용되는 상황, 용도, 평균소비량 등 판매 후의 사용상황에 대해 정보를 수집하여 고객의 소비·이용욕구에 적응하며, 해당상품이 고객의 소비·이용관습에 부응하는가에 대한 정보도 파악한다.

⑤ **시장규모** : 상권의 크기, 자점의 고객규모를 말한다. 즉 판매자 수와 구매력, 구매량 등 총수요량을 금액, 수량 등으로 나타내는 정보이다.

❖ 경쟁에 관한 정보

① **경쟁자의 분포** : 경쟁업자의 수, 대처방안 등에 대해 정확한 인식을 갖기 위해 활용한다.

② **경쟁업자의 시장지위** : 경쟁업자의 힘의 관계를 상대적으로 저울질하기 위해 활용되며, 그 활용의 목적은 단순비교가 아니라 어떻게 하면 경쟁을 유리하게 전개시켜 가는가를 고려하는 데 있다.

③ **경쟁업자의 전략 및 구매유인** : 경쟁업자의 전략을 구체적으로 인식하여 그 판매활동에 대한 대응방안을 활용해야 한다.

🎁 취급상품에 관한 정보

① **상품정보의 활용** : 소재, 구조, 디자인 등 상품의 물리적 요소를 기준으로 평가하고, 그 상품이 어떻게 욕구의 해소에 공헌하는가를 고객에게 충족시키기 위해 활용한다.

② **상품경력에 관한 정보** : 상품의 종류, 발매 시기, 라이프 사이클의 위치 등은 가격, 광고방법의 설정에 활용한다.

🎁 활동의 결과에 관한 정보

① 판매활동에 관한 정보는 활동에 있어서의 의사결정에 이용되고, 활동 후에 그 효과를 측정하여 새로운 판매활동에 대비하기 위한 정보로 활용된다.

② 활동의 결과에 대한 정보는 새로운 판매활동에 대비하기 위한 정보로 활용하는 것이 중요하다.

🎁 일반적인 환경조건에 관한 정보

① 고정·변동적인 여러 환경조건에 의해 기업은 둘러싸여 있으며, 그런 점에 있어서는 판매활동의 대상인 고객도 마찬가지다.

② 경제·법률·행정·문화적 요인은 직·간접적으로 고객과 판매활동에 영향을 주게 되는데, 그런 의미에서 볼 때 일반적 환경조건에 관한 정보도 중요하다고 할 수 있다.

🎁 자점(自店)에 관한 정보

자점의 능력, 경영이념 등 자점의 정보를 이용하여 목표하는 방향과 일치하는 판매활동의 방향을 설정하는 최종적인 판단을 내리기 위해 활용된다.

4절 상품관리 전략

🎁 인터넷 신상품 전략

① **불연속 혁신 상품** : 개발 당시 완전히 새롭게 등장한 혁신적인 상품, 위험은 크지만 성공하면 큰 수익을 얻을 수 있다.

② **신상품 라인의 확장 상품** : 기존 브랜드명을 사용하여 완전히 신규 상품 라인을 만드는 것

③ **기존 상품 라인의 확장 상품** : 새로운 풍미, 사이즈 등에 다양성을 첨부하여 기존의 상품 라인을 확장하는 전략

④ **기존 상품의 개량 상품** : 새롭고 개선된 상품이 기존의 상품을 대체하는 것

⑤ **재포지셔닝(Re-positioning) 상품** : 기존 상품에 대해 다른 시장으로 표적화하거나 새로운 사용 방법을 촉진하는 전략

⑥ **저가격 지향 상품** : 기존 브랜드에 대한 경쟁력을 확보하기 위한 상품을 저가격으로 개발하는 전략

🔷 제품 의사결정의 수준

① 상품믹스의 너비(Width) : 기업이 보유한 전체 제품의 개수

② 상품믹스의 깊이(Depth) : 동일 제품 라인 내 제품 품목의 수

③ 상품믹스의 길이(Length) : 특정 제품라인군의 보유 개수

④ 상품믹스의 일관성(Consistency) : 특정 기업이 제공하는 상품의 사용용도, 생산요소, 유통경로 등의 관점에서 연관되어 있는 정도

🔷 제품 계열의 길이 확장전략

① **하향 확장전략(Downward Stretch)**

㉠ 초기에는 고품질, 고가의 제품을 출시했다가 제품계열의 길이를 확장하면서 저가의 신제품을 추가시키는 전략이다.

㉡ 초기에 고급 이미지를 소비자들에게 심어준 다음 저가 제품으로 확장하면서 기존의 고품질 이미지를 저가 제품에도 확산시키는 효과를 볼 수 있다.

② **상향 확장전략(Upward Stretch)**

㉠ 초기에는 저품질, 저가 제품을 출시했다가 제품계열의 길이를 확장하면서 고가의 신제품을 추가시키는 전략이다.

㉡ 제품과 이미지의 동반상승이 가능하다.

③ **제품 확충전략(Product Filling)**

㉠ 기존 제품계열 내에 품목의 추가를 통해 제품 확장을 도모하는 전략으로 잉여설비의 활용, 매출의 증대, 세분시장의 침투 등의 이점이 있으나 소비자 혼돈 야기와 비용 상승으로 인한 수익성 약화 등의 문제점이 있다.

㉡ 한 계열 내에 있는 기존 품목들과 가격, 품질 등에서 큰 차이가 없는 새로운 품목을 추가한다.

④ **쌍방향전략(Two - way Stretch)**

㉠ 제품의 품질이나 가격수준이 시장 내에서 중간 위치에 놓여 있을 경우 고가와 저가의 시장에 모두 신제품을 출시하는 전략이다.

㉡ 고소득 소비자들과 저소득 소비자들 모두에게 소구하여 매출증대와 시장점유율의 증가를 목적으로 한다.

💌 제품 퇴진전략

① 수확전략(Harvesting)

　㉠ 기업의 지원을 더 이상 투입하지 않고 발생하는 이익을 회수하는 전략으로 다음과 같은 상황에서 적용한다.

　　• 특정 제품의 매출성장이 안정적이거나 쇠퇴단계에 있다.

　　• 기업이 유휴자원을 저렴하게 활용할 수 있다.

　　• 매출액 감소와 시장점유율 하락을 회복하기 위해 지출하는 비용이 증가한다.

② 제품계열 단순화 전략(Line Simplification)

　㉠ 기업이 제공하는 제품이나 서비스의 수를 관리하기 용이한 수준으로 감소시키는 전략이다.

　㉡ 투입원가가 높아지거나, 가용자원이 부족한 시점에 적절하다.

　㉢ 재고감소와 생산원가 절감을 위해 사용할 수 있다.

③ 철수전략(Total Line Divestment)

　㉠ 제품계열 전체를 제거하는 전략으로 제품계열이 마이너스 성장을 하거나 제품이 전략적으로 부적절할 경우 사용한다.

　㉡ 기업 활동에 큰 영향을 미칠 수 있으므로 신중하게 고려해야 한다.

💌 유통기업 상품믹스 관리전략

① 편의지향 고객 : 반복적으로 구매하는 제품(낮은 다양성)

② 관리의 용이성 : 소수의 제품(낮은 다양성)

③ 적은 투자비용 : 낮은 제품 구색(낮은 다양성)

④ 제한된 시장에서 점포운영 : 특정 고객에게 제품 서비스(높은 전문성)

⑤ 낮은 내점빈도 : 상품의 판매패턴이 저회전/고마진(높은 전문성)

💌 브랜드 자산

브랜드 마케팅 분야의 최고 권위자로 알려져 있는 데이비드 아커(David A. Aaker) 교수는 브랜드 경영, 브랜드 포트폴리오전략, 브랜드 리더십 등의 저서를 통해 브랜드 자산을 평가하는 4가지 기준을 제시하였다. 그가 제시한 브랜드 자산의 구성요소 4가지는 브랜드 로열티, 브랜드 인지도, 지각된 품질, 브랜드 연상이다.

💌 브랜드 전략

① 개별상표명전략(Individual Brand Name Strategy) : 제조업체나 유통업체가 생산된 제품에 각각 별도의 상표명을 부착시키는 전략으로 한 상표가 실패하더라도 다른 상표에 영향을 주지 않으며, 세분화된 시장을 겨냥하여 시장점유율을 높일 수 있지만 각 상표마다 광고와 판매촉

진을 별도로 해야 하므로 마케팅 비용이 많이 소요된다.

② **공동상표명전략(Blanket Family Name Strategy)** : 같은 생산자가 생산하는 모든 상품에 같은 상표명을 사용하는 전략으로 적은 마케팅 비용으로 모든 개별 상품을 소비자에게 인식시킬 수 있으나, 한 품목에 대한 소비자의 인식이 부정적이면 그 효과가 모든 품목으로 파급될 우려가 있다.

③ **복수상표전략** : 동일 제품군 내에서 두 개 이상의 개별상표명을 사용하는 전략

④ **혼합상표명전략(Separate Family Brand Strategy)** : 한 기업의 제품을 몇 개의 제품군으로 분류한 뒤 각 군별로 상표명을 붙이는 전략으로 공동상표명이 개별상표명의 후원역할을 하며, 개별상표명이 주력브랜드가 된다.

⑤ **수평적 상표확장전략** : 특정 제품의 범주 내에서 맛, 성분, 사이즈가 다른 추가품목을 도입할 때, 기존의 동일한 브랜드를 부착하는 전략

⑥ **수직적 상표확장전략** : 기존 브랜드를 다른 시장에 적용하는 전략(상향확대, 하향확대)

⑦ **제품계열별 공동상표명전략** : 여러 제품계열들을 생산하는 기업이 각 제품계열에 대해서는 상이한 상표명을 부착하고, 각 제품계열 내의 모든 제품은 공동상표명을 이용하는 전략

⑧ **개별상표명 – 공동상표명 혼용전략** : 소비자에게 이미 친숙한 기업명을 개별상표명들과 결합시키는 상표명 전략(제품의 독특성을 반영한 상품명과 소비자 인지도가 높은 기업명을 연계)

⑨ **유사브랜드 전략(Parallel Branding)** : 상호나 상품특성을 매우 흡사하게 모방하고(선도 제조업체 브랜드의 상호 자체에 대한 모방이 아님에 유의) 제조업체 브랜드가 아니라는 것을 명확히 하는 유통업체의 브랜드 전략

PB(유통업자 상표) vs NB(제조업자 상표)

자기상표브랜드(PB)는 유통업체가 직접 제조하거나 제조업체에 직접 생산을 요구해 자사의 브랜드를 부착, 판매하는 제품을 말한다. 기능적인 품질대비 가격을 중시하는 합리적 성향의 소비자는 NB와 동일가격에 유사하거나 더 높은 효용을 제공하는 PB를 선택하게 되므로, PB 자체가 고객그룹을 확보하는 유인수단이 될 수 있다. 이것은 NB 제품 판매를 약화시키는 대체재의 역할을 수행하게 되므로 자사에 제품을 공급하는 NB와의 교섭에 유리한 요소로 작용할 수 있다.

NB와 PB 비교

NB(national brand)	PB(private brand)
제조업자 상표	유통업자 상표
소비자 선호	유통업자 선호
상표 소유자 분류에 의한 메이커 제품	백화점 등 대형소매상이 독자적으로 개발한 브랜드 상품

179

❖ PNB(유통업자–제조업자 연합상표)

PB와 NB의 중간형태로, 제조업체가 유통채널의 특성과 소비자들의 구매성향에 맞게 생산하고, 이를 특정 유통업체에서만 독점 판매하는 제품을 말한다.

❖ 20 : 80 원칙

① 선매품의 경우 일정 기간 영업을 하면서 상위 20%의 품목이 매출액의 80%를 차지하는 일이 발생하므로, 미리 계획하고 그 선에 따라 품목마다 구성 내에서의 위치 부여와 그에 알맞은 품목별 보유량의 책정을 실시하는 것이 합리적이다.

② 20 : 80 원칙에 의한 위치부여
   ㄱ 메인그룹 : 20품목을 보유하고 품목별 평균 보유량을 대량 책정하여 시즌 중에는 절대로 품절되지 않도록 한다.
   ㄴ 서브그룹 : 80품목을 보유하고 품목별 평균 보유량은 수 개로 억제하여 매진되면 다른 대체품목을 배치시킨다.

③ 상품 구성 계획 시 고려 요소
   ㄱ 대체재 : 대체재는 소비자가 소비함에 따라 얻어지는 효용의 차이가 없는 것으로 상품 구성에 있어 완벽한 대체 관계에 있는 상품은 가급적 취급하지 않는 것이 좋다.
   ㄴ 보완재 : 한 제품의 수요가 증대될 때 다른 제품의 수요가 수반되어 증가하면 두 제품은 보완 관계에 있다고 한다. 완벽한 보완재는 특정 제품과 반드시 함께 사용되기 때문에 동시성을 가지고 있다.
   ㄷ 중립재 : 대표적인 충동상품이 중립재인데, 소비자들에게 추가적인 매출량의 증가를 가져올 수 있기 때문에 상품 구성에 있어 충분한 고려 요소가 된다.

❖ 상품포장

① 정의 : 물품의 수송·보관 등에 있어 가치 및 상태를 보호하기 위해 적절한 재료, 용기 등을 물품에 덧붙이는 기술 및 덧붙인 상태를 말하며, 이것은 개장·내장·외장의 3종으로 나누어진다.

② 상품포장의 종류
   ㄱ 낱포장 : 물품 개개의 포장을 말하며, 물품의 상품가치를 높이거나 물품 개개를 보호하기 위해 적합한 재료와 용기 등으로 물품을 포장하는 방법 및 포장한 상태를 말한다.
   ㄴ 속포장 : 포장된 화물 내부의 포장을 말하며, 물품에 대한 수분, 습기, 광열 및 충격 등을 방지하기 위해 적합한 재료와 용기 등으로 물품을 포장하는 방법 및 포장한 상태를 말한다.
   ㄷ 겉포장 : 화물의 외부 포장을 말하며, 물품을 상자나 나무통 및 금속 등의 용기에 넣거나 용기를 사용하지 않고 그대로 묶어서 기호 또는 화물을 표시하는 방법 및 포장한 상태를 말한다.

포장의 기능

① **제품 관점** : 제품보호, 사용편의, 보관용이

② **의사전달 관점** : 식별, 인상형성, 정보제시, 태도변화

③ **가격 관점** : 대형구매유도, 가격표시

소매업 포장의 목적

① 상품의 보호

② 취급상의 편리

③ 판매의 촉진

④ 선물의 가치 상승

⑤ 상품의 관리 용이

선물포장

① 구겨지거나 때가 묻은 포장지는 사용하지 말아야 한다.

② 가격표는 반드시 제거해야 한다.

③ 글씨는 되도록 고객의 친필로 해야 한다.

④ 글씨가 완전히 건조된 후에 포장한다.

⑤ 선물 받을 사람의 연령, 고객과의 관계 등을 고려하여 포장한다.

⑥ 상품에 오손이나 파손된 점이 없는지를 충분히 확인해야 한다.

포장방법의 종류

① **방수포장기법** : 수송, 보관, 하역과정에서 방수접착, 봉함재 등을 사용하여 포장 내부에 물이 침투하는 것을 방지하기 위한 것이 방수포장이다. 방수포장에서 방습포장을 병용할 경우 방습포장은 내면에, 방수포장은 외면에 하는 것이 원칙이다.

② **방습포장기법** : 습기가 물류과정에서 제품을 손상시키지 않도록 습기를 방지하는 포장을 말한다.

③ **완충포장기법** : 물류과정에서의 제품파손을 방지하기 위해 외부로부터의 힘을 완화하는 포장을 말한다.

④ **방청포장기법** : 기계류 등 금속제품은 물류과정에서 녹이 생기는 경우가 있는데, 모든 금속의 부식을 방지하기 위한 포장기술 내지 수단 또는 금속포장 시에 있어서 부식을 방지하기 위한 포장을 말한다.

⑤ **집합포장기법** : 집합포장은 수송포장을 취급함에 있어 기계하역의 대상이 되는 비교적 대형화물의 집합체로 이루어지며, 복수의 물품 또는 수송포장을 한데 모아 적재함으로써 하나의 단위화물을 형성하는 것을 말한다.

⑥ **식품포장기법** : 식품포장의 목적은 품질과 안전성의 보존, 작업·간편성의 부여, 내용식품의 표시, 유통수송의 합리화와 계획화, 상품가치의 향상 등이다. 특히 식품의 부패방지와 품질보

존은 포장의 중요한 역할이다.

5절 상품 머천다이징

🔷 상품

① **상품의 의의**

  ㉠ 상품이란 매매의 대상이 되는 유·무형의 재화이다.

  ㉡ 상품이란 욕망의 대상인 노동 생산물이 교환관계에 놓일 때 비로소 나타나는 형태이다.

  ㉢ 분업이 이루어지는 사회에서 생산물의 교환을 통해 자신의 욕구를 충족시키며, 그 유용성과 함께 교환가치를 갖는다.

② **상품의 분류**

  ㉠ 물리·화학적 성질에 의한 분류 : 부패 손상성의 유무에 의한 내구성 상품·신선상품, 가치집중의 정도에 의한 종량품·종가품, 단위형태에 의한 액체·기체·고체·분말상품 등으로 분류한다.

  ㉡ **생산양식·출처에 의한 분류** : 생산장소에 따라 농산품·임산품·수산품·광산품·공산품, 생산동력에 따라 천연생산품·수공생산품·기계생산품, 가공도에 따라 자연품·반제품·완제품 등으로 분류한다.

  ㉢ **소비양식·용도에 의한 분류** : 상품은 최종적으로 소비재와 생산재로 구분한다. 소비재는 필수품과 편의품, 일용품과 임시품, 소비품과 설비품, 식료품, 의료품, 주거용품 등으로 분류되며 생산재는 원료품, 재료품, 부분품, 보조품, 설비품 등으로 분류한다.

  ㉣ **유통양식에 의한 분류** : 편의품, 선매품, 전문품, 규격품, 특별의장품, 일반품, 계절품, 상표품, 무상표품 등으로 분류한다.

  • 편의품 : 손쉽게 구매할 수 있는 상품으로 생필품, 기호품, 충동품 등이 있다.

  • 선매품 : 소비자가 어느 정도의 지식을 가지고 있는 상품으로 주로 패션의류, 가구류 등이 있다.

  • 전문품 : 소비자가 깊은 지식을 가지고 있는 상품으로 자동차, 음향전문품 등이 있다.

③ **표준상품분류**

  ㉠ 상품의 표준을 정하고 그에 따라 분류하는 것을 규격분류라고도 한다.

  ㉡ 상품의 종류별로 형상, 치수, 구조, 품질, 등급, 성분, 성능 등에 대한 표준을 정한 뒤 분류한다.

💎 **제품의 5가지 차원(P. Kotler)**

① **핵심제품** : 고객이 실제로 구입하는 근본적인 이점이나 서비스
② **일반제품** : 핵심이점을 유형제품으로 형상화시킨 제품
③ **기대제품** : 제품을 구입할 때 구매자들이 정상적으로 기대하고 또 합의하는 일체의 속성과 조건
④ **확장제품** : 기업이 제공하는 것을 경쟁자가 제공하는 것과 구별되게 하는 추가적인 서비스와 이점을 포함하는 제품
⑤ **잠재적 제품** : 미래에 겪을 수 있는 변환과 확장으로서 혁신적으로 진보화된 전환과 변모를 갖춘 제품

💎 **계열구성 확대**

① 계열구성 확대는 그 상점에 가면 여러 가지 다른 상품이 횡적으로 조화를 이루어 구입할 수 있는 편리함과 관계한다.
② 핸드백, 구두를 디자인이나 격조 면에서 관련시켜 선택할 수 있는 매력이 있다.

💎 **품목구성 확대**

① 품목구성 확대는 그 상점에 가면 특정 상품계열에 대해 자기의 기호, 사용목적, 구입예산에 알맞은 품목을 많은 후보품목군 중에서 선택할 수 있는 편리함과 관계한다.
② 화장품 계열이 대표적이다.

💎 **상품구성의 단위**

① **업종** : 상업매매의 종류로 통상적으로 주력 상품의 단일 카테고리 이름으로 표현한다.
② **업태** : 업태유형으로 소비자가 매입하거나 사용하는 입장에서 사업매매의 형태를 의미한다.
③ **카테고리** : 상품을 묶는 큰 틀로, 예를 들면 제조자 입장에서는 부인 의류를 가정복, 외출복, 작업복 등과 같이 분류한다.
④ **상품라인** : 품종을 여러 종류의 가격대로 나눴을 경우에 하나의 가격대에 속하는 상품군이다.
⑤ **품목** : 상품관리상 더 이상 세분류가 필요치 않은 상품의 분류단위를 말한다.

💎 **상품의 구성요소**

① 디자인　　　　　　　　　　② 컬러
③ 상표　　　　　　　　　　　④ 포장

💎 **상품구성에 따른 종합화와 전문화**

① **완전 종합형** : 상품구성의 폭이 넓고 깊이도 깊다. **예** 백화점

② **불완전 종합형** : 상품구성의 폭은 넓으나 깊이는 얕다. **예** 편의점
③ **완전 한정형** : 상품구성의 폭은 좁으나 깊이는 깊다. **예** 전문점, 카테고리킬러 등
④ **불완전 한정형** : 상품구성의 폭이 좁고 깊이도 얕다. **예** 구내매점

❤ 상품구성계획

① **품목구성의 개요**
ㄱ 주요 품목과 2차 품목을 구분하고, 상황에 따라 상품구색을 달리하여 품목별 비율을 따져본다.
ㄴ 회전이 늦거나 필요 없는 품목은 과감히 정리한다.
ㄷ 소비자의 취향에 맞게 상품을 개선해야 한다.
ㄹ 다양한 품목으로도 불충분할 경우에는 대상 고객층의 범위를 좁힌다.
ㅁ 세그먼테이션(Segmentation, 대상의 세분화)에 입각한 베리에이션(Variation, 품목의 다양화)을 관철하는 것이 상품구성을 계획하는 데 중요하다.

❤ 머천다이징 상품전략(PRODUCTS)

① **감도설정** : 고감도, 중감도, 저감도
② **패션이미지** : feminine, classic, modern, casual, sporty, soft, hard, mannish
③ **상품구성** : Item조성, 토털코디네이트, 단품코디네이트, 중점상품, 보완상품, 전략상품, 트랜드 상품, 뉴베이직 상품, 베이직 상품의 비율조정
④ **생산선택** : 다품종소량생산, 중품종중량생산, 소품종다량생산

❤ 머천다이징 가격전략(PRICE)

① **가격설정** : 원가플러스법, 시가법, 수요공급기준법
② **가격수준** : 고가격, 중가격, 저가격
③ **매상목표** : 연간, 계절별, 월별, 일별
④ **이익설정** : 고이익, 중이익, 저이익

❤ 머천다이징 판매전략(PLACE)

① **영업형태설정** : 직영점, 대리점, 전시회, 주문회의, 위탁판매
② **판로선택** : 전문점, 백화점, 양판점, 양품점, 재래시장
③ **지역선택** : 대도시, 교외, 지방도시
④ **점포선택** : 점포한정, 점포적극확대

🔹 머천다이징 판매촉진전략(PROMOTION)

① **인적판매** : 대인판매, 신용판매, 통신판매, 전화판매, 방문판매
② **광고선택** : TV, DM, 라디오, 신문, 잡지, 옥외광고, 교통광고
③ **VMD** : 매장입지조건, 매장외관, 전시(점두, 점내), 진열
④ **홍보선택** : 사보, 신문, 잡지 등
⑤ **촉진선택** : 패션쇼, 캠페인, 선물, 콘테스트, 할인판매 등

6절 촉진관리 전략

🔹 판매촉진

① 특정제품에 대한 고객 및 중간상의 인지도와 관심을 증대시켜 짧은 기간 내에 제품구매를 유도하기 위한 마케팅 활동을 의미한다.
② 진열, 전시, 시범이나 통상적인 방법이 아니라 비반복적인 여러 가지 판매 노력과 같이 소비자 구매를 자극하고 거래점의 유효도를 자극하는 마케팅 활동 중 광고, 인적판매, 홍보를 제외한 모든 마케팅 활동을 말한다.

🔹 판매촉진의 목적

① 고객이 신제품에 대해 구매충동을 느끼게 함으로써 시험구매하도록 한다.
② 상품의 애용도를 증대시키는 목적을 가지고 있다. 애용도는 충성도와 비슷한 개념으로 고객이 특정한 제품만을 구매하도록 유도하는 것이다.
③ 경쟁사의 제품을 구매하던 고객을 본 기업의 고객으로 유인하는 것이다.
④ 일시적인 판매촉진 활동으로 인지도를 단시간에 증대시킬 수 있다.
⑤ 시장에서 경쟁기업을 누르고 시장점유율의 확대를 노리기 위함이다.

🔹 판매촉진의 형태

① **광의적 판매촉진** : 인적판매, 광고, 진열, 견본배포, 콘테스트, 프리미엄, 전시회, 선전, 팸플릿, 특매 등
② **협의적 판매촉진** : 판매액의 증가를 위해 중간판매업자에 대해 하는 활동, 소비자의 관심을 높이고 수요를 환기 · 증진하기 위한 촉진활동, 판매 · 광고 · 상품정책부문 등 기업 내의 제 부문에 협력하여 그 업무능률을 증진하기 위한 촉진활동

3과목 유통마케팅

💠 제조업체의 중간상촉진

① **중간상광고(Trade Advertising)** : 제조업체가 중간상에게 자사제품을 소개하고 그 취급방법과 판매방법, 그리고 자사의 제품을 취급함으로써 얻는 이점에 대해서 설명, 소비자광고보다 제품관련정보를 자세히 제공하고, 감성적인 소구방법보다는 이성적인 소구방법을 사용한다.

② **협력광고(Cooperative Advertising)**

ㄱ 제조업체가 푸시전략을 채택하여 중간상에게 많이 의존하고 있는 경우 중요한 촉진수단이다.

ㄴ 자사브랜드가 어느 점포에서 취급되며 얼마의 가격에 판매되고 있는지에 대한 정보를 제공하는 보조적인 역할을 수행한다.

③ **중간상촉진(Trade Promotion)** : 도매상이나 소매상으로 하여금 어떤 특별한 제품을 구매, 촉진, 전시하게끔 하는 제조업체의 노력으로 소매상들을 유인하기 위한 여러 형태의 가격할인 수단이 사용된다.

　예 구매 시 할인(off invoice deduction), 할인기간 중 구입한 금액의 환불(rebate) 등

④ **인적판매(Personal Selling)**

ㄱ 산업재의 유통에 있어서 매우 중요하며 중간상의 지원을 얻기 위해 푸시전략을 사용하는 제조업체에게도 인적판매가 매우 중요하다.

ㄴ 교육훈련 프로그램과 보조판매(missionary selling)를 활용한다.

💠 중간상의 촉진활동

① **광고(Advertising)**

ㄱ **도매광고** : 도매상의 판매활동을 도와주고 소매상에게 신제품에 관한 정보를 제공하는 기능을 수행한다.

ㄴ **소매광고** : 점포이미지를 제고시키거나 촉진활동에 대한 정보를 제공한다.

② **인적판매(Personal Selling)** : 도매상의 판매원은 소매상의 적정재고수준과 상품진열방법에 대한 조언, 광고자료, 카탈로그 및 기타 촉진지원책을 제공하며, 소매상의 불평사항의 처리, 계절상품에 대한 제안과 기술적인 부분들에 대한 조언을 제공한다.

③ **샘플(Sample)과 디스플레이(Display)**

ㄱ **샘플** : 제품속성에 대한 객관적인 평가가 어렵고 제품의 품질이 중요한 경우에 효과적이다.

ㄴ **점포디스플레이** : 취급상품을 효과적으로 전시하여 고객의 구매를 유발한다.

💠 광고의 개념

① 광고(Advertising)란 글자 그대로 '널리 알린다'는 의미를 내포하고 있다. 즉, 광고는 누군가에게 무엇인가를 알리는 행위로 이해할 수 있다.

② 명시된 광고주가 광고대상으로 선택한 사람들을 광고주의 의도에 따라 행동하도록 하기 위해

행하는 상품, 기업, 서비스, 아이디어 등에 관한 유료의 비인적 정보전달기술이다.

③ 본래 advertising의 어원은 라틴어의 'ad vertere'에서 유래한 것인데, 이는 '마음을 어디로 향하게 한다'라는 의미를 갖고 있다. 따라서 제품에 대한 마음을 소비자한테 기울도록 하는 일련의 과정인 셈이다.

광고의 특성

① 광고는 대가를 지불하는 의사소통방법이다.

② 광고는 표적집단을 대상으로 한다.

③ 광고는 비인적 의사소통방법이다.

광고의 역할

① 긍정적인 역할

  ㉠ 소비자와의 의사소통   ㉡ 설득

  ㉢ 경제발전에 공헌   ㉣ 변화의 촉매제

② 부정적인 역할

  ㉠ 재화나 서비스의 불필요한 가격상승을 유발한다.

  ㉡ 사회적으로 바람직하지 못한 내용의 광고를 통해 부정적 사회분위기를 조장할 수 있다.

  ㉢ 대광고주에게 부정적인 힘을 발휘하게 함으로써 시장의 독점을 조장할 수 있다.

광고의 특징

① 점포 홍보   ② 관련상품 판매

③ 소구대상 파악   ④ 단기간에 높은 효과

광고에 따른 특징

① TV광고

  ㉠ 전국 체인망 TV보다 제한적 지역망의 매체가 유리하다.

  ㉡ 광고물 제작기간이 타 매체보다 길다.

  ㉢ 커버할 수 있는 범위가 넓다.

  ㉣ 반복소구에 따른 반복효과가 크다.

  ㉤ 시각, 청각을 동시에 소구하므로 자극이 강하다.

  ㉥ 광고 노출기회의 시간이 제약되고 받는 측의 의도에 의한 조정이 불가능하다.

  ㉦ 소구가 순간적이며 기록성이 없다.

  ㉧ 컬러 사용이 가능하다.

ⓩ 가내 시청이 많으므로 수용성이 높다.

      ⓩ 광고비가 많이 든다.

      ⓚ 움직임, 흐름 등 생동하는 표현이 가능하다.

      ⓔ 특정 계층만을 위한 선택소구에는 부적당하다.

② 라디오광고

      ㉠ 광고비가 비교적 저렴하다.

      ㉡ 내용의 변경이 용이하며, 융통성이 있다.

      ㉢ 받는 측은 일을 하는 중에도 광고내용의 수용이 가능하다.

      ㉣ 메시지의 생명은 순간적이며, 기록성이 없다.

      ㉤ 시간적 제한이 있으므로 받는 측의 자의에 의한 메시지에의 접촉은 어렵다.

      ㉥ 이동성이 있으므로 청취의 기회가 많다.

      ㉦ 매스 미디어로서는 개인 소구력이 강한 편이다.

      ㉧ 청각에만 소구하므로 긍정적인 이미지를 부각시킬 수 있다.

③ 신문광고

      ㉠ 지역별 선택소구가 가능하다.

      ㉡ 관심 · 주목의 농도가 기사에 따라 크게 영향을 받는다.

      ㉢ 매체의 신용을 이용할 수 있다.

      ㉣ 유아시장에의 접근과 독자 세분화가 어렵다.

      ㉤ 신문구독자를 그대로 이용할 수 있다.

      ㉥ 장문의 설득력 있는 메시지가 가능하다.

      ㉦ 차분하게 읽을 수 있다.

      ㉧ 유료구독이므로 전파보다 안정도가 높다.

      ⓩ 통용기간이 짧다.

      ⓩ 색상표현에 한계가 있다.

④ 잡지광고

      ㉠ 전국적으로 판매되므로 지역성, 특화성이 적다.

      ㉡ 표적 고객으로의 효율적 접근이 불가능하다.

      ㉢ TV보다는 저렴한 비용으로 광고가 가능하다.

      ㉣ 선택소구에 적합하며, 광고수명이 장기간이다.

      ㉤ 신문광고와 같이 기록성이 뛰어나다.

      ㉥ 여러 지면에 걸쳐 설득력 있는 광고가 가능하다.

      ㉦ 지역적인 조정이 불가능하며, 시간적 융통성이 결여된다.

      ㉧ 고도의 인쇄술 구사가 가능하다.

⑤ DM광고

　㉠ 소매광고 중에서 가장 높은 고객선별성의 이점을 지닌다.

　㉡ 백화점에서 명절 등 특별기획을 알리거나 주문판매에 이용된다.

　㉢ 반응이 빨라 효과측정이 쉽다.

　㉣ 광고주의 의도, 형태대로 광고할 수 있다.

　㉤ 1 : 1의 관계로 소구할 수 있으며, 구매와 직결시킬 수 있다.

　㉥ 우송만 가능하다면 사이즈, 컬러에 제한이 없다.

　㉦ 타 광고와 중복되지 않아 시선을 독점할 수 있다.

　㉧ 특정 대상에게 자의적 소구대상 집약이 가능하다.

　㉨ 경쟁업자에게 비밀을 유지하면서 광고할 수 있다.

⑥ 전단광고

　㉠ 특정지역에 대한 선택 소구가 가능하다.

　㉡ 모양, 크기에 대한 융통성이 있다.

　㉢ 즉각적인 높은 효과와 비용이 저렴하다.

　㉣ 광고주의 규모 여하에 상관없이 손쉽게 이용할 수 있다.

　㉤ 일상생활의 정보원으로 주목률, 이용률이 높다.

　㉥ 경쟁률이 높다.

⑦ 옥외광고

　㉠ 특정지역에 대한 소구가 가능하다.

　㉡ 광고 설치장소의 고정으로 장기간 소구가 가능하다.

　㉢ 표현의 변화를 갖게 할 수 있다.

　㉣ 장기간 동안 동일한 내용의 광고노출로 신선한 인상이 없다.

⑧ 점포 내 광고

　㉠ 가장 보편적, 효과적 광고로는 구매시점에서의 진열이다.

　㉡ 특별기획 진열, 슈퍼에서의 쇼핑카드에 부착하는 광고물은 점포 내 광고의 예이다.

　㉢ 점포 내 광고는 점포 밖에서도 볼 수 있는 쇼윈도로 잠재고객 유치에도 기여한다.

🎁 광고의 유형

① **네거티브 광고** : 금기시되는 소재나 부정적인 이미지를 활용하는 광고기법으로 강한 시각적 충격을 던지나 너무 부정적이면 오히려 역효과를 가져올 수 있으므로 광고 전 소비자의 반응을 충분히 검토해야 한다.

② **서브리미널 광고** : 잠재의식에 호소하는 광고기법으로 TV, 라디오, 또는 극장의 스크린 등에 인지 불가능한 속도 또는 음량으로 메시지를 내보내서 구매행동에 충분한 자극을 준다.

③ **인포머셜 광고** : 상품이나 점포에 관한 상세한 정보를 제공해 시청자 및 소비자의 이해를 돕는 광고기법이다.

④ **티저 광고** : 무엇을 광고하는지 밝히지 않는 방법을 통해 소비자들의 호기심을 유발하는 광고 기법으로 중요한 내용을 감춰 소비자들의 궁금증을 유발한 뒤 점차 본 모습을 드러냄으로써 대중의 관심을 집중시키고 구매의욕을 불러일으키는 효과가 있다.

🎗 인포머셜(Informercial)

① 인포메이션(Information)과 커머셜(Commercial)의 합성어이다.

② 상대적으로 정보량이 많은 상업광고를 의미하며, 구체적으로는 뉴미디어를 통해 상표나 상품 관련정보를 제공하여 소비자의 구매욕구를 유발하는 광고 형태로서, 소비자의 이성적 반응에 초점을 맞춘 광고 수단이다.

🎗 인터넷 광고의 형태별 분류

① **배너 광고(banner advertising)** : 인터넷에 접속된 최초의 화면이나 정보 검색 소프트의 화면 한구석에 나와 있는 띠 모양의 광고, 기본적으로는 불특정 사용자의 눈길이 머무는 곳에 정보 를 뿌리는 매스 광고의 구조이다.

② **스폰서십(Sponsorship)** : 콘텐츠에 스폰서 로고를 표시하거나 광고 콘텐츠를 제공하는 것이다.

③ **온라인 이벤트** : 단기적인 이벤트를 실시함으로써 이용자에게 사이트에 대한 관심을 불러일으 키고 그 안에 광고주의 로고나 배너를 노출하는 방법이다.

④ **틈새 광고** : 웹 사이트의 콘텐츠 페이지와 콘텐츠 페이지 사이의 화면 이동 시 전체 화면으로 삽입되어 광고 메시지를 보여주는 광고이다.

🎗 홍보

① 기업, 단체 또는 관공서 등의 조직체가 커뮤니케이션 활동을 통해 스스로의 생각이나 계획 · 활동 · 업적 등을 널리 알리는 활동을 말한다.

② 선전과 유사하나 선전은 주로 위에서 아래로의 정보전달 활동이며, 그 정보가 때때로 과장 · 왜곡되어 일방적인 이미지를 형성한다는 점에서 구분 지을 수 있다.

🎗 홍보의 유형

① **기자회견** : 뉴스가치가 있는 정보를 뉴스매체에 배포하여 사람이나 제품 또는 서비스에 대한 관심을 유발한다.

② **제품홍보** : 제품홍보에는 특정제품을 고지시키기 위한 제반노력이 포함된다.

③ **기업홍보** : 기업 자체에 대한 이해도를 촉진하는 내 · 외부적 의사소통을 말한다.

④ **로비활동** : 국회의원 및 정부관리들과 관계를 맺음으로써 자사에 유리한 법률제정과 규제조치를 촉진하고, 불리한 것을 회피하기 위한 활동을 말한다.

⑤ **카운셀링** : 경영자들에게 공공적 문제와 기업의 위치 및 이미지 등에 대해 조언하는 것을 말한다.

🔷 인적판매

① 판매원이 직접 고객과 대면하여 자사의 제품이나 서비스를 구입하도록 권유하는 커뮤니케이션 활동이다.

② 소비자와 판매원 간의 대면 의사소통으로 상황에 따라 적절한 대응의 변화가 가능하다는 융통성이 있다.

③ 정보전달의 범위에 한계성이 있다는 점에서 가장 비싼 커뮤니케이션 수단이다.

🔷 인적판매자의 역할

① 정보전달자의 역할   ② 수요창출자의 역할
③ 상담자의 역할   ④ 서비스 제공자의 역할

🔷 판매원의 종류

① **배달원** : 단순히 상품배달만 한다.

② **주문수령자** : 수동적인 주문만 받는 역할을 한다.

③ **섭외사원** : 고객과 좋은 관계를 유지하고 고객의 자문에 응하고 고객을 교육한다.

④ **수요창출 판매원** : 창의력을 발휘하여 적극적으로 수요를 창출한다.

🔷 판매원의 활동과정

① **준비단계** : 고객탐색과 사전준비로 구성되는데, 고객탐색은 잠재고객의 경제적 능력, 구매의도, 구매결정 권한의 소유 여부 등을 살피게 되며, 사전준비는 판매원이 제품을 소개하는 데 필요한 추가적인 정보를 수집하는 것을 말한다.

② **설득단계** : 접근, 제품소개, 의견조정, 구매권유의 4단계로 나뉜다.

③ **고객관리단계** : 판매원은 제품의 전달, 설치에서부터 대금지불과 제품사용 전 교육 및 제품사용 중 발생할 수 있는 문제점의 해결 등 고객에게 철저한 사후관리를 해야 한다.

🔷 판매촉진

① **가격판촉의 도구** : 직접 가격할인, 쿠폰 가격할인, 리펀드, 리베이트

② **비가격판촉의 도구** : 프리미엄, 견본품, 콘테스트, 시연회

🎁 프리미엄

① 어떤 상품을 구입하는 고객에게 어떤 경품을 제공한다거나, 쿠폰을 제공하고 그것을 경품과 교환하거나, 여행·영화관람 등에 초대하는 방법의 판매촉진수단을 말한다.

② 상품첨부방식, 쿠폰방식, 추첨방식, 용기회수방식 등의 제공 방법이 있다.

🎁 견본배포

① 상품의 현물이나 견본품을 무료 제공하여 수요를 창조해 가는 것으로, 거래점에서 직접 공급하여 나누어 주거나 가정방문, 우편, 광고로 지망자 모집을 하는 등의 방법으로 제공한다.

② 그 상품을 실제로 사용하게 함으로써 상품에 대한 이해를 도울 수 있으며, 상품차별화가 곤란한 시장에서는 사용을 습관화시키거나 브랜드 스위치를 일으키거나 상품 이미지의 전환을 꾀하는 데에 특히 유효한 수단이다.

③ 견본배포는 경쟁이 치열한 생활필수품 중 값이 저렴한 상품에 많으며, 수요증대를 꾀하는 것이 목적이지만 때로는 그 상품에 대한 소비자 반응을 조사할 때도 있다.

7절 가격관리 전략

🎁 가격설정의 전략

① 원가기준 설정
  ㉠ 원가에 이익마진을 더한 후 가격을 산정
  ㉡ 공공서비스, 하청, 도매, 광고 등

② 수요기준 설정
  ㉠ 제품에 대한 수요를 기준으로 가격을 결정
  ㉡ 수요추정이 가능할 때, 대체재가 적거나 없을 때

③ 경쟁자기준 설정
  ㉠ 경쟁자의 가격을 고려하여 사용
  ㉡ 탄력성예측이 어려울 때, 시장이 과점상태일 때

④ 가치기반 가격 설정
  ㉠ 가치기반 가격 설정은 비용이나 시세를 기준으로 가격을 결정하던 전통적인 방식이 아니라, 고객에 대한 가치를 기준으로 가격을 결정하는 일이다.
  ㉡ 제값받기, 효용성 준거 약가제도, 기술 난이도에 기초한 가격 설정으로도 불림

🔶 유통관리관점의 가격개념

① 가격존(Price Zone) : 매장 내 제품군 가격의 상한(최고가격)과 하한(최저가격)의 갭을 말한다.

② 가격폭(Price Range) : 가격존을 중심으로 판매 수가 특히 많은 가격대를 말한다.

③ 가격점(Price Point) : 고객들 과반이 구매하고자 하는 가격을 말한다.

🔶 가격결정전략

① 신제품의 가격결정전략

    ㉠ 스키밍 가격전략(초기 고가전략, Skimming Pricing Strategy) : 연구·개발비용을 조기에 회수하고자 하는 고가격전략으로, 단기간 내의 수익극대화를 목표로 하는 상층 흡수 가격전략이다.

    ㉡ 침투가격전략(초기 저가전략, Penetration Pricing Strategy) : 낮은 가격으로 제품을 시장에 진출시켜 짧은 시간 내에 시장점유율을 확보하려는 전략으로, 경험곡선을 이용해 시장에 침투하여 장기적인 이익을 올리는 것을 목적으로 한다.

② 할인과 공제전략

    ㉠ 할인전략 : 수량할인, 거래할인, 현금할인, 계절할인 등

    ㉡ 공제전략 : 중고교환공제, 촉진공제 등

③ 지역적 가격전략 : 공장인도가격, 지대가격, 기점가격, 균일운송가격, 운임흡수가격 등

④ 심리적 가격전략 : 준거가격, 명성가격, 단수가격, 관습가격 등

⑤ 촉진가격전략 : 미끼가격, 특별행사가격, 장기 지급조건, 현금반환 등(일시적 또는 짧은 기간 동안 소비자들에게 가격인하의 혜택을 제공함으로써 판매를 촉진하는 전략)

스키밍 가격전략과 침투가격전략의 비교

구분	스키밍 가격전략(선고 - 후저 가격정책)	침투가격전략(선저 - 후고 가격정책)
목적	품질 선도로 단기간의 수익극대화	단기간의 시장점유율 확보를 통한 장기적인 이익창출
필요한 상황	• 수요의 가격탄력성이 작은 경우 • 소수의 소비자들이 열망하는 명백한 특성을 갖추고 있는 경우 • 당분간 경쟁사의 시장진출 가능성이 적어서 시장점유율의 확보가 가능한 경우 • 소량생산으로도 대량생산에 비해 생산단가가 높지 않은 경우	• 수요의 가격탄력성이 큰 경우 • 상품에 대한 대량수요가 존재하고 있는 경우 • 상품에 대한 기업 간 경쟁이 치열하거나 치열한 경쟁이 예상되는 경우 • 규모의 경제에 의해 상당한 비용절감 효과를 얻을 수 있는 경우나 대량판매를 통해 높은 이익이 예상되는 경우
예	소니, IBM 등	반도체, 자동차 등

🎁 소비자의 가격심리

① 유보가격(Reservation Price) : 어떤 상품에 대하여 지불할 용의가 있는 한계가격, 즉 구매자에게는 최대지불, 판매자에게는 최대할인(최저가)을 하는 것을 말한다.

② 손실혐오(Loss Aversion) : 동일한 금액이라도 이익보다 손실을 보는 데 민감한 경향, 구매에 있어 가격인하보다 가격인상에 더 민감하게 반응하는 현상을 말한다.

③ 베버법칙(Weber's Law) : 초기 자극이 강할수록 자극의 강도가 높아지는 인간의 특성을 말하는 이론이다. 이에 따라 가격에 있어 가격변화에 대한 지각이 가격수준에 따라 달라지는 것으로 어떤 혜택을 초기에 제공하면 그것이 당연하다고 느끼는 현상을 일컫는다.

④ 차등적 문턱(Differential Threshold) : 어떤 자극의 차이를 인지하기 위한 최소한의 자극량을 말한다.

🎁 특별가격전략의 종류

① 단일가격전략 : 판매자가 동일한 수량을 구매하는 소비자에 대해서 같은 가격을 매기는 전략으로, 판매자에 대한 신뢰를 구축할 수 있다.

② 단수가격전략 : 가격단위를 990원, 9,900원 등으로 매겨 가격수준을 낮게 느끼도록 하는 전략으로, 주로 소매점에서 이용하는 심리적 가격전략이다.

③ EDLP전략 : Every Day Low Price, 즉, 상시 저가격을 유지하는 가격전략으로, 규모의 경제, 효율적 물류 시스템, 경영 개선의 결과물이다. 주로 대형마트에서 이용한다.

④ 변동가격전략 : 대량구입하는 고객의 협상력에 따라 최종가격이 결정되는 전략으로, 소비자의 구매수량에 따라 가격을 달리 책정한다.

⑤ 유인가격전략 : 고객을 유인하기 위해 몇몇 품목의 가격을 일시적으로 낮추는 전략이다.

⑥ High-Low 가격전략 : 일부 제품에는 상대적으로 낮은 가격을, 다른 제품에는 높은 가격을 제시하는 전략이다.

⑦ 재판매가격유지전략 : 일부 제조업자들이 중간상의 제품판매가격을 통제하기 위한 전략으로, 자사제품의 이미지 제고 및 수요와 원가를 모두 고려한 고이익 창출방법이다. 주로 상이한 가격목표를 가진 기업이 다른 방법에 의해 결정된 가격과 비교하기 위해 사용하는 전략이다.

> **마케팅 목표에 따른 특별가격전략**
> • 고이익의 저매출전략(전문점)
> • 저이익의 고매출전략(할인점, 양판점)
> • 인기상품의 저가전략(고객유인)
> • 회전이 느린 상품에 대해서는 저이익전략
> • 가격파괴전략

저가정책의 적용 이유

① 박리다매정책을 취하는 경우
② 자금을 신속하게 회수하기 원하는 경우
③ 판로를 확장하고자 할 경우
④ 시장점유율을 확대하고자 할 경우
⑤ 경영합리화에 의한 원가절감을 실현한 경우

가격인하전략의 위험성

① 다른 경쟁업자들이 뒤따라 인하정책을 구사하게 된다.
② 더 큰 폭의 가격인하를 자행하는 경쟁업자가 출현한다.
③ 지나친 가격하락으로 더 큰 하락을 기대한 고객들이 구매 시기를 연기하는 경우가 발생한다.
④ 자본력이 큰 기업만이 생존할 수밖에 없는 결과를 초래하게 된다.
⑤ 과당경쟁으로 상품 전체의 품질 및 서비스 저하를 초래하여 소비자에게 부정적인 효과를 준다.

상품의 수명주기

① 도입기
　㉠ 상품을 개발하고 도입하여 판매를 시작하는 단계로, 수요량과 가격탄력성이 적다.
　㉡ 경기변동에 대해 민감하지 않으며 조업도가 낮아 적자를 내는 일이 많은 단계이다.
　㉢ 소비자들에게 상품을 알려서 인지도를 높이는 것이 우선이다.
② 성장기
　㉠ 도입기를 무사히 넘기고 나면 그 상품의 매출액은 증가하게 되고 시장도 커지게 된다.
　㉡ 수요량이 증가하고 가격탄력성도 커진다.
　㉢ 성장기에 가장 조심해야 할 점은 장사가 잘되면 그만큼 경쟁자의 참여도 늘어나게 된다는 것이다.
③ 성숙기
　㉠ 대량생산이 본 궤도에 오르고 원가가 크게 내림에 따라 상품단위별 이익은 정상에 달하지만, 경쟁자나 모방상품이 출현하기 시작한다.
　㉡ 대다수의 잠재적 구매자에 의해 상품이 수용됨으로써 판매성장이 둔화되는 기간이다.
④ 쇠퇴기
　㉠ 수요가 경기변동에 관계없이 감퇴하며, 광고 및 판매촉진도 거의 효과가 없다.
　㉡ 시장점유율은 급속히 하강하여 손해를 보는 일이 많아진다.

2 유통점포관리

1절 점포구성과 점포환경 관리

❧ 소매점포의 역할

① 공급된 상품의 판매와 수익을 실현하는 장소
② 고객에게 가치를 제공하고 가치의 만족을 제공하는 장소
③ 고객에 대한 정보수집을 가장 현실적이고 빠르게 입수하는 장소

❧ 소매점포 관리의 필요성

① 점포이미지를 전달하고 시각화할 수 있다.
② 점포 내 고객 쇼핑활동의 편리성을 증가시킬 수 있다.
③ 고객에게 경쟁점포와의 차별성을 부여하고 강화할 수 있다.
④ 매장직원들의 업무효율성을 높이는 데 기여할 수 있다.

❧ 점포이미지 구성요소

① 취급상품
② 가격
③ 서비스
④ 점포 시설물의 특성
⑤ 편의성
⑥ 광고 및 판촉
⑦ 점포분위기
⑧ 고객의 특성 및 점원

❧ 점포 레이아웃

보다 효율적인 매장 구성이나 상품진열, 고객동선, 작업동작 등을 위한 일련의 배치작업을 말한다.
① **격자형** : 점포의 공간 효율성을 높이려는 레이아웃으로 상품들은 직선형으로 병렬배열되며, 상품의 배열과 배열 사이에 고객들이 움직일 수 있는 복도가 만들어진다. 이같은 격자형 배치

는 기둥이 많고 기둥간격이 좁은 상황에서도 설비비용을 절감할 수 있으며, 통로 폭이 동일하므로 건물 전체 필요면적이 최소화된다는 장점이 있다. 대체로 식료품점에서 주로 구현하는 방식으로 고객들이 지나는 통로에 반복적으로 상품을 배치하는 방법이며 비용면에서 효율적이다.

② **경주로형** : 고객이 여러 매장들을 손쉽게 둘러볼 수 있도록 통로를 중심으로 여러 매장입구를 연결하여 배치한다. 경주로형은 전체 점포에 걸쳐 고객이동이 용이하기 때문에 쇼핑을 증대시킨다.

③ **자유형** : 고객의 편의성을 중시하는 레이아웃으로, 상품과 시설물들은 고객의 움직임을 최대한 자유롭게 하면서 일정한 패턴으로 군집되어 있다. 고객들이 여러 매장들을 손쉽게 둘러볼 수 있도록 통로를 중심으로 여러 매장 입구를 연결하여 배치하는 방법으로, 직선통로를 없애고 고객이 우회하여 움직일 수 있도록 함으로써 레이아웃 변경이 자유롭고 상품이 고객들에게 많이 노출되며, 매장규모와 형태가 서로서로 구별된다는 장점이 있다.

④ **부티크형** : 특정 쇼핑테마별로 하나의 독립적인 공간처럼 배치하는 형식으로, 자유형과 마찬가지로 구매를 촉진시키고 좋은 점포분위기를 형성시키는 장점이 있다.

🎁 점포 레이아웃의 목적

① 고객밀집을 막고 부문 간 이동을 쉽게 하며 매장으로 이동되는 상품 운반이 용이하게 한다.
② 매장을 아무런 방해 없이 바라볼 수 있게 한다.
③ 관련품목의 구매를 촉진하기 위하여 관련되는 상품을 한곳으로 모은다.
④ 부문배치를 합리화하여 구매저항을 줄인다.
⑤ 고객이 적절하지 않다고 생각하는 부문을 신속히 지나갈 수 있는 수단을 제공한다.

🎁 점포의 공간 및 환경관리

① **범위** : 개업에 앞서 매장 시설공사와 실내 인테리어 및 내부 장식은 투자계획에 따라 예상투자비가 초과하지 않는 범위 내에서 추진한다.
② **매장시설** : 전문업체와의 일괄계약이 유리하며, 체인점이나 대리점인 경우는 본사에 직접 의뢰하거나 본사에서 제공하는 설계에 따라야 한다.
③ **외부 디자인** : 고객흡인형은 고객이 외부에서 점포 내의 분위기를 느낄 수 있도록 설계하고, 고객선별형은 목표고객만이 점포 내로 들어오도록 점포 성격을 알릴 수 있는 외관설계가 중요하다.
④ **내부 디자인** : 고객의 구매욕구를 높이기 위해 상품을 보다 매력적으로 설계하며, 내부면적의 배분은 매장과 비매장면적으로 나누고 매장면적을 상품구색별로 구분하여 가장 효율적인 비율로 구성하는 것이 중요하다.

⑤ 점포 조명 : 점포의 바깥조명은 고객흡인력과 관계있으므로 영업시간 외에도 점포의 존재를 기억시키는 역할을 할 수 있다. 점포 안의 조명은 상품을 돋보이게 하는 색채 배합과 상품의 분위기에 맞는 상점 색채를 선정해서 고객의 구매욕구를 유발시키는 것이 중요하다.

<table>
<tr><td>**2절**</td><td>**상품연출과 상품진열**</td></tr>
</table>

🎁 상품의 진열

① 진열이란 매장에서 상품을 점포의 이미지와 일관되게 가지런히 놓는 것을 말한다.
② 판매대의 설비 및 배치, 조명의 배려에 따라 상품을 배열하여 고객의 구매의욕을 자극시키기 위한 판매술이다.
③ 타당성 있는 진열은 청결한 매장에서 상품을 고르고 보기 쉬우며, 만지기 쉽게 정리 · 정돈해 놓은 것이다.

🎁 디스플레이

① 의의 : 디스플레이는 일반적으로 선전을 목적으로 실시하는 전시, 진열, 장식을 의미한다. 디스플레이는 판매대의 설비 및 배치, 조명의 배려에 따라 상품을 배열하여 고객의 구매의욕을 자극하기 위한 판매술이다.
② 디스플레이의 목적
  ㉠ 고객 수의 증가   ㉡ 적정이익의 증가
  ㉢ 계속거래   ㉣ 적정이익의 확보
  ㉤ 종업원의 판매의욕 증진
③ 디스플레이의 종류
  ㉠ 구색 진열 : 고객이 제품을 보고, 느낄 수 있도록 진열해 두는 것을 말하며, 개방된 구색 진열로는 책, 의류, 과일 등이 있고, 폐쇄된 구색 진열로는 컴퓨터나 CD 등을 들 수 있다.
  ㉡ 테마별 진열 : 제품을 테마별로 특정 분위기에 맞춰 진열하는 방법이다. 크리스마스 또는 명절, 바캉스 시즌 등에 특별한 매장 진열을 하는 경우를 들 수 있다.
  ㉢ 패키지 진열 : 개별로 제품을 진열하는 것보다 하나의 전체적인 효과를 노리고 세팅되어 번들(Bundle)로 진열되는 방법을 말한다.
  ㉣ 옷걸이 진열 : 걸어서 보여주는 제품을 위한 방법으로 주로 의류 소매업자에게 이용되는 방법이다.

ⓜ 케이스 진열 : 무겁거나 쌓일 수많은 제품을 진열하기 위해 이용되는 방식이다. 주로 레코드, 책 등에서 이용되는 방법이다.

  ⓗ 컷 케이스 진열 : 매우 저렴한 진열방식으로 제품을 원래의 배달된 상자 속에 그대로 넣어둔 채 판매하는 것이다. 주로 할인점에서 이용되는 방법이다.

🏵 기획력

판매할 상품계획을 적극적으로 진행하여 호소력을 높인다.

① 판매목표를 달성하기 위한 판매계획의 작성은 그 점포의 진로를 결정하는 주요한 역할을 함과 동시에 차후의 판촉을 계획하는 참고자료가 된다.

② 막연하고 보편적인 것보다 고객의 주의와 충동구매를 기대해야 한다.

🏵 배치력

시선집중 포인트, 즉 팔기 쉬운 장소를 설정한다.

① **집시포인트** : 고객의 눈을 끌고 발을 멈추게 하여 충동적인 구매와 연결하기 위한 매장의 포인트가 되는 부분으로 고객의 시선을 모으는 포인트가 된다.

② **골든라인** : 상품을 진열해서 그 부분이 유효하게 되는 부분, 즉 팔릴 수 있는 진열의 높이라는 뜻으로, 보기 쉽고 사기 쉬운 위치라는 의미를 내포한다.

> **골든라인**
> - 매출기여도가 가장 높을 것으로 예상되는 위치
> - NB(National Brand)제품이 집중적으로 진열된 장소
> - 유효진열범위 내에서 가장 고객의 눈에 띄기 쉽고 한 손이 닿기 쉬운 높이의 범위
> - 눈높이에서 20도 내려간 곳을 중심으로 위 10도 그 아래 20도 사이에 위치
> - 판매수량, 매출액, 수익성 측면에서 기여도가 높은 상품을 황금구역에 디스플레이
> - 디스플레이해야 하는 상품 : 중점판매상품, 계절상품, 캠페인상품, 광고상품

🏵 상품력

팔 수 있는 상품 적량을 준비하여 상품구색과 넓은 공간으로 흥미와 욕망을 느끼게 한다.

① **집중적인 디스플레이** : 단품종목의 상품을 대량으로 진열하는 형태로 일정기간, 특히 1주일 정도의 단기간에 목표수량을 팔고자 할 경우 특정상품의 집중적인 디스플레이에 의해서 양감디스플레이의 힘을 발휘한다.

② **관련적인 디스플레이** : 중점 상품에 관계가 있는 용도별, 부속별, 가격, 연령, 색채, 계절 등을 잘 조합해 그 조합에 의한 상승효과로 판매력을 높이고자 한다.

③ **감각적인 디스플레이** : 고객의 상품을 취급하는 점포의 집시포인트는 상품의 가치를 높여줄 수 있는 감각적인 무드가 필요하다.

🎁 연출력

진열하는 방법을 창출하여 실감 있는 연상을 느끼게 한다.

① **주목효과** : 상품의 상식적인 디스플레이와는 다른 전시를 행함으로써 사람의 주목을 끄는 방법이다.

② **색채효과** : 색채를 보다 잘 이용함으로써 매장을 클로즈업시키고 활기나 쾌감을 연상시켜 연출력을 높이는 방법으로, 상품과 배경에 어울리는 색배합의 구상에 대한 지식이 필요하다.

③ **조명효과** : 전체적인 조명과 특정 상품을 집중 조명하는 부분 조명이 있으며 상품에 따라, 점포의 조건에 따라 색채 등에 의해 결정되어 연출된다.

🎁 설득력

상품설명, 가격의 명료한 표시 등 POP광고를 전개하여 고객이 망설이지 않고 충동구매를 하도록 유도한다.

① 유효디스플레이의 범위를 이해하고 이를 활용해서 상품을 진열하는 것은 당연하지만 판매원이 없어도 고객은 자유스럽고 기분 좋으며, 여유 있게 비교 선택할 수 있도록 하는 것이 중요하다.

② 가격의 명확한 표시와 그 상품의 목적에 합당한 적절한 소개를 설명해 주어야 한다.

③ 점포 측에서 고객에게 알리고 싶은 내용을 어필하는 서비스 사인이 필요하다.

🎁 브랜드 파워를 높이는 디스플레이

① 해당 그룹의 상품배치를 자사 브랜드의 상품만으로 가능하도록 풀라인 머천다이징 실현

② 브랜드파워 강화를 위해 전혀 다른 종류의 제품을 디스플레이해놓고 고객들의 새로운 욕구를 자극하는 크로스셀링을 수행

③ 제품을 위한 단독코너를 만들고 한곳에서 집중적으로 전시

④ 자사브랜드와 경쟁브랜드의 경계를 명확하게 해 주도록 POP 사용

🎁 AIDCA 원칙

① A(Attention) : 주의를 환기시킨다.

② I(Interesting) : 흥미를 유발시킨다.

③ D(Desire) : 소유하고 싶은 욕망을 느끼게 한다.

④ C(Confidence) : 확신을 갖게 한다.

⑤ A(Action) : 구매행동을 한다.

🔲 진열의 원칙

① 잘 팔리는 주력상품은 고객의 눈에 잘 보이는 곳에 진열한다.
② 너무 높거나 낮은 곳에 상품을 진열하지 않는다.
③ 관련 상품들은 함께 진열해서 시너지효과를 기대한다.
④ 고객의 이동공간을 넓혀 상품이 눈에 잘 보이도록 한다.
⑤ 상품의 브랜드와 가격이 잘 보이도록 한다.
⑥ 다양한 상품과 수량으로 진열해서 선택의 범위를 넓게 한다.
⑦ 고가상품은 최소한의 양만 진열한다.

🔲 진열의 방법

① **윈도 진열** : 점포에 대한 고객의 흡인력을 창조하고 점포 품격을 향상시킨다.
② **점두 진열** : 보통 보행객뿐만 아니라 아이 쇼핑 고객에 대하여 그 점포의 판매 상품과 제공 서비스가 훌륭하다는 신뢰감을 갖게 하고 구매하려는 분위기를 조성하는 기능을 한다.
③ **점내 진열** : 상품을 판매하기 위해 구체적으로 상품 구역별로 진열대에 진열한 것을 말한다. 상품 가격과 타 상품과의 비교를 통해 구매 결정을 할 수 있도록 진열해야 한다.
④ **수직적 진열** : 벽 또는 곤돌라를 이용하여 상품을 진열한 것을 말한다.

🔲 중점 상품의 디스플레이

① **광고적 효과** : 광고의 원칙인 AIDMA의 순서에 따라 중점으로 하는 상품을 고객에게 주목시키고 흥미를 주어 욕망을 일으키게 하며, 확신을 갖고 구매결정에 이르도록 디스플레이 원칙인 AIDCA가 그 판단기준의 지침이 된다.
② **심리적 효과** : 인간이 갖고 있는 시각, 촉각, 청각, 후각, 미각에 대해 얼마만큼 구체적으로 소구하고 있는가에 관한 것이다.

🔲 플래노그램(Planogram)

진열 공간의 생산성 평가의 수단으로 사용되며, 고객이 계산하면서 쉽게 집어들 수 있도록 편의점과 할인점의 계산대 옆에 소액 상품들을 진열하여 고객으로 하여금 의도하지 않았던 구매를 유도함으로써 매출 증대에 기여하는 것을 말한다.

🔲 효과적인 진열법

① **색채효과** : 색채에 의해 매장을 클로즈업시키고, 활기나 쾌감을 연상시키는 연출력이 중요하

다. 따라서 진열 목적에 맞는 상품 및 배경의 색배합과 관련된 지식을 갖추는 것이 바람직하다.

② **조명효과** : 점포의 입지조건, 업종, 경쟁점, 품질 등과 같은 여러 조건을 염두에 두고 그 점포에 알맞은 밝기를 정확히 구해야 한다.

③ **POP광고** : 점내에서 판매촉진을 위해 게시되는 광고와 디스플레이류 광고의 총칭이다.

🔖 조닝 · 페이스 · 페이싱

① **조닝(zoning)** : 레이아웃이 완성되면 각 코너별로 상품 구성을 계획하고 진열 면적을 배분하는 것을 말한다.

② **페이스(face)** : 상품의 정면을 의미한다. 이는 상품의 내용을 상세하게 알고 싶어 하는 고객의 욕구를 충족시켜 줄 수 있다.

③ **페이싱(facing)** : 상품의 측면을 의미한다. 상품 재고량에 대한 풍족감을 주기 위해 같은 종류의 상품을 측면으로 여러 개씩 연속적으로 진열하는 것을 말한다.

🔖 엔드매대(End Cap)의 역할

① 상품 제안 연출의 역할

② 고객 회유성 강화

③ 판촉강조

🔖 엔드매대의 응용

① 신학기, 명절, 계절행사, 행사 테마 등을 제안하는 공간으로 활용

② 관심 상품을 곤돌라에 진열하여 주 판매대인 곤돌라로 고객을 유인

③ 전단, 광고상품, 행사상품 등을 진열하여 판매촉진 수단으로의 활용

④ 인지도가 높은 상품을 진열하여 고객이 점내를 회유하게 유도

🔖 비주얼 머천다이징(VMD)

① 상품판매를 촉진하기 위해 자사의 제품을 시각적으로 호소하는 효과적 상품연출 활동 전부를 의미하며 기존 매장의 판매장소 내에서 고객의 구매를 자극하고 판매를 촉진하는 역할을 한다.

② 실질적 개념의 VMD는 무엇인가를 돋보이도록 창조하는 활동 모두를 의미한다.

🔖 VMD의 방법

① **수평구성과 수직구성** : 질서강조, 안정감, 균형감 표현

　　예 건물 내부 및 외부에 사인이나 배너로 활용

② **사선구성과 곡선구성** : 속도감 강조, 시선 자극, 생동감 부여

예 의류나 완구에서 사선구성 활용, 여성제품에 곡선구성 사용

③ **삼각구성** : 상품이 통합되어 보이기 쉬운 형태로 조화와 안정감을 줌. 홀수로 배열

④ **부채꼴구성** : 고가상품의 진열로서 쇼케이스 내부에 이용하면 좋고 벽면 연출에 많이 사용

⑤ **원형구성** : 상하가 대칭이 되어 종합감을 연출하는 것으로 반복 배열함으로써 중앙에 시각적인 초점을 강조

⑥ **직선구성** : 평면으로 상품을 붙여 진열하거나 공간에 배치하여 표현할 때 주로 이용되는 구성법, 패턴 자체가 단조로워 리드미컬하게 표현 가능, 주된 상품과 관련 상품의 토털 코디네이트에 이용할 경우 효과적

🎁 POP광고

POP는 소매상의 점두나 점내를 활용하여 판촉활동을 수행하는 점내 광고로, 셀프 서비스 판매를 중심으로 한 판매방식 증대에 따라 제조업자나 도매상이 자신의 광고를 판매시점에 접목시킬 목적으로 사용되고 있다.

🎁 POP 역할

① 상품특징 전달

② 상품정보 전달

③ 상품사용법 전달

④ 점포의 격, 상품의 격 연출

🎁 POP 종류

① **점두POP** : 쇼윈도, 행사포스터, 현수막 등

② **점내POP** : 매장 내 사인, 모빌, 행거, 현수막 등

③ **진열POP** : 가격표, 제품안내카드

🎁 조명관리

조명은 진열한 상품을 부각시켜 상품의 인상도를 높이는 동시에 고객을 유인함으로써 효과적으로 매출액을 증대하는 역할을 한다.

① **매장조명의 형태**

　㉠ **기본조명** : 매장 전체를 균일하고 적정하게 밝혀주는 것

　㉡ **연출조명** : 벽면이나 상단에 연출된 제품을 부각시키기 위한 조명

　㉢ **장식조명** : 샹들리에처럼 장식의 효과를 위한 조명

💠 **판매원과 상품지식**

① 판매원의 역할

    ㉠ 자신에게 상품을 구입하게 되면 다른 판매원에게서 구입하는 것보다 더 이익이라는 정보를 고객에게 알린다.

    ㉡ 일상생활용품의 판매원은 고객의 생활양식을 지도하는 생활컨설턴트이며, 업무용품의 판매원은 사용자의 경영 합리화와 생산성 향상을 지도하는 경영컨설턴트가 되어야 한다.

    ㉢ 상품의 판매에만 급급하여 자신의 존재가치를 잃어버리고 사라지는 판매원이 아닌 컨설턴트로서의 역할을 다해야 한다.

② 판매원과 상품지식

    ㉠ 판매원은 고객을 지도할 수 있는 충분한 상품지식을 습득하여 활용해야 한다.

    ㉡ 판매원은 고객에게 상품을 파는 것이 아니라 고객의 생활 향상에 협력함으로써 고객이 감사히 여기고 상품을 사도록 해야 한다.

    ㉢ 고객은 상품을 구하고 있는 것이 아니며, 그것을 구입함으로써 얻는 이익을 목표로 하고 있으므로 그 이익이 더욱 커지도록 원조해 나가야 한다.

    ㉣ 판매원은 상품에 대한 물리·화학적 지식, 효용 그리고 생활시스템 내에서의 위치 부여 등에 관해 폭넓은 지식을 가져야 한다.

    ㉤ 매입과 상품관리를 하는 데 있어서도 상품지식은 필요하다.

3절   판매관리와 고객관리

💠 **점포선택과 관여도**

① 구매효과계층모형

    인지 → 지식 → 호감 → 선호 → 확신 → 구매

② 합리적인 점포선택과정

    욕구인식 → 점포관련 정보탐색 → 점포평가 → 점포선택 → 점포방문

③ 저관여 구매의 과정

> 습관적 의사결정 → 문제인식(선택적) → 정보탐색(한정된 내부탐색) → 구매 → 구매 후(부조화 없음)

④ **고관여 구매의 과정** : 광범위한 의사결정

> 문제인식 → 정보탐색(내부탐색 및 외부탐색) → 대안의 평가(많은 속성, 복잡한 의사결정규칙, 많은 대안)
> → 구매 → 구매 후 부조화(복잡한 평가)

▣ 저관여 상품의 마케팅 전략

① 제품을 어떤 관련 이슈와 연관시킨다.
② 제품을 개인이 관여하고 있는 상황과 연관시킨다.
③ 제품편익의 중요성을 변화시킨다.
④ 제품을 관련광고에 연관시킨다.
⑤ 제품의 중요한 특성을 소개시킨다.

▣ 고관여 상품의 마케팅 전략

① 행동의 결과에 대한 기존의 신념을 변화시킨다.
② 특별한 행동결과에 대한 소비자평가를 변화시킨다.
③ 새로운 신념과 평가의 결합을 도입한다.
④ 기존의 규범적 신념을 변화시킨다.
⑤ 주관적 규범에 순응하도록 동기를 변화시킨다.
⑥ 새로운 규범적 요소를 도입한다.

▣ 소비자의 상품 품질 판단기준

① **신뢰성** : 어떤 상품의 기능이 소비자의 예상과 일치할 확률에 대한 문제
② **지속성 및 수선 용이성** : 상품을 수리해서 정상적으로 작동시킬 수 있는가에 대한 문제
③ **사용기간** : 상품이 소비자가 예상한 대로 기능을 효과적으로 발휘하는 기간
④ **공정성** : 어떤 상품이 제공하는 가치가 자신이 제공한 급부에 대해 동등한 혹은 그 이상의 효용을 제공하는가에 관한 문제

▣ 비계획적 구매의 4유형(H. Stern)

① 다양성이나 새로움에 대한 단순한 충동구매(pure impulse buying)
② 상기효과에 의한 구매(reminder impulse buying)

③ 암시효과에 의한 구매(suggesting effect buying)

④ 계획적 충동구매(planned impulse buying)

💠 구매 인지부조화

인지부조화란 소비자가 자신들이 이미 선택, 구매한 브랜드에 유리하도록 자신들의 태도를 변화시킴으로써 그들이 내린 의사결정에 대한 정당성을 강화하려는 경향을 말한다.

① **구매 후 인지부조화** : 구매 전 상황에서 기대하였던 것과 구매 후의 실제 성과 간에 다른 만족을 느끼는 것을 의미한다.

② **기대불일치** : 인지부조화의 전 단계로서, 자신의 기대와 실제 결과가 부합되지 않는 상황을 말한다.

💠 고객생애가치(CLV : Customer Lifetime Value)

① 고객생애가치는 고객들로부터 미래의 일정 기간 동안 얻게 될 이익(= 수입 · 비용)을 할인율에 의거해 현재가치로 환산한 재무적 가치로, 한 고객이 평균적으로 기업에게 기여하는 미래수익이 현재가치로 환산되는 가치이며 고객과 기업 간에 존재하는 관계의 전체가 가지는 가치이다.

② 고객생애가치 개념에서는 매출액보다 이익을 중시한다. 또한 고객들의 이탈률이 낮을수록 고객생애가치는 증가한다.

💠 고객자산(Customer Equity)

고객을 기업의 중요한 자본 혹은 순자산으로 관리하겠다는 의미를 지닌 것이다.

① **가치자산(value equity)** : 상품 및 서비스의 객관적 품질이나 가격, 편의성에 기초하여 형성된 순자산

② **브랜드자산(brand equity)** : 상품 및 서비스의 브랜드 인지도에 기초하여 형성된 순자산

③ **관계자산(relationship equity)** : 제직원과의 친밀성, 고객커뮤니티 등의 요소들을 기반으로 형성된 순자산

💠 고객관리(Customer Management)

고객정보를 수집, 분류, 정리, 가공하여 고객욕구충족에 활용함으로써 자사와의 긍정적인 이미지를 형성시키고 계속적인 판매로 연결되도록 하는 활동 전부를 말한다. 과거에는 모든 고객을 대상으로 관계를 형성하기 위한 대량마케팅을 실시했으나, 최근에는 수익성이 높은 소수의 고객들을 대상으로 관계를 구축하려고 노력하고 있다. 이것은 고객생애가치와 고객충성도의 개념을 바탕으로 신규고객을 획득하는 것보다 기존고객, 혹은 우수고객을 선별적으로 관리하여 재구매

를 유도하는 것이 수익성이 높다는 다양한 연구결과에 의한다.

고객관계관리(CRM : Customer Relationship Management)

고객의 획득, 유지, 수익성 향상을 위해 기업내부에 축적된 고객정보를 효과적으로 활용하여 고객과의 관계를 유지 · 확대 · 개선함으로써 고객의 만족과 충성도를 제고하고, 기업 및 조직의 지속적인 운영 · 확장 · 발전을 추구하는 고객관련 제반 프로세스 및 활동을 말한다.

① **목표** : 한 번의 고객을 기업의 평생고객으로 전환시켜 궁극적으로 기업의 장기적인 수익을 극대화하고자 하는 것이다. 즉 고객과의 관계를 바탕으로 고객의 평생가치를 극대화한다는 것을 의미한다. 이를 위해 고객과의 첫 만남에서 헤어짐에 이르는 전 과정을 관리한다.

② **구성** : 기본적으로 관계획득, 관계유지, 관계강화로 구성되며, 신규고객획득 및 목표고객선정, 고객생애가치의 극대화, 고객이탈방지 및 유지, 유치된 고객의 지속적인 관리 등을 수행하여 기업 경쟁자보다 탁월한 고객가치와 고객만족을 제공할 것이 요구된다.

CRM기반 마케팅 전략

① 고객 개개인의 욕구를 충족시키고 고객과 더 강한 관계를 구축할 수 있도록 고객과 교류(interaction)

② 개별 고객을 대상으로 제품, 서비스, 메시지를 맞춤화(customize)

③ 고객의 이탈(defection) 감소

④ 고객관계를 장기적으로 유지(longevity)

⑤ 크로스 셀링과 업 셀링을 통해 개별 고객의 성장 잠재성(SOW, 지갑점유율) 증진(enhancing)

⑥ 수익성이 낮은 고객을 수익성이 높은 고객으로 변화(making) 혹은 고객포기(terminating)

⑦ 가치 있는 고객들의 불균형(disproportionate)에 집중(focusing)

커뮤니케이션

① **커뮤니케이션의 개요**

　㉠ **명시적** : 사람과 사람 사이에서 사고의 공통성을 형성하기 위해 언어나 문자를 사용하는 방식이다.

　㉡ **묵시적** : 의상, 규격, 색채, 표현 등의 비언어적 상징을 사용하는 방식이다.

② **고객커뮤니케이션의 역할** : 소매상이 고객에게 제공하는 상품진열, 점내표식, 광고 및 점원 등의 중요 활동을 통합하여 이를 고객에게 전달한다.

③ **고객의 유형**

　㉠ **결단형 고객**

　　• 특성 : 정의심이 매우 강하며, 자기에게 필요한 상품이 무엇인지 분명히 알고 있다.

　　• 응대방법 : 판매원은 목적이 판매를 위한 것이지 논쟁을 위한 것이 아니라는 점을 명심해

야 한다. 판매원은 고객으로 하여금 셀프서비스하도록 하거나 판매제시를 하는 동안 고객의 욕구나 의견을 기술적으로 주입시켜 상품을 제시해야 한다.

ⓛ **의구형 고객**
- 특성 : 매사에 의구심이 많아 남에게 이용당한다는 생각을 가지며, 성격상 고분고분해지는 것을 매우 싫어하고, 구매의사결정을 할 때 판매원의 말을 신뢰하지 않는다.
- 응대방법 : 판매원은 가능한 한 상품의 사용방법은 물론 제조업체의 태그도 설명하면서 상품의 특징을 지적해 주어야 한다.

ⓒ **다혈질적 고객**
- 특성 : 심성이 고약하고 아주 사소하고 조그마한 일에도 화를 잘 내며, 마치 일부러 사람을 괴롭히는 듯한 성향을 가지고 있다.
- 응대방법 : 판매원은 응대를 함에 있어 논쟁을 피하고 명백한 사실에 관해서만 언급하며, 여러 가지 상품을 기분 좋게 제시해야 한다.

ⓔ **논쟁적 고객**
- 특성 : 구매결정에 조심성이 있으며 시간이 다소 많이 걸린다. 또한 논쟁하기를 좋아하며, 판매원의 설명 한마디 한마디에 이의를 제기하거나 판매원의 설명 중에서 약점을 찾으려고 한다.
- 응대방법 : 판매원은 응대를 함에 있어서 제품이나 서비스에 대한 충분한 지식을 가져야 하며, 이런 고객에 대한 접근은 간접적인 부인접근법이 효과적이다.

ⓜ **사실추구형 고객**
- 특성 : 대체로 상세하고 정확한 사실에 흥미를 가지며, 판매원의 상품설명 가운데 틀린 것이나 실수를 놓치지 않고 관찰하거나 제품이나 서비스에 대한 상세한 설명을 듣고자 한다.
- 응대방법 : 판매원은 사실에 입각한 제시를 하며, 제조업자의 라벨, 태그 혹은 제품번호에 대한 정보를 제공하는 것이 효과적이다.

ⓗ **내성적인 고객**
- 특성 : 감수성이 예민하며 자제력이 강하다. 자신의 판단에 확신을 가지지 못하며, 간혹 보통가격보다 비싼 가격의 품목을 구매한다.
- 응대방법 : 판매원은 고객이 스스로 구매결정에 따른 만족감을 갖도록 친절과 존경으로 접객해야 한다.

ⓢ **충동적 고객**
- 특성 : 결정이나 선택을 재빨리 하는 성향이나, 인내심이 없으며 갑작스럽게 거래에 대한 취소를 하기도 한다.
- 응대방법 : 판매원은 과다판매를 하거나 판매를 지연시키지 말고, 판매를 빠르게 종결지어야 한다.

ⓞ 주저형 고객
- 특성 : 자신이 결정할 능력이 결여되어 있거나 잘못된 결정에 대한 근심과 두려움을 가지며, 판매원의 조언이나 협조를 바란다.
- 응대방법 : 판매원은 고객의 필요를 분석하여 이에 부응하는 제품의 장점을 지적해 줌으로써 고객이 표현한 필요나 의혹에 하자가 없음을 인식시킨다.

ⓩ 연기형 고객
- 특성 : 대체로 구매결정을 뒤로 미루거나 자신의 판단에 확신이 부족하며, 자신감이 결여되어 있다.
- 응대방법 : 판매원은 긍정적인 제의를 하여 고객의 판단이 옳다는 것을 인식시켜 의사결정에 도움을 준다.

ⓩ 전가형 고객
- 특성 : 점포 내의 판매원 이외의 가족구성원이나 다른 사람의 조언을 중요시 여기며, 사실의 불확실성을 인정하지 않는다.
- 응대방법 : 판매원은 사실에 동의하고, 고객으로 하여금 의견을 진술하도록 유도하여 판매를 종결한다.

ⓚ 침묵형 고객
- 특성 : 주로 말은 없어도 생각을 많이 하며, 관찰력이 뛰어난 성향이다. 판매원의 의견에 귀를 잘 기울이나 대체로 무관심한 것처럼 보인다.
- 응대방법 : 판매원은 직접 질문을 시도하거나, 제품이나 서비스의 특징을 지적하여 판매하도록 한다.

ⓔ 오락·여가형 고객
- 특성 : 매우 충동적이고 여가시간을 가지기를 좋아하며, 단순히 쇼핑이나 점포에 진열된 상품에 관한 정보를 얻고자 한다.
- 응대방법 : 판매원은 고객을 환영해 주며 진지하게 제품의 특징을 설명해 주고, 고객이 표출한 특별한 관심사에 신경을 쓰는 것이 효과적이다.

🔷 고객충성도 프로그램

① 개념
- ㉠ 고객충성은 On-Line, Off-Line 할 것 없이 기업이 포기해서는 안 되는 가장 중요한 자산이며, 웹상에서의 고객충성은 제품가치 이외의 많은 변인의 영향을 받는다.
- ㉡ 기업이 자사의 제품 혹은 서비스에 대한 매출을 올리기 위한 목적으로 운영하는 일종의 마케팅 방법으로 마일리지 제도와 같이 수익성 있는 인센티브 제공을 통해 고객충성도를 구축하기 위한 마케팅 프로그램이다.

② 충성 고객 형성의 단계

㉠ 1단계(구매용의자) : 자사의 제품이나 용역을 구매할 능력이 있는 모든 사람을 포함한다.

㉡ 2단계(구매가능자) : 자사의 제품이나 용역을 필요로 할 수 있고, 구매능력이 있는 모든 이들을 가리킨다. 이들은 이미 자사의 제품에 대한 정보를 갖고 있다.

㉢ 3단계(잠재고객) : 구매가능자 중에서 제품에 대한 필요를 느끼지 않거나 구매할 능력이 없다고 확실하게 판단이 되는 고객으로 목표고객에서 제외시킬 수 있다.

㉣ 4단계(최초구매고객) : 자사의 제품을 1회 구매한 고객을 의미한다. 이들은 자사의 고객이 될 수도 있고, 경쟁사의 고객이 될 수도 있다.

㉤ 5단계(반복구매고객) : 자사의 제품을 적어도 2회 이상 구매한 고객이며, 같은 제품을 2번 구매한 고객일 수도 있다. 또한 다른 제품이나 용역을 번갈아 구매하는 고객일 수도 있다.

㉥ 6단계(단골고객) : 자사가 판매하는 제품 중 사용할 수 있는 모든 제품을 자사로부터 구매하는 고객이다. 이들은 자사와 지속적이고 강한 유대관계를 가지고 있어 경쟁사의 유인전략에도 동요되지 않을 고객들이다.

㉦ 7단계(지지고객) : 단골고객 중에서 다른 사람들에게도 자사 제품을 사서 쓰도록 권유하는 고객들이다.

고객충성도 관리를 위해 실무적으로 사용되는 방법

① 최초구매자의 재구매 유도

② 자사의 제공서비스를 계속적으로 고객에게 제공

③ 재구매활동을 서비스상품화

④ 품질보증제도를 시행

⑤ 부가가치적 상품의 개발

⑥ 고객정보 데이터베이스를 활용

⑦ 초기 고객반응 파악과 신속대응

⑧ 정기적인 행사의 개최

⑨ 고객카드관리(멤버십제도)

⑩ 마일리지제도(보너스카드, 쿠폰 등)

데이터베이스 마케팅(DBM)

① 개념

㉠ 시장에서 수집된 각종 소비자 데이터를 바탕으로 실시하는 마케팅을 말한다. 즉, 각종 자료에서 통계적으로 의미 있는 자료를 뽑아내고 이것의 시사점을 분석해 보는 것이다.

㉡ 고객정보를 단순하게 관리하는 것이 아니라 고객의 속성, 구매 등에 관한 데이터를 시스템

적으로 처리하는 것이다.

 ⓒ 고객, 단골고객, 데이터, 정보, 시스템 등을 기본으로 하여 고객의 데이터와 새로운 데이터를 검색·분석하며, 새로운 반응 데이터를 데이터베이스로 갱신하여 확장하는 실무적이고도 비즈니스적인 성격이 강한 마케팅이다.

② **고객유지전략** : 고객별 분석을 통해 고객의 현재가치와 미래가치를 측정하여 분류하고 지속적으로 유지하는 것을 목적으로 고객의 욕구를 세분화하여 이에 적절히 대응하게 되는 전략으로 업체에 대한 로열티를 높일 수 있을 뿐만 아니라 관련제품도 연계하여 판매할 수 있다.

 ㉠ **1단계** : 기존 데이터베이스 분석을 통해 고객을 세분화한다.

 ㉡ **2단계** : 데이터베이스를 활용하여 고객에게 접근한다.

 ⓒ **3단계** : 데이터베이스 마케팅의 효과단계이다.

💠 고객 서비스의 전략적 우위성

① 직접판매는 생산자와 소비자가 직접 거래하는 방법으로 소매점 또는 대리점을 이용하지 않는 유통방식이며, 고객 세분화에 따른 판매 기술을 도입하여 고객 서비스 면에서 만족도를 높일 수 있다.

② **서비스의 특징** : 고객에 있어 충분한 상품구성과 상품선택에 필요한 시·공간, 적절한 매너에 의한 정보제공이 이루어져야 한다.

 ㉠ 서비스의 기본은 업태의 여하를 불문하고 소비자 주권에 기초를 둔 발상에 의해 설계되어야 한다.

 ㉡ 접객기술에 있어서 스페이스와 기획 및 시스템은 상품, 점격(店格)에 알맞은 매뉴얼에 의해 선정될 필요가 있다.

💠 고객대기

① **의의** : 언제, 어떠한 경우에도 고객을 맞이할 수 있는 준비와 마음가짐이 되어 있는 상태를 말하며, 체크 매뉴얼의 강력한 시행은 물론 매장 내에서의 각 판매원이 고객의 접근 공간을 보전하면서 기다리는 마음가짐의 상태가 요망된다.

② **판매담당자의 대기요령**

 ㉠ 가장 바람직한 대기자세란 고객이 판매담당자에게 다가가고 싶은 마음이 생길 수 있도록 하는 것이다.

 ㉡ 판매담당자로서는 강력한 리더십을 발휘하여 매장 및 물·인적 요소를 장악하여 고객대기의 체제를 항상 유지하도록 지도, 관리해야 한다.

 ⓒ 판매담당자는 피크 타임 때에 판매원 배치에 있어 어떠한 타입과 패턴이 가장 이상적인 형태인가를 판매관리전술로서 전개해 가는 것이 중요하다.

접근요령

① 의의 : 접근(approach)이란 판매를 시도하기 위해 고객에게 다가가는 것으로, 즉 판매를 위한 본론에 진입하는 단계를 말한다. 접근은 실질적인 판매의 출발점으로 이 접근에서 고객이 판매담당자에 대해 짧은 순간에 느끼는 감정이 판매활동의 진행에 큰 영향을 미친다.

② 접근기술 : 접근에 성공하여 판매단계로 진입하기 위해서는 우선 성실하게 미소 띤 얼굴로 부드러운 분위기를 조성하여 예의바르고 세련된 화술 등의 기능이 발휘되도록 해야 한다.

③ 접근방법
  ㉠ 상품접근법   ㉡ 서비스 접근법
  ㉢ 상품혜택 접근법   ㉣ 환기접근법
  ㉤ 프리미엄 접근법   ㉥ 칭찬접근법
  ㉦ 공식적 접근법   ㉧ 친지소개 접근법
  ㉨ 금전제공 접근법

고객본위의 응대 원칙

① 의의 : 고객본위의 응대란 그 우위성을 보증하면서 고객의 목적을 즉각 파악하여 고객의 가치관에 알맞은 상품제시와 정보제공을 고객 레벨에서 행하는 것을 말한다.
  ㉠ 1대1 응대 : 많은 손님이 내점하더라도 반드시 1인 1객의 자세로 응대해야 한다.
  ㉡ 선객우선 응대 : 먼저 온 손님 순으로 응대한다.
  ㉢ 고객별 응대 : 고객의 타입, 연령에 따라서 적절한 응대를 한다.

② 고객 응대의 유의사항
  ㉠ 전문용어를 남용하지 말고, 사용 시에는 반드시 해석을 덧붙여 고객이 이해하도록 해야 한다.
  ㉡ 고객이 원하는 상품특성을 알고 그 부류에 속한 몇 가지 상품을 갖추어 제시해야 한다.
  ㉢ 접객 중에는 다른 업무나 잡무로 고객을 기다리게 해서는 안 된다.
  ㉣ 친숙한 사이라도 무례한 행동을 해서는 안 된다.

상품의 제시

① 고객본위로 제시하는 태도가 고객의 우위성을 보증하는 동시에 상품의 제시행위 그 자체는 고객에 의해 상품의 특성확인이 가능한 형태를 취하는 것이다.

② 매너가 고객에게 주는 영향은 언어 이상으로 크게 작용한다. 고객은 언어보다도 상품제시의 매너로 그 상점을 평가하는 경향이 있다.

③ 상품·매장관리가 적정하게 행해져야 하며, 판매업무가 오로지 이 접객을 통해 성립된다고 생각하여 접객 이외의 업무를 소홀히 해서도 안 된다.

판매동선을 잡는 방법

① 성과를 높이기 위해서는 판매동선을 짧게 하는 것이 효율적이다.

② 판매동선을 짧게 하려면 고객본위의 매장 레이아웃 계획이 수립되어 있어야 하지만, 아무리 훌륭한 동선 설계가 되어 있더라도 행동하는 판매원의 자질 여하에 따라 그 효과는 다양한 형태로 표출된다.

③ 판매원의 자질

    ㉠ 매장 안의 어디에 어떤 상품이 진열되고 보관되어 있는가를 기억하고 있어야 한다.

    ㉡ 신제품이 반입된 경우에는 반드시 그 진열된 곳과 보관장소를 확인 및 기억하고 있어야 한다.

    ㉢ 접객업무가 끝난 후에는 제시된 상품을 반드시 원위치에 원상태로 되돌려 놓는다.

    ㉣ 포장대 위의 용구, 혹은 포장재료 등은 접객업무가 완료된 뒤에 반드시 원위치에 되돌려 놓는다.

    ㉤ 활달하며 민첩한 태도를 취한다.

클로징(Closing)의 원칙

① 상품대금을 확인하고 받은 돈을 확인하며, 또 거스름돈을 확인해서 금전수수상에 착오가 없도록 행동하는 것이다.

② 금액수수에 오해가 발생하면 고객에게 불쾌감을 줄 뿐 아니라, 기업에 피해와 손실을 주며 상점의 신뢰성도 떨어뜨리는 결과를 초래한다.

③ 상품대금, 즉 판매가는 명료하게 고객에게 알리며 클로징이 시작됐을 때는 정중하게 포장을 해서 상품을 건네주고, 대금을 받으면 상품대금과 받은 돈을 고객에게 확인케 하는 과정이 중요하다.

컴플레인 관리

① 상품에 대한 고객의 만족도 및 불만족의 표시는 매장관리에 있어서 귀중한 정보이다.

② 입지, 점포구조, 판매지식, 레이아웃, 머천다이징, 상품, 조명, 진열, 기구, 사인보드, POP, 프라이스 카드 등 고객의 불평은 경영의 전 분야에 걸쳐 영향을 미친다.

③ 판매원은 고객의 불평을 듣고 고객이 즉시 납득할 수 있도록 설명을 하고 양해를 구해야 한다.

④ 판매원은 자기의 권한 밖의 사항에 대해 상사와 의논하여 그 지시에 따라 양해를 하도록 고객에게 설명하고 적당한 조치를 취해야 한다.

고객 컴플레인의 대응

고객이 상품을 구매하는 과정에서, 또는 구매한 상품에 관해 품질·서비스 불량 등을 이유로 불만을 제기하는 것으로 매장 내에서 종종 발생하는 사항이다. 고객의 불만·오해·편견 등을 풀

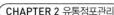

어주는 일을 컴플레인 처리라고 하며, 이것은 판매담당자의 중요한 임무 중의 하나이다.

① 고객 컴플레인 처리단계

 ㉠ 제1단계 : 고객의 불만이나 불평을 듣고, 고객의 불평내용과 원인에 대한 정보를 수집한다.

 ㉡ 제2단계 : 불만의 원인을 분석하며, 고객의 불평이나 불만에 대한 사실확인과 원인을 확인한다.

 ㉢ 제3단계 : 해결책을 검토하며, 문제해결을 위한 고객 요구사항에 대한 파악과 만족할 만한 해결방안을 모색한다.

 ㉣ 제4단계 : 만족스런 해결방안을 결정하고 고객에게 해결책을 제안한다.

 ㉤ 제5단계 : 처리결과를 검토한다.

② 고객 컴플레인 대응 시 유의사항

 ㉠ 고객의 말에 동조하면서 끝까지 충분히 듣는다.

 ㉡ 고객과 논쟁이나 변명은 피한다.

 ㉢ 고객의 입장에서 성의 있는 자세로 임한다.

 ㉣ 솔직하게 잘못을 인정하며 사과한다.

 ㉤ 설명은 사실을 바탕으로 명확하게 한다.

 ㉥ 신속하게 처리한다.

🎖️ 컴플레인 처리 방법

① 사람(Man)을 바꿈 : 판매담당자를 판매관리자로

② 시간(Time)을 바꿈 : 즉각처리에서 충분한 시간을 두고 처리

③ 장소(Place)를 바꿈 : 판매장소를 사무실, 소비자 상담실로

🎖️ 반품처리

① 고객이 특히 상품선택을 소홀히했거나 고객 자신의 가족에 대한 일방적인 선택이 원인이 되는 경우가 많은데, 이 점에 대해서는 반품 응대를 할 때 상대방의 실수를 책한다든가 하는 행위는 피해야 한다.

② 반품된 상품을 다시 매장에 진열할 경우 상품이 판매될지에 대한 가능성과 상품가치에 대해 확인해야 한다.

🎖️ 좋은 고객평가를 위한 노력

① 서비스 회복에 대한 가이드라인을 정립하여 공정성과 고객만족의 목표를 동시에 달성할 수 있도록 지속적으로 노력해야 한다.

② 효과적인 서비스 회복을 위해서는 불만이나 문제를 가진 고객이 회사에 쉽게 접근해서 즉각적

인 응답을 받을 수 있는 통로를 마련해야 한다. 가장 일반적인 고객 불만제기의 통로로 콜센터를 들 수 있다.

③ 콜센터, 인터넷 웹사이트와 연계된 고객 데이터베이스를 구축하고 활용하는 것 또한 성공적인 서비스 회복을 위한 실행과제이다.

④ 고객 불만의 65% 가량은 현장의 직원들에게 접수된다. 그러므로 서비스 회복 시스템을 설계할 때는 고객 접점에 있는 종업원들이 고객불만을 효과적으로 처리할 수 있도록 권한을 부여하고 교육하는 것이 가장 중요하다.

🎁 고객의 서비스 지각차이

① **인식차이** : 고객의 서비스 기대치와 소매업체의 고객 기대치에 대한 지각 사이에 존재하는 인식의 차이

② **표준차이** : 소매업체의 소비자 기대치 인식과 고객 서비스 표준 간에 존재하는 차이

③ **인도차이** : 소매업체의 서비스 표준과 실제 고객에게 수행된 서비스 간에 존재하는 차이

④ **커뮤니케이션 차이** : 실제 고객에게 수행된 서비스와 소매업체의 홍보 프로그램에 약속된 서비스 간에 존재하는 차이

🎁 서비스 품질격차 모형

① **격차 1** : 서비스에 대한 고객 기대와 경영자 인식의 차이

> 고객의 기대가 형성되는 과정에 대한 경영자의 이해 부족으로 발생하며 고객 기대는 광고, 기업에 대한 과거 경험, 개인적 욕구, 친구와의 커뮤니케이션 등에 의해 형성된다.

② **격차 2** : 경영자 인식과 서비스 품질 표준의 차이

> 고객에게 전달해 줄 수 있는 서비스 품질 표준이 개발되어 있지 않을 때, 경영자의 참여가 부족할 때, 고객의 기대를 충족시키는 것이 불가능하다고 인식할 때, 서비스 품질의 목표가 설정되어 있지 않을 때, 업무의 표준화가 잘 되어 있지 않을 때 발생한다.

③ **격차 3** : 서비스 품질 표준과 서비스 전달 수준의 차이

> 실제 서비스의 전달 수준이 설정된 품질 표준에 미달될 때 종업원과 고객 간의 접점에서 발생한다.

④ **격차 4** : 서비스 전달과 외부 의사소통의 차이

3과목
유통마케팅

기업이 광고 등 고객과의 외부 의사소통을 통하여 실제보다 많은 것을 제공하겠다고 약속한 경우에 발생한다.

⑤ **격차 5 : 서비스에 대한 고객기대와 서비스 인식의 차이**

고객이 서비스에 대해 기대하는 정도와 서비스를 제공받은 후 그 서비스에 대해 인식한 정도의 차이에서 발생한다.

🎖 서비스품질의 측정(SERVQUAL : SERVICE + QUALITY)

① **의의** : 서비스 품질에 대한 소비자의 판단기준을 대표하는 세부속성들을 파악하고 이에 대한 기대와 인식수준을 측정하는 척도를 말한다.

② **서비스 품질의 10개 차원**

　㉠ **유형성** : 물리적 시설, 장비, 직원, 자료의 외양

　㉡ **신뢰성** : 약속한 서비스를 믿을 수 있고 정확하게 수행하는 능력

　㉢ **대응성** : 고객을 기꺼이 돕고 신속한 서비스를 제공하려 하는 것

　㉣ **능력** : 필요한 기술소유 여부와 서비스를 수행할 지식소유의 여부

　㉤ **예절** : 일선 근무자의 정중함, 존경, 배려, 친근함

　㉥ **신빙성** : 서비스 제공자의 신뢰성, 정직성

　㉦ **안전성** : 위험, 의심의 가능성이 없는 것

　㉧ **가용성** : 접촉 가능성과 접촉 용이성

　㉨ **커뮤니케이션** : 고객들이 이해하기 쉬운 고객언어로 이야기하는 것, 고객의 말에 귀 기울이는 것

　㉩ **고객이해** : 고객의 욕구를 알기 위해 노력하는 것

③ **SERVQUAL의 5개 차원**

　㉠ **신뢰성** : 약속된 서비스를 정확하게 수행하는 능력

　㉡ **대응성** : 고객의 요구에 신속하게 대응하는 능력

　㉢ **확신성** : 직원들의 서비스 지식과 예절 등이 고객에게 믿음과 확신을 주는 정도

　㉣ **공감성** : 고객을 이해하는 자세와 고객과의 의사소통의 정도

　㉤ **유형성** : 물리적 시설, 장비, 직원들의 외모 등 물적 요소

4절 경영성과 평가

🔷 기업회계의 종류

① **재무회계** : 투자자, 채권자 등 기업의 불특정 다수인의 광범위한 이해관계자인 외부 정보이용자의 경제적 의사결정에 유용한 재무정보를 측정·보고할 목적으로 이루어지는 외부보고 목적의 회계이다.

② **관리회계** : 기업실체의 내부 정보이용자인 경영자에게 경영의사결정을 하는 데 필요한 회계정보를 제공하는 내부보고 목적의 회계이다.

🔷 매출액의 계산

① 일정 회계기간의 매출금액을 합한 금액이다.

② 점두에서 현금판매를 하는 것이 일반적이므로 금전등록기에 기록하면 그날의 정확한 매출액을 알 수 있다.

③ 기업회계의 매출액

　㉠ **재무회계** : 손익계산서에 표시하는 것을 구한다.

　㉡ **관리회계** : 경영정보로서 매출내용의 분석에 중점을 둔다.

④ 손익계산서의 매출액

　㉠ 총매출액에서 매출에누리 또는 환입액을 공제하는 형식으로 표시한다.

　㉡ 총매출액에서 매출에누리 또는 환입액을 공제한 순매출액만을 표시하는 것은 허용되지 않는다.

🔷 매출원가의 계산

① 일정 회계기간 동안에 매출된 매출액에 대응하는 원가를 말한다.

② 일정 회계기간의 순매입액과 상품재고액에 의해 매출원가를 계산하기 때문에 순매입액과 상품재고액의 파악이 중요하다.

🔷 재고자산의 수량계산

① 재고자산의 수량을 파악한 다음 그 수량잔고를 파악하여 단가를 어느 정도로 정할 것인지, 재고자산의 평가를 결정하고 가액계산을 한다.

② 계속기록법, 재고실사계산법 등을 이용한다.

📦 재고자산의 가액계산

① 원가법

　⊙ **개별법** : 종류, 품질, 규격이 같은 재고자산이라 하더라도 그 취득가액이 각각 다를 경우에는 개개의 재고자산의 실제 원가에 의해서 평가하는 방법이다.

　ⓛ **매입환원법** : 매입상품의 값이 정해지면, 그 이후의 상품에 관한 기록계산은 모두 매가로 이루어지기 때문에 기말재고자산의 매가합계액에 원가율을 곱해서 평가액을 산출하는 방법이다.

　ⓒ **선입선출법** : 재고자산이 먼저 입고된 것부터 순차로 출고된 것으로 가정하고, 기말재고자산은 가장 최근에 취득한 것으로 이루어져 있다고 간주하여 평가하는 방법이다.

　ⓔ **후입선출법** : 선입선출법과는 반대로 가장 최근에 취득한 것부터 순차로 출고된 것으로 가정하고, 기말재고자산은 가장 오래 전부터 취득된 것으로 이루어져 있다고 가정하여 평가하는 방법이다.

　ⓜ **총평균법** : 재고자산의 기초이월액도 포함하여 취득원가합계를 수납수량합계로 나누어서 총평균을 낸 단위가격을 가지고 평가하는 방법이다.

　ⓗ **단순평균법** : 수량을 고려하지 않고 단지 취득단가만을 평균해서 기말재고자산의 평가를 하는 방법이다.

② **저가법** : 재고자산의 가액은 취득원가를 원칙으로 하고 있으나, 재고자산의 시가가 취득원가보다 하락했을 때는 시가에 의해서 평가하는 방법이 인정되는 것을 말한다.

③ **시가법** : 재고자산의 소재장소에서 같은 재고자산에 대해 통상적 거래방법으로 거래량을 매입할 경우 매입대가에 해당하는 금액을 말한다.

📦 상품로스(Loss)의 계산

① **상품로스** : 회계상의 제 비용 등의 손실과는 다른 의미이며, 보통 경리에서는 포착할 수 없을 뿐 아니라 그 내용은 물론 원인도 명확하지 않은 손실을 말한다.

② **상품로스의 원인**

　⊙ 도난으로 말미암은 로스

　ⓛ 금전등록기의 과소입금에 따른 로스

　ⓒ 금전등록기의 거스름돈 과대지불에 따른 로스

　ⓔ 단위환산 실수에 따른 로스

　ⓜ 에누리 기록 누락에 따른 로스

　ⓗ 상품의 분량 자연감소에 따른 로스

　ⓢ 상품의 계량 착오에 따른 로스

　ⓞ 상품패키지에 따른 로스

　ⓩ 상품의 파손, 폐기에 따른 로스

ⓩ 상품을 싣는 등의 작업에 따른 로스

ⓕ 상품취급 시의 잘못에 따른 로스

ⓣ 상품보관 및 진열 중의 로스

상품로스율의 계산 : 기초재고 + 당기재고 − 매출실적 − 기말재고

고정비와 변동비의 특성

① **고정비** : 수익의 증감에 관계없이 드는 비용이지만, 전혀 무관한 것은 아니며 그 자체에 가변적인 성격이 있다. 수익과는 관계없이 종업원을 증원하거나 승급시키면 고정비는 자율적으로 늘어난다.

② **변동비** : 수익의 증감에 정비례해서 증감되는 비용이 있으면 반비례하는 비용도 있다. 체증되는 비용이나 체감되는 비용도 있다.

손익분기점

총수익과 총원가가 같게 되어 이익도 손실도 없는, 즉 이익이 '0'인 상태의 판매량이나 매출액을 말한다. 매출액이 손익분기점 이하로 감소하면 손실이 나며, 그 이상으로 증가하면 이익을 가져온다.

손익분기점의 계산식

$$P = \frac{F}{1 - \frac{V}{S}}$$

P : 손익분기점 S : 매출액 V : 변동비(수익의 증감에 수반하여 증감되는 비용)
F : 고정비(수익의 증감이 있어도 이에 거의 관계없이 지출되는 비용)

매출액 대 총이익률

① 매출액에 대한 매출총이익의 비율을 나타낸 것이다.

② 비율이 높을수록 수익성이 좋아진다.

③ 소매업에서는 이 비율을 흔히 사용하고 있는데 총이익률, 차익률 등으로 불리고 있다.

④ 비율은 경영활동의 수익성 원천을 나타낸 것이므로 중요하다.

🔹 매출액 대 영업이익률

① 매출액과 영업이익과의 비율을 나타낸 것인데, 이 비율이 높을수록 수익성이 좋아진다.

② 매출액에 비해 매출원가나 영업비용이 적을 경우, 매출원가와 영업비에 비해 매출이 많을 경우에 이 비율은 높아진다.

🔹 매출액 대 인건비 비율

① 매출액에 대한 인건비의 비율을 나타낸 것이다.

② 이 비율이 낮을수록 수익성은 높아지고 활동성이 좋다는 것을 나타낸다.

③ 인건비가 급증하고 있을 때에는 특히 중요한 의미가 있을 뿐만 아니라 간접적으로는 노동생산성이 높다는 것을 나타낸다.

🔹 경로구성원 총자산수익률(CMRA)

① 매출 총 이익에서 판매비, 촉진비, 제품개발비, 직접 창고비, 운임, 우편 요금 등을 차감한 금액을 외상매출금과 재고의 합계인 직접자산비용으로 나눈 값을 말한다.

② 공급자는 각각의 경로 구성원이 어느 정도의 수익성을 올리고 있는가를 파악할 수 있으며 경로 구성원 간의 수익성에서의 차이가 어떠한 원인에 의해 발생하는가를 판단할 수 있다.

🔹 직접제품이익(DPP : Direct Product Profit)

① 의의 : 구매자의 입장에서 특정 공급자의 개별품목 혹은 재고관리단위(SKU : Stock Keeping Units) 각각에 대한 평가에 활용

② 장점 : 개별 취급제품에 대한 손익계산 가능

③ 단점

ㄱ 거래비용분석에 기초하고 있으며, 상세하고 방대한 자료를 필요로 함

ㄴ 제품별 영업활동이나 상품 머천다이징 활동에 의해 발생하는 직접비용만을 분석

🔹 재고자산 총이익률(GMROI : Gross Margin Return On Inventory Investment)

① 매출 총이익을 재고자산으로 나눈 값으로 이익관리와 재고관리를 결합한 성과측정치이다.

② 재고자산 총이익률의 분모인 재고자산의 규모를 감소시켜 설령 매출 총이익이 변화하지 않더라도 재고자산 총이익율을 증가시키는 효과가 있다.

③ 매출 총 이익율이 상이한 제품에 대해서는 재고자산 대비 매출비율을 조정함으로써 동일한 수준의 재고자산 총이익률을 유지할 수 있다.

🔸 판매 · 관리비 비율

① 매출액에 대한 판매 · 관리비의 비율을 나타낸 것이다. 이 비율이 낮을수록 수익성이 좋아진다.

② 매출액에 비해 판매 · 관리비가 적으면 이 비율이 낮고, 판매 · 관리비에 비해 매출액이 높아도 비율은 낮아진다.

③ 경비율 및 영업경비율이라고도 한다.

🔸 유동비율

① 유동자산에 대한 유동부채의 비율을 나타낸 것이다.

② 비율이 높을수록 기업의 지불능력이 있고 자금운영의 안전성이 높다.

   ⊙ 유동자산 : 1년 이내에 현금으로 회수할 수 있는 자산을 의미한다.

   ⓒ 유동부채 : 1년 이내에 지불해야 할 부채를 의미한다.

🔸 상품회전율

① 상품의 평균재고액의 회전속도를 나타낸 것이다.

② 회전율이 높을수록 활동성이 높고 수익성을 높이는 요인이 된다.

③ 소매업에 있어 대단히 중요한 비율이다.

🔸 경영자본 회전율

① 경영자본의 회전속도를 나타낸 것이다.

② 회전율이 높을수록 활동성도 높다.

③ 경영자본에 비해 매출액이 크면 회전율이 좋은 것이고, 매출액에 비해 경영자본이 적어도 회전율은 좋아진다.

🔸 경영자본 대 영업이익률

① 경영자본이 어느 정도의 이익을 향상시켰는지의 비율을 나타낸 것이다.

② 비율이 높을수록 종합적인 수익성이 좋고 활동성도 좋다.

3과목

유통마케팅

제**3과목**

적중문제

01 다음은 마케팅에 관한 설명이다. 옳지 않은 것은?

① 마케팅은 고객의 needs와 wants를 파악하고 이들의 욕구를 충족시켜줄 수 있는 다양한 수단을 제공하여, 거래당사자인 기업과 긍정적 관계를 계속적으로 유지시키는 활동 전부를 통칭하는 개념이다.

② 거시적 마케팅은 생산과 소비의 분리를 조정하기 위한 유통경제적 마케팅 활동이다.

③ 현대적 마케팅은 소비자의 장기적 복지증진과 증대를 추구하며, 전사적, 통합적, 선행적 마케팅을 추구하기 위해 기업의 모든 활동을 마케팅 중심으로 운영한다.

④ 계몽적 마케팅은 이상적인 자본주의 사회를 이루기 위해서는 기업이 사회적 책임을 완수해야 하고 이를 위해서는 소비자 지향적, 사명감을 바탕으로 마케팅을 수행해야 한다는 마케팅 개념이다.

⑤ 타깃마케팅은 특정 기업이 모든 구매자를 대상으로 하나의 제품을 대량생산, 유통하기 위해 수행하는 마케팅으로 최소의 원가(가격)로 최대의 잠재시장을 창출해 낼 수 있다고 판단될 경우 취한다.

> **해설** 특정 기업이 모든 구매자를 대상으로 하나의 제품을 대량생산, 유통하기 위해 수행하는 마케팅으로 최소의 원가(가격)로 최대의 잠재시장을 창출해 낼 수 있다고 판단될 경우 취하는 방법은 매스마케팅이다.

02 다음 중 합리적인 소비자의 점포선택 과정의 순서로 올바른 것은?

① 욕구인식 → 점포관련 정보탐색 → 점포평가 → 점포선택 → 점포방문

② 점포관련 정보탐색 → 욕구인식 → 점포평가 → 점포선택 → 점포방문

③ 욕구인식 → 점포관련 정보탐색 → 점포선택 → 점포평가 → 점포방문

④ 욕구인식 → 점포관련 정보탐색 → 점포방문 → 점포평가 → 점포선택

⑤ 욕구인식 → 점포선택 → 점포관련 정보탐색 → 점포평가 → 점포방문

> **해설** 합리적 점포선택 과정 : 욕구인식 → 점포관련 정보탐색 → 점포평가 → 점포선택 → 점포방문

03 다음에 해당하는 수요상황에 가장 적합한 마케팅 접근 대안은 무엇인가?

> ㈜○○○은 주방세제를 생산하는 기업으로 주력생산품은 '거품뿡뿡'이라는 주방세제이다. 그런데 최근 들어 정부의 환경친화적 제품생산을 독려하는 추세가 가속화되면서, 환경단체들이 거품뿡뿡과 유사한 세제가 환경오염을 일으킨다고 주장하여 제품사용에 대한 보이콧을 진행하는 등 자사의 제품에 대해 부정적 기류가 일고 있다는 사실이 파악됐다. ㈜○○○는 이러한 점을 고려, 환경친화적 주방세제 '바싹행궈'를 출시하였다. 그러나 신제품에 대한 시장의 반응은 냉랭했다. ㈜○○○의 경영진은 소비자 심층면접을 통해 고객들이 왜 신제품을 사용하지 않는지에 대해 조사하였다. 그 결과, 소비자들은 기존의 제품을 사용하면 거품이 잘 생겨서 더욱 깨끗하게 세척할 수 있다는 성능 환상(Performance Illusion)을 보유하고 있다는 점을 밝혀냈다. ㈜○○○은 이러한 문제를 해결하기 위해 마케팅 대안을 강구하기로 결정하였다.

① 고객관계마케팅
② 매스마케팅
③ 전환마케팅
④ 소셜마케팅
⑤ 디마케팅

해설 전환마케팅 : 현재의 수요가 부정적일 경우, 수요를 전환하기 위해 수행하는 마케팅

04 다음 중 마케팅 활동의 연차계획 통제 활동에 속하는 것은 무엇인가?

① 마케팅 효과성 통제
② 고객집단 통제
③ 판매부서 통제
④ 시장점유율 통제
⑤ 유통활동 통제

해설 연차계획 통제 : 매출차이, 시장점유율, 마케팅비용, 투자수익성 통제

05 다음 중 마케팅 정보시스템의 구성요소에 포함되지 않는 것은?

① 마케팅 정찰시스템
② 마케팅 리서치시스템
③ 마케팅 분석시스템
④ 마케팅 고객정보시스템
⑤ 마케팅 통제시스템

> **해설** 마케팅 정보시스템의 구성
> • 마케팅 정찰시스템
> • 마케팅 리서치시스템
> • 마케팅 분석시스템
> • 마케팅 고객정보시스템

06 다음 중 마이클 포터(Michael E. Porter)가 제시한 경쟁세력 5요인에 포함되지 않는 것은?

① 공급자의 위협
② 구매자의 위협
③ 기술진부화의 위협
④ 대체재의 위협
⑤ 신규진입자의 위협

> **해설** 마이클 포터의 경쟁세력 5요인 : 공급자의 교섭능력, 구매자의 교섭능력, 기존 기업과의 경쟁, 신규진출기업, 대체재의 위협

07 다음은 제품수명주기에 관한 설명이다. 옳지 않은 것은?

① 도입기는 상품을 개발하고 판매를 시작하는 단계로, 수요량과 가격탄력성이 적어 기업은 시장 침투가격전략을 통해 이익률을 극대화하는 의사결정을 수행한다.
② 성장기에서 기업의 상품매출은 급격하게 증가한다. 기업은 이에 대응하기 위해 집약적 유통경로를 활용해 자사의 판매 접촉점을 극대화 하는 의사결정을 수행한다.
③ 성숙기에서는 대량생산이 본궤도에 오르고 원가가 크게 내림에 따라 상품 단위별 이익은 정상에 달하지만, 경쟁자나 모방상품이 출현하기 시작한다.
④ 쇠퇴기에서는 수요가 경기변동에 관계없이 감퇴하며, 광고 및 판매촉진도 거의 효과가 없다.
⑤ 수명주기 이론은 상품이 개발, 판매되어 최종적으로 시장에서 철수되기까지의 과정을 설명하는 이론으로 시장의 특성과 고객의 반응을 종합적으로 판단, 상품의 전략적 의사결정을 수립하는 데 도움을 준다.

> **해설** 도입기의 마케팅 목적은 제품인지력 향상과 수요를 창조하는 것이다. 기본적 수준의 제품이 제공되며 원가기반 가격정책이나 상층흡수가격정책을 활용한다.

08 다음은 BCG 매트릭스에 관한 설명이다. 옳지 않은 것은?

① BCG 매트릭스는 절대적 시장점유율과 산업성장률을 바탕으로 사업단위(SBU)의 경쟁력을 평가하는 분석모델이다.

② 개(Dog) 단계의 사업은 성장률과 시장점유율이 모두 낮은 상황이다.

③ 물음표(Question Mark) 단계의 사업은 성장률은 높으나, 시장점유율은 낮은 상황이다.

④ 별(Star) 단계의 사업은 성장률과 시장점유율이 모두 높은 상황이다.

⑤ 현금 젖소(Cash Cow) 단계의 사업에서 창출한 현금 흐름은 별이나 물음표에 재투자된다.

> **해설** BCG 매트릭스는 상대적 시장점유율과 산업성장률을 바탕으로 사업단위(SBU)의 경쟁력을 평가하는 분석모델이다.

09 다음 중 마이클 포터(Michael E. Porter)의 경쟁세력 5요인 관점에 의거하여 시장의 매력도가 낮은 상황이 아닌 것을 고르면?

① 신규기업의 진입이 용이하다.

② 경쟁기업 간 시장 내 경쟁이 치열하다.

③ 구매자의 교섭력과 공급자의 교섭력이 뛰어나다.

④ 고정비가 낮고 퇴출장벽이 낮다.

⑤ 시장이 안정적이고, 경쟁자의 능력이 뛰어나다.

> **해설** **시장의 매력도가 낮은 상황**
> • 신규기업의 진입이 용이하다.
> • 경쟁기업 간 시장 내 경쟁이 치열하다.
> • 구매자의 교섭력과 공급자의 교섭력이 뛰어나다.
> • 고정비와 퇴출장벽이 높다.
> • 시장이 안정적이고, 경쟁자의 능력이 뛰어나다.

10 다음의 사업단위(SBU)에 대한 전략적 대안에 관한 설명으로 옳은 것은?

① 유지전략 : 사업단위 투자를 최소화하여 점진적으로 시장에서 퇴거
② 유지전략 : 기존에 영위하던 사업단위 및 투자수준을 유지
③ 회수전략 : 즉각적으로 사업단위를 폐지, 사업단위는 매각되거나 해체
④ 회수전략 : 기존에 영위하던 사업단위 및 투자수준을 유지
⑤ 철수전략 : 사업단위 투자를 최소화하여 점진적으로 시장에서 퇴거

> **해설** **사업단위(SBU) 전략의 방향**
> • **유지전략** : 기존에 영위하던 사업단위를 현재수준으로 유지, 투자수준도 유지
> • **육성전략** : 적극적으로 사업단위를 성장, 대규모 투자
> • **회수전략** : 사업단위 투자 최소화, 점진적으로 시장에서 퇴거
> • **철수전략** : 즉각적으로 사업단위를 폐지, 사업단위는 매각되거나 해체

11 다음의 상황에서 적합한 전략적 의사결정으로 올바르지 않은 것은?

구분	생산원가 경쟁력 보유	생산원가 경쟁력 없음
넓은 시장	A	B
한정적 시장	C	D

① A : 원가경쟁력을 바탕으로 원가우위전략을 펼친다.
② A : 기업은 시너지효과와 학습곡선효과의 혜택을 누릴 수 있다.
③ B : 경쟁기업보다 차별화된 재화나 서비스를 제공해야만 한다.
④ B : 제품의 연구개발능력을 강화하여 차별화 전략을 수행한다.
⑤ C : 시장점유율과 수익성을 향상시키기 위해 매스마케팅을 실시한다.

> **해설** 경쟁시장의 범위가 한정적일 때 자사의 경쟁 능력을 극대화시키기 위해 집중화 전략을 펼친다. 또한 세분시장을 대상으로 기업의 역량을 극대화하기 위해 타깃마케팅을 수행한다.

12 시장세분화에 관한 다음의 설명 중 가장 옳지 않은 것은?

① 서로 다른 제품 또는 마케팅 믹스를 요구하는 독특한 구매자 집단으로 분할하는 활동이다.

② 가장 좋은 세분시장을 표적으로 삼기 위해서는 각 세분시장의 크기와 성장률, 구조적 매력도, 회사 목표 및 자원과의 적합성을 평가해야 한다.

③ 효과적인 세분화를 위해 측정 가능성, 접근 가능성, 시장의 규모, 실행 가능성을 고려해야 한다.

④ 세분화를 수행 시 세분시장 상호 간에는 동질성이, 세분시장 내에서는 이질성이 극대화되어야 한다.

⑤ 구매자의 라이프스타일 · 개성 · 특성 등의 요소에 기초해서 다른 집단으로 세분화 할 수 있다.

> **해설** 세분화를 수행할 때 세분시장 상호 간에는 이질성이 극대화되어야 하고, 세분시장 내에서는 동질성이 극대화되어야 한다.

13 다음 중 제품믹스 의사결정의 전략적 대안에 관한 설명으로 가장 올바른 것은?

① 초기에는 고품질, 고가의 제품을 출시했다가 제품계열의 길이를 확장하면서 저가의 신제품을 추가시키는 전략은 상향확장전략(Upward Stretch)이다.

② 초기에는 저품질, 저가 제품을 출시했다가 제품계열의 길이를 확장하면서 고가의 신제품을 추가시키는 전략은 하향확장전략(Downward Stretch)이다.

③ 기존 제품계열 내에 품목의 추가를 통해 제품 확장을 도모하는 전략은 제품계열 단순화 전략(Line Simplification)이다.

④ 제품계열이 마이너스 성장을 하거나 제품이 전략적으로 부적절할 경우 사용하는 제품계열 제거전략은 철수전략(Total Line Divestment)이다.

⑤ 기업이 제공하는 제품이나 서비스의 수를 관리하기 용이한 수준으로 감소시키는 전략은 제품 확충전략(Product Filling)이다.

> **해설** ① 초기에는 고품질, 고가의 제품을 출시했다가 제품계열의 길이를 확장하면서 저가의 신제품을 추가시키는 전략은 하향확장전략(Downward Stretch)이다.
> ② 초기에는 저품질, 저가 제품을 출시했다가 제품계열의 길이를 확장하면서 고가의 신제품을 추가시키는 전략은 상향확장전략(Upward Stretch)이다.
> ③ 기존 제품계열 내에 품목의 추가를 통해 제품 확장을 도모하는 전략은 제품확충전략(Product Filling)이다.
> ⑤ 기업이 제공하는 제품이나 서비스의 수를 관리하기 용이한 수준으로 감소시키는 전략은 제품계열 단순화 전략(Line Simplification)이다.

14 다음은 브랜드 마케팅에 관해 서술한 것이다. 옳지 않은 것은?

① 브랜드 자산의 구성요소 4가지는 브랜드 로열티, 브랜드 인지도, 지각된 품질, 브랜드 연상이다.

② 혼합 상표명전략은 복수의 제품계열에서 여러 제품을 생산하는 경우 개별상표명과 공동상표명을 조합하여 사용하는 전략이다.

③ 특정 제품 범주 내에서 맛, 성분, 사이즈가 다른 추가 품목을 도입할 때, 기존의 동일한 브랜드를 부착하는 전략은 복수상표전략이다.

④ 자기상표브랜드(PB)는 유통업체가 직접 제조하거나 제조업체에 직접 생산을 요구해 자사의 브랜드를 부착, 판매하는 전략으로 기능적인 품질대비 가격을 중시하는 소비자를 목표로 한다.

⑤ 유사브랜드 전략(Parallel Branding)은 상호나 상품특성을 매우 흡사하게 모방하고 제조업체 브랜드가 아니라는 것을 명확히 하는 브랜드 전략이다.

> **해설** ③은 수평적 상표확장전략에 대한 설명이다.
> **복수상표전략** : 동일 제품군 내에서 두 개 이상의 개별상표명을 사용하는 전략

15 다음은 마케팅 커뮤니케이션에 관한 설명이다. 옳지 않은 것은?

① 타깃광고는 상대적으로 정보량이 많은 상업광고를 의미하며, 구체적으로는 뉴미디어를 통해 상표나 상품 관련정보를 제공하여 소비자의 구매욕구를 유발하는 광고 형태로서, 소비자의 이성적 반응에 초점을 맞춘 광고 수단이다.

② 판매촉진은 비반복적인 여러 가지 판매 노력과 같이 소비자 구매를 자극하고 거래점의 유효도를 자극하는 마케팅 활동 중 광고, 인적판매, 홍보를 제외한 모든 마케팅 활동을 말한다.

③ 광고는 대가를 지불하는 의사소통방법으로 표적집단을 대상으로 하는 비인적 의사소통방법이다.

④ 배너 광고(Banner Advertising)는 인터넷에 접속된 최초의 화면이나 정보검색 소프트의 화면 한구석에 나와 있는 띠 모양의 광고로 불특정 사용자의 눈길이 머무는 곳에 정보를 뿌리는 매스 광고의 특성을 띤다.

⑤ 인적판매는 산업재의 유통에 있어서 매우 중요하며, 교육훈련 프로그램과 보조판매 등이 요구된다.

> **해설** 상대적으로 정보량이 많은 상업광고를 의미하며, 구체적으로는 뉴미디어를 통해 상표나 상품 관련정보를 제공하여 소비자의 구매욕구를 유발하는 광고 형태로서, 소비자의 이성적 반응에 초점을 맞춘 광고 수단은 인포메이션(Information)과 커머셜(Commercial)의 합성어인 인포머셜(Informercial)이다.

16 다음에서 설명하는 판촉수단은 무엇인가?

> 상품을 실제로 사용하게 함으로써 상품에 대한 이해를 도울 수 있으며, 상품차별화가 곤란한 시장에서는 사용을 습관화시키거나 브랜드 스위치를 일으켜 상품 이미지의 전환을 꾀하는 데에 특히 유효한 수단으로 1회 정도의 사용이 가능한 상품을 따로 포장해서 고객에게 무료로 제공한다.

① 프리미엄   ② 쿠폰
③ 샘플링   ④ 리베이트
⑤ 프라이스팩

해설 지문에서 설명하는 판촉수단은 샘플링(견본품)이다.

17 다음은 푸시마케팅에 관한 설명이다. 옳지 않은 것은?

① 제조업자가 중개상에게 판매동기가 일어나도록 적정한 보상정책을 통해 대량의 상품을 제공한다.
② 일회적인 특성이 있으며 고정비적인 특성을 지닌다.
③ 특화된 경영방식을 가진 소매업체에 효용이 높다.
④ 촉진단계에서 푸시는 유통업자가 소비자에게 적극적으로 제품을 판매도록 유도한다.
⑤ 푸시전략에서는 인적판매와 중간상 판촉이 중요하다.

해설 **푸시전략의 특성**
• 제조업자가 중개상에게 판매동기가 일어나도록 적정한 보상정책을 통해 대량의 상품을 제공한다.
• 일회적인 특성이 있으며 변동비적인 특성을 지닌다.
• 특화된 경영방식을 가진 소매업체에 효용이 높다.
• 촉진단계에서 푸시는 유통업자가 소비자에게 적극적으로 제품을 판매도록 유도한다.
• 푸시전략에서는 인적판매와 중간상 판촉이 중요하다.
• 관여도가 높은 상품에 수행하는 것은 좋지 않다.

3과목 유통마케팅

18 다음의 설명에 부합되는 가격전략은 무엇인가?

> 고객이 특정 제품에 느끼는 제품의 지각가격보다 낮은 수준으로 매장 내 제품의 가격을 유지한다는 이미지를 제공하기 위해 할인점과 같이 저가격을 내세우는 기업에서 수행하는 가격정책으로 저마진, 고회전을 통해 수익성을 유지하는 특성을 지닌 가치기반 가격결정전략이다.

① Skimming Pricing   ② High/Low Pricing

③ Penetration Pricing   ④ EDLP(Every Day Low Price)

⑤ Optional Feature Pricing

해설 지문에서 설명하는 가격전략은 상시적으로 싼 가격에 판매한다는 전략인 EDLP(Every Day Low Price)이다.

19 다음은 유통업체에서 활용되는 가격설정기법에 관한 설명이다. 옳지 않은 것은?

① 스키밍 가격전략 : 연구 · 개발비용을 조기에 회수하고자 하는 고가격전략으로, 단기간 내의 수익극대화를 목표로 하는 선고가 – 후저가 가격전략이다.

② 상시가격할인전략 : 낮은 가격으로 제품을 시장에 진출시켜 짧은 시간 내에 시장점유율을 확보하려는 전략으로, 경험곡선을 이용해 시장에 침투하여 장기적인 이익을 올리는 것을 목적으로 하는 성숙기 가격전략이다.

③ 재판매가격유지전략 : 일부 제조업자들이 중간상의 제품판매가격을 통제하기 위한 전략으로, 자사제품의 이미지 제고 및 수요와 원가를 모두 고려한 고이익 창출전략이다.

④ 단일가격전략 : 판매자가 동일한 수량을 구매하는 소비자에 대해서 같은 가격을 매기는 전략으로, 판매자에 대한 신뢰를 구축할 목적으로 수행되는 전략이다.

⑤ 가치기반가격 : 비용이나 시세를 기준으로 가격을 결정하던 전통적인 방식이 아니라, 고객에 대한 가치를 기준으로 가격을 결정하는 전략이다.

해설 낮은 가격으로 제품을 시장에 진출시켜 짧은 시간 내에 시장점유율을 확보하려는 전략으로, 경험곡선을 이용해 시장에 침투하여 장기적인 이익을 올리는 것을 목적으로 하는 성숙기 가격전략은 침투가격전략이다.

20 다음 중 점포 레이아웃 형태에 관한 설명으로 옳지 않은 것은?

① 점포 레이아웃 설정은 고객밀집을 막고 부문 간 이동을 쉽게 하며 매장으로 이동되는 상품 운반이 용이하면서 고객들이 매장을 아무런 방해 없이 바라볼 수 있게 하는 목적을 갖는다.

② 격자형 레이아웃은 점포의 공간 효율성을 높이려는 레이아웃으로 상품들을 직선형으로 배치하여, 상품 배열과 배열 사이에 고객들이 움직일 수 있는 복도를 만드는 것이다.

③ 격자형 레이아웃은 대체로 식료품점에서 구현하는 방식이며, 집기의 반복배치로 인한 비용과 다의 문제점이 발생한다.

④ 경주로형 레이아웃은 전체 점포에 걸쳐 고객이동이 용이하기 때문에 쇼핑을 증대시킨다.

⑤ 부티크형 레이아웃은 특정 쇼핑 테마별로 하나의 독립적인 공간처럼 배치하는 형식으로, 고객의 구매를 촉진시키고 좋은 점포분위기를 형성시킨다.

> **해설** 격자형 레이아웃은 진열기구가 반복배치 된 형태로 동일제품에 대한 반복구매빈도가 높은 슈퍼마켓 등의 점포에서 주로 사용한다. 규격화된 비품을 사용하여 설비비가 절감되며 판매공간 구성이 효율적이다.

21 다음의 설명은 어떤 재고관리기법에 관한 설명인가?

> 경제적 주문비용과 재고유지비용을 합한 총 비용이 최소가 되도록 주문량을 산정하는 기법으로 재고품의 단위원가가 최소가 되는 1회의 주문량을 구해 재고관리에 활용한다.

① EOQ
② ROP
③ ABC
④ JIT
⑤ MRP

> **해설** 주문비용과 재고유지비용의 합으로 표현되는 총 비용을 최소화 하도록 하는 1회의 주문(발주)량은 EOQ이다.
>
> $$EOQ = \sqrt{\frac{2 \times 주문비용 \times 연간총수요량}{단위당\ 재고유지비용}}$$

22 다음 중 고객의 심리를 자극하는 ADICA 원칙의 구성요소로 옳지 않은 것은?

① 주의(Attention)
② 관심(Interest)
③ 욕망(Desire)
④ 방문(Come)
⑤ 행동(Action)

> **해설** AIDCA 원칙
> - 주의(Attention)
> - 관심(Interest)
> - 욕망(Desire)
> - 확신(Conviction)
> - 행동(Action)

23 다음 중 상품을 대량매입하여 얻을 수 있는 이점으로 볼 수 없는 것은?

① 거래조건 조정이 용이하다.
② 구매업무가 단순화, 표준화, 전문화된다.
③ 연간 매입횟수가 줄어든다.
④ 독촉, 검수, 수령 등의 발주비가 절감된다.
⑤ 불용재고문제가 최소화 된다.

> **해설** 불용재고문제를 최소화하는 것은 소량매입(수시매입)이다. 불용재고의 발생은 대량매입의 문제점이다.
> **대량매입의 이점**
> - 거래조건 조정이 용이하다.
> - 구매업무가 단순화, 표준화, 전문화된다.
> - 연간 매입횟수가 줄어든다.
> - 발주비(독촉, 검수, 수령 등)가 절감된다.

24 다음 중 고객관계관리(CRM)에 관한 설명으로 옳지 않은 것은?

① 고객관계관리는 고객의 획득, 유지, 수익성 향상을 위해 기업내부에 축적된 고객정보를 효과적으로 활용하여 고객과의 관계를 유지·확대·개선함으로써, 고객의 만족과 충성도를 제고하고, 기업 및 조직의 지속적인 운영·확장·발전을 추구하는 고객관련 제반 프로세스 및 활동이다.

② 고객관계관리의 목표는 한 번의 고객을 기업의 평생고객으로 전환시켜 궁극적으로 기업의 장기적인 수익을 극대화하고자 하는 것이다. 즉 고객과의 관계를 바탕으로 하여 고객의 평생가치를 극대화한다는 것을 의미한다. 이를 위해 고객과의 첫 만남에서 헤어짐에 이르는 전 과정을 관리한다.

③ 고객관계관리는 기본적으로 관계획득, 관계유지, 관계강화로 구성되며, 신규고객획득 및 목표고객선정, 고객생애가치의 극대화, 고객이탈방지 및 유지, 유치된 고객의 지속적인 관리 등을 수행하여 기업 경쟁자보다 탁월한 고객가치와 고객만족을 제공할 것이 요구된다.

④ 과거에는 모든 고객을 대상으로 관계를 형성하기 위한 대량 마케팅을 실시했으나, 최근에는 수익성이 높은 소수의 고객들을 대상으로 관계를 구축하는 고객관리가 중요해지고 있다. 이것은 고객생애가치와 고객충성도의 개념을 바탕으로 신규 고객을 획득하는 것보다 기존고객, 혹은 우수고객을 선별적으로 관리하여 재구매를 유도하는 것이 수익성이 높다는 다양한 연구결과에 의한다.

⑤ 고객자본은 고객들로부터 미래의 일정 기간 동안 얻게 될 이익을 할인율에 의거해 현재가치로 환산한 재무적 가치로, 한 고객이 평균적으로 기업에게 기여하는 미래 수익이 현재가치로 환산되는 가치이며 고객과 기업 간에 존재하는 관계의 전체가 가지는 가치이다.

> **해설** 고객생애가치(CLV : Customer Lifetime Value) : 고객생애가치는 고객들로부터 미래의 일정 기간 동안 얻게 될 이익(= 수입·비용)을 할인율에 의거해 현재가치로 환산한 재무적 가치로, 한 고객이 평균적으로 기업에게 기여하는 미래 수익이 현재가치로 환산되는 가치이며 고객과 기업 간에 존재하는 관계의 전체가 가지는 가치이다.

25 다음에서 설명하는 서비스의 특성으로 옳지 않은 것은?

① 무형성 : 서비스는 눈에 보이지 않고 만질 수 없는 등 물리적인 실체를 가지고 있지 않다.

② 반복성 : 서비스는 동일한 품질 가이드라인에서 고객에게 반복적으로 제공된다.

③ 소멸성 : 서비스는 전달되는 즉시 사라지는 특성을 가지고 있다.

④ 비분리성 : 서비스가 제공되는 동시에 해당 서비스를 전달받게 된다.

⑤ 변동성 : 동일한 서비스라도 상황에 따라 많은 요소들이 다르게 전달될 수 있다.

> **해설** **서비스의 특성**
> • **무형성** : 서비스는 눈에 보이지 않고 만질 수 없는 등 물리적인 실체를 가지고 있지 않다.
> • **소멸성** : 서비스는 전달되는 즉시 사라지는 특성을 가지고 있다.
> • **비분리성** : 서비스가 제공되는 동시에 해당 서비스를 전달받게 된다.
> • **변동성** : 동일한 서비스라도 상황에 따라 많은 요소들이 다르게 전달될 수 있다.

26 다음은 서비스에 대한 고객의 어떤 지각 차이를 설명하는 내용인가?

> 고객의 기대가 형성되는 과정에 대한 경영자의 이해 부족으로 발생, 기업에 대한 과거 경험, 개인적 욕구,
> 친구와의 커뮤니케이션 등에 의해 형성된다.

① 서비스에 대한 고객 기대와 경영자 인식의 차이

② 경영자 인식과 서비스 품질표준의 차이

③ 서비스 품질표준과 서비스 전달수준의 차이

④ 서비스전달과 외부 의사소통의 차이

⑤ 서비스에 대한 고객 기대와 서비스 인식의 차이

> **해설** 지문은 서비스 품질 격차 모형에서 서비스에 대한 고객 기대와 경영자 인식의 차이에서 발생하게 되는 지각 차이에
> 대한 내용이다.

27 다음 중 서비스 품질 모형(5요인)의 측정 요소에 포함되지 않는 것은?

① 신뢰성 : 약속된 서비스를 정확하게 수행하는 능력

② 대응성 : 고객의 요구에 신속하게 대응하는 능력

③ 가용성 : 접촉 가능성과 접촉 용이성

④ 확신성 : 직원들의 서비스 지식과 예절 등이 고객에게 믿음과 확신을 주는 정도

⑤ 유형성 : 물리적 시설, 장비, 직원들의 외모 등 물적 요소

해설 **SERVQUAL의 5개 차원**
- **신뢰성** : 약속된 서비스를 정확하게 수행하는 능력
- **대응성** : 고객의 요구에 신속하게 대응하는 능력
- **확신성** : 직원들의 서비스 지식과 예절 등이 고객에게 믿음과 확신을 주는 정도
- **공감성** : 고객을 이해하는 자세와 고객과의 의사소통의 정도
- **유형성** : 물리적 시설, 장비, 직원들의 외모 등 물적 요소

28 다음의 가정하에서 손익분기점 수량은 얼마인가?

- 제품의 매출액 : 2,500만 원
- 제품의 단위당 변동비 : 37,000원
- 제품생산에 소요되는 시설의 고정비 : 9,250만 원
- 제품의 가격설정방식 : 원가가산법(변동비의 150%)

① 1,000개　　　　　　　　　② 3,000개

③ 5,000개　　　　　　　　　④ 7,000개

⑤ 10,000개

해설 제품의 단위당 판매가격 = 37,000 × 1.5 = 55,500원

제품의 단위당 판매 공헌이익 = 55,500 − 37,000 = 18,500원

$$\therefore \text{손익분기점 수량} = \frac{92,500,000}{18,500} = 5,000(\text{개})$$

29 다음은 고객 컴플레인 관리에 관한 설명이다. 옳지 않은 것은?

① 컴플레인은 고객이 상품을 구매하는 과정에서, 또는 구매한 상품에 관해 품질·서비스 불량 등을 이유로 불만을 제기하는 것으로 매장 내에서 종종 발생하는 사항이다.

② 컴플레인 처리전략으로 시스템(System), 시간(Time), 장소(Place)를 바꾸는 방법을 활용한다.

③ 상품이나 서비스에 대한 고객의 컴플레인 표시는 매장관리에 있어서 귀중한 정보이다.

④ 기업은 컴플레인에 대응하기 위한 서비스 회복 가이드라인을 정립하여 공정성과 고객만족의 목표를 동시에 달성할 수 있도록 지속적으로 노력해야 한다.

⑤ 판매원에게는 기본적으로 고객응대를 위해 경청하는 능력, 자신의 생각과 감정을 체계적으로 잘 전달하는 능력, 적절한 화제 선택 능력, 효과적인 대화 전개 방법 개발 능력이 필요하다.

> **해설** 일반적인 컴플레인 응대전략
> • 사람(Man)을 바꾼다.
> • 시간(Time)을 바꾼다.
> • 장소(Place)를 바꾼다.

30 다음 중 재고유지비용에 포함되지 않는 것은?

① 재고에 묶인 자본의 기회비용　　　　② 품절 비용

③ 저장시설 비용　　　　　　　　　　④ 취급 비용

⑤ 보험료

> **해설** 재고유지비용 : 재고에 묶인 자본의 기회비용, 저장시설에 대한 비용, 취급 비용, 보험료, 도난, 파손, 진부화, 세금 등이 재고유지비용에 속한다.

제4과목

DISTRIBUTION MANAGER

유통정보

1 유통정보의 이해

1절 정보의 이해

🎁 자료(Data)

어떤 현상이 일어난 사건이나 사상을 기록한 것으로 숫자 · 기호 · 문자 · 음성 · 그림 · 비디오 등으로 표현된다.

🎁 자료의 유형

① 음성자료(Audio) : 전화서비스와 같이 말로 표현되는 자료이다.
② 문자자료(Text) : 서적, 신문, 문서, 전자우편과 같이 문자로 표현되는 자료이다.
③ 이미지자료(Image) : 사진과 같이 정지된 화상으로 표현되는 자료이다.
④ 동화상자료(Video) : TV나 화상회의 같이 움직이는 화상으로 표현되는 자료로 표현력이 가장 우수하다.

🎁 1차 자료와 2차 자료

① 1차 자료
　㉠ 현재 당면하고 있는 특정상황에 맞게 수집되는 자료를 말한다.
　㉡ 특정한 문제해결이나 마케팅 활동에 실제적으로 활용될 수 있는 자료이다.
　㉢ 실제상황과 연계해서 수집되는 만큼 실용성과 실행가능성이 높다.
② 2차 자료
　㉠ 기업 내부에서 다른 목적으로 활용하기 위해 수집한 정보나 타 기관에서 다른 목적으로 수집한 자료이다.
　㉡ 2차 자료의 수집은 비용과 시간을 절약할 수 있으며, 일반적으로 1차 자료의 수집에 선행하여 이루어진다.

🎁 정보의 개념

① 어떤 사물이나 상태 등 관련된 모든 것들에 대해 수신자에게 의미 있는 형태로 전달되어 불확실성을 감소시켜 수신자가 의식적인 행위를 취하기 위한 의사결정, 선택의 목적에 유용하게

사용될 수 있는 데이터의 집합이다.

② 미래의 불확실성을 감축시키는 모든 것을 의미하며, 이를 위해 방대한 자료들을 객관적·체계적으로 수집, 분리, 보관, 전달, 보고하기 위한 시스템을 전제로 하는 것이다.

③ 각각의 사실들이 지니고 있는 본래의 가치를 초월하여 새로운 부가가치를 지니는 방식으로 조직화된 사실들의 집합체이다.

④ 인간이 판단하고 의사결정을 내리고 행동을 수행할 때, 그 방향을 정하도록 도와주는 역할을 하는 것이다.

⑤ 개인이나 조직이 의사결정을 하는 데 사용되도록 의미 있고 유용한 형태로 처리된 자료들이다.

🎁 정보의 유형

① 내용정보 : 과거 일어난 일에 관한 역사적 내용을 기록하고 있는 정보이다.

② 형식정보 : 모양, 즉 대상물의 형태와 구성을 묘사하는 정보이다.

③ 형태정보 : 컴퓨터를 이용하여 3차원적 공간에서 여러 단계를 거쳐 대상물의 동작을 모의실험(Simulation)함으로써 얻어지는 정보이다.

④ 동작정보 : 정교한 동작으로 즉각 변형되는 정보이다.

🎁 정보의 속성

① 정확성(Accuracy) : 정보에 실수나 오류가 없어야 한다.

② 완전성(Completion) : 중요성이 높은 자료가 충분히 내포되어 있어야 한다.

③ 경제성(Economical) : 필요한 정보를 산출하기 위한 비용이 경제적이어야 한다.

④ 신뢰성(Reliability) : 원천자료와 수집방법에 따라 정보의 신뢰성 정도가 결정된다.

⑤ 단순성(Simplicity) : 정보는 단순해야 하고 지나치게 복잡해서는 안 된다.

⑥ 통합성(Combination) : 개별적인 정보는 관련 정보들의 통합으로 더 가치 있는 정보로 재생산된다.

⑦ 관련성(Relevancy) : 의사결정자가 양질의 정보를 취사선택할 수 있도록 하는 최적의 기준이다.

⑧ 적시성(Timeliness) : 정보이용자가 필요로 하는 시간대에 전달되어야 한다.

⑨ 적절성(Felicity) : 적절하게 사용된 정보가 유용한 정보로서의 가치를 갖는다.

⑩ 입증가능성(Verifiability) : 정보는 입증이 가능해야 한다.

🎁 지식(Knowledge)

정보가 축적되어 체계화되고, 한층 더 농축된 상태로 원리·통일적으로 조직되어 객관적 타당성을 요구할 수 있는 판단의 체계이다.

💀 암묵지와 형식지

① **암묵지(Tacit Knowledge)** : 학습과 경험을 통해 개인에게 습득돼 있지만 사람의 머릿속에만 존재하고 특정한 형태로 드러나지 않은 상태의 지식이다.

② **형식지(Explicit Knowledge)** : 언어로 표현 가능한 객관적 지식으로, 문서화한 형태로 표출된 지식이다.

💀 자료와 정보의 비교

자료(Data)	정보(Information)
• 가공되지 않은 자료 • 관찰이나 측정을 통해 얻은 사실이나 값으로 정보의 원재료 • 현실 세계로부터 단순한 관찰이나 측정을 통해 수집된 사실이나 값	• 가공된 자료 • 어떤 목적을 위해 평가되고 가공된 자료 • 데이터의 유효한 해석

💀 유통정보

① **의의**

㉠ 상품의 유통에 있어서 신속·정확을 기한다.

㉡ 유통활동의 효율화와 합리화를 도모하여 비용의 낭비를 막고 유통활동을 촉진한다.

㉢ 유통정보시스템을 유지하는 데 필수적인 역할을 한다.

② **유통정보의 종류**

㉠ **수주정보** : 거래활동의 출발점이며, 유통활동의 기초가 된다.

㉡ **재고정보** : 적정 재고수준을 유지하고 판매기회의 손실을 최소화하며, 운송비를 절감한다.

㉢ **창고정보** : 상품별 보관위치, 상품의 입고 및 출고내용 등을 정보화하여 최적의 창고상태를 유지한다.

㉣ **출하정보** : 고객의 주문 상황에 대해 적기 배송체제의 확립과 최적 운송계획을 수립함으로써 운송비를 절감한다.

㉤ **유통관리정보** : 최소비용으로 목적을 달성할 수 있도록 시스템의 설계도를 개량하며, 유통시스템의 모니터링과 실적을 평가한다.

💀 물류정보

① **물류정보의 특징**

㉠ 정보의 절대량이 많고 다양하다.

㉡ 폭주 시와 평상시 사이에 정보량의 차이가 크다.

ⓒ 정보의 발생원, 처리부문, 전달 대상이 넓게 분산되어 있다.

ⓔ 화물의 흐름과 정보의 흐름에 동시성이 요구된다.

ⓜ 기업 내 영업, 생산 등 다른 부문과의 연관성이 크다.

② **물류정보의 기능**

　ⓐ **전달기능** : 상거래에 의한 운송 · 보관 · 하역 · 포장 · 유통가공 등의 제 기능을 현실적으로 실행할 경우, 그 내용을 신속 · 정확하게 전달하는 기능이다.

　ⓑ **효율화 구축기능** : 상거래에 의한 운송 · 보관 · 하역 · 포장 · 유통가공 등의 제 기능을 통합된 시스템으로 구성하여 전체적인 효율화를 구축하는 기능이다.

> 기업 물류정보의 활동순서 : 수주정보 → 재고정보 → 생산정보 → 출하정보 → 물류관리정보

③ **물류정보의 분류**

　ⓐ **수주정보** : 기업의 물류활동은 고객으로부터 주문을 받아 처리하는 일에서부터 시작된다.

　ⓑ **재고정보** : 물류담당자는 수주정보를 기본으로 현재 파악된 상품의 재고정보를 배당한다.

　ⓒ **생산정보** : 배당된 재고정보를 바탕으로 물류의 재고가 부족할 경우에는 생산정보로 매입 대상 상품을 수배한다.

　ⓓ **출하정보** : 물류담당자에 의해 배당된 재고는 출하준비를 위해 출하정보에 따라 반출장소로 이동되어 출하된다.

　ⓔ **물류관리정보** : 물품의 출하 시 물류관리팀은 물류활동을 관리하고 통제할 수 있도록 납품완료통지, 창고 · 차량 등의 물류시설, 물류비, 용기의 가동률 등을 물류관리정보로 수집하게 된다.

💠 고객데이터의 수집

① **수집방법** : 기업은 고객데이터를 수집하기 위해 신규회원 · 고객 모집활동을 전개하거나 멤버십을 부여함으로써 고정고객으로 유도하기 위해 노력한다.

② **수집내용** : 회원등록 정보, 신용카드 정보, 제품구매 정보, 외부 데이터베이스, 각종 시장조사 결과, 제휴회사의 고객정보, 전자우편 및 텔레마케팅(TM)센터 접수정보 등

③ **수집 시 고려사항** : 기업의 현재 상황, 기업의 미래 상황, 고객관리 방법의 개선방향이나 동향, 정부 및 단체의 제도변경 등

2절 정보와 의사결정

💎 의사결정의 의의

① 일정한 목적을 효과적으로 달성하기 위한 몇 가지 대체안 중에서 가장 유리하고 실행 가능한 최적 대안을 선택하는 인간행동이다.

② 기업에서는 기업목표의 설정과 목표를 달성하기 위해 선택 가능한 여러 대안 가운데 하나를 합리적으로 선택하고 결정하는 제반활동과 행동을 나타낸다.

💎 의사결정의 상황

① **확실한 상황하의 의사결정** : 문제의 본질이 알려져 있을 때 여러 대안 중의 하나를 선택하는 것이다.

② **위험한 상황하의 의사결정** : 기업 간 위험도와 기업 내 위험도에 대한 경험적 확률을 근거로 한 의사결정이다.

③ **불확실한 상황하의 의사결정** : 생길 수 있는 결과의 확률을 알지 못하고 있을 경우 주관적 확률에 따르는 의사결정이다.

④ **상중하의 의사결정** : 두 사람 또는 그 이상의 의사결정자가 경쟁적인 이해관계 상태에 있을 경우의 의사결정이다.

💎 의사결정의 기준

① 규범적 의사결정

　㉠ 기업의 의사결정에 대해 실천적인 선택원리를 추구한다.

　㉡ 이윤의 극대화를 위해 가장 유리한 대체안을 어떻게 선택할 것인가라는 규범을 제공한다.

　㉢ 과거지향적이 아니라 결과지향적이고, 최적해를 도출하기 위한 일정한 계산절차를 가지고 있으며 수학적 수법을 적용한다.

　㉣ 미래사회의 필요, 목표, 가치 등 규범적인 것을 밝히는 것에서 출발하여 미래의 가능성을 분석한다.

　㉤ 선형계획(Linear) 모형, 네트워크(Network) 모형, 정수계획(Integer Programming) 모형, CPM(Critical Path Method), 목표계획 모형, 경제적 주문량(EOQ : Economic Order Quantity), 비선형 계획(Nonlinear) 등을 경영과학기법으로 사용한다.

② 기술적 의사결정

　㉠ 조직에 있어서의 의사결정과정을 분석하여 기술하고, 이를 이론화하여 의사결정을 하는 것이다.

ⓛ 기업조직 내에서 인간이 의사결정을 어떻게 하는가 하는 사실을 기술하고 분석하는 것을 임무로 한다.

ⓒ 조직에 있어서 의사결정과정을 분석하고 기술한다는 점에서 과정지향적인 연구이다.

ⓔ 시뮬레이션, 대기행렬모형, 재고모형, PERT(Program Evaluation and Review Tech-nique) 등을 경영과학기법으로 사용한다.

🎁 의사결정의 모형

① 합리모형

ⓐ 인간과 조직의 합리성, 완전한 지식과 정보의 가용성을 전제로 하는 고전적 의사결정모형이다.

ⓑ 개인적 의사결정과 조직상의 의사결정을 동일시하며, 의사결정자의 전지전능성을 전제로 한다.

ⓒ 의사결정자는 문제의 복잡성, 미래상황의 불투명성, 적절한 정보부족 등으로 많은 장애요인을 가지고 있다.

② 만족모형

ⓐ 인간의 제한된 합리성에 주의를 환기시키면서 합리적 모형을 수정한 의사결정모형이다.

ⓑ 현실세계를 단순화한 모형으로 가치관 같은 주관적 합리성을 중시한다.

ⓒ 만족스런 대안 발견을 추구하며 만족수준에 따른 대안선택의 최저기준을 설정한다.

③ 타협모형

ⓐ 의사결정의 기준을 제시할 수 있는 조직적 목적은 조직이라는 연합체를 구성하는 구성원들이 협상과 타협을 통해 형성한다.

ⓑ 의사결정자들의 욕구수준은 관련된 여러 목적에 비추어 받아들일 수 있는 기대수준에 따라 결정된다.

ⓒ 조직적 목적은 단일한 것이 아니고 복수여야 하며, 대안의 모색은 단순하고 편견적인 것이 보통이다.

④ 점증모형

ⓐ 기존의 정책이나 결정을 점진적으로 수정해 나가는 방법에 의해 의사결정을 하는 모형이다.

ⓑ 의사결정은 부분적, 순차적으로 진행된다.

ⓒ 의사결정에 관련된 문제를 단순화하기 위해 과거의 해결방법과 차이가 적게 나는 대안을 고르거나, 대안의 실행결과의 일부와 그에 결부된 가치를 고려하지 않고 무시한다.

⑤ 중복탐색모형

ⓐ 특정한 의사결정에 관련 가능성이 넓은 영역을 개괄적으로 탐색한다.

ⓑ 그 가운데서 특별한 주의를 기울여야 할 좁은 영역을 선택하여 다시 면밀하게 탐색한다.

⑥ 최적화모형

ㄱ 계량적인 측면과 질적인 측면을 구분하여 검토하고 이를 결합하는 질적인 모형이다.

ㄴ 합리적인 요인과 초합리적인 요인을 함께 고려하는 모형이다.

ㄷ 여러 대안에 의해 기대되는 효과를 예비적으로 검토하고, 점진적 전략을 채택할 것인지 쇄신적 전략을 채택할 것인지를 결정한다.

💎 의사결정의 종류

① 의사결정 주체에 따른 분류

ㄱ 개인적 의사결정 : 개인의 목적이나 동기를 충족하기 위한 의사결정으로 집단적, 조직적 의사결정보다 덜 질서정연하고 시스템적이다.

ㄴ 조직적 의사결정 : 조직의 일원으로서 조직의 목적을 위해 합리적으로 하는 의사결정이다. 조직체의 중요한 의사결정은 경영자 개인보다는 각종 위원회, 연구팀, 태스크포스(Task Force) 및 심사회 등의 집단에 의해 이루어진다.

② 조직계층에 따른 분류

ㄱ 전략적 의사결정 : 주로 최고경영자에 의해 이루어지며 조직의 목표, 정책 및 장기적인 계획은 수년에 걸쳐 조직에 영향을 끼친다. 미래의 조직과 환경의 변화를 예측하여 미래의 환경에 적합한 조직을 구축하기 위한 의사결정으로 주로 기업의 외부문제, 즉 외부환경과의 관계에 관한 비정형적인 문제를 다룬다.

ㄴ 관리적 의사결정 : 주로 중간관리자에 의해 이루어지며 전략적 의사결정을 구체화하기 위해 기업의 제 자원을 활용함에 있어서 그 성과가 극대화될 수 있는 방향으로 조직화하는 전술적 의사결정이다.

ㄷ 업무적 의사결정 : 주로 실무자에 의해 이루어지며 생산, 판매, 인사, 재무 등과 관련된 하위부문에서 이루어지는 각종 의사결정이다. 자원배분, 업무일정계획 수립, 업무의 감독 및 통제활동, 가격결정, 재고수준 결정, 연구개발, 비용지출수준 결정 등이 이에 속한다.

③ 정형화 정도에 따른 분류

ㄱ 정형적(구조적) 의사결정 : 문제와 목표가 명확해서 관련된 정보를 이용해 자명하거나 잘 알려져 있는 방안을 선택하는 유형의 의사결정이다. 일상적이고 반복적으로 일어나며, 의사결정을 해야 할 때마다 새로운 절차를 거치지 않도록 의사결정과정이 구조화되어 있거나 프로그램화되어 있다. 최근에 정형적 의사결정은 OR(Operations Research) 기법과 컴퓨터를 이용해 매우 능률적으로 이루어지고 있다.

ㄴ 비정형적(비구조적) 의사결정 : 선택관련 정보가 애매모호하거나 새롭고 이례적이기 때문에 체계적으로 조직되어 있지 않은 문제를 대상으로 이루어지는 의사결정이다. 정형적 의사결정과는 달리 비반복적이고 일회적이며 구조화되지 않은 예외적 의사결정으로, 의사결정자가 문제 정의에 대해 나름대로의 판단, 평가, 통찰을 해야 한다. 최근에는 비정형적 상황

에서도 의사결정자의 문제해결 능력을 제고하거나 문제해결자를 지원하는 탐색적 컴퓨터 프로그램을 활용하는 방법을 추구하기도 한다.

💎 정형적 의사결정과 비정형적 의사결정의 비교

정형적 의사결정	비정형적 의사결정
• 반복적 • 잘 정의된 목표 • 명확한 정보와 선택 대안들 • 확실함 • 운영적인 의사결정	• 신선함, 새로움 • 잘 정의되지 않은 목표 • 모호한 정보와 선택 대안들 • 불확실함 • 전략적인 의사결정

💎 의사결정의 단계

① 경영자의 의사결정단계

　㉠ **문제인식** : 특정한 목적이나 목표를 결정하고 모든 제약조건을 정의하여 선택대안을 제시한다.

　㉡ **분석** : 선택대안을 평가하고 문제의 해결책이나 최선의 대안을 선택한다.

　㉢ **요약 · 평가** : 분석단계의 결과를 종합하고 평가한다.

　㉣ **결정** : 평가 결과를 의사결정에 반영하여 실행에 옮긴다.

② 소비자의 의사결정단계

　㉠ **욕구인식** : 소비자가 구매에 관련된 문제를 인식하고 구매과정을 일으키는 단계이다.

　㉡ **정보탐색** : 소비자의 욕구를 충족시키기 위해 제품에 관한 정보와 구매업체의 정보 등을 얻으려고 하는 단계이다.

　㉢ **대안평가** : 도출된 여러 대안을 평가하는 단계이다.

　㉣ **구매결정** : 각 대안을 종합적으로 평가하여 최선의 대안을 선택하는 단계이다.

　㉤ **구매 후 평가** : 구매만족도를 평가하게 되며, 만족하지 못했을 경우에는 다시 정보탐색 단계로 가서 새로운 대안을 탐색한다.

💎 사이먼(H. A. Simon)의 의사결정단계 모형

① **인지 및 탐색단계** : 문제의 본질을 인식하고 자료를 수집하는 단계이다.

② **대안설계단계** : 문제해결을 위해 여러 가지 대안을 계획하는 단계로 의사결정 대안을 개발하고 평가하는 것까지 포함한다.

③ **선택단계** : 효과적인 의사결정을 내리기 위해 정보시스템을 활용하여 여러 대안 중에서 적절한 대안을 선택하는 단계이다.

4과목 유통정보

④ **실행 및 통제단계** : 선택된 여러 가지 대안 중에서 최적의 대안을 실행하고, 의사결정의 성공 여부도 추적하게 되는 단계이다.

3절 정보화와 정보화 사회

📦 정보화

정보가 중요한 자원으로 인식되고 사회경제 활동의 중심이 되어, 정보의 생산 · 가공 · 처리 · 전달 및 이용에 의한 가치의 생산을 중심으로 발전하며, 정보통신기기의 사회를 구성하는 정치 · 경제 · 문화 등 모든 분야에 걸쳐 활용하는 것을 의미한다.

📦 정보화 사회

① 정보가 경쟁력의 원천이 되는 사회이다.
② 컴퓨터기술과 전자기술 및 정보 · 통신기술 등을 통해 가치 있는 정보가 창출 · 활용되고, 이러한 정보가 모든 생활영역에서 핵심이 된다.
③ 사회구성원의 욕구를 충족시키는 데 정보가 중추적인 역할을 수행하는 사회이다.

📦 정보화 사회의 배경

① 산업 사회가 성숙해짐에 따라 발생하는 개인 · 사회적 욕구의 변화를 능동적으로 대처하기 위해 정보화 사회의 필요성이 증대되고, 이를 위한 정보통신기술의 발달은 정보화 사회의 진전을 더욱 촉진하게 되었다.
② 컴퓨터 공학이나 광섬유, 반도체 등 기술의 발달로 과거에는 매우 높은 가격이었던 컴퓨터 관련 기기들의 가격이 저렴해지고 개별기업과 일반인들의 사용 및 접근이 용이하게 되어 정보화가 급속히 진전되었다.
③ 근거리통신망(LAN), 부가가치통신망(VAN), 유선방송 등의 발달과 특히 인터넷 기술의 발달은 정보를 실시간에 광역적으로 전달할 수 있게 하여, 정보의 전달에 있어서 시간과 위치의 한계를 극복할 수 있게 하였다.
④ 우리나라에서도 정보화를 촉진하기 위해 국가 초고속망을 초기에 완성하고 벤처기업을 포함한 정보산업의 육성, 행정정보화, 지역정보화, 전자상거래, 가상교육제도의 확충 등 정책적인 배려를 아끼지 않고 있다.
⑤ 정보화 사회는 필요적인 측면과 기술적인 측면 및 정책적인 측면이 서로 통합 혹은 상승작용

을 하면서 정치 · 경제 · 사회 · 교육 등 사회 전 분야에서 근본적인 변화를 일으키고 있으며, 발전의 속도가 일반적인 예상을 초월하여 빠른 속도로 일어나고 있다.

❧ 정보화 사회의 특성

① **사회적 측면에서의 특성**

    ㉠ 정보의 가치가 증대되고, 자유로이 이동함에 따라 정보시스템이 일반화된다.

    ㉡ 다양화 및 분권화로 대표되는 사회는 더욱 복잡하게 변모된다.

② **경제적 측면에서의 특성**

    ㉠ 에너지 및 자원 집약적인 하드웨어 중심의 경제구조에서 지식 및 정보 중심의 자원절약형 소프트웨어 중심의 경제구조로 전환된다.

    ㉡ 기존의 소품종 대량생산방식에서 다품종 소량생산방식으로 전환된다.

    ㉢ 제품의 생산보다는 정보의 가공, 처리, 분석 등이 고부가가치를 창출한다.

③ **소비자 측면에서의 특성**

    ㉠ 경제성장으로 말미암은 가처분소득의 증대 및 정보통신매체의 발달에 따른 제품 접촉기회의 확대 등에 따라 소비패턴은 더욱 다각화, 개성화된다.

    ㉡ 소비주기를 더욱 단축하여 소비자 중심의 시장구조로 전환된다.

④ **산업적 측면에서의 특성** : 제조업 중심의 산업체제에서 지적 기술 및 정보를 통한 가치창출 중심의 산업체제로 전환된다.

⑤ **기술적 측면에서의 특성** : 지식을 바탕으로 하는 고도의 정보 · 통신기술의 진전이 가속화됨으로써 자료의 이용가치가 높아진다. 또 유통되는 정보량이 증대되며 사회구성원들의 정보 접근성이 용이하게 된다.

⑥ **국제적 측면에서의 특성** : 생산요소의 자유로운 이동과 정보기술 및 네트워크 기술의 발전으로 글로벌화, 개방화가 가속화된다. 또한 국가 간 갈등, 경쟁, 상호의존이 더욱 심화된다.

❧ 정보화 사회에서 기업환경의 변화

① 글로벌 시장체제의 가속

② 소비패턴의 다양화 · 고급화

③ 제품수명주기의 단축

❧ 유통혁명시대의 특징

① 시장지배 구조와 경쟁력 핵심 요소의 변화

② 신유통업의 기술적 우위의 유통 구조

③ 고객 중심의 시장 변화

④ 조직의 유연성 강화

⑤ 기업 유통 경영 시스템의 변화

⑥ 소비자의 시장 참여 확대

유통혁명 이전시대와 유통혁명시대의 특징

구분	유통혁명 이전시대	유통혁명시대
관리핵심	개별기업관리	공급체인관리
경쟁우위 요소	비용, 품질	정보, 시간
기술우위 요소	신제품 개발	정보, 네트워크
고객 · 시장	불특정 다수	특화고객
조직체계	독립적 · 폐쇄적 조직	유연하고 개방적인 팀조직
이익원천	수익제고	가치방출

🍂 유통혁명시대의 발전전략

① **기본개념의 전환** : 물품유통에서 정보유통 위주의 전략으로 전환

② **경영체제의 전환** : 개별기업 중심의 경영체제에서 통합공급체인 경영체제로 전환

③ **운영전략의 전환** : 비용 중심의 운영전략에서 시간 중심의 운영전략으로 전환

④ **고객전략의 전환** : 불특정 다수의 고객전략에서 특화된 고객전략으로 전환

🍂 유통업체의 발전과정

① **1970년대(슈퍼마켓)** : 슈퍼마켓은 아파트 단지에 집중적으로 출점하는 방식으로 오늘에 이르기까지 지속적인 성장을 해 왔으나 생식품 공급에 있어 재래시장과 소규모 영세 상점의 벽을 넘지 못하고 있다.

② **1980년대(백화점)** : 백화점은 1980년대부터 양적인 성장을 거듭해 왔으나, 상품개발 능력의 부족으로 소비자들의 다양한 욕구를 충족하지 못해 새로운 변신을 요구받고 있다.

③ **1990년대(할인점)** : 할인점은 거의 모든 유통업체가 예외 없이 참여하고 있거나 계획을 가지고 있는 가장 각광받는 업태이다.

④ **2000년대(전자상거래)** : 인터넷의 확산에 따라 전자상거래 등과 같은 무점포 판매방식은 또 다른 업태로 발전하고 있으며, 특유의 개방성을 무기로 기존 유통업계의 기본 틀을 붕괴시켰다.

🍂 유통업체의 당면과제

① 급속히 증가한 거래량과 정보량의 소화를 위한 정보시스템의 구축이 필요하다.

② 환경변화를 신속히 인지하고 수용할 전문적인 인적자원의 양성이 필요하다.

③ 소비구조의 변화에 민감한 유통업으로서의 전환이 필요하다.

💎 유통업체의 변화원인

① **정보중심적 전략** : 기업들은 정보통신기술의 진전에 따라 고도의 정보시스템을 구축 · 운영함으로써 다양한 소비자의 욕구를 충족할 수 있게 되었다.

② **소비패턴의 변화** : 소비자는 인터넷의 확산에 따라 다양한 상품정보를 손쉽게 수집, 비교할 수 있게 되어 소비패턴은 소비자의 특성에 따라 상이하게 변화하였고, 특히 시간의 개념을 중시하는 경향으로 변화했다.

💎 인터넷(Internet)

① Inter와 Network의 합성어로 운영체제에 관계없이 전 세계적으로 연결되어 있으며, 다른 네트워크의 임의의 사용자들과 통신할 수 있도록 TCP/IP 방식에 의해 여러 가지 서비스를 제공하는 모든 네트워크의 집합체이다.

② 군사적인 활용 목적에서 개발되었던 미국의 ARPANET이 그 시초이며, 전 세계에 퍼져 있는 컴퓨터 간의 정보를 공유하기 위해 컴퓨터와 정보망을 연결해 놓은 컴퓨터 네트워크이다.

③ 서로 다른 기종의 컴퓨터가 자료를 상호 교환할 수 있다는 점에서 인터넷은 개방형이며, 하나의 호스트 컴퓨터에 집중되어 있는 PC 통신망과 달리 전 세계의 여러 컴퓨터가 상호 연결되어 있다는 점에서 분산형 통신망이다.

> **인터넷의 특성**
> * 개방성   * 직접성
> * 쌍방향성   * 경제성
> * 국제성

4과목
유통정보

💎 인터넷의 특징

① **개방성**

 ㉠ 개방된 네트워크의 운영으로 자유로운 정보교환과 풍부한 데이터 및 이용자가 확대되었다.

 ㉡ 개방된 기술표준의 채택으로 사이버 공간상에서의 다양한 신기술의 실험과 완성이 이루어지고 인터넷 서비스가 확장되었다.

 ㉢ 인터넷의 개방성으로 인터넷 사용자들이 급속히 증가하였고, 새로운 시장으로서의 사이버 마켓이 출현했다.

② **직접성**

 ㉠ 불특정 다수에 대한 정보의 방신(放信)과 수신(受信)이 가능하고, 허가받지 않은 개인도 알

지 못하는 상대방에게 직접 정보를 발송할 수 있다.

  ⓒ 인터넷에서 영업을 하려는 기업들의 불특정 다수에 대한 쇼핑정보의 제공이 용이하고, 소비자들에 대한 직접적인 홍보가 가능하다.

③ 쌍방향성

  ㉠ TV나 비디오 같은 단방향 서비스와 달리 상호대화식 쌍방향 서비스로 이용자의 의사에 따른 정보를 검색, 이용할 수 있다.

  ⓒ 쌍방향성으로 주문형 비디오(VOD : Video On Demand)나 주문형 오디오(AOD : Audio On Demand) 등 이용자 위주의 주문형 서비스가 가능하다.

④ 경제성

  ㉠ 인터넷을 통한 각종 정보를 무료로 제공한다.

  ⓒ 전자우편, 인터넷폰, 인터넷팩스 등 인터넷 부가서비스를 이용한 통신비용이 대폭 절감되었다.

  ⓒ 기업에서 상품판촉이나 정보제공의 매체로 인쇄물이나 우편물을 이용하는 대신 전자우편 또는 홈페이지를 활용함으로써 광고, 홍보, 판촉비용이 대폭 절감되었다.

⑤ 국제성

  ㉠ 전 세계의 네트워크를 실시간으로 연결하여 국가 간의 경계 및 지리적 제약이 해소되었다.

  ⓒ 전 세계의 무한대 고객을 상대로 영업하는 글로벌 마켓이 형성되었다.

🖤 인터넷의 기능

① **전자우편(E-mail)** : 컴퓨터 통신망을 이용하여 컴퓨터 사용자 간에 편지나 여러 정보를 주고받는 통신 서비스이다.

② FTP(File Transfer Protocol) : 인터넷상에서 필요한 자료나 정보를 컴퓨터로 송 · 수신하는 서비스이다.

③ 텔넷(Telnet) : 원격지에 있는 컴퓨터에 접속해서 그 컴퓨터 자원을 사용하는 서비스이다.

④ 웨이즈(WAIS : Wide Area Information Service) : 인터넷 서비스의 하나로, 핵심어를 사용해서 인터넷에 흩어져 있는 복수의 데이터베이스로부터 데이터를 찾아주는 검색도구이다.

⑤ DNS : IP Address를 도메인으로 변환시키거나 도메인을 IP Address로 변환시키는 시스템을 말한다.

⑥ IP Address : 인터넷 상에서 호스트를 식별하기 위한 주소코드이다.

🖤 인터넷의 활용

① **인트라넷(Intranet)**

  ㉠ 인터넷 기반의 기술을 활용하여 구현된 내부 정보망이다.

ⓒ 기관이나 기업이 내부업무의 효율성을 높이고 정보의 활용도를 높이기 위해 소속원에 한하여 사용될 목적으로 구현된다.

ⓒ 인트라넷의 외부에서는 내부로 들어올 수 없지만, 내부에서는 외부로 나갈 수 있도록 인터넷망이 구축되어 있다.

② 엑스트라넷(Extranet)

㉠ 엑스트라넷은 관련 기업들 간에 보안문제를 걱정하지 않고 전용망처럼 활용할 수 있는 시스템이다.

ⓒ 엑스트라넷은 인트라넷의 발전된 형태로, 내부 사용자나 외부 사용자에게 사용환경의 차이만 있을 뿐 데이터의 공유는 같이 할 수 있도록 되어 있다.

ⓒ 인터넷 데이터와 인트라넷 데이터를 DB로 공유하면서 업무의 효율성을 높일 수 있다.

Web(웹) 2.0

① 누구나 자료(Data)를 생산하고 공유할 수 있도록 한 사용자 참여 중심의 새로운 인터넷 환경으로 자료의 소유자나 독점자가 없다.

② 웹 1.0이 인터넷상에서 정보를 모아 보여주기만 했다면 웹 2.0은 데이터를 제공하는 플랫폼이 정보를 간편하게 공유할 수 있도록 하여 사용자가 직접 자료를 다룰 수 있도록 만들어졌다.

4절 유통정보시스템

시스템의 개념

① 전체적으로 통일된 하나의 개체를 형성하면서 상호작용을 하는 구성요소들의 집합체이다.

② 예정된 기능을 협동으로 수행하기 위해 설계된 상호작용을 가진 요소의 유기적인 집합체이다.

③ 특정한 여러 가지 기능을 완수하기 위해 필요한 인간·기계·방법의 조직적인 집합체이다.

④ 하나 혹은 그 이상의 공동목표를 달성하기 위해 투입물을 산출물로 전환하는 체계적인 처리과정 내에서 상호작용하는 구성요소들의 유기적인 결합체이다.

⑤ 외부환경으로부터 제공받은 투입물을 시스템 내부 구성요소들의 상호작용을 통해 산출물을 외부환경으로 다시 내보내는 기능을 수행한다.

시스템의 유형

① 시스템 환경과 상호작용에 의한 분류

ㄱ 개방형 시스템(Open System) : 다른 시스템과 연계되어 있으며, 정보 · 자원 등을 상호 교환하는 시스템이다.

ㄴ 폐쇄형 시스템(Closed System) : 모든 작용이 시스템 내에서만 이루어지는 시스템이다.

② 시스템의 물리적 형태 유무에 의한 분류

ㄱ 추상적 시스템 : 물리적인 형태가 존재하지 않는 이념을 체계적으로 조직화한 시스템이다.

ㄴ 물리적 시스템 : 물리적인 형태가 존재하는 시스템이다.

③ 시스템의 활동 예측에 의한 분류

ㄱ 확정적 시스템 : 출력의 결과를 예측할 수 있고, 불확실성이 없는 시스템이다.

ㄴ 확률적 시스템 : 시스템의 형태를 확률적으로만 예측할 수 있는 시스템이다.

④ 시스템 구성요소의 특성에 의한 분류

ㄱ 인간시스템 : 시스템의 구성요소인 하위시스템들이 사람으로 구성되어 있는 시스템이다.

ㄴ 기계시스템 : 인간의 간섭 없이 운영될 수 있는 순수하게 기계화된 시스템이다.

ㄷ 인간 – 기계시스템 : 인간과 기계의 상호협력에 의해 운영되는 시스템이다.

🎁 시스템의 구성

① 환경(Environment) : 시스템의 운용에 영향을 미치지만, 경계 외부에 존재하기 때문에 통제할 수 없는 변수들을 의미한다.

② 경계(Boundary) : 시스템 외부와 시스템 내부를 구분하는 영역이지만, 물리적인 경계선이 존재하는 것이 아니라 투입물과 산출물이 통과하는 개념적인 영역을 의미한다.

③ 투입물(Input) : 시스템을 가동시키기 위해 시스템 내부로 들어오는 모든 에너지를 의미한다.

④ 산출물(Output) : 시스템 내부에서 처리되어 외부로 보내지는 모든 결과물을 의미한다.

⑤ 시스템 내부의 구성요소(Component) : 투입물을 목적에 맞는 산출물로 처리 · 전환하기 위해 기능하는 단위요소들을 의미한다.

⑥ 접속(Interface) : 한 시스템으로부터 나온 산출물을 다른 시스템의 투입물로 연결해 주는 것으로 시스템 간의 경계영역을 의미한다.

🎁 정보시스템의 개념

① 특정 응용분야의 활동과 관련된 자료를 수집 · 분석 · 처리하여 의사결정자가 의사결정을 하는 데 필요로 하는 정보를 제공해줄 수 있는 인간과 컴퓨터 시스템의 구성요소들로 이루어진 시스템이다.

② 데이터와 데이터를 처리하는 절차를 입력받아 주어진 절차에 따라 데이터를 처리하며, 처리 결과를 출력하는 입력 · 처리 · 출력의 과정을 가진 시스템이다.

③ 인적 요소, 절차 및 여러 가지 유 · 무형 자원을 결합하여 조직에서 필요로 하는 정보를 수집

하고 활용 목적에 맞게 변환하여, 정보를 원하는 부서나 적합한 사용자에게 적시에 분배하는 역할을 수행하는 인간과 기계의 통합적 시스템이다.

💎 정보시스템의 특성

① 정보시스템은 인간과 컴퓨터 간의 시스템이다.
② 정보시스템은 다양한 하위시스템으로 구성된 통합시스템이다.
③ 정보시스템의 목표는 조직 전체의 목표에 부합해야 한다.
④ 정보시스템은 의사결정을 지원하는 포괄적인 개념이다.

💎 정보시스템의 기능 및 역할

① 기업경영활동의 중요한 성공요소 중 하나이며, 경영의 필수기능으로서의 역할을 한다.
② 기업자원의 중요한 영역이면서 상당한 비용을 발생시키므로 집중적인 자원관리의 대상이 된다.
③ 업무 효율성, 종업원 생산성 및 사기, 고객서비스 및 만족에 영향을 미치는 주요 요인이다.
④ 효율적 의사결정에 필요한 정보원천을 제공하는 등 적절한 지원기능을 한다.
⑤ 시장에서 경쟁우위를 가지는 제품과 서비스의 개발 및 제공 능력을 뒷받침하는 중요한 요소이다.
⑥ 계획 · 실행 · 관리업무에 있어서 일관성을 유지할 수 있도록 지원한다.

💎 정보시스템의 구성

① 하드웨어(Hardware) : 물리적인 컴퓨터장비로 입력장치, 처리장치, 출력장치로 구성된다.
② 소프트웨어(Software) : 컴퓨터 작업을 통제하는 프로그램들로 컴퓨터 운영을 통제하는 시스템 소프트웨어와 특정 업무를 지원하는 응용 소프트웨어가 있다.
③ 데이터베이스(Database) : 체계화된 정보들의 집합체로 고객 · 시장 · 제품 등의 경영활동에 필수적인 기초 정보들이 수록되어 있다.
④ 네트워크(Network) : 시스템과 시스템, 고객과 기업을 연결해줌으로써 다양한 정보수집, 신속한 의사결정 및 전 세계 시장으로의 진출을 가능하게 한다.
⑤ 절차(Procedure) : 정보시스템을 활용하기 위한 정책과 규칙으로 언제, 무슨 일을, 어떻게 수행해야 하는지를 결정한다.
⑥ 인적 자원(People) : 시스템의 성패를 결정하는 주체로 시스템을 관리 · 운영 · 유지하는 모든 사람들을 포함한다.

💎 정보시스템의 분류

① 관리수준에 따른 분류
　㉠ 전략계획시스템 : 최고경영층이 수행하는 전략계획 및 통제업무를 지원하는 정보시스템이다.

ⓛ **관리통제시스템** : 주로 중간경영층이 수행하는 경영통제 및 관리통제를 지원하는 정보시스템이다.

ⓒ **운영통제시스템** : 하위경영층이 수행하는 세부적인 조직의 기본업무 또는 활동들이 효율적으로 수행되도록 도와주는 정보시스템이다.

ⓔ **거래처리시스템** : 조직의 일상적인 운영활동을 지원하는 시스템이다.

② **경영지원 기능에 따른 분류**

ⓣ **운영정보시스템(OIS)** : 기업의 운영지원을 위해 사용되는 정보시스템이다.

ⓛ **경영정보시스템(MIS)** : 효율적인 의사결정에 필요한 정보제공 및 지원시스템이다.

ⓒ **전략정보시스템(SIS)** : 전략적 활용을 지원하는 시스템이다.

❖ 전략정보시스템(SIS : Strategic Information System)

전략정보시스템(SIS)은 기업의 전략을 추진하는 정보시스템으로 기업의 생존 유지와 경영전략을 지원하는 데 있어서 컴퓨터와 통신의 신기술을 활용한다. 또한 SIS 기업 간의 통신 네트워크를 통해 기업전략의 전개를 능동적으로 지원한다.

❖ 기업 내 정보시스템의 구성

① **재무정보시스템** : 자금조달과 재무자원의 운용 및 평가에 관한 정보를 제공함으로써 의사결정을 지원하기 위한 정보시스템이다.

② **생산정보시스템** : 생산기능을 구성하는 생산기획, 작업관리, 공정의 운영과 통제, 생산실적 등과 관련된 활동을 지원하는 정보시스템이다.

③ **인사정보시스템** : 인적 자원의 모집, 고용, 평가, 복지 등과 같은 종합적인 관리를 지원하는 정보시스템이다.

④ **마케팅정보시스템** : 마케팅의 기획 · 관리 및 거래와 관련한 자료, 경쟁기업정보 등을 처리하며, 마케팅과 관련한 의사결정에 필요한 정보를 제공하는 정보시스템이다.

⑤ **회계정보시스템** : 외상매출금시스템, 외상매입금시스템, 급여시스템 등으로 구성되는 기업의 회계정보를 관리하는 정보시스템이다.

❖ 의사결정지원시스템

① 컴퓨터를 이용해서 반구조적 또는 비구조적 의사결정을 지원하는 시스템이다.

② 경영자의 비구조적 또는 반구조적인 의사결정을 지원하기 위해 의사결정 모형과 자료에 보다 쉽게 접근할 수 있게 해주는 대화식 시스템이다.

③ 기업경영에서 당면하는 여러 가지 의사결정 문제를 해결하기 위해 복수의 대안을 개발하고, 비교 · 평가하며, 최적안을 선택하는 의사결정과정을 지원하는 정보시스템이다.

◆ 의사결정지원시스템의 특성

① 다양한 데이터의 원천

② 대화식 정보처리와 그래픽 디스플레이

③ 의사결정환경의 변화를 반영할 수 있는 유연성

◆ 의사결정지원시스템의 구성

① **데이터베이스 시스템** : 의사결정에 필요한 데이터를 저장·관리하고 이를 제공한다. 데이터베이스에는 조직의 내부 데이터베이스, 외부 데이터베이스, 경영관리자의 개인 데이터베이스 등이 포함되어 있다.

② **모델베이스 시스템** : 모형베이스라고도 하며, 의사결정에 필요한 다양한 모델들을 저장하고 있는 모델베이스와 이들을 관리하는 모델베이스 관리시스템으로 구성되어 있다.

③ **사용자 인터페이스 기관** : 대화시스템이라고도 하며, 데이터의 입력과 출력, 다양한 분석과정에서 일어나는 사용자와 시스템 간의 인터페이스 환경을 제공하는 시스템 모듈이다.

④ **사용자** : 의사결정지원시스템의 사용자는 주로 기업경영의 주요 의사결정을 담당하는 경영관리자들이다.

◆ 의사결정지원시스템의 분석기법

① What-If 분석

② 민감도 분석

③ 목표추구 분석

④ 최적화 분석

◆ 의사결정지원시스템의 활용

① **보고·조회시스템** : 유통경영관리자가 기업 내부의 사안에 대해 조사·조회할 수 있는 기능을 제공한다.

② **분석적 모델** : 유통활동에서 발생하는 특정사안에 대한 발생원인의 규명, 미래의 예측, 대응책 모색 등에 관한 의사결정을 가능하게 한다.

③ **임원정보시스템** : 의사결정지원시스템의 특별한 형태로, 사용자 환경을 쉽게 한 보고·조회시스템과 분석형 모델의 결합 형태를 가진다.

④ **그룹의사결정 지원시스템** : 컴퓨터의 활용에 기초한 집단적 문제해결방식의 시스템이다.

⑤ **인공지능시스템** : 인간의 과거 경험에서 도출된 정보, 과거의 사안에 관한 자료, 시스템에 축적된 정보를 총망라하여 목표지향적인 의사결정을 수행하는 컴퓨터 시스템이다.

◆ 유통정보시스템

유통경로의 단축과 유통계획, 관리, 거래처리 등에 필요한 데이터 처리를 통해 조직 내의 운용과 경영 및 관리자의 의사결정 기능을 지원하는 종합적인 정보시스템이다.

① 기업의 유통활동 수행에 필요한 정보의 흐름을 통합하는 기능을 통해 전사적 유통 또는 통합 유통을 가능하게 한다.

② 영업관리, 제품관리, 광고, 판촉, 수요예측, 시장조사, 유통관리, 영업활동 지원의 자동화 등에 활용된다.

> 유통정보시스템의 기반기술 : 바코드, POS, EDI, VAN, 데이터베이스, 인터넷

🎁 유통정보시스템의 필요성

① 시장확대

    ㉠ 유통시장이 전면 개방됨에 따라 우리나라의 유통산업은 대형화, 다점포화 등의 양적 팽창이 이루어지고 있다.

    ㉡ 확대된 시장을 효율적으로 관리하기 위해 유통정보시스템이 더욱 필요하게 되었다.

    ㉢ 양적 팽창은 선진 유통기업들과의 경쟁을 가능하게 하여 해외시장으로 진출할 터전을 마련한다.

② 수익성 향상

    ㉠ 대량생산과 대량매매에 따른 비용과 인건비의 상승, 교통체증의 증가와 복잡한 상품유통제도 때문에 유통비용이 증가하게 된다.

    ㉡ 유통정보시스템을 통해 운송수단, 판매장, 물류시설 등의 활용도를 높여 기업의 수익성을 향상시켜야 한다.

③ 유통환경의 변화에 따른 능동적 적응

    ㉠ 유통환경 변화란 다양해지고 있는 소비자들의 수요, 대량의 판매정보를 신속하고 정확하게 처리해야 하는 환경을 말한다.

    ㉡ 유통업체는 각종 정보를 신속하고 정확하게 수집해서 환경변화에 능동적으로 적응해야 한다.

    ㉢ 능동적 적응이란 소비성향을 신속하게 수집 · 분석해서 소비자의 변화에 즉각 대응하는 것이다.

🎁 유통정보시스템의 설계과정

① 1단계

    ㉠ 경로시스템에서의 주요 의사결정영역을 확인한다.

    ㉡ 전체 유통경로시스템상에서 각 경로 구성원들이 수행해야 할 주요 기능을 재정립한다.

    ㉢ 상품구색, 상품가격, 가격할인 등

② 2단계

    ㉠ 의사결정영역을 수행해야 할 경로 구성원(제조업자, 도매상, 소매상)을 규명한다.

    ㉡ 유통기능의 각 기능을 경로 구성원들 중 누가 수행할 것인가 결정한다.

    ㉢ 상품구색, 가격, 재고부담기능 등을 누가 수행할 것인가 결정한다.

③ 3단계

    ㉠ 각 유통경로 의사결정에 필요한 구체적인 마케팅 정보를 결정한다.

    ㉡ 정보의 과부하 현상을 방지해야 하며 유통기능을 수행하기 위해 필요한 마케팅 정보의 유형을 확정해야 한다.

④ 4단계

    ㉠ 유통정보제공자, 정보사용자, 제공방법을 결정한다.

    ㉡ 3단계에서 확정된 마케팅 정보를 누가 수집하며, 이를 누구에게 어떤 방식으로 전달할 것인가를 결정한다.

      • 소매상 : 유통정보시스템에서 시장정보 수집　**예** 판매, 소비자 정보

      • 제조업체 및 도매상 : 제품 및 전략적 의사결정에 필요한 정보 수집　**예** 가격구조, 상표의 시장점유율, 광고판촉의 효과 등

⑤ 5단계

    ㉠ 잡음 요소의 규명 및 이의 제기방안을 결정한다.

    ㉡ 정보활동의 효율성을 저해하는 잡음이 있으므로 정보기술을 이용한 정보의 입력 및 전달 자동화가 잡음 개입의 가능성을 낮출 것이 요구된다.

    ㉢ 자동화된 시스템이라 하더라도 경로 구성원의 이해관계로 인해 그 효율성이 떨어질 수도 있다.

🔷 유통정보시스템의 구축과정

① 기획단계

    ㉠ 기존 기업정책의 기조유지

    ㉡ 현업의 분석을 통한 문제점 도출 및 목적의 명확화

    ㉢ 목적에 부합하는 개발전략의 수립

② 개발단계

    ㉠ **시스템 기본설계** : 출력물 및 업무효율 중심의 설계

    ㉡ **시스템 상세설계** : 기본설계에 따른 사양의 설계

    ㉢ **프로그램의 개발** : 프로그램 사양서에 따른 개발

③ 적용단계

    ㉠ 조직 구성원들의 적극적 참여를 유도하기 위한 단계적 적용

    ㉡ 사용자를 위한 사용지침서의 개발

ⓒ 문제점 도출 및 보완을 위한 개방적 의사전달 채널의 확보

    ⓔ 구성원들을 위한 교육, 훈련프로그램의 개발 및 실시

🔶 유통정보시스템의 활용

① **영업관리** : 영업사원 실적관리, 제품 및 서비스의 판매계획, 지원 및 통제

② **영업활동 지원의 자동화** : 판매사원의 매출실적 및 활동, 영업관리자의 의사소통 및 지원 등의 자동화

③ **제품관리** : 제품, 제품계열 또는 브랜드의 계획 · 통제 · 지원

④ **광고 및 판촉** : 매체, 판촉방법 선정과 광고, 판촉결과에 대한 평가 및 통제

⑤ **수요예측** : 매출에 관한 장 · 단기 예측

⑥ **시장조사** : 시장변수, 개발, 경향 등에 관한 내 · 외부 데이터 수집 및 분석

⑦ **유통관리** : 기업목표, 시장조사, 매출활동 자료에 근거한 유통전략 및 계획수립, 유통활동 지원 및 통제

🔶 유통정보시스템의 범위

① **구매관리시스템** : 원자재의 구매정보 및 구매선에 관련된 정보를 제공한다.

② **주문처리시스템** : 고객의 조회, 주문입력, 재고확인, 여신체크 등 주문확정 시까지의 정보를 제공한다.

③ **출하 · 재고관리시스템** : 주문을 분류하여 출하지시서를 발급하고, 출하작업을 관리하는 정보와 갱신된 재고정보를 제공한다.

④ **실적관리시스템** : 판매실적과 광고 및 판촉실적 등 영업전략의 핵심정보를 제공한다.

⑤ **수요예측시스템** : 수요를 예측하여 장 · 단기 판매전략에 필요한 정보를 제공한다.

⑥ **수 · 배송관리시스템** : 주문품의 수 · 배송계획과 관련한 핵심정보를 제공한다.

⑦ **대금관리시스템** : 고객이 지불할 대금과 거래실적에 따른 여신한도 정보를 제공한다.

⑧ **연계시스템** : 효율성 제고를 위해 하위시스템 간의 연계를 돕는다.

🔶 중소 유통업형 유통정보시스템

① 대부분 연쇄화 사업방식의 협업에 의해 통신망이 구성된다.

② 업종별로는 거의 소매업 또는 연쇄화 사업을 주로 하는 도매업에서 활용되고 있다.

③ 소매점이나 도매업체들은 임의연쇄점 본부나 임의연쇄점 사업용으로 활용할 수 있는 소프트 웨어를 업계와 단체가 공동으로 개발하기도 한다.

④ 업종별 결합은 주로 같은 업종별로 이루어지지만 다른 업종과 결합되는 경우도 있다.

⑤ 중소 유통업형에서는 정보전문 기업과 물류업체를 활용하여 유통정보통신망을 구축하면 유통

비용을 절감할 수 있다.

대기업형 유통정보시스템

① 소매업 주도형

   ⊙ 대기업이 많은 자본과 인적 자원을 바탕으로 적극적인 규모의 유통정보시스템을 구성하는 것이다.

   ⓒ 제조업체에서 주로 연쇄화 사업본부를 통해 소매점에 배송하거나 도매점을 두고 배송센터를 통해 배송이 이루어진다.

   ⓒ 연쇄화 사업본부, 즉 체인점 본부는 VAN 기능을 수행하는데 VAN은 주로 대기업형의 소매업체가 이용자로 참여한다.

   ⓔ 백화점은 VAN을 이용하여 제조업자와의 수 · 발주 정보교환을 효율적으로 처리할 수 있다.

② **도매업 주도형** : 제조업체와 소매점 사이에 도매업체가 개입하여 제조업체로부터 제품을 받아 소매점별로 분배하고 배송하는 형태이다.

③ 물류업 주도형

   ⊙ 물류업체가 중심이 되도록 유통정보통신망을 구성해서 제조업체와 소매점을 연결하는 형태이다.

   ⓒ 물류업체는 화물의 운송, 보관, 포장, 하역에 관련된 각종 설비를 갖추고 있어 유통비용을 절감하고 신속하게 배송한다.

대기업형 유통정보시스템의 효과

① 통합된 분업체제의 효과

   ⊙ 대기업의 유통정보시스템으로 이루어지는 정보화는 통합된 분업체제를 구축한다.

   ⓒ 통합된 유통정보시스템은 전문적인 분업을 연결해서 통합해 나간다.

   ⓒ 국내 유통시장이 전면 개방된 후 선진국의 초일류기업들과 경쟁하면서 통합된 유통정보시스템의 구축이 더욱 활발해졌다.

② 유통계열화의 개편

   ⊙ 정보에 의한 유통계열화는 제조업체가 아니라 도매업체, 소매업체 또는 물류업체에 의해 수직적으로 주도되는 계열화를 의미한다.

   ⓒ 대기업형 유통정보시스템에서는 풍부한 자본과 전문인력을 바탕으로 정보에 의한 유통계열화를 광범위하게 확산할 수 있다.

   ⓒ 결제기능을 겸비한 유통정보시스템은 유통계열화를 유통시장까지 확대할 수 있다.

4과목 유통정보

💠 중소기업형 유통정보시스템의 효과

① 협업화와 연쇄화

    ㉠ 중소 유통형의 유통정보시스템은 개방적 시스템으로 독립적인 중소 규모의 도매업체와 소매업체들이 자발적으로 참여하는 특징이 있고, 이러한 시스템은 수평적 유통계열화로 인해 협업화와 연쇄화의 방향으로 변화되고 있다.

    ㉡ 중소 규모의 업체들은 유통경로에서 서로 협력하고 각종 유통시설들을 공동으로 활용하며, 제품의 구매ㆍ판매ㆍ광고 등의 업무를 공동으로 수행함으로써 유통비용을 줄이기도 한다.

② 기업형과 생계형의 비용절감

    ㉠ 비용절감을 위해서는 제조업체와 도매업체의 점포규모 및 관리체계가 유통정보시스템을 구축하기에 적합하도록 정비되어야 한다.

    ㉡ 생계형 중소 유통업체들은 정보분석과 이용능력이 약하고, 발주량이 적어서 유통정보시스템의 이용에 있어 경제성이 문제가 되는 경우가 있다.

    ㉢ 중소 유통업체들의 유통정보시스템은 기업형과 생계형으로 유형을 구분하고 지역의 특성을 활용하는 것이 좋다.

💠 물류정보시스템

① 의의

    ㉠ 물류를 단순히 물리적인 흐름이 아니라 수주에서 납품에 이르기까지 정보의 흐름으로 인식하고, 이를 효율적으로 운영하기 위해 정보의 시스템화가 이루어져야 한다.

    ㉡ 다양해지는 소비자 욕구와 폭주하는 물동량에 적절히 대응하기 위해서는 물류활동에서 발생하는 제반정보를 컴퓨터와 각종 통신시설을 이용해 신속ㆍ정확하게 처리할 수 있도록 시스템화 해야 한다.

    ㉢ 제반정보를 활용하여 기업의 원가절감과 경쟁력 강화를 통해 물류기능의 효율화를 도모해야 한다.

    ㉣ 물류정보시스템의 구축은 우선순위가 높은 하부시스템부터 단계적으로 실시한다.

② 물류정보시스템의 특징

    ㉠ 격지자 간의 시스템

    ㉡ 다수 기업 간의 시스템

    ㉢ 대량의 정보처리가 필요한 시스템

    ㉣ 현장 밀착형 시스템

    ㉤ 서비스 수준형 시스템

    ㉥ 지능형 시스템

    ㉦ 사전처리형 시스템

◎ 시간 · 계절별 정보처리량의 변동이 큼
③ 물류정보시스템의 필요성
  ㉠ 물동량 증가에 대비
  ㉡ 하역작업의 신속화
  ㉢ 보관작업의 효율화
  ㉣ 포장작업의 표준화
  ㉤ 수송활동의 경제화

🎁 물류정보시스템의 기능

① 기획 · 통제기능 : 물류정보시스템에 보관된 제품의 주문상황과 조달에 필요한 리드타임 정보 및 예측정보는 기업이 재고수량을 기획하고, 재고 입지를 결정하는 데 활용된다.
② 조정기능 : 물류정보시스템을 통해 정보의 공유가 가능해짐으로써 생산계획과 조달계획을 조정할 수 있다.
③ 고객 서비스 · 커뮤니케이션 기능 : 정보시스템은 비정기적이고 비계획적인 고객의 주문에 신축적으로 반응함으로써 고객에 대한 서비스를 향상할 수 있다.

🎁 물류정보시스템의 유형

① 수주 · 출하처리시스템
  ㉠ 유통센터나 창고 등의 재고량, 발주점, 배송능력이나 거래선의 주소 등을 컴퓨터에 입력한다.
  ㉡ 거래선에서 전화나 팩스 또는 판매량의 순회 등에 의해 발주하면 수주 정보를 영업소나 지점의 단말기에서 입력하여 본사 컴퓨터센터의 호스트 컴퓨터에 전송한다.
  ㉢ 본사 컴퓨터센터의 호스트 컴퓨터는 각종 수주를 처리하여 인근의 출하창고를 선정하여 창고에 설치되어 있는 단말기에 출하지시서를 전송한다.
  ㉣ 적재효율을 계산하여 적합률을 선정, 또는 수송효율을 계산하여 배송지시를 내린다.
  ㉤ 출하하면 출하정보를 입력하고 배송이 완료되면 배달완료 보고를 입력하여 배송을 관리하는 동시에 매상고에 계정한다.
  ㉥ 수주 정보와 출하 정보에서 수주 잔고를 계산하고 수주관리나 판매관리 등을 한다.
  ㉦ 수주 정보에서 재고관리를 하고 출하 정보에서 실재고의 관리를 한다.
  ㉧ 수주 정보나 재고 정보의 문의에 대응하고 영업활동을 지원한다.
② 수 · 배송관리시스템 : 주문상황에 대해 적기 수 · 배송체제의 확립과 최적의 수 · 배송계획을 수립함으로써 수송비용의 절감을 꾀하는 체제이다.
  ㉠ 터미널 정보시스템 : 화물이 터미널을 경유하여 운송될 때 수반되는 자료 및 정보를 신속하게 수집하여 이를 효율적으로 관리하는 동시에 화주에게 적기에 필요한 정보를 제공하는

시스템이다.

     ⓛ **기능 · 지역별 정보시스템** : 센터의 위치나 역할에 따라 중앙운송정보센터와 지역운송정보센터로 구분된다.

③ **창고(보관)관리시스템** : 최소의 비용으로 창고의 면적, 작업자 및 하역설비 등 경영자원을 유효하게 활용하고 고객에 대한 서비스 수준을 제고하는 것이 주 목적이며, 보관시설이나 재고상황을 적절하게 유지하는 주요한 기능을 갖는다.

④ **재고관리시스템** : 주문량에 따라 적정재고를 유지하면서 불필요한 재고를 통제하기 위해 보관시설과 통신망을 통해 비용절감과 제품의 진부화를 예방하는 시스템이다.

⑤ **물류관리시스템** : 수주에서 시작하여 배송에 이르기까지의 전 과정을 계획 · 실시 · 평가 또는 통제하는 시스템이다.

🔹 물류정보시스템의 설계

① **목표의 명확화** : 정보시스템의 설계 시 고객 서비스에 중점을 둘 것인지, 비용절감에 중점을 둘 것인지 그 목표를 명확히 한다.

② **범위의 설정** : 정보시스템을 적용하는 경우, 업무별, 지역별, 기구별, 물류 종류별 등으로 그 범위를 설정한다.

③ **현상의 분석** : 물류정보시스템의 대상이 되는 업무현상을 분석 · 심사하고 문제점을 파악하여 시스템이 구비해야 할 요건을 명확히 한다.

④ **시스템의 평가** : 정보시스템의 수명을 미리 정해 시스템화에 필요한 비용과 그 효과를 검토 · 평가한다.

⑤ **예정표의 작성** : 시스템의 가동시기에 맞추어 제 설비의 정비가 완료될 수 있도록 예정표를 작성한다.

> **물류정보시스템의 설계순서** : 목표의 명확화 → 범위의 설정 → 현상의 분석 → 시스템의 평가 → 예정표의 작성

🔹 물류정보 네트워크의 개념

물류정보의 부가가치를 극대화하기 위한 방안으로 각 기업이 보유하고 있는 장비에 새로운 통신매체를 이용하여 기업 간, 제조업체 간, 판매점 간, 판매점과 소비자 간 등을 상호 연결하여 주는 수단을 일컫는다.

🔹 물류정보시스템의 요소

① LBS(Location Based Service) : GPS칩을 내장한 휴대폰이나 PDA단말기 이동체의 위치를 무

선통신으로 위치확인서버에 제공하면 모든 이동체의 현황을 실시간으로 검색하는 데 사용될 수 있다.

② ITS(Intelligent Transport System) : 도로와 차량 등 기존 교통의 구성요소에 첨단의 전자, 정보, 통신기술을 적용시켜 교통시설을 효율적으로 운영하고 통행자에 유용한 정보를 제공한다.

③ TRS(Trunked Radio System) : 주파수 공용통신이라고 하며 중계국에 할당된 여러 채널을 공동으로 사용하는 것으로, 이동 차량이나 선박 등 운송수단에 탑재하여 정보를 리얼 타임으로 송수신할 수 있는 통신 서비스를 말한다.

④ EOS(Electronic Ordering System, **자동발주시스템**) : 각 점포에서 POS시스템에 의해 얻어진 정보를 통해서 발주를 PC에 입력하거나, 또는 모뎀이 부착된 전화를 통해 온라인으로 본부에 전송함으로써 수·발주의 효율화와 리드타임의 단축을 통해 단품구매 정보를 수집하도록 하는 시스템을 말한다.

⑤ CALS(Commerce At Light Speed, **광속상거래**)
  ㉠ 상품의 라이프사이클 정보를 디지털화하여 경영에 활용하는 기업 간 정보시스템이다.
  ㉡ 업무표준화를 통해 업무처리의 절차를 간소화시킨다.
  ㉢ 표준화된 부품을 공용화할 수 있으며, 정보를 신속하게 공유하여 시간과 비용을 절감하고 생산성을 높일 수 있다.

⑥ GPS(Global Positioning System)
  ㉠ 선박이나 차량 위치 추적을 통한 전천후 항해를 지원하고 물류관리에 이용되는 통신망으로, 미국 국방부에서 개발한 위성항법 시스템이다.
  ㉡ GPS를 도입하면 자연재해로부터 사전 대비를 통해 재해를 피할 수 있고, 토지 조성공사에도 작업자가 건설용지를 돌면서 지반 침하와 침하량 등을 측정하여 신속하게 대응할 수 있다.

⑦ CAE · CAD · CAM
  ㉠ CAE(Computer Aided Engineering) : 컴퓨터 이용에 관한 전반적인 기술을 말하는 것으로 CAD, CAM이 속하며, 제조 및 설계 지원 시스템이라고 한다.
  ㉡ CAD(Computer Aided Design) : 워크스테이션을 사용하여 설계자가 부분적인 도면 등을 만들고, 동작을 실험하고, 약간의 명세로 완벽한 설계를 추론하여 설계 도면을 그릴 수 있도록 한다.
  ㉢ CAM(Computer Aided Manufacturing) : 수치 통계, 로봇 공학, 자재관리, 공정관리 등의 제조 기능을 촉진시키기 위해 설계된 광범위한 시스템이다.

⑧ CAO(Computer Assisted Ordering) : POS 데이터와 EOS를 연계하여 활용이 가능하고, 소비자의 수요에 신속한 대응이 가능하다. 주문내용은 EDI를 통해 물류센터로 전송이 가능하다.

⑨ CIM(Computer Integrated Manufacturing) : 컴퓨터 통합 생산시스템을 말하는 것으로, 구매와 회계로부터 일정 계획을 수립, 생산, 유통에 이르기까지 제조과정을 혁신, 개선하기 위해 정보 기술을 사용하는 것을 말한다.

❦ 지리정보시스템(GIS : Geographic Information System)

GIS는 지형, 지질, 표고 등 자연요소들은 물론, 주요 건축물과 교통망, 전기, 통신, 상하수도 등 각종 시설물을 3차원적 컴퓨터 지도를 사용하여 과학적으로 관리할 수 있도록 한다. 또한 지리적인 정보를 최단시간에 통합·분리·처리하여 국가정책, 기업경영 및 일상생활 등에 활용한다.

2 주요 유통정보화기술 및 시스템

1절 바코드

🔹 바코드(Bar Code)

① 다양한 폭을 가진 바(Bar, 검은 막대)와 스페이스(Space, 흰 막대)의 배열패턴으로 정보를 표현하는 부호 또는 부호체계이다.

② 상표와 같이 자기 기업의 상품을 타기업의 상품과 구별하기 위해 사용하는 막대기호이다.

③ 문자나 숫자를 나타내는 검은 막대와 흰 공간의 연속을 바와 스페이스를 특정하게 배열하여 이진수 0과 1의 비트로 바꾸고 이들을 조합해 정보로 이용하게 된다.

🔹 바코드의 특징

① 데이터 입력의 간소화 ② 데이터 입력 시 에러율 감소
③ 자료처리 시스템의 구성 가능 ④ 비용의 감소

🔹 바코드의 구성단위

① **모듈(Module)** : 바코드 심벌을 구성하는 최소 기본단위로 보통 좁은 엘리먼트 폭의 평균값으로 계산되며 비트(Bit)로 나타낸다.

② **엘리먼트(Element)** : 비트의 집합으로 하나의 모듈 또는 여러 개의 모듈들이 모여 바와 스페이스를 만드는 것을 말하며, 흑백의 색깔로 표현되기 때문에 눈으로 구분할 수 있는 기본요소가 된다.

③ **심벌문자(Symbol Character)** : 엘리먼트들이 모여서 구성되는 바이트(Byte), 디지트(Digit)를 말하며, 이는 1개의 아스키(ASCII) 문자에 상응한다.

④ **심벌(Symbol)** : 심벌문자가 모여 구성되는 데이터 또는 레코드를 말한다.

🔹 바코드 심벌

① 바코드 심벌은 직사각형의 연속된 하얗고 검은 수직평행 바로 구성되며, 사방에서 여백으로 둘러싸여 있다.

② 흰 바(모듈)는 흰색 바와 밝은 색 바를, 검은 바는 검은 색 바와 어두운 색 바를 의미한다.

③ 7개의 모듈이 조합되어 2개의 검은 바와 2개의 흰 바를 만들며, 총 4개의 바가 1개의 데이터 캐릭터를 나타낸다.

④ 심벌은 고정식 스캐너가 어느 방향에서나 판독할 수 있도록 디자인되어 있고, 핸드 스캐너나 펜 스캐너는 양방향이나 한 방향으로 판독할 수 있다.

> 바코드 심벌은 표준크기 대비 80%~200% 범위로 축소, 확대가 가능하다.

바코드의 장점

① 오독률이 낮아 높은 신뢰성을 확보할 수 있다.

② 바코드에 수록된 데이터는 비접촉 판독이 가능하고 한 번의 주사로 판독이 가능하다.

③ 컨베이어상에서 직접 판독이 가능하여 신속한 데이터 수집이 가능하다.

④ 도입비용이 저렴하고 응용범위가 다양하다.

바코드의 구조

① Quiet Zone

    ㉠ 바코드 시작문자의 앞과 멈춤문자의 뒤에 있는 공백부분을 가리킨다.

    ㉡ 바코드의 시작과 끝을 명확하게 구현하기 위한 필수적인 요소이다.

    ㉢ 심벌 좌측의 여백을 전방 여백, 우측의 여백을 후방 여백이라 한다.

② Start/Stop Character

    ㉠ 시작문자(Start Character) : 심벌의 맨 앞부분에 기록된 문자로, 데이터의 입력방향과 바코드의 종류를 바코드 스캐너에 알려주는 역할을 한다.

    ㉡ 멈춤문자(Stop Character) : 바코드의 심벌이 끝났다는 것을 알려주어 바코드 스캐너가 양쪽 어느 방향에서든지 데이터를 읽을 수 있도록 해 준다.

③ Check Digit : 검사문자는 메시지가 정확하게 읽혔는지 검사하는 것으로, 정보의 정확성이 요구되는 분야에 이용되고 있다.

④ Interpretation Line : 사람의 육안으로 구별 가능한 정보(숫자·문자·기호)가 있는 바코드의 윗부분 또는 아랫부분을 말한다.

⑤ Bar/Space : 바코드는 간단하게 넓은 바, 좁은 바, 스페이스로 구성되어 있으며 이들 중 가장 좁은 바와 스페이스를 X디멘전이라 부른다.

⑥ Inter-Character Gaps : 문자들 간의 스페이스, 즉 X디멘전의 크기를 말한다.

⑦ Symbology : 독립된 바와 스페이스의 조합 패턴을 하나의 심벌이라 하며, 동일 Data라 할지라도 Symbology에 따라 조합 패턴이 다르게 된다. 심벌 구조는 코드의 종류에 따라 상이하다.

[바코드의 구조]

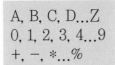

심벌로지

여백	바코드 심벌	여백

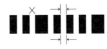

시각문자	메시지(데이터)	체크 디지트	멈춤문자

🔹 데이터의 표현방식에 의한 바코드 종류

[불연속형 바코드]

[연속형 바코드]

① 불연속형

   ㉠ 각 문자가 바(Bar)로 시작해서 바(Bar)로 끝나는 바코드이다.

   ㉡ 각 문자들이 독립적으로 분리되어 있다.

   ㉢ 문자들 사이에는 갭(Gap)이 존재한다.

② 연속형

   ㉠ 각 문자가 바(Bar)로 시작해 스페이스(Space)로 끝나는 바코드이다.

   ㉡ 다음 문자의 시작문자에 의해 문자의 끝이 구별된다.

   ㉢ 문자 사이에 갭(Gap)이 존재하지 않는다.

🔹 1차원 바코드

① UPC(Universal Product Code)

   ㉠ 미국 슈퍼마켓특별위원회가 세계상품코드(UPC)를 식료품업계 표준으로 제정하면서 일반화되기 시작했다.

ⓛ 12개의 캐릭터로 구성되어 숫자(0~9)만 표시가 가능하며, 3종류가 있다.
- 표준형(UPC-A, Version A) : 12자리를 표현한다.
- 단축형(UPC-E, Version E) : 6자리를 표현한다.
- 확대형(UPC-D, Version D) : 표준형보다 많은 데이터를 표현한다.

② EAN(European Article Number)

ⓐ 미국의 UPC에 자극을 받아 유럽의 12개국이 모여 제정한 유럽형 공통상품코드이다.

ⓛ 코드의 각 캐릭터는 2개의 바와 2개의 여백으로 형성된 7개의 모듈로 이루어져 있으며, '0'은 밝은 모듈, '1'은 검은 모듈을 나타낸다.

ⓒ 13개의 문자를 포함할 수 있는데 바코드로 표현하는 것은 12자리이고, 맨 좌측의 문자는 수치로 표현된다.
- 표준형(EAN-13) : 13개의 문자를 포함한다.
- 단축형(EAN-8) : 8개의 문자를 포함한다.

③ Code 39(3 of 9)

ⓐ 43개의 문자(0~9, A~Z, 7개의 특수문자)와 하나의 시작과 끝문자로 구성되어 있다.

ⓛ 각 문자는 9개의 요소로 이루어지고, 그 중 세 개는 논리값 1을 의미한다.

ⓒ 보통 바 5개가 한 문자에 해당되며, 시작과 끝문자는 반드시 '＊'여야 한다.

ⓔ 문자와 문자 사이의 갭은 코드값을 포함하지 않는다.

ⓜ 현재 공업용을 비롯해 가장 널리 사용되고 있다.

④ Codabar(NW7, 2 of 7)

ⓐ 각 캐릭터는 7개의 요소로 구성되어 있으며, 4개의 바와 3개의 여백으로 이루어진다.

ⓛ Codabar로 표현 가능한 캐릭터는 10개의 숫자(0~9), 6개의 특수문자($, -, :, /, ., +), 4개의 시작과 끝문자(a/t, b/m, c/＊, d/e)이다.

ⓒ 시작과 끝문자는 다른 종류의 데이터베이스에 대한 키로 사용할 수 있다.

⑤ Interleaved 2 of 5

ⓐ 1개의 숫자가 5개의 바와 5개의 스페이스를 교대로 조합시킨 것으로 이루어져 있다.

ⓛ 문자 사이의 갭을 없애 Industrial 코드에 비해 약 40%, Matrix 코드에 비해 약 10% 이상 길이를 줄일 수 있다.

ⓒ 문자의 수가 짝수여야 하므로 홀수 개의 문자가 들어왔을 경우 '0'이 맨 앞에 붙여지나 바코드 중 가장 짧다.

ⓔ 자체 감사기능이 뛰어나고 숫자 데이터 표현 시 많은 데이터를 짧게 코드화할 수 있어 산업용 및 소매용으로 가장 많이 사용된다.

⑥ Code 93

ⓐ 작은 심벌이 요구되는 곳에서 Code 39와 호환이 가능하도록 고안된 것이다.

ⓛ 코드의 길이는 자유롭게 변동 가능하다.

ⓒ 코드의 최대 허용길이는 바코드 리더인 스캐너의 특성에 의해 좌우된다.

⑦ Code 128

ⓐ 전체 ASCII 128문자를 모두 표현할 수 있는 연속형 바코드로, 수치데이터는 심벌문자당 2 자리로 표현된다.

ⓑ 시작과 끝문자, 변동 가능한 길이의 데이터, 바와 스페이스 2개 모두에 대한 캐릭터 패리티, 체크문자, 함수문자 등으로 구성되어 있다.

ⓒ 문자집합인 선택문자, 전이문자, 기능문자가 모두 특수문자로 존재하며, 1개의 심벌 안에서 또는 1개의 코드 부분집합에서 다른 코드의 부분집합으로 변화가 가능하다.

2차원 바코드

X, Y 방향의 양축으로 데이터를 배열하여 평면화한 2차원적(2D) 점자형 바코드로, 기존의 1차원 바코드가 가지는 문제점인 데이터 표현의 제한성을 보완하기 위해 등장했다.

① 2차원 바코드의 특징

ⓐ 하나의 심벌에 대용량의 데이터를 포함할 수 있다.

ⓑ 좁은 영역에 많은 데이터를 고밀도로 표현할 수 있다.

ⓒ 공간이용률이 매우 높다.

ⓓ 심벌이 오염되거나 훼손되어 데이터가 손상되더라도 오류를 검출하여 복원하는 능력이 탁월하다.

ⓔ 흑백 엘리먼트가 변에 구속되어 있지 않아 심벌인쇄 및 판독이 쉽다.

ⓕ 심벌의 판독을 360° 다방향으로 할 수 있다.

ⓖ 한국어를 비롯한 모든 외국어 및 그래픽 정보까지도 표현할 수 있다.

② 2차원 바코드의 종류

ⓐ 다층형 코드(Stacked Bar Code) : 1차원 바코드와 같이 개별적으로 인식될 수 있는 몇 개의 문자가 모여 수평방향으로 열(row)을 구성하며, 열 안에는 1개 이상의 데이터 문자를 포함하고, 하나의 심벌 안에는 최소 2개 이상의 열을 포함하고 있다.

ⓞ Code 16K, PDF-417, Code 49

ⓑ 매트릭스형 코드(Matrix Code) : 정방형의 동일한 폭의 흑백요소를 모자이크식으로 배열하여 데이터를 구성하기 때문에 체크무늬 심벌형태를 가진다. 이 심벌을 판독하는 스캐너는 각 정방형의 요소가 검은 것인지 흰 것인지를 구별해내고, 이 흑백요소를 데이터의 비트(Bit)로 삼아서 문자를 구성한다.

ⓞ Data Matrix Code, QR Code, Maxi Code, Codeone Code

🎁 GS1(Global Standards #1)

GS1(국제표준 상품코드관리 기관)은 EAN International의 새로운 명칭으로, 대한민국 공통상품 코드이며, 상품을 다른 상품과 구별해주는 식별기호이다. 우리나라의 경우 '국제표준 상품코드관리 기관'으로부터 국가번호 코드로 '880'을 부여받았으며, 한국유통물류진흥원에서 이 코드를 관리한다(국내에서는 EAN을 명칭상 KAN으로 사용하기도 하지만 본질적으로는 EAN코드를 일컫는다. EAN코드는 GS1로 명명된 이래로 EAN-13이라면 GS1-13코드와 동격으로 사용되고 있다. 현재 대한상공회의소 유통물류진흥원에서는 EAN코드를 GS1로 명칭을 변경하여 사용하고 있다).

🎁 GS1 식별코드

① **국제거래식별단품코드(GTIN : Global Trade Item Number)** : 거래단품이란 공급체인상에서 가격이 매겨지거나 주문 단위가 되는 상품을 말하며, 소비자에게 판매되는 모든 낱개 상품뿐만 아니라 묶음 상품, 기업 간 주문 단위로 이용되는 골판지 상자 단위도 거래단품의 범주에 포함된다. GTIN의 종류에는 GS1-8, GS1-13, GS1-14가 있다.

② **국가식별코드(3자리)** : 첫 3자리 숫자는 국가를 식별하는 코드로 대한민국은 항상 '880'으로 시작된다.

③ **제조업체코드(6자리)** : 6자리 제조업체코드는 한국유통물류진흥원에서 제품을 제조하거나 판매하는 업체에 부여하며 업체별로 고유코드가 부여된다.

④ **상품품목코드(3자리)** : 제조업체코드 다음의 3자리는 제조업체코드를 부여받은 업체가 자사에서 취급하는 상품에 임의적으로 부여하는 코드이며, 000~999까지 총 1,000품목의 상품에 코드를 부여할 수 있다.

⑤ **체크 디지트(1자리)** : 스캐너에 의한 판독 오류를 방지하기 위해 만들어진 코드이다.

🎁 KAN(Korea Article Number) 바코드

① 대한민국의 공통상품코드로 소매상품에 가장 일반적으로 사용되는 바코드이다(GTIN-13이 입력됨).

② KAN 코드는 EAN 코드체계를 따르며 제품분류의 수단이 아니라 제품식별의 수단으로 사용된다.

③ KAN 코드는 백화점, 슈퍼마켓, 편의점 등 유통업체에서 최종소비자에게 판매되는 상품에 사용되는 코드로, 상품제조단계에서 제조업체가 상품포장에 직접 인쇄하게 된다.

🎁 KAN 바코드의 체계

① KAN-13코드

　㉠ 가장 일반적으로 사용되는 KAN 코드이다.

ⓛ 국가식별코드 3자리, 제조업체코드 4자리, 상품품목코드 5자리, 체크 디지트 1자리 등 총 13자리로 구성된 표준코드이다.

② KAN-8코드

　㉠ 국가식별코드 3자리, 단축형 제조업체코드 3자리, 단축형 상품품목코드 1자리, 체크 디지트 1자리 등 총 8자리로 구성된 코드이다.

　㉡ 단축형은 KAN-13 심벌을 인쇄하기에 충분하지 않은 포장면적을 갖는 작은 상품의 경우에만 사용된다.

🎁 KAN-13 바코드의 구성

① **국가식별코드(3자리)** : 국제표준코드관리기관(EAN)에서 우리나라에 부여한 코드로 880번이다.

② **제조업체코드(4자리)** : 한국유통물류진흥원에서 국내 제조업체에 부여한 코드로 상품을 제조하는 제조원이나 판권을 소유한 판매원을 식별한다.

③ **상품품목코드(5자리)** : 제조업체를 부여받은 업체가 개별상품에 부여하는 코드로, '00000-99999'까지 10만 가지 단품에 부여할 수 있다.

④ **체크 디지트(1자리)** : 바코드의 판독 오류를 검증하기 위한 코드로, 한 단에 표시된 숫자가 막대모양의 바코드로 올바르게 변환되었는지를 검증한다.

🎁 ITF-14코드

① ITF(Interleaved Two of Five)는 표준물류 바코드를 박스에 인쇄하기 위해 사용되는 바코드 심벌로, 여러 가지 2 of 5 코드 중에서 가장 높은 밀도를 갖고 있다.

② 단품은 색상, 사이즈, 크기 단위로 세분화된 형태를 말하며 표준 바코드는 시스템이 식별할 수 있도록 ITF-14란 바코드 심벌이 사용된다.

③ ITF는 인쇄면적이 넓어지는 결점이 있으나 넓은 바와 좁은 바 2가지 밖에 없어 조잡한 인쇄환경에서도 비교적 인쇄상 큰 문제가 없다.

🎁 표준물류바코드(EAN-14)

① **의의**

　㉠ KAN 코드가 POS 시스템에 의한 단품관리를 목적으로 하기 때문에 물류용 바코드로는 적합하지 않아 KAN 코드를 기본으로 하여 낱개 포장의 개수 등과 같은 포장 내의 내용정보를 부가하여 고안된 것이다.

　㉡ 주로 골판지 박스에 사용되는 국제표준물류 바코드이기 때문에 생산공장, 물류센터, 유통센터 등의 입·출하 시에 판독용으로 이용되며, 제품에 대한 구별의 비유의성이 특징이다.

② **표준물류바코드의 구조**
　㉠ 표준물류바코드는 EAN-14라고 불리며 14자리로 구성되어 있다.
　㉡ 물류식별코드 1자리, 국가식별코드 3자리, 제조업체코드 4자리, 상품품목코드 5자리, 체크
　　디지트 1자리 등으로 구성된다.
　㉢ EAN-14를 바코드로 표시하기 위한 심벌의 명칭은 ITF-14로 불린다.

③ **표준물류바코드의 장점**
　㉠ 물류센터 내에서의 검품, 거래처·제품별 분류
　㉡ 로케이션 관리의 자동화
　㉢ 물류센터 내의 실시간 재고파악을 통한 재고관리의 효율화
　㉣ 생산에서 배송까지 제품이동의 신속·정확화
　㉤ 수주에서 납품까지 리드타임 단축 등 물류단위 중심의 EDI 거래촉진

📦 EAN-128

① **의의**
　㉠ 박스, 팔레트, 컨테이너 등 물류단위에 다양한 정보를 표시하기 위해 기업 간, 산업 간
　　에 상호호환이 가능한 표준정보를 담을 수 있는 코드에 대한 욕구가 발생함에 따라 EAN
　　International, UCC, AIM에 의해서 공동 설계된 코드이다.
　㉡ 바코드로 표시되는 여러 가지 정보의 형식과 내용을 지정해 주는 코드이다.

② **EAN-128의 장점**
　㉠ **개방화된 표준** : 코드를 인쇄한 기업에 관계없이 어느 국가, 어느 장소, 어떤 기업에서도 사
　　용이 가능하다.
　㉡ **안정적인 표준** : 기업들이 필요로 하는 새로운 정보가 발생할 경우 AI를 새로 정의하여 사
　　용할 수 있고, 이때 기존의 시스템에 대한 변경이 전혀 불필요하다.

📦 로케이션 코드(Location Code)

① **의의**
　㉠ 전 세계에서 통일된 EDI 전자문서상의 거래당사자를 식별하기 위해 제정된 거래업체 식별
　　코드이다.
　㉡ 기업 간 거래에 따른 관련업체 또는 조직·기관 등을 성격이나 물리적 위치에 관계없이 명
　　확하게 식별하기 위해 EAN International이 국제표준으로 제정·보급하고 있다.

② **로케이션 코드의 구조**
　㉠ EAN 상품식별코드와 동일한 13자리의 숫자로 구성되어 있다.
　㉡ EAN International이 부여한 국가식별코드로 시작한다.

ⓒ 국가식별코드를 제외한 나머지 숫자체계는 각국 코드관리기관의 자유재량에 따라 정할 수 있다.

ⓔ 마지막 1자리의 체크 디지트는 상품식별코드 체크 디지트와 동일한 알고리즘에 의해 결정된다.

③ 로케이션 코드의 식별기능

　　㉠ **법률적 실체** : 기업이나 자회사 또는 관련기관

　　ⓒ **기능적 실체** : 법률적 실체의 특정 기능부서

　　ⓒ **물리적 실체** : 건물 또는 특정건물의 특정위치

ISBN(International Standard Book Number)

① 의의

　　㉠ 개개의 출판물마다 국제적으로 조정된 유일의 개별번호를 표시하여 국제 · 국내적인 유통이나 문헌의 정리, 검색 등에 이용하도록 한 국제표준도서번호이다.

　　ⓒ 전 세계에서 간행되는 각종 도서에 고유번호를 주어 개별화함으로써 문헌정보와 서지유통의 효율화를 기하는 제도이다.

　　ⓒ 우리나라는 국립중앙도서관이 한국문헌번호센터로 지정되어 1991년 납본과 내에 한국문헌번호센터를 설치 · 운영하고 있으며, 우리나라의 ISBN과 ISSN을 관리한다.

　　ⓔ 개정판인 경우 표지와 판권지에 그것이 개정판임을 표시해야 하며, 이것은 새로운 책이 되므로 ISBN을 새로 부여받아야 한다.

　　ⓜ 바코드는 서점의 POS 시스템에서 필요로 하는 것이기 때문에 비매품이거나 유통 시 꼭 필요하지 않은 경우에는 바코드 없이 ISBN만 책에 표시할 수 있다.

② ISBN의 구조

　　㉠ 2007년 출판량의 급증으로 10자리에서 13자리로 추가번호가 확장되었으며 이에 따라 ISBN은 접두부, 국가, 발행자, 서명식별번호, 체크 디지트로 구분된다.

　　ⓒ 출판환경의 변화에 따라 도서뿐만 아니라 전자출판물 및 POD(Print On Demand : 주문형 출판물), 점자자료, 컴퓨터 소프트웨어 등에도 적용된다.

　　ⓒ ISBN은 출판물의 뒷표지와 판권지에 인쇄한다.

　　ⓔ ISBN 13자리 숫자는 ISBN 10자리를 바코드로 변환한 EAN-13 바코드 번호와 같다. EAN-13 바코드를 표시할 때에는 바코드 형식으로 EAN과 부가기호를 표시하고, 그 하단에 도서번호를 표시한다. 가격은 바코드 우측 상단에 표시한다.

> ISBN 한국 식별번호는 978, 979가 있다.

273

③ ISBN의 장점

⊙ 13자리로 구성된 ISBN 코드는 서지적이며 기술적인 복잡하고 긴 기록들을 대신하므로 시간과 인력이 절감되고 오류를 방지할 수 있다.

ⓒ ISBN으로 판매용 도서목록 또는 편람을 편집하고 갱신할 수 있으며, 이를 통하여 입수 가능한 출판물 정보를 쉽게 찾을 수 있다.

ⓒ 출판물을 주문하거나 판매하여 유통시키는 데 ISBN은 가장 신속하고 효율적인 방법이다.

ⓔ 13자리 EAN 바코드 형식으로 되어 있어 기계가 읽을 수 있으며, 기계적인 처리가 가능하기 때문에 오류를 방지하여 유통과정을 효율화할 수 있다.

ISSN(International Standard Serial Number)

① 의의

⊙ 모든 연속간행물에 국제적으로 표준화된 방법에 따라 부여하는 국제표준연속간행물번호이다.

ⓒ 전 세계에서 발행되고 있는 신문, 잡지, 연감 등 연속간행물에 대해 하나의 고유번호를 부여하고, 관련된 정보를 저장·활용하기 위해 마련된 제도이다.

② ISSN의 구조

⊙ 8자리로 구성되며, ISSN이라는 문자를 앞세워 표기한다.

ⓒ 8자리의 ISSN 맨 앞에 977(연속간행물을 표시하는 숫자)과 예비부호 2자리를 넣어 EAN과 호환한다.

③ ISSN의 장점

⊙ ISSN은 연속간행물에 대한 고유번호이므로, 연속간행물에 ISSN이 부여되면 발행국, 발행처, 언어, 내용에 관계없이 쉽게 구별할 수 있다.

ⓒ 도서관에 있어서 연속간행물의 입수작업, 상호대차, 서지정보 복사, 종합목록 편성 작업을 실행하는 데 유용하다.

ⓒ 출판사, 서점 등의 유통기관에 있어서는 주문, 판매, 반품, 재고관리 등 경영관리를 신속하고 효율적으로 실행하는 데 유용하다.

RFID(Radio Frequency Identification)

자동인식 기술의 한 종류로서 마이크로칩을 내장한 태그(tag)에 저장된 데이터를 무선 주파수를 이용하여 비접촉 방식으로 판독·해독하는 기술을 말한다. 궁극적으로 여러 개의 정보를 동시에 판독하거나 수정, 갱신할 수 있는 장점을 가지고 있으며 물류, 보안 분야 등 여러 분야에서 각광받고 있다.

❧ POS(Point Of Sales) 시스템

① 판매장의 판매시점에서 발생하는 판매정보를 컴퓨터로 자동처리하는 판매시점 정보관리시스템이다.

② 구매, 판매, 배송, 재고활동에서 발생하는 각종 정보를 컴퓨터로 보내 각 부문을 효과적으로 이용할 수 있는 정보로 가공하여 전달하는 정보관리시스템이다.

③ 종전의 금전등록기 기능에 컴퓨터의 단말기 기능을 추가하고 매장의 판매시점에서 발생하는 정보를 입력, 최종적으로 컴퓨터로 처리하는 매장정보 시스템이다.

❧ POS 시스템의 목적

① 고객이 원하는 상품을, 원하는 시기에, 원하는 양만큼 구매할 수 있도록 하여 고객의 상품구매 만족도를 높이는 것이다.

② 기업은 팔릴 수 있는 상품을 그 양만큼 공급할 수 있도록 하여, 매출과 이익을 극대화하는 데 목적이 있다.

❧ POS 시스템의 역할

① 상품의 매출동향을 파악하여 유통기업은 물론, 제조업체의 재고부담의 경감에 기여한다.

② 계획생산, 계획배송 등을 통해 물류업무를 효율화하고 연관업무를 경감한다.

❧ POS 시스템의 기능

① 단품관리

  ㉠ 상점에 진열되어 있는 각 상품의 판매 및 재고동향을 파악하는 체제로, 상품을 구별하기 위해 정보를 일정한 약속에 따라 코드화한다.

  ㉡ 동일규격으로 대량생산되어 판매되는 가공식품이나 잡화 등에 사용되는 바코드와, 의류품과 같이 각 상품을 단순히 규정하여 코딩하기 어려운 상품속성을 갖는 상품에 사용되는 OCR 코드가 있다.

② 자동판독

  ㉠ 상품의 포장용기에 표시되어 있는 심벌표시를 스캐너가 광학적인 장치에 의해 자동적으로 판독하는 형식을 취한다.

  ㉡ POS 터미널에서 상품에 표시된 심벌이나 문자를 스캐너로 판독시키면 고객에게는 영수증이 즉시 발행되고, 점포에는 여러 가지 정보와 자료가 축적된다.

4과목
유통정보

③ 판매시점에서의 정보입력
  ⊙ POS 정보는 일괄처리방식으로 상품이 판독되어 금전등록기를 통과함과 동시에 판매시점에서 입력된다.
  ⊙ 종래의 금전등록기에서는 상품정보가 수작업의 사후처리방식으로 작성되었으나, POS 시스템에서는 상품정보가 판매시점에서 즉시처리방식에 의해 작성된다.
④ 정보의 집중관리
  ⊙ POS 터미널로부터 수집된 단품별 정보, 고객정보, 매출정보, 그 밖의 판매와 관련된 정보를 수집하여 집중적으로 관리할 수 있다.
  ⊙ 수집된 정보는 필요에 따라 처리 또는 가공되어 필요한 부문에 활용되는 것은 물론, 경영상의 의사결정을 하는 데에도 활용된다.
⑤ 인력관리 : 크레디트 카드나 종업원 카드 등 각종 카드의 자동 판독장치나 출퇴근 기록기 등을 접속시킴으로써 고객관리나 종업원 관리에 넓게 이용할 수 있다.

◈ POS 시스템의 효과
① 계산원의 오타방지 및 생산성 향상
② 점포 사무작업의 단순화
③ 가격표 부착작업의 감소
④ 고객 및 계산원의 부정방지
⑤ 상품명이 기재된 영수증 발행
⑥ 품절방지 및 상품의 신속한 회전
⑦ 고수익 상품의 조기 파악
⑧ 잘 안 팔리는 상품의 신속한 퇴출과 배제
⑨ 적정한 매가관리
⑩ 신상품 및 판촉에 대한 평가

◈ POS 시스템의 구성
① POS 시스템의 구성
  ⊙ 스캐너 : 스캐너는 바코드, OCR 등을 자동으로 판독하는 장치로, POS 터미널에 접속되어 있는 스캐너는 상품포장이나 라벨에 인쇄되어 있는 바코드를 읽어서 숫자로 풀이하는 기능을 수행한다.
  ⊙ POS 터미널 : 소매점포의 단말기를 말하는 것이며, 이것은 주로 고성능의 레지스터기능, 통신기능, 스캐너에 의한 자동판독기능을 갖는다. 즉 종래의 금전등록기가 갖고 있는 기능은 물론이고, 바코드, OCR, 신용카드를 판독하며, 기록·통신이 가능한 기기(機器)이다.
  ⊙ 스토어 콘트롤러 : 스토어 콘트롤러는 매장에 설치된 여러 대의 POS 터미널을 통제하며 각종 경영정보의 수집과 함께 여러 보고서를 발행한다.
② POS 시스템의 특징
  ⊙ 단품관리
  ⊙ 자동판독
  ⊙ 판매시점에서의 정보입력
  ⊙ 정보의 집중관리

✤ POS 시스템의 운영

① 소비자가 판매장에서 상품을 구입하고 정산할 때, 계산대에 있는 직원은 스캐너를 이용하여 상품 또는 상품의 포장이나 포장용기에 인쇄되어 있는 바코드를 판독한다.

② 판매 관련 정보는 스캐너에서 POS 터미널로 전송되고 다시 스토어 컨트롤러에 전송된다.

③ 스토어 컨트롤러에는 상품명, 가격, 재고 등의 각종 파일이 있어서 송신된 자료를 처리·가공한다.

④ POS 터미널로부터 스토어 컨트롤러에 수집된 판매정보는 단품별 정보, 고객정보, 가격정보, 매출정보 등이 있는데 이를 다시 POS 터미널로 보낸다.

⑤ POS 터미널에서는 고객에게 영수증을 발급해주고 판매상황을 감사테이프에 기록하며, 고객용 장치에는 상품의 구입가격이 표시된다.

⑥ 하루의 영업이 끝나면 스토어 컨트롤러는 그날의 상품별 목록, 발주상품별 목록 등의 각종 표를 작성한다.

✤ POS 데이터의 특성

① 정보가 매우 상세하고 정확하며 실시간 처리로 데이터를 작성할 수 있기 때문에 신속히 정보를 활용할 수 있다.

② 시간의 흐름에 따라 계속 발생하는 정보를 지속적으로 수집·활용할 수 있어 정보량이 매우 크다.

✤ POS 데이터의 분석

① 매출 분석 : 부문별, 단품별, 시간대별, 계산원별 등

② 고객정보 분석 : 고객 수, 고객단가, 부문별 고객 수, 부문별 고객단가 등

③ 시계열 분석 : 전년 동기대비, 전월대비, 목표대비 등

④ 상관관계 분석 : 상품요인 분석, 관리요인 분석, 영업요인 분석 등

✤ POS 데이터 분석을 통해 얻는 정보

① 상품정보

　㉠ 금액정보 : 관심을 가지는 기간 동안 또는 대상에 대해 금액으로 환산하여 얼마를 판매했는지를 나타내는 정보이다.

　㉡ 단품정보 : 구체적으로 어떤 상품이 얼마나 팔렸는지를 나타내는 정보이다.

② 고객정보

　㉠ 객층정보(점포데이터) : 유통기업을 이용하는 고객이 어떤 사람들인지를 나타내는 정보이다.

　㉡ 개인정보(패널데이터) : 고객 개인의 구매실적, 구매성향 등에 관한 사항을 나타내는 정보이다.

POS 데이터의 활용

① POS 데이터의 활용단계
- ㉠ 제1단계(단순 상품관리단계) : 기본적인 보고서만을 활용하는 단계로서 부문·시간대별 보고서, 매출액의 속보, 품목·단품별 판매량 조회 등이 이에 속한다.
- ㉡ 제2단계(상품기획 및 판매장의 효율성 향상단계) : 날씨, 기온, 시간대, 촉진활동, 선반진열의 효율성, 손실, 재고회전율 등의 정보와 연계하여 판매량 분석을 통해 상품을 관리한다.
- ㉢ 제3단계(재고관리단계) : 내부의 재고관리를 말하며, 수·발주시스템과 연계해서 판매정보를 분석하고 재고관리를 하며 발주량을 자동적으로 산출한다.
- ㉣ 제4단계(마케팅단계) : 상품정보와 고객정보를 결합해서 판매증진을 위한 마케팅을 실시한다.
- ㉤ 제5단계(전략적 경쟁단계) : POS 정보를 경영정보와 결합해 전략적 경쟁수단으로 활용한다.

② ABC 분석 : 재고자산의 품목이 다양할 경우 이를 효율적으로 관리하기 위해 재고의 가치나 중요도에 따라 재고자산의 품목을 분류하고 차별적으로 관리하는 방법이다. 각각의 상품이 현재의 유통경영성과에 기여하는 정도를 평가하는 가장 일반적인 방법으로, 분류기준은 파레토 분석에 의한다.

POS 관련 물류시스템

① VMI(Vendor Managed Inventory) : 점포의 POS 시스템 데이터를 거래선(벤더)과 직접 연결하고, 거래선이 직접 각 점포에 맞는 CAO를 이용하여 재발주량을 결정하는 일종의 자동발주기법이다.

② CRS(Continuous Replenishment Service) : 데이터양은 많지만 그 내용 자체가 비교적 단순한 정보를 관리하기 위해 IBM이 미국과 일본에 제공하고 있는 서비스이다.

③ CD(Cross Docking) : POS 데이터에 의한 CAO나 VMI를 통해 출고와 입고지시가 내려지면 유통센터에서 중간 보관단계를 생략하고, 사전 작성계획에 따라 입고지점에서 출고지점까지 상품을 이동시키는 통합적 수·배송 시스템이다.

3절   전자적 자료교환

전자문서교환(EDI : Electronic Data Interchange)

① 문서의 형식과 데이터의 내용을 규정하는 문서표준으로 구매, 주문, 송장발부, 선적통지 등과 같은 상거래를 위한 컴퓨터 간의 문서교환방식이다.

② EDI는 메모와 같은 자유로운 포맷으로 된 문서가 아니라 구매요청서, 송장, 납품지시서 등과 같은 구조화된 형식을 갖는다.

③ EDI의 목적

    ㉠ **기업경영 측면** : 주문내용에 대한 지연과 오차감소, 비용절감, 대고객서비스의 질적 향상을 가져오기 위해서이다.

    ㉡ **기업관리 측면** : 주문주기의 단축으로 JIT(Just In Time) 구매에 따른 재고관리 효율성 증대와 사무처리 인원의 감축에 따른 인력활용을 극대화하기 위해서이다.

④ **EDI 구성요소**

    ㉠ **EDI 표준** : 문서표준, 통신표준, 산업표준 등

    ㉡ **사용자 시스템** : 응용 프로그램, 네트워크 소프트웨어, 변환 소프트웨어

    ㉢ **EDI 네트워크** : 일괄처리식, 즉시응답식, 대화식

    ㉣ 거래약정(Interchange Agreement)

❖ EDI의 주체

① **EDI 사업자** : 부가가치통신망(VAN) 사업자와 같이 EDI 서비스 및 통신환경을 제공하는 사업자

② **EDI 이용자** : EDI 사업자가 제공하는 EDI 서비스를 이용하는 소비자

❖ EDI의 도입효과

① **직접적인 효과**

    ㉠ 거래시간의 단축

    ㉡ 업무처리의 오류감소

    ㉢ 자료의 재입력, 복사, 수작업 등 관련비용의 감소

② **간접적인 효과**

    ㉠ 인력절감, 재고감소

    ㉡ 관리의 효율성 증대

    ㉢ 효율적인 인력 및 자금관리

③ **전략적인 효과**

    ㉠ 거래 상대방과의 관계개선

    ㉡ 경쟁우위 확보

    ㉢ 전략적 정보시스템 구축

4과목 유통정보

❖ EDI의 장·단점

① 장점
- ㉠ 노력절감
- ㉡ 시간절약
- ㉢ 비용절감
- ㉣ 오류감소
- ㉤ 비즈니스 기회 확장
- ㉥ 고객서비스 및 생산성 향상

② 단점
- ㉠ 최초로 문서를 표준화하는 데 시간과 비용이 많이 든다.
- ㉡ 비표준화된 정보를 사용하거나 교환하는 것이 불가능하다.
- ㉢ 거래대상의 시스템 수가 많은 경우에는 회선유지비용이 증가하고 송수신 시간이 늦어지며, 전자문서의 보안유지가 어렵다.

❖ EDI의 수행단계

① 제1단계(전략적 단계)
- ㉠ EDI 전략의 결정
- ㉡ 최고 경영층의 지원획득

② 제2단계(EDI 실행준비단계)
- ㉠ EDI 프로젝트팀의 형성
- ㉡ 교육프로그램의 수행
- ㉢ EDI 감사 실시
- ㉣ 예비적인 비용과 이익분석의 개발
- ㉤ EDI 거래참가자 선택과 상세한 배치계획 및 계약수립

③ 제3단계(EDI 실행 및 확산단계)
- ㉠ 예비테스트 실시 및 결과의 검토와 수정
- ㉡ 사용의 확대 및 공표

❖ VAN(Value Added Network)

① 의의
- ㉠ 컴퓨터와 통신이 결합되어 통신회선의 부가가치를 향상시킨 것으로, 다른 업종 간의 데이터 교환에 있어 기존의 상위 통신제어 순서의 차이 등을 조절하여 데이터의 교환을 가능하게 하는 통신망이다.
- ㉡ 물류업무와 정보업무를 결합한 시스템을 제공한다.

② VAN의 구성
- ㉠ VAN 센터의 호스트 컴퓨터를 중심으로 보면 네트워크 설비, 네트워크 어플리케이션, 시스

템 운용으로 구성된다.

ⓛ VAN을 통해 수행할 수 있는 구성영역은 금융기관시스템, 물류시스템, 도매시스템, POS 터미널, EOS 터미널, 스토어 터미널, 체인본부 터미널 등이다.

③ VAN의 유형

㉠ **직접 연결형** : 체인점의 연결 데이터 교환시스템, 도매업이나 제조업이 각각 고정 고객선과 연결된 네트워크 시스템

㉡ **공동 이동형 네트워크** : 지역유통 네트워크 및 업계 유통 네트워크

㉢ **업계형** : 기업 간 수평공동형 VAN

④ VAN의 기능

㉠ **교환기능** : 접속을 담당하는 단말기나 호스트 컴퓨터와 상호통신이 가능하도록 해주는 기능으로 여기에 VAN의 가장 기본적인 부가가치가 있다.

㉡ **통신처리기능** : 데이터의 통신 중 통신에 장애가 되는 제반문제를 컴퓨터가 자동처리하여 통신이 원만하게 이루어질 수 있도록 하는 기능을 말한다.

㉢ **정보처리기능** : 응용소프트웨어를 이용한 제반 컴퓨터 처리를 말한다.

㉣ **전송기능** : 물리적 회선을 의미하며, 정보를 아무런 부가처리 없이 단순히 전송하기만 하는 기능을 말한다.

⑤ VAN의 장점

㉠ VAN으로 상업통신 제어절차운용에 관한 표준화가 가능해짐에 따라 불특정 다수의 기업 간에 효율적인 자료교환시스템을 구축할 수 있다.

㉡ 공동이용부문의 시스템 개발에 있어 비용을 대폭 절감할 수 있다.

㉢ 시스템을 스스로 만들 수 없는 기업도 자사의 설비, 운용체제를 정비함으로써 VAN을 구축하기가 쉬워진다.

㉣ 공동상품코드는 정보데이터서비스 또는 POS 데이터분석 공통프로그램 등을 공동으로 이용함으로써 개별기업의 POS 등 상품관리시스템의 운용이 용이해진다.

🔹 CALS(Computer Aided Logistics Support)

① 의의

㉠ 기업의 활동으로부터 생성된 정보나 자료를 디지털화하여 표준화된 형태로 저장, 조회하고 전송하는 방식을 통해 총체적인 관점에서 합리화와 효율화를 이루고자 하는 구상이나 개념 및 전략이다.

㉡ 정보시스템을 이용한 종이 없는 전자적 통합물류이며 생산·유통시스템이다.

㉢ 인터넷 및 초고속 정보통신망과 연계되어 광속의 전자상거래가 가능해짐에 따라 그 개념이 광속상거래(Commerce At Light Speed)로 발전하였다.

㉣ 지급결제시스템이 강조됨으로써 전자상거래와 연계하여 EC/CALS라는 통합된 개념으로 사용된다.

 ② CALS의 목적

   ㉠ CALS는 글로벌 전략의 추진을 목적으로 한다.

   ㉡ 설계, 제조, 보급 등 물류 지원 과정을 비즈니스 리엔지니어링을 통해 조정하고, 동시공학적 업무처리 과정으로 연계하며 다양한 정보를 통합 DB에 저장하고 활용하는 것을 목적으로 한다.

   ㉢ 업무의 과학적 · 효율적 수행과 신속한 정보 공유 및 종합적 품질관리 제고가 가능하게 되었다.

 ③ CALS의 기대효과

   ㉠ **비용절감 효과** : 제품의 설계, 생산, 판매 및 유지보수 등 전체 수명주기에 대한 효율적인 관리가 가능해지며, 통합 데이터베이스의 구축으로 한번 입력된 자료의 재입력 작업을 없애고 입력오류를 최소화시키는 등 업무생산성 향상 및 경영혁신을 통해 제품의 생산 및 거래에 소요되는 전체 비용을 절감할 수 있다.

   ㉡ **조직 간의 정보공유 및 신속한 정보전달** : 컴퓨터 통신망을 통해 원하는 정보를 신속하게 전달함으로써 정보교환에 소요되는 시간을 대폭 줄일 수 있으며, 기업활동에 필요한 정보를 통합 데이터베이스에 저장함으로써 지역적으로 분산되어 있는 자료를 서로 공유하여 기업 간 정보교환에 소요되는 비용을 최소화할 수 있다.

   ㉢ **제품생산 소요시간 단축** : 제품을 기획하고 설계하여 생산하는 전 과정에 걸친 기업의 모든 관련 부문이 정보의 상호교류를 통해 동시에 진행되는 동시공학의 도입으로 제품생산에 투입되는 기간이 단축되고 전체 개발기간을 앞당길 수 있으며 생산되는 제품의 품질을 개선할 수 있다.

   ㉣ **산업정보화에 의한 국제경쟁력 강화** : 기업들의 업무절차 개선을 통해 업무의 효율성을 높이고 생산성을 향상하여 제품의 수명주기를 단축하며, 이에 따라 생산에 투입되는 각종 비용을 감축하여 국내 제조업의 경쟁력 강화 및 산업의 효율적인 발전 등 산업정보화를 통한 국제경쟁력 향상에 기여할 수 있다.

   ㉤ **21세기 정보화 사회로의 조기진입** : 세계화, 정보화의 진전과 생산 및 소비형태가 빠르게 변화함에 따라 소비자 중심의 제품, 서비스 생산을 추구함으로써 소비자의 욕구를 충족하고 삶의 질을 향상할 수 있다.

 ④ EC, EDI, CALS의 관계

   ㉠ EC와 CALS의 핵심은 제품의 설계, 조달, 생산, 판매, 결제, 사후관리 등과 관련한 각종 정보를 표준화 · 디지털화 · 통합화하여 컴퓨터로 업무를 처리한다.

   ㉡ EC와 CALS는 그 발전과정이나 접근방법이 상이하지만, 궁극적으로 모든 상거래를 전자적으로 처리하고자 한다는 점에서 동일한 개념으로 이해된다.

ⓒ EC는 경영적인 측면에서, CALS는 기술적인 측면에서 보는 것이라고 말할 수 있다.

ⓔ EC와 CALS의 중심부분에서 근간을 이루는 핵심기술이 EDI이다.

ⓜ EDI는 국제 간 또는 국내 기업 간에 상거래와 관련된 각종 문서 및 데이터를 표준화된 형태로 컴퓨터끼리 주고받는 정보기술로, 1980년대 중반 군의 후방지원 및 조달업무에 도입되면서 CALS를 탄생시켰으며, EC는 EDI를 근간으로 다른 정보기술을 통합적으로 활용하고자 하는 것이다.

4절 e-SCM

채찍효과(Bullwhip Effect)

제품에 대한 최종소비자의 수요는 그 변동폭이 크지 않으나, 소매상 · 도매상 · 완제품 제조업자, 부품 제조업자 등 공급사슬을 거슬러 올라갈수록 변동폭이 크게 확대되는데, 이처럼 공급사슬에서 최종소비자로부터 멀어질수록 수요와 재고의 불안정성이 확대되는 현상을 말한다.

① 채찍효과의 원인

ⓐ 각각의 단계에서 주문이 별도로 처리되기 때문이다.

ⓑ 각각의 주체가 독립적으로 수요예측을 행하기 때문이다.

ⓒ 프로모션 등의 가격정책의 영향 때문이다.

ⓓ 수요에 대한 불확실성 때문에 가능한 많은 재고를 확보하기 위해 실제 양보다 많은 수량을 주문하기 때문이다.

② 채찍효과의 방지책

ⓐ 정보의 공유

ⓑ 가격정책의 안정화

ⓒ 판매예측에 의한 공급대비

ⓓ 공급 리드타임 단축

ⓜ 정확하고 신속한 수요 · 주문 정보 확보를 위한 전략적 제휴

SCM(Supply Chain Management)

① 정의

ⓐ 공급자로부터 최종소비자에게 상품이 도달되는 모든 과정을 의미하며 정보, 자재, 지불, 서비스 등의 흐름을 통합하고 관리하는 것을 말한다.

ⓛ 최종적으로 소비자의 수요를 효과적으로 충족하기 위한 제품 출시, 판촉, 머천다이징, 원자재 공급 등 상·하위 흐름을 총체적으로 관리하기 위함이며, 시스템을 이해하고 분석하여 기업의 효율을 극대화하였다.

② SCM의 등장배경
　㉠ 고객 서비스 요구 증가
　　• 여러 경쟁 기업들 간의 품질적인 큰 차이가 없어졌다.
　　• 원재료의 조달에서 판매까지, 판매 후에는 사후 서비스를 높여 고객을 효율적으로 관리해야 한다.
　㉡ 시간 경쟁
　　• 제품의 수명주기가 단축되고 있다.
　　• 신제품의 개발 속도가 빨라져 적기에 원재료와 제품의 공급이 필요하게 되었다.
　㉢ 세계 경영 : 해외지점이나 자회사의 판매망을 이용하여 원재료나 완제품을 공급하는 효율적인 관리가 필요하다.

③ SCM의 목적
　㉠ 운영과 재고통제력의 효율적인 관리
　㉡ 사업 가치의 높은 부가가치 창출
　㉢ 고객 만족의 극대화
　㉣ 신상품 출시와 제조 사이클의 최소화
　㉤ 불확실한 낭비요소 제거
　㉥ 기업 간 프로세스의 유기적 통합
　㉦ 공급사슬의 전체의 이익 창출

④ SCM의 효과
　㉠ 고객 만족도의 증가
　㉡ 업무 절차의 간소화
　㉢ 생산 계획의 합리화 증가
　㉣ 재고의 감소와 생산성 향상
　㉤ 조달의 불확실성 감소
　㉥ 정보의 적시 제공과 공유

⑤ SCM의 유형
　㉠ 첨단 전자기술의 활용 : 전자문서의 교환, 전자자금 결제, 전자카탈로그, 전자게시판 등이 있다.
　㉡ 공급자 주도의 재고관리 유형
　　• QR(Quick Response) : 주로 의류부문에서 소매업자와 공급업자가 상품 판매를 공유하여 소비자의 구매패턴에 맞게 상품 공급주기를 개선하는 것이다.

- JIT(Just-in-Time) : 생산계획에 따라 생산에 필요한 원재료나 부품을 시간, 공정, 수량만큼 공급하여 생산 공정상의 재고를 최소화하는 방식이다.
  © **중앙집중관리 유형** : 중앙물류센터를 설치하여 구매와 배송 절차를 단순화하고 구매단가나 운송단가를 최소화하여, 각 점포의 상품 배송주기를 단축하는 방식이다.

SCM을 위한 정보기술

① EDI(Electronic Data Interchange) : 거래업체 간에 서로 합의된 전자문서표준을 이용하여 인간의 조정을 최소화하고 컴퓨터 간에 구조화된 데이터 전송을 의미한다. 즉, 업체 간의 종이서류가 없는 문서전달을 위해 개발된 시스템으로서 업체 사이를 컴퓨터 통신망으로 연결하여 컴퓨터상의 양식을 사용해 거래업무를 온라인으로 처리하는 방식을 말한다.

⊙ **EDI의 도입효과**
- 종이가 필요 없으므로 오류가 감소되고 비용이 절감된다.
- 사무처리 비용과 인건비가 감소된다.
- 주문 사이클을 단축하여 재고관리 비용이 감소한다.
- 업무시간이 단축된다.
- 기업의 제반비용 감소로 자금 흐름이 개선된다.
- 빠른 의사결정을 할 수 있다.
- 거래 상대방과 정보의 공유로 협력관계가 증진된다.

② 데이터 웨어하우스(Data Warehouse) : 기업 내의 의사결정지원 애플리케이션(Application)들을 위한 정보기반을 제공하는 하나의 통합된 데이터 저장공간 또는 읽기전용 데이터베이스를 말한다.

⊙ **데이터 웨어하우스의 효과**
- 정보분석 속도와 다각적인 정보분석을 위한 유연성이 향상되어 의사결정을 도와준다.
- 데이터 통합 및 접근을 가능하게 한다.
- 신비즈니스의 접근을 용이하게 하고 비즈니스 프로세스를 개선한다.
- 신속한 정보를 통해 고객의 욕구 및 성향에 대한 정확한 판단을 할 수 있다.
- 규격화되고 정형화된 장표를 빠르고 쉽게 볼 수 있다.
- 데이터를 분석하여 미래의 작업이 예측 가능하다.
- 전사적인 기업데이터의 통합으로 일관된 정보를 제공받는다.

© **데이터 웨어하우스의 특징**
- 주제지향성 : 데이터 웨어하우스는 고객, 거래처, 공급자, 상품 등과 같이 주제별로 구성된다.
- 통합성 : 데이터 웨어하우스의 데이터는 속성의 이름, 코드의 구조, 도량형 단위 등의 일관성을 유지한다.

- 시계열성 : 데이터 웨어하우스는 일정 기간 동안 수집된 데이터를 갱신없이 보관하는 일, 월, 분기 년 등과 같은 기간 관련 정보를 함께 저장한다.
- 비휘발성 : 데이터 웨어하우스 내의 데이터는 일단 적재가 완료되면 읽기 전용으로만 존재한다.

③ 데이터마트(Data Mart) : 전사적인 데이터의 분야별 모음으로서 특정인이나 작업에 필요한 데이터들을 포함하는 작은 데이터 웨어하우스, 즉 한두 개의 특별한 영역에 중점을 둔 데이터 웨어하우스이다.

데이터 웨어하우스와 데이터마트의 차이

구분	데이터 웨어하우스	데이터마트
목표	잠재적인 모든 유형의 질의에 대처	특화된 분석지원
특성	데이터 저장고	모델링 도구, 연산 엔진
질의유형	읽기	읽기 / 쓰기
응답속도	질의 유형에 따라 가변적	일관성, 신속성
내용	과거, 현재	과거, 현재, 미래
자료구조	비정규화, 평면적	다차원적, 계층적
데이터량	초대용량, 매우 상세	대용량, 상세
구축기간	수개월 ~ 수년	수주일 ~ 수개월

④ 데이터 웨어하우징(Data Warehousing) : 데이터의 수집 · 처리에서 도출되는 정보의 활용에 이르는 일련의 프로세스로 단순히 데이터가 보관되어 있는 거대한 저장고를 의미하는 데이터 웨어하우스와는 다른 개념이다.

⑤ 데이터마이닝(Data Mining)

ㄱ 대량의 실제 데이터로부터 잠재되어 드러나지 않은 유용한 정보를 찾아내는 것을 말한다.

ㄴ 대량의 데이터 사이에 서로 연관 있는 것을 찾아내 연관 관계를 바탕으로 미래를 예측하는 방법이다.

🔷 SCM을 위한 정보시스템

① **조직 간 정보시스템(IOIS : Inter Organizational Information System)** : 네트워크 기반의 정보시스템으로 정보기술에 의해 조직의 범위를 뛰어 넘어 별개의 조직 간에 정보를 교환, 활용하는 통합된 데이터처리 및 교환 정보시스템이다.

② **전사적 자원관리(ERP : Enterprise Resource Planning)** : 기업활동에 필요한 모든 인 · 물적 자원을 효율적으로 관리하여 기업의 경쟁력을 강화하는 통합정보시스템이다. ERP를 실현하기 위한 소프트웨어로 ERP 패키지(Package)가 있다.

ㄱ ERP의 특징
- 전자문서교환과 전자거래 대응이 가능하다.
- 파라미터 지정에 의해 개발되었다.
- 최종 사용자 컴퓨팅(EUC)이 가능하다.
- 객체 지향 기술을 사용한다.
- Web Application 기술을 활용한다.

ㄴ ERP의 도입효과
- 표준시스템화로 신속한 업무처리와 생산성을 향상시킨다.
- 고객 서비스와 만족도를 증가시킨다.
- 필요로 하는 자료 및 정보에 신속히 대응하고 비용을 절감한다.
- 위기상황에 신속하고 탄력적으로 대처할 수 있다.
- 신속한 의사결정으로 기업의 경쟁력을 강화한다.

③ CAO(Computer Assisted Ordering) : 물류관련 정보를 컴퓨터를 이용해 통합·분석하여 발주하는 시스템이다. CAO에서 이용하는 물류관련 정보는 POS를 통한 상품흐름 정보, 실제상품 수령, 재고, 안전재고에 대한 정보, 고객에게 영향을 주는 외부정보 등이 있다.

ㄱ CAO의 효과
- 소비자의 성향과 선호도 파악이 쉽다.
- 적절한 재고관리로 할인판매가 감소한다.
- 제품의 결함이 감소하여 매출액이 증가한다.
- 원활한 상품의 배송이 가능해진다.
- 주문서 작성이 쉽고 발송비용이 줄어든다.

ㄴ CAO의 활용
- 데이터를 수집하여 주문수요를 확인한다.
- 업체 고유의 특성에 적합한 주문서를 확인 및 수정할 수 있다.
- 최종 주문서를 작성하고 발송한다.

④ CRP(Continuous Replenishment Planning) : 상품을 수요에 기초하여 유통업체에 공급하고, 재고·판매정보를 기초로 상품 보충량을 공급업체가 결정할 수 있는 새로운 시스템이다.

ㄱ CRP의 유형
- 상품을 보충받는 방법에 의한 분류 : 물류센터를 통해 받는 방법과 제조업체에서 직접 받는 방법이 있다.
- 재고운영 방법에 의한 분류 : 공급자재고관리(VMI)와 공동재고관리(CMI)가 있다.

ㄴ CRP의 효과
- 상품의 보충주기가 단축되고 재고수준이 감축한다.
- 정확한 정보를 통해 정밀한 수요가 예측된다.

- 공급 속도가 향상되고 정확성이 증대된다.
- 상품흐름이 균일화되어 공급이 쉬워진다.

⑤ **크로스도킹(Cross Docking)** : 창고나 물류센터에서 수령한 제품을 재고로 보관하는 중간단계가 거의 없이 즉시 배송하는 물류시스템을 말한다. 주된 목적은 유통업체나 물류센터에서 발생하는 비생산적인 재고를 제거하기 위함이다.

㉠ **크로스도킹의 유형**
- 기포장 크로스도킹 : 유통업체가 점포의 주문에 따라 제조업체가 미리 선택한 패키지를 다른 제조업체의 유사한 패키지와 함께 배송도크로 이동시키는 것을 말한다. 배송상품의 이동이 늦은 제품에 적용하기 쉽다(화장품, 위생용품, 잡화, 의류 등).
- 중간처리 크로스도킹 : 패키지를 수령하여 물류센터에서 소분한 후, 라벨을 붙여 새로운 패키지로 만들어 점포로 배송하는 것을 말한다.

> **형태에 따른 도킹의 유형**
> - **팔레트 크로스도킹** : 한 종류의 상품으로 적재된 팔레트별로 입고되고, 소매 점포로 직접 배송되는 형태로 가장 단순한 형태이다.
> - **케이스 크로스도킹** : 한 종류의 상품으로 적재된 팔레트 단위로 소매업체의 물류센터에 입고되며, 이렇게 입고된 상품은 각각의 소매 점포별로 주문 수량에 따라 피킹을 한다. 보다 보편화된 크로스도킹의 형태이다.

㉡ **크로스도킹의 효과**
- 물류센터의 물리적 공간 감소로 회전율이 증가한다.
- 상품공급의 용이성이 증가하고 재고수준이 감소한다.
- 공급사슬 내의 전체적인 저장 공간이 감소한다.
- 물류센터의 회전율이 증가한다.

SCM의 산업별 용어구분

① **의류부문** : QR(Quick Response)
② **식품부문** : ECR(Efficient Consumer Response)
③ **의약품부문** : EHCR(Efficient Healthcare Consumer Response)
④ **신선식품부문** : EFR(Efficient Foodservice Response)

ECR(Efficient Consumer Response)

① 소비자에게 보다 나은 가치를 제공하기 위해 유통업체와 공급업체들이 밀접하게 협력하는 식료품 산업의 SCM전략이다.

② 최종 소비자의 만족도를 증대시키기 위해 공급자와 소매업자가 공동으로 협력하는 전략으로 공급자와 소매업자는 서로 적대적이 아닌 협동의 자세로서 공급망에 상존해 있는 비효율적인 요소들을 제거함으로써 생산성을 높임과 동시에 소비자에게는 양질의 제품과 서비스를 제공하는 것이 목적이다.

③ 소비자의 만족에 초점을 두고 공급사슬의 효율을 극대화하기 위한 새로운 모델이다.

④ 제품의 제조단계부터 도매와 소매에 이르는 전 과정에 관련 기업들이 참여하여 경영효율을 제고하는 기법이다.

⑤ 관련된 기업들의 표준화 및 최적화를 포함하며 다른 산업부문에도 적용이 가능하다는 특징을 지닌다.

🔰 ECR의 실현도구

① CAO(컴퓨터기반 주문)

② EDI(전자적 자료교환)

③ 크로스도킹(Cross Docking)

④ VCA(가치사슬분석)

⑤ ABC(활동기준원가)

⑥ 카테고리관리

⑦ CRP(협업적 보충계획)

⑧ 배송상품 순서선정

🔰 CMI(Co-Managed Inventory)

전반적인 업무처리의 구조는 VMI와 같은 프로세스이나, CMI의 경우에는 제조업체와 유통업체 상호 간 제품정보를 공유하고 공동으로 재고관리를 한다.

🔰 VMI(Vender Managed Inventory)

① 유통업체가 제조업체에 판매·재고정보를 전자문서교환으로 제공하면 제조업체는 이를 토대로 과거 데이터를 분석하고 수요를 예측하여, 상품의 적정 납품량을 결정하는 시스템 환경이다.

② 유통업체는 재고관리에 소모되는 인력, 시간 등의 비용절감 효과를 기대할 수 있고, 제조업체는 적정생산 및 납품을 통해 경쟁력을 유지할 수 있다.

🔰 QR(Quick Response, 신속대응시스템)

① 의의 : QR의 개념은 생산과 유통관계의 당사자가 서로 협력하여 소비자에게 적절한 상품을, 적절한 시기에, 적절한 공급량을, 적절한 가격에 제공하는 것이 목표이다. 고객의 취향과 가

격에 대해 관련업체의 거래선과 공동으로 실시하는 리엔지니어링 개념이다.

② QR의 활용분야

    ㉠ QR은 주로 패션 및 섬유관련 제조 · 유통업체가 유통과정에서 상호 밀접하게 협력하는 시스템이다.

    ㉡ 생산에서 판매까지 전체과정의 효율성을 높여 소비자에게 더 나은 서비스를 제공한다.

    ㉢ 생산 및 유통업체는 비용과 재고의 감축을 통해 효율성을 높인다.

QR의 도입효과

① 소매업자는 매출과 수익이 증대하고, 낮은 유지비용과 고객서비스의 개선 및 상품회전율 증대의 효과가 있다.

② 제조업자는 주문량에 따른 적절한 생산, 공급인력의 감축, 높은 자산회전율을 가진다.

③ 품질의 개선, 낮은 가격, 상품의 다양화, 소비패턴의 변화 등으로 소비자의 만족도가 커진다.

④ 불합리성과 낭비의 제거, 효율성 증대, 신속성 증대로 시스템의 운영 효과가 커진다.

QR의 목표

① 신기술 접목을 통한 상품의 기획 · 구매 · 생산 · 유통 과정상의 재고수준 절감 및 소요기간 단축

② 제조업자와 소매업자 간의 보다 향상된 협조체제 구축

③ 소비자의 욕구에 적절히 대응할 수 있는 상품준비

QR의 필요성

① 생산 · 유통의 정보기술화 : 정보기술을 이용한 생산 · 유통의 관리체계가 필요하다.

② 정보화의 구조 : 기존의 생산 · 유통방식에서 벗어나 소비자 수요에 신속히 대응할 수 있는 정보화 구조로의 전환이 필요하다.

③ 시장정보의 활용 : 급변하는 새로운 시장구조에 맞게 적절한 생산, 유통체계를 갖추기 위해서는 QR 구축을 통한 시장정보의 활용이 필요하다.

④ 국제경쟁력 약화 : 선진국에서는 기술 및 품질경쟁력이 뒤지고, 개발도상국에서는 가격경쟁력에서 뒤지므로 국제경쟁력이 약화되어 새로운 시스템 도입이 필요하다.

⑤ 산업구조의 조정 : 산업공동화가 심화됨으로써 산업구조의 조정이 필요하다.

QR의 특성

① 파트너십 형성 : 생산과 유통 관계의 거래 당사자들이 협력한다.

② 고객만족도 향상 : 소비자에 대하여 적절한 상품을 적절한 장소에, 적시에, 적량을 적정한 가격으로 제공하는 것을 목표로 한다.

③ **테크놀로지의 이용** : 공동상품 코드에 의한 소스마킹, 전자문서교환, 이를 지원하는 KAN 코드와 정보 DB 등의 정보처리기술을 활용한다.

④ **낭비의 제거** : 생산 · 유통기간의 단축, 재고의 삭감, 투매, 반품, 손실의 감소 등 생산유통이 각 단계에서 합리화를 실현한다.

⑤ **공동이익** : 생산자, 유통관계자, 소비자가 성과를 나누어 가질 수 있다.

♦ QR의 효과

제조업자 측면	소매업자 측면	소비자 측면	시스템 측면
• 높은 자산회전율의 확보 • 주문량에 따른 유연생산 체제 구축 • 공급자의 수 감소	• 유지비용의 감소 • 고객 서비스의 개선 • 매출과 수익의 증대 • 상품회전율의 증가	• 품질개선과 저가 확보 • 소비패턴의 변화 • 상품의 다양화	• 낭비의 제거 • 효율성과 신속성의 확보

♦ QR의 발전단계

① 제1단계 : 기본적 QR 정보기술의 사용단계
② 제2단계 : 자동보충 발주단계
③ 제3단계 : 파트너십 보충단계
④ 제4단계 : 공동상품 개발단계
⑤ 제5단계 : 소매지원단계

♦ QR시스템 관리방식

① 먼저 계산대에서 상품의 바코드를 판독하고, 컴퓨터는 상품명과 가격 등을 자동인식해서 계산기간을 단축한다.
② 발주점에 이르면 재주문이 자동적으로 이루어진다.
③ 공급자는 주문을 받으면 공급업자, 주문번호, 목적지, 주문처 등의 정보를 상품에 표시해서 발송한다.
④ 결제는 POS 시스템을 통한 신용카드, 선불카드, 은행카드 등의 전자대금 결제방식으로 신속히 이루어진다.

♦ QR의 성공요소

① 인적 요소
  ㉠ 유통채널과 업체 간 상호협력 파트너십 구축
  ㉡ 경영자의 고객중심 사고로의 전환

ⓒ 소량 다품종 생산을 위한 종업원의 다기능화

② 기술적 요소

㉠ 업체 간의 표준코드 사용 및 시스템 간의 호환성

㉡ 기업내부의 정보관리를 위한 표준화

㉢ 부서 간 또는 업체 간의 정보공유 체제

EHCR(Efficient Healthcare Consumer Response, 효율적 의료 공급체인)

① 최종 소비자의 만족을 증진하기 위해 소비자가 원하는 제품을 원하는 장소와 시기에 가장 저렴한 비용으로 제공하는 것이다.

② 의료 관련 제품 공급체인을 효과적으로 관리하는 방법으로 공급체인 내에서 발생하는 모든 비효율적인 요소들을 제거하여 관련 비용을 최소화하려는 것이다.

③ 공급의 신속화 · 개방화 · 중립화 · 유연화 · 모듈화를 추구한다.

④ 참여업체들의 프로세스의 표준화와 환자중심의 운영에서 조직중심의 운영으로 관리초점의 이동에 근간을 두고 전략이 진행되어야 한다.

⑤ EHCR의 전략 : 효율적인 제품이동, 주문관리, 정보공유

EHCR의 도입효과

① 반품의 감소로 재고수준이 감소한다.

② 최종 소비자 만족이 향상된다.

③ 문서작업이 감소되고 데이터의 정확성이 향상된다.

④ 작업 생산성이 향상되고 회전주기가 단축된다.

⑤ 효과적 커뮤니케이션이 촉진된다.

⑥ 작업 오류가 줄어들어 노동력이 감축된다.

CRP(Continuous Replenishment Planning, 자동재고보충)

① 유통업체가 제조업체와 전자상거래를 통해 상품에 대한 주문정보를 공유하여 재고를 자동으로 보충 · 관리하는 프로그램이다.

② 상품을 소비자 수요에 기초하여 유통소매점에 공급하는 풀(pull) 방식으로, 유통소매점에 재고가 있음에도 불구하고 상품을 공급하는 푸시(push) 방식과 반대된다.

③ 전자문서교환시스템(EDI)에 근간을 두고 있으며, 공급자재관리(VMI)가 가장 보편적인 형태로 사용된다.

💊 **CPFR(Collaborative Planning, Forecasting and Replenishment)**

① 기업이 거래처와의 협력을 통해 상품계획과 예측을 하고, 상품을 보충하는 것으로 수요 예측과 재고 보충을 위한 공동사업을 말한다.

② 수익 증대와 운영비용 감소, 주기 감소 등을 가능하게 해준다.

③ 통합된 계획, 시행시스템과 더불어 수송과 창고관리 능력을 향상하여 생산에서 고객전달까지 전 흐름을 최적화한다.

💊 **카테고리 매니지먼트**

① 개념

　㉠ 제품 카테고리를 하나의 사업체로 경영하면서 각 카테고리의 제품믹스, 머천다이징 및 판촉행사 등의 프로그램 개발 및 실행을 소비자의 선호도에 따라 각 매장 기준으로 제조업체와 유통업체가 공동으로 관리하여 상호 사업목표를 달성해 가는 과정이다.

　㉡ 유사 아이템 집단을 카테고리로 분류한 뒤 이를 중심으로 각종 마케팅과 영업활동을 하는 새로운 경영기법을 뜻한다.

　㉢ 매장이 가지고 있는 매장 고객정보와 제조업체가 보유하고 있는 고객정보를 서로 공유함으로써 고객필요에 맞는 상품구색, 진열, 가격, 행사 등에 대한 전략을 세우는 것이다.

② 카테고리 매니지먼트의 효과

　㉠ 유통업체 측면

　　• 고객충성도 개선, 점포 이미지 개선

　　• 고객 수요 충족 및 품질 개선

　　• 재고 · 점포 운영비용 절감, 투자자산에 대한 수익 극대화

　　• 본부와 점포와의 의사소통, 카테고리 동향 정보 습득

　㉡ 제조업체 측면

　　• 정보를 활용한 제품 개선 및 개발로 고객만족의 증대

　　• 카테고리 크기의 증대로 매출 증대

　　• 비용절감

　　• 고객지향의 조직 강화

　　• 고객마케팅 강화, 새로운 아이디어 창출

💊 **ATP(Available To Promise)**

① 재고를 보유하는 품목에 대해 주문량만큼의 물량이 어느 창고에 있는지, 또는 이미 확정된 생산 스케줄에 따라 언제 생산될 예정인지를 신속하게 검토하여 고객에게 가능한 납기일을 제공하여 영업을 지원하는 것을 말한다.

② ATP는 일반적으로 고객주문에 있어 고객의 주문접수 시 납기를 고객에게 확정해줄 수 있는 약속가용량으로 기준생산계획 수립 시 계산된다.

🎁 APS(Advanced Planning and Scheduling)

① MRP의 비효율성 및 한계를 극복하기 위한 것으로 새로운 이론, 접근방식의 개발과 함께 컴퓨터 기술과 알고리즘이 발전함에 따라 기업이 새로운 경영전략을 달성하기 위한 글로벌 생산계획의 효율적인 수립방안이다.
② APS 시스템의 핵심은 즉시납기 산정, 정시 납품이다.

🎁 TOC(Theory Of Constraints)

① 제약이론이라고도 하며, 시스템의 목적을 달성하고자 할 때 발생하는 여러 가지 제약 중에서 가장 많은 영향을 미치는 제약 조건을 개선함으로써 전체 시스템의 산출물을 향상하는 것이다.
② TOC는 생산 · 물류분야, 재무분야, 그리고 문제해결에 의한 정책수립을 중심으로 시스템 개선에 활용된다.
③ 성과를 향상하기 위한 방법을 찾아내는 것으로, 기업은 제약 자원들을 파악하고 개선해야만 기업의 성과를 향상시킬 수 있다.

🎁 유통정보화 기반기술

① RFID : 극소형 칩에 상품정보를 저장하고 안테나를 달아 무선으로 데이터를 송신하는 장치
② IoT : 생활 속 사물들을 유무선 네트워크로 연결해 정보를 공유하는 환경
③ Sensor : 여러 종류의 물리량을 검출하고 계측하는 기능을 갖춘 소자
④ 5G : 최대속도가 20Ghps에 달하며 LTE보다 처리속도와 용량이 큰 이동통신 기술
⑤ AI : 인간의 두뇌와 같이 컴퓨터 스스로 추론, 학습, 판단하며 작업하는 시스템
⑥ RPA : 비즈니스 과정 중 반복적이고 단순한 업무 프로세스에 소프트웨어를 적용 후 자동화하는 것

3 유통정보의 활용

1절 데이터 웨어하우스

❖ 데이터베이스(DB : Data Base)

① 의의

㉠ 특정 작업에 필요한 다수의 데이터를 모아서 정리해 놓은 형태 또는 자료제공 서비스이다.

㉡ 데이터를 한곳에 모아 놓고 관리함으로써 효율성을 높이고 여러 사람에게 필요한 정보를 제공할 수 있도록 체계적으로 구성된 데이터의 집합체이다.

② 데이터베이스의 특성

㉠ 실시간 접근가능

㉡ 데이터의 내용에 의한 참조

㉢ 지속적인 변화와 업데이트

㉣ 동시에 데이터베이스 공유가능

❖ DB의 유형

① 통합 데이터(Integrated Data)

㉠ 동일 데이터를 중복 저장하지 않는다.

㉡ 기존의 파일 시스템과는 달리 프로그램마다 데이터를 독립적으로 소유하지 않는다.

㉢ 데이터의 보안성과 일관성을 유지할 수 있다.

② 저장 데이터(Stored Data)

㉠ 컴퓨터가 접근 가능한 저장장치에 저장되어 있다.

㉡ 다른 컴퓨터나 장치에서 사용할 수 있도록 일정한 이식성을 갖추고 있다.

㉢ 정보화 사회에서 필요한 각종 정보를 일관성 있는 형식에 의해 저장하고 있다.

③ 운영 데이터(Operational Data)

㉠ 입출력 과정에서 발생하는 단순 정보나 임시 데이터는 데이터베이스가 아니다.

㉡ 특정 기능을 실행하거나 결과를 추출하는 데 반드시 필수적인 데이터를 의미한다.

㉢ 존재목적이 뚜렷하고 일관성 있게 정리되어 있어서 유용성을 유지해야 한다.

④ 공용 데이터(Shared Data)

　　㉠ 특정인 한 사람이나 특정 시스템만을 위한 데이터가 아닌 범용적으로 사용된다.

　　㉡ 데이터를 보유하고 있는 조직의 모든 사람이 유지하고 이용하는 특징이 있다.

　　㉢ 사용자의 취향이나 사용목적에 따라 동일한 데이터라도 다르게 활용될 수 있다.

　　㉣ 실제 활용가능한 데이터베이스는 점차 대형화되는 것이 일반적인 현상이다.

　　㉤ 구성원이 사용하는 전화번호부 등은 데이터베이스의 범주에 포함되지 않는다.

🎁 데이터베이스 관리시스템(DBMS : Data Base Management System)

① 컴퓨터에 수록한 수많은 자료들을 쉽고 빠르게 추가·수정·삭제할 수 있도록 해주는 소프트 웨어이다.

② 다수의 컴퓨터 사용자들이 데이터베이스 안에 데이터를 기록하거나 접근할 수 있게 해주는 프로그램이다.

③ DBMS가 추구하는 궁극적인 목적은 응용프로그램이 데이터에 종속되지 않도록 데이터의 독립성을 제공하는 것이다.

🎁 DBMS의 기능

① **정의기능** : 데이터 구조와 이를 사용할 응용프로그램의 이용방식을 정의하는 기능으로, 레코드 구조와 데이터 모형, 물리적 구조의 정의 등을 포함하고 있다.

② **조작기능** : 사용자에게 필요한 기능으로, 사용자가 데이터베이스에 저장된 데이터들 중에서 원하는 것을 검색·삭제·수정·삽입할 수 있도록 하는 기능이다.

③ **제어기능** : 데이터베이스에 접근하는 것을 관리하며, 데이터베이스의 데이터들이 일관성을 유지하고 중복되지 않도록 제어하는 기능을 담당한다.

🎁 DBMS의 장·단점

① 장점

　　㉠ 데이터를 통합 구성하여 관리하므로 데이터의 중복성을 최소화할 수 있다.

　　㉡ 데이터를 다른 응용프로그램이나 사용자에게 공유할 수 있다.

　　㉢ 데이터의 일관성과 무결성을 유지할 수 있게 한다.

　　㉣ 데이터의 중복성을 최소화시키므로 데이터의 보안수준을 동일하게 유지할 수 있다.

　　㉤ DBMS는 집중 제어기능을 지원하며, 데이터의 형식과 처리방법을 표준화할 수 있다.

　　㉥ 조직 내에서 데이터를 사용하는 현황을 파악하여 상호 관련성을 고려한 부서 간의 효율적인 데이터 조정이 가능하다.

② 단점

　　㉠ DBMS에 해킹이나 프로그램상의 오류가 발생하면 전체 시스템의 작업에 심각한 영향을 미칠 뿐만 아니라 백업이나 복구과정도 용이하지 않게 된다.

　　㉡ 데이터베이스 안에 있는 각종 데이터들의 상호관계와 처리방법이 점차 복잡해짐에 따라 전문 관리인력이 필요해진다.

　　㉢ DBMS는 점차 대용량화되므로 고속의 CPU 등 시스템 장치나 자원이 필요하고 이 때문에 비용이 상승한다.

🍱 데이터 웨어하우스(Data Warehouse)

① 개념

　　㉠ 기간 시스템의 데이터베이스(DB)에 축적된 데이터를 공통의 형식으로 변환하여 일원적으로 관리하는 데이터베이스이다.

　　㉡ 기업 내의 의사결정을 지원하는 응용프로그램들을 위한 정보기반을 제공하기 위하여 다양한 운영시스템으로부터 추출·변환·통합되고 요약된 읽기 전용 데이터베이스이다.

　　㉢ 기업의 각 부문에 산재되어 있는 개별시스템의 데이터들을 활용목적별로 통합하여 유연한 분석이 가능하도록 만들어 놓은 방대한 양의 데이터 저장창고이다.

② 데이터 웨어하우징

　　㉠ 데이터 웨어하우스를 구축·유지·운영하는 일련의 과정 및 절차를 의미한다.

　　㉡ 데이터 웨어하우스를 이용하는 사용자의 요구사항에 부응하는 시스템 구축과정이다.

　　㉢ 경영자의 경영의사결정을 지원하고 경영자정보시스템(EIS)이나 의사결정지원시스템(DSS)의 구축을 위해 기존의 데이터베이스에서 요약·분석된 정보를 추출하여 데이터 웨어하우스를 구축·활용하는 절차나 과정이다.

🍱 데이터 웨어하우스의 특징

① **주제지향성(Subject Oriented)** : 특정 주제를 중심으로 조직이 가지고 있는 정보를 통합적으로 구성한다.

② **통합성(Integrated)** : 서로 다른 부서나 부문에 이질적 형태로 저장된 정보를 공용으로 사용할 수 있도록 단일화한다.

③ **비휘발성(Non-volatile)** : 갱신이나 삭제 등 데이터가 수시로 변하는 휘발성을 가지고 있지 않다.

④ **시계열성(Time variant)** : 데이터 웨어하우스의 데이터는 일정한 시간 동안의 데이터를 대변하는 것으로, 시간에 따라 변화되는 값을 유지한다.

❖ 데이터 웨어하우스의 활용

① 의사결정자들의 임시적 정보요구에 따른 관련 데이터를 임시적으로 조회 및 보고한다.
② 온라인분석처리(OLAP)를 수행한다.
③ 데이터마이닝(Data Mining)을 수행한다.
④ 경영자정보시스템(EIS)이나 의사결정 지원시스템(DSS)에 활용한다.

❖ 데이터 웨어하우스의 구축효과

① 사용자에게 직접 데이터를 제공한다.
② 생산성의 증대 및 기업의 경쟁력을 강화한다.
③ 하나의 일관된 데이터 및 양질의 정보를 제공한다.
④ 새로운 시장을 발견하고 고객기반을 이해한다.
⑤ 전산부서에 대한 의존도를 감소시킨다.
⑥ 사용하기 편리하고 다양한 분석을 수행한다.
⑦ 원하는 정보에 신속하게 접근한다.
⑧ 업무 프로세스를 개선한다.
⑨ 환경변화에 신속하게 대응한다.

❖ 데이터 웨어하우스의 구성요소

① 데이터의 추출 · 정제 및 적재도구
② 메타데이터 저장소(Metadata Repository)
③ 데이터 웨어하우스 데이터베이스
④ 데이터마트(Data Mart)
⑤ 응용도구
⑥ 데이터 웨어하우스 관리도구
⑦ 정보배달시스템

❖ 데이터 웨어하우스의 구축절차

① 1단계(데이터의 추출 · 변환 · 정제 · 통합)
② 2단계(정보도출)
③ 3단계(정보활용)
④ 4단계(데이터의 추가 · 갱신 · 삭제)

🎁 데이터 웨어하우스의 구축요건

① **업무영역별 사용자 관점의 데이터** : 고객 · 영업 · 상품 등 업무영역별 사용자의 관심요건에 따라 분류되어 구축됨으로써 업무 목적에 따라 적절한 정보를 제공할 수 있어야 한다.

② **업무별 관련사항을 통합한 데이터** : 데이터 웨어하우스는 조직 내의 각종 업무처리 단위별로 구축된 데이터를 전사적 차원에서 서로 연계되는 부분을 통합한 내용으로 구성하여 하나의 독립된 데이터로 표현되어야 한다.

③ **경영활동 기간별 데이터** : 조직의 의사결정지원을 위해서는 특정한 시점만의 자료가 아닌 관심대상 기간의 데이터 변동, 즉 경영활동에 대한 추이 분석을 할 수 있는 형태의 정보로 제공되어야 한다.

🎁 데이터 웨어하우스 스키마(Schema) 타입

① **스타 스키마(star schema)** : 사실테이블과 다차원테이블을 통해 분석처리를 지원한다.
   ㉠ 장점 : 간단한 모델, 사용자 중심, 테이블 조인을 감소하여 성능 향상
   ㉡ 단점 : 융통성 부족, 중복된 데이터 보유, 다수의 요약 테이블 필요, 사실테이블 간의 조인이 어려움

② **눈송이 스키마(Snowflake Schema)** : 스타 스키마의 변형으로 사실테이블의 구조는 그대로 유지하면서 모든 차원 정보를 3차 정규형으로 저장한다. 스타 스키마모델의 변형으로 몇몇 테이블을 정규화 하여 데이터를 추가 테이블로 분할하며 다차원데이터의 정규화가 구현된다.
   ㉠ 장점 : 많은 저장공간이 필요 없음, 많은 개발 툴 지원, 데이터 중복의 최소화
   ㉡ 단점 : 복잡하여 사용자의 이해가 요구됨

③ **은하수 스키마** : 스타 스키마의 차원테이블을 공유하는 형태이다.

🎁 데이터마이닝(Data Mining)

① 대량의 데이터베이스에 내재되어 있는 패턴을 발견하고 규칙을 추론함으로써 유용한 정보를 추출해내는 과정이다.

② 데이터베이스로부터 과거에는 알지 못했지만 데이터 속에서 유도된 새로운 데이터 모델을 발견하여 미래에 실행 가능한 정보를 추출해내고 의사결정에 이용하는 과정이다.

🎁 데이터마이닝의 기능

① **분류(Classification)** : 개체의 새로운 특성을 관찰하고 이것을 미리 정의된 집단에 소속되게 한다.

② **추정(Estimation)** : 데이터가 주어지면 수입, 키, 신용잔고 등과 같은 알려지지 않은 연속적인 값을 찾는다.

③ **예측(Prediction)** : 미래의 행위나 가치를 다룬다.

④ 유사집단화(Affinity Grouping) : 어떤 것들이 함께 움직이는가를 결정하는 작업으로, 시장에서 어떤 상품들이 함께 구매되는지를 결정한다.

⑤ 군집화(Clustering) : 이질적인 집단을 몇 개의 동질적인 소집단으로 세분화한다.

⑥ 기술(Description) : 복잡한 데이터베이스를 통해 사람 · 제품 · 공정 등에 대한 이해를 돕기 위한 서술을 목적으로 한다.

🛡 데이터마이닝의 활용분야

① DB 마케팅(Database Marketing) : 고객유치, 고객유지, 고객세분화, 목표마케팅, 고객 성향변동분석, 수요 및 판매 예측, Cross Selling/Up Selling, 시장바구니 분석, 텔레마케팅 등에 활용된다.

② 신용평가(Credit Scoring) : 고객의 향후 행동양상을 예측할 수 있는 모델을 만들어 활용하는 것으로 신용점수, 우수고객점수, 고객이탈 및 연체점수, 구매 가능점수 등에 활용된다.

③ 품질개선(Quality Improving) : 불량품을 찾고 그 원인을 밝혀서 궁극적으로 불량을 예방하는데 활용한다.

④ 부정행위 적발(Fraud Detection) : 신용카드 부정사용자 적발과 같이 고도의 사기행위를 발견할 수 있는 패턴을 발견하여 예방을 위해 활용한다.

⑤ 이미지 분석(Image Analysis) : 디지털화된 사진으로부터 패턴을 추출하는 기법으로 주로 천문학, 문자인식, 의료진단, 방위산업 등에서 활용되고 있다.

⑥ 기타 : 수요 및 판매예측, 위험관리, 고객불만관리 등에 활용된다.

🛡 데이터마이닝의 효과

① 고객유지율 향상

② 고객과의 지속적인 관계유지

③ 마케팅활동 결과의 효과분석

④ 세밀한 고객분석을 통한 마케팅 효율 증대

🛡 데이터마이닝의 주요기법

① 의사결정나무(Decision Tree)

② 신경망(Neural Network)

③ 연관규칙(Association Rule)

④ 클러스터링(Clustering)

⑤ 판별분석(Discriminant Analysis)

⑥ 회귀분석(Regression Analysis)

⑦ 로지스틱 회귀분석(Logistic Regression Analysis)
⑧ 사례기반추론(CBR : Case-Based Reasoning)
⑨ 동시발생 매트릭스(Co-occurrence Matrix)
⑩ 온라인 분석처리(OLAP : On Line Analytical Processing)

🔷 데이터마이닝의 응용

① **R-F-M 기법** : 고객이 어떤 상품이나 서비스를 구입했을 때 마지막으로 구입한 날은 언제이고, 총 구매금액은 얼마인지를 토대로 고객정보를 분석하여 이를 고객관리에 활용하는 기법이다.

② **고객속성 정보파일 기법(MCIF : Marketing Consumer Information File)** : 기존 고객의 구매형태와 고객관리에서 발생한 다양한 데이터(구매기간, 구매횟수, 금액, 장소, 품목, 구매방법)를 비교 분석하고, 정보를 서로 교차시켜 마케팅 활동에 활용되는 고객관리 및 분석기법을 말한다.

③ **고객생애 가치이익 평가기법** : 고객이 자사의 제품을 최초로 구매한 시점부터 최종 거래에 이른 기간 동안에 구입하고 제공받은 서비스의 총 이용 금액에서 고객획득비용, DM 제작 및 발송비용, 매출액, 상품원가, 텔레마케팅 경비 등을 제한 후 영업수익을 산출하여 나타난 생산성을 기초로 고객 1인당 누적가치를 평가한 것이다.

2절   CRM과 e-CRM

🔷 고객관계관리(CRM : Customer Relationship Management)

① **고객관계관리 의의**

㉠ 기업의 내부에 존재하는 고객과 관련한 모든 자료를 데이터베이스에 구축하고, 이를 바탕으로 기존고객에 대한 정보를 종합적으로 분석해 고객이 원하는 제품과 서비스를 지속적으로 제공함으로써 고객을 오래 유지시키고 이를 통해 고객의 평생가치를 극대화하여 수익성을 높이는 통합된 고객관계관리 과정이다.

㉡ 기업의 고객과 관련된 내·외부 자료를 이용한다는 측면에서 CRM은 데이터베이스 마케팅과 성격이 같다. 그러나 CRM은 데이터베이스 마케팅에 비해 훨씬 더 다양하고, 다양한 정보의 취득을 전사적으로 수행하는 것을 목표로 한다.

㉢ CRM에서는 고객 데이터의 세분화를 실시하여 신규고객 획득, 우수고객 유지, 고객가치 증진, 잠재고객 활성화, 평생 고객화와 같은 사이클을 통해 고객을 적극적으로 관리하고 유

도하며 고객의 가치를 극대화할 수 있는 전략적 마케팅을 실시한다.

② CRM의 목적

   ㉠ 신규고객의 유치

   ㉡ 기존고객의 유지

   ㉢ 관계의 제고

   ㉣ 무리한 가격 경쟁 회피

   ㉤ 다양해지는 고객의 욕구에 대응

❤ CRM의 중요성

① 시장점유율보다는 고객점유율에 비중을 둔다.

② 고객획득보다는 고객유지에 중점을 둔다.

③ 제품의 판매보다는 고객관계에 중점을 둔다.

❤ CRM의 장점

① 마케팅 비용이 절감된다.

② 마케팅 생산성이 증대된다.

③ 기존고객의 평균구매율 증가에 따라 매출이 증대된다.

④ 고객만족도 증대로 고객이탈률이 감소한다.

❤ CRM의 유형

① 운영적(Operational) CRM : 각종 고객에 대한 정보를 종합하고 고객의 취향과 거래형태를 끊임없이 축적해가는 데이터 웨어하우스나 데이터마트에 해당되는 부문이다.

② 분석적(Analytical) CRM : 데이터 웨어하우스나 데이터마트에서 나온 유용한 CRM 자료를 토대로 고객정보를 추출하고 이를 통해 고객들의 움직임이나 향후 동향을 모델링하고 분석하는 부문이다.

③ 협업적(Collaborative) CRM : 운영적 CRM과 분석적 CRM의 통합을 의미하며 고객과 기업 간의 상호작용을 촉진시키기 위해 고안된 메일링, 전자커뮤니티, 개인화된 인쇄 등 협업적 서비스 부문이다.

❤ CRM의 구축

① 전제조건

   ㉠ 고객 통합 데이터베이스의 구축

   ㉡ 고객의 특성을 분석하기 위한 마이닝 도구

ⓒ 마케팅 활동을 대비하기 위한 캠페인 관리용 도구
② **구축과정**
　　㉠ 데이터 수집　　　　　　　　　　㉡ 데이터 정제
　　㉢ 데이터 웨어하우스 구축　　　　　㉣ 고객분석과 데이터마이닝
　　㉤ 마케팅 채널과의 연계　　　　　　㉥ 피드백 정보활용

🗃 e-CRM

① e-CRM은 상품과 서비스, 컨텐츠를 온라인상의 고객접촉 수단(인터넷, E-MAIL, 이동통신, PDA, 전자카탈로그 등)과 원리를 활용하여 수시 또는 즉시로 쌓이는 기업 내·외부의 고객 관련 정보를 통합하고 가공·재정리·분류하여 이것을 전략적으로 분석하는 것이다.
② 궁극적으로 e-CRM은 수익구조를 개선하는 경영 관리활동 내지는 솔루션 운용활동이라고 할 수 있다.

> 고객과의 관계 개선을 통해 고객만족도를 향상시키고 고정고객화를 통해 고객로열티 증진

🗃 e-CRM의 영역

① e-Marketing : 인터넷을 활용하여 전통적인 마케팅 기능 및 새로운 마케팅 개념을 구현하는 것이다.
② e-Sales : 고객의 전 구매과정을 인터넷상에서 처리하는 것이다.
③ e-Service : 고객서비스 및 지원을 위한 새로운 접속수단을 제공하는 것이다.

4 전자상거래

1절 전자상거래모델

🔶 전자상거래의 개념

① 인터넷 쇼핑몰을 통해 상품 및 서비스를 판매 또는 구매하는 행위이다.
② 사이버 공간에서 수행되는 모든 상거래 행위와 이를 지원하는 활동들을 포함하는 일련의 행위이다.
③ 기업, 개인, 정부 간의 상품 및 서비스 거래에 필요한 모든 정보를 컴퓨터 통신망을 이용하여 교환하고 거래하는 방식이다.

🔶 전자상거래의 특성

① 유통채널의 단순화   ② 영업시간의 무제한
③ 고객 정보의 수시 획득   ④ 정보에 의한 판매
⑤ 실시간 쌍방향 마케팅   ⑥ 경제성

🔶 전자상거래와 전통상거래의 비교

구분	전자상거래	전통상거래
유통채널	기업 → 인터넷 → 소비자	기업 → 도매 → 소매 → 소비자
거래대상지역	전 세계가 판매대상	일부 지역판매에 한정
거래시간	24시간 영업	제약된 영업시간
판매거점, 방법	Market space(네트워크) 정보에 의한 판매	Market place(시장, 상점) 전시에 의한 판매
고객정보 획득	• 온라인으로 수시 획득 • 재입력이 필요 없는 디지털 데이터	• 시장조사 및 영업사원을 통해 획득 • 정보 재입력이 필요
마케팅 활동	쌍방향 통신을 통한 1 대 1, 상호작용적 마케팅	구매자의 의사에 상관없는 일방적인 마케팅
고객대응	• 고객 불만족에 즉시 대응 • 고객 요구를 신속히 포착	• 고객 불만에 대응 지연 • 고객 요구 포착이 느림
소요자본	인터넷 서버 구입, 홈페이지 구축 등에 상대적으로 적은 비용 소요	토지·건물 등의 구입에 거액의 자금 필요

❖ 전자상거래의 발달배경

① 개인용 컴퓨터의 보급
② 통신망의 발달
③ 인터넷 관련기술의 발전

❖ 전자상거래의 활용

① 상품과 서비스의 광고 및 판촉
② 거래자 간의 계약 촉진
③ 시장정보의 제공
④ 사전, 사후의 판매지원
⑤ 전자적 조달과 공유된 기업과정을 위한 지원

❖ 전자상거래의 일반적 기대효과

① 구매자의 비용절감
② 공급자의 비용절감
③ 신규시장 개척의 용이성
④ 시장 진입의 용이성
⑤ 상거래의 신속화
⑥ 제품의 다양화
⑦ 재고관리비용 및 불량재고에 대한 위험경감
⑧ 간접비의 절감
⑨ 환경적 유익성

❖ 전자상거래의 장점

① 구매자 측면

   ㉠ 시간적, 공간적 제약의 해결 : 사이버 공간 자체가 갖는 장점 중의 하나로 상품을 구매하는 데 시간적, 공간적 제약을 받지 않는다.

   ㉡ 다양한 상품정보 : 상품구매에 대한 의사결정 시 해당 상품에 대한 다양한 판매자들의 가격 정보와 유사상품에 대한 정보까지도 손쉽게 확보하여 최선의 구매결정을 내릴 수 있다.

   ㉢ 장바구니 기능의 활용 : 사이버 쇼핑몰에서 여러 가지 물건을 구매한 경우, 어떤 물건을 얼마만큼 구매했는지를 손쉽게 파악하여 계획적인 구매를 할 수 있다.

   ㉣ 신뢰성 있는 물건 구매 : 상품을 직접 눈으로 확인하지 않고 신뢰성 있게 물건을 구매할 수 있다.

② 판매자 측면

   ㉠ 전시비용의 절감 : 값비싼 물리적 공간 없이 물건을 전시할 수 있기 때문에 상대적으로 비용이 절감된다.

   ㉡ 광고비용의 절감 : 신문이나 TV보다 상대적으로 저렴한 비용으로 광고가 가능하다.

   ㉢ 판매의 용이성 : 교통이 마비되거나, 눈·비가 내리거나, 설·추석연휴에 관계없이 언제 어떤 상황에서도 판매가 가능하다.

㉣ 적절한 판매전략의 수립 : 고객의 구매형태를 자동적으로 분석할 수 있어 적절한 판매전략
   의 수립이 가능하다.

전자상거래의 단점

 ① 쇼핑몰 관리자의 경영마인드 부족
 ② 상품정보 탐색의 어려움
 ③ 상품 규격의 비표준화
 ④ 전자적 대금 지불방식의 기술 부족
 ⑤ 물류 및 배달체계의 미비

전자상거래의 문제점

 ① 고객이 원하는 상품을 구매하기 위해 쇼핑몰을 돌아다녀야 하므로 시간적인 낭비가 있으며,
  새로운 상품에 대한 정보를 얻기가 어렵다.
 ② 쇼핑몰의 주체가 인터넷 서버를 관리하는 자이기 때문에 경영이나 관리에 관한 경험 및 지식
  이 부족하고 고객에게 상품을 충분히 홍보할 수 없다.
 ③ 다양한 제품과 고객의 요구를 표현할 수 있는 표준이 마련되어야 한다.
 ④ 보안과 인증, 전자화폐, IC 카드 등 전자적인 대금지불방식을 사용하기 위한 기술적인 문제가
  해결되어야 한다.
 ⑤ 최소비용으로 최적의 물류 및 배달체계가 구축되어야 한다.

전자상거래 문제해결을 위한 대책방안

 ① 구매자와 판매자 간의 신뢰성을 구축해야 한다.
 ② 여러 가지 지불수단과 기술적 방법 및 보안시스템을 동원하여 고객의 불안감을 해소시킨다.
 ③ 다양한 배송망을 고려하여 정확한 때와 장소에 배송이 이루어지도록 한다.
 ④ 전문직 세일즈맨을 대신하는 고객 도우미를 두어 고객이 유사상품 중 가장 적합한 상품을 선
  택할 수 있도록 돕는다.

전자상거래의 성공요소

 ① 풍성한 상품과 정보
 ② 상품의 품질보증
 ③ 효과적인 물류체계의 제공
 ④ 참여기업의 자유경쟁 환경 제공
 ⑤ 필요한 제도와 법률의 공동개선

⑥ 채택한 표준이 세계의 표준과 부합되게 선도

🎁 전자상거래의 절차

① 1단계 : 전자적 커뮤니케이션(E-communication)
  ㉠ 웹사이트 등을 통해 공급자와 구매자 간에 정보를 교류하는 단계이다.
  ㉡ 전자적 커뮤니케이션의 방법
    • 전자카탈로그
    • 대화방
    • 뉴스그룹
    • 전자우편
    • 전자게시판(BBS)
② 2단계 : 주문(Ordering)
  ㉠ 전자양식을 통해 구매자가 전자적인 방법으로 제품 또는 서비스를 주문하는 단계이다.
  ㉡ 전자적인 주문 처리를 위해 설계된 서버를 전자상거래 시스템 또는 전자상거래 솔루션이라
    한다.
③ 3단계 : 전자결제(E-payment)
  ㉠ 제품 또는 서비스에 대한 대가를 전자적으로 지불하는 단계이다.
  ㉡ 결제수단
    • 신용카드
    • 전자화폐
    • 전자수표
    • 인터넷 뱅킹을 통한 자금이체
④ 4단계 : 실행(Fulfillment)
  ㉠ 주문한 제품 또는 서비스를 구매자에게 제공하는 단계이다.
  ㉡ 주문처리
    • 디지털 상품 : 네트워크를 통한 온라인 주문처리
    • 물리적 상품 : 물류업체를 통한 물품의 제공
⑤ 5단계 : 서비스 및 지원(Service and Support)
  ㉠ 고객 데이터베이스에 입각한 고객 서비스 및 지원의 단계이다.
  ㉡ E-fax, E-mail, web 등을 이용해 고객의 기호를 파악한다.
  ㉢ FAQ(Frequently Asked Questions) 등을 이용해 고객의 요구사항을 수렴한다.

🎁 전자상거래의 유형

① 기업 대 기업 거래(B to B : Business to Business) : 재화나 용역을 생산하는 데 필요한 제품
  개발, 원자재 조달, 재정, 회계 등 금융업무의 처리, 제품의 운송 등 기업 간의 업무처리를 사
  람의 이동과 종이서류가 아닌 디지털 매체로 수행하는 제반과정을 말한다.
② 기업 대 소비자 거래(B to C : Business to Consumer) : 웹의 출현에 따른 인터넷 사용의 급격

한 증가로 점차 확산되고 있는 가상 상점에서의 소규모 거래, 즉 전자소매를 의미한다.

③ 기업 대 정부 거래(B to G : Business to Government) : 기업과 정부조직 간의 모든 거래를 포함한다.

④ 정부 대 소비자 거래(G to C : Government to Consumer) : 정부 또는 행정기관과 개인 간의 전자적 수단을 통한 거래를 의미한다.

⑤ 개인 대 개인 거래(C to C : Consumer to Consumer) : 소비자 간에 1 대 1 거래가 이루어지는 것을 말하며, 이 경우 소비자는 상품의 구매 및 소비의 주체인 동시에 공급의 주체가 된다.

티머스(Timmers)의 e-비지니스 모델 분류

① 전자 상점(e-Shop) : 가장 기본적인 전자상거래 비즈니스 모델로 기업이나 점포의 웹 사이트를 이용하여 기업 홍보, 제품 PR, 제품의 주문 및 대금 지급의 기능을 제공한다.

② 전자 구매(e-Procurement) : 기업 간 전자상거래(B2B)의 형태로 인터넷을 이용해 입찰공고와 협상을 하고, 이를 통하여 재화나 용역 구매의 기능을 제공한다.

③ 전자 경매(e-Auction) : 경매되는 제품이나 서비스 관련 계약, 멀티미디어 정보를 제공하고 계약, 대금 결제, 배달 기능을 포함하는 사업 모델이다.

④ 전자 쇼핑몰(e-Mall) : 전자 상점을 한곳에 모은 형태의 비지니스 모델이다.

⑤ 제3자 시장(Third Party Marketplace) : 오프라인 기업의 제품 카탈로그를 수요자의 이용자 인터페이스를 통해 제공하는 모델이다.

⑥ 가상 공동체(Virtual Communities) : 회원 가입자의 사이트 충성도를 이끌어내기 위해 특정 영역에 대한 정보나 오락을 제공하면서 회원들의 회비나 광고수입을 통해 이익을 얻는 형태의 모델이다.

⑦ 가치 사슬 서비스 제공(Value Chain Service Provider) : 전자지불 기능, 물류 및 배송 등과 같이 산업의 가치 사슬의 특정한 기능을 특화하여 온라인으로 서비스를 제공하는 모델이다.

⑧ 가치 사슬 통합(Value Chain Integrators) : 특정 기업이나 산업의 가치 사슬상의 단계에서 발생하는 거래와 협력을 통합적으로 제공하는 모델이다.

⑨ 협력 작업 플랫폼(Collaboration Platforms) : 기업 간 공동으로 작업할 수 있도록 필요한 도구, 소프트웨어 등을 제공하고 동일한 인터페이스를 기업에 제공하는 모델이다.

⑩ 정보 중개(Information Brokerage) : 인터넷에서 구할 수 있는 수많은 정보를 수집, 가공해서 고객에게 제공하는 모델이다.

⑪ 신용 서비스(Trust and Other Services) : 인터넷으로 공증 서비스, 인증 서비스를 제공하는 모델이다.

2절 전자상거래 시스템과 전자상거래 기술

💎 전자상거래 기반기술의 구분

① 항상 사용되는 필수적 기술 : EDI, 전자우편, 통합제조 등
② 통상적으로 사용되는 기술 : 전자자금이체, 디렉터리 서비스, 전자양식 등
③ 경우에 따라 사용되는 기술 : 파일전송, 전자게시판, 방화벽 시스템 등

💎 전자상거래 기반기술의 종류

① **전자자료교환(EDI : Electronic Data Interchange)** : 독립된 조직 간의 거래에 필요한 정형화된 자료를 규격화된 포맷으로 전자적인 매체를 이용하여 컴퓨터 간 혹은 어플리케이션 간에 교환하는 것으로, 전자상거래를 구현하는 가장 기본적이고 핵심적인 수단이다.

② **전자우편(E-mail : Electronic Mail)** : 비정형화된 정보를 전자적으로 전달하는 도구이다. 전자자료 교환과 달리 비교적 중요도가 낮은 정보의 교환에 사용되므로 안전성이 절대적인 선택기준으로 작용하지는 않는다.

③ **전자양식(E-form : Electronic Forms)** : 기업 내 자료의 출력이나 디스플레이, 사용자로부터의 자료수집 및 자료처리 등에 사용되는 전자적 양식이다. 조직 내에서 종이양식의 보관, 배포, 관리에 소요되는 비용을 절감할 수 있다.

④ **전자게시판(BBS : Bulletin Board System)** : 네트워크를 통한 정보의 검색 및 등록을 지원하는 시스템을 말한다. 소속원들 간의 정보교환, 또는 소속원들에게 공지사항을 전달할 목적으로 운용된다.

⑤ **전자카탈로그(E-Catalog : Electronic Catalog)** : 구매자가 원하는 제품에 대한 정보를 쉽고 빠르게 찾을 수 있도록 제품에 관련된 정보 등을 전자적으로 구성하여 저장하는 것이다.

⑥ **전자지불(E-Payment : Electronic Payment)** : 전자상거래에서 교환 가능한 경제적 가치를 제공하는 것을 말한다. 방법으로는 전자현금, 신용카드, 전자수표, 전자적 자금이체 등이 있다.

⑦ **디렉터리 서비스(Directory Service)** : MHS 등과 같은 분산 메시징 시스템에서 사용자의 주소 및 관련정보 등을 효율적으로 검색할 수 있도록 서비스를 제공한다.

⑧ **방화벽(Firewall)** : 내부 시스템이 외부 시스템과 연결될 경우, 외부로부터의 불법침입에 대해 내부 시스템을 보호하고 내부 시스템의 정보가 불법적으로 누출되는 것을 막기 위해 네트워크 경로에 설치하는 시스템이다.

⑨ **워크플로우(Workflow)** : 업무수행 중에 발생하는 문서를 표준양식에 의해 데이터베이스에 저장, 등록하여 문서처리의 진행과정을 한눈에 볼 수 있도록 하여 다양한 업무 흐름 관리 및 통제기능을 제공하는 시스템이다.

4과목 유통정보

⑩ 팩스변환 E-mail/EDI(FAX Conversion E-mail/EDI) : EDI 데이터를 FAX 문서로 변환하는 경우가 널리 활용된다.

🎁 전자결제시스템

① 정의 : 인터넷 상거래를 이용해 물품을 구입한 후, 쇼핑몰과 계약된 은행이나 카드회사의 온라인 결제를 통해서 대금이 지불되는 시스템을 말한다.

② 전자결제시스템의 전제 조건

　㉠ 익명성 : 적절한 감사 추적을 가지면서 개인의 프라이버시와 익명성을 보장하는 시스템이 이상적이다.

　㉡ 암호 키 방식 : 암호 키를 수시로 변경하거나 거래 당사자 간에 신뢰성을 제공하는 등의 다양한 다단계 보안 능력이 제공되어야 한다.

　㉢ 처리 비용 : 소액 거래를 지원하기 위해서는 결제처리 비용이 낮아야만 한다.

🎁 전자결제시스템의 유형

① 신용카드 결제시스템

　㉠ 신용카드 전자결제시스템은 SET의 전송표준과 신용카드를 결제의 기반으로 하는 우수한 암호 보완기술이 개발됨에 따라 현재 전자결제수단으로 가장 선호되고 있다.

　㉡ 신용카드 결제시스템은 전통적인 신용카드 결제과정과 유사하지만, 네트워크상에서 결제정보가 이동한다는 점에서 차이가 있다.

　㉢ 신용카드의 결제 형태

　　• 신용카드 명세에 의한 결제 : 전화 또는 인터넷을 통하여 암호화되지 않은 신용카드 거래

　　• 암호화된 신용카드 명세에 의한 결제 : 암호화는 신용카드 정보를 웹브라우저나 전자상거래 장비에 입력 시 초기화되고 암호화된 메시지로 네트워크를 통해 구매자에서 판매자로 안전하게 송부된다.

　　• 제3자를 통한 결제 : 퍼스트 버추얼(first virtual)

② 전자화폐 결제시스템

　㉠ 전자화폐는 은행 및 기타 전자화폐 발행자가 카드 또는 컴퓨터 시스템을 통하여 일정한 화폐가치를 전자기호로 저장하고 그 지급을 보장하는 것으로, 정보통신회선을 통하여 자금결제가 이루어지는 화폐이다.

　㉡ 전자화폐시스템의 경우 금전적인 가치는 사용자가 전자화폐를 사용하기 전에 미리 소비자의 IC 카드에 저장되며, 소비자는 이것으로 대금을 지불하게 된다(전자자금이체는 사용자가 보유하고 있는 컴퓨터 및 기타 장치에 금전적 가치가 이전되어 있는 것이 아니라, 시스템 자체가 사용자의 예금계좌와 판매자, 기타 제3자의 예금계좌 사이에서 가치를 이전한다).

ⓒ 전자화폐는 IC 카드를 이용한 시스템과 네트워크를 이용한 시스템으로 구분되며, 정보전송 방법에 따라 온라인형 전자화폐와 오프라인형 전자화폐로 나누어진다. 그리고 거래기록의 유지 · 관리 차원에 따라 계좌형 전자화폐와 비계좌형 전자화폐, 소지자 간 가치 이전성의 허용 여부에 따라 개방형 전자화폐와 폐쇄형 전자화폐로 구분할 수 있다.

ⓔ IC 카드를 이용한 전자화폐시스템으로는 Visa Cash Card, Mondex Card 및 국내의 전자 현금 등이 있고, 네트워크를 이용한 전자화폐시스템에는 Digi Cash(E-Cash)가 있다.

▣ 전자결제시스템의 장점

① **물리적, 시간적 편의성** : 연 365일 24시간 거래가 형성되고, 판매자 입장에서는 사업장을 늘리거나 증축할 필요가 없으며, 시간적 · 공간적 제한을 받지 않으므로 사업장 관리에 편리하다.

② **안전성** : 기존 결제방식의 경우 상품 구매에 대한 대금결제를 전화나 통신망을 이용해 고객에게 제공함으로써 개인의 정보가 유출되는 경우가 있었으나, 전자결제시스템은 국제적인 보안 표준인 SET(Secure Electronic Transaction)를 적용하고 있다.

③ **편리성** : 기존의 결제시스템이 전화나 직접지불방식을 이용하고 있는 반면, 전자결제시스템은 네트워크상에서 지불하거나 신용카드를 이용해서 손쉽게 처리할 수 있으며, 거래가 신속하게 이루어지므로 편리하다.

▣ 전자결제시스템의 단점

① **적용범위의 제한성** : 현재 인터넷 상거래에서 이용되는 보편적인 대금결제방식은 신용카드를 이용하는 방식인데, 이것은 카드 소지자만이 이용할 수 있으므로 신용카드를 사용할 수 없는 계층(청소년이나 실업자 등)은 이용할 수 없다.

② **간접비용의 증대** : 판매자 입장에서는 시스템의 유지 및 관리, 지불처리비용 등 결제에 따른 간접비용이 증가하며, 시스템 구축에 소요되는 비용이 증대될 수 있다.

③ **사용자의 무지** : 전자상거래에 대한 사용자의 이해가 필요하며, 기존의 상거래에 익숙한 사용자는 전자상거래에 따른 여러 가지 절차에 불편함을 느낄 수 있다.

▣ 결제방식에 따른 전자화폐의 구분

① **가치 저장형** : IC칩을 내장한 플라스틱 카드에 화폐 가치를 저장한 다음, 필요할 때 인출하여 사용

⑩ IC 카드, 몬덱스 카드

② **지불 지시형** : 신용카드 번호 등을 입력한 후 암호화한 카드정보를 발행사의 중개로 네트워크에서 결제

⑩ 사이버 캐시, 퍼스트 버추얼

③ 네트워크형 : 화폐의 가치를 인터넷 등과 같은 네트워크를 통해 주고 받는 것

　예 e-코인, I-캐쉬

🎁 전자수표 결제

① 전자수표는 기존 수표거래 시의 특성을 그대로 유지하며 종이수표에 표시되는 모든 정보를 포함한다. 즉, 전자상거래를 통하여 물품구입 후 대금청구서를 수령한 물품구매자가 자신의 컴퓨터를 이용하여 자신의 은행에 지급 제시하면, 전자적 추심과정을 거쳐 판매자가 판매대금을 회수하는 시스템이다.

② 전자수표의 사용자는 은행에 신용계좌를 보유하고 있어야 하며, 시스템 고유의 특성상 발행자와 수취자의 신원에 대한 인증이 보안기법을 통해 수반되어야 하므로 이체에 따른 비용이 부가되는 문제가 있다.

③ 큰 액수의 거래 또는 기업 간 상거래의 지불수단으로 적합하다.

④ 전자수표는 발행 및 지급 시 암호화 기법을 도입하므로 거래의 안정성이 보장되며, 공개 키를 이용한 전자서명 방식을 채택하고 있기 때문에 수취인이나 수취인의 거래은행에서도 확인이 가능하여 신속하고 다양한 거래를 할 수 있다는 점이 특징이다.

⑤ 전자수표의 유형으로는 미국 서비스기술컨소시엄 FSTC(Financial Service Technology Consortium)의 E-Check를 비롯하여 Net Check, Net Bill 등이 있다.

🎁 전자자금이체

① 전자자금이체시스템(EFT : Electronic Fund Transfer)이란 금융기관에 대한 계좌이체나 자동이체 지시를 컴퓨터 네트워크를 통해 전자적 수단으로 하는 자동 이동을 말한다.

② 현재 홈뱅킹이나 ATM으로도 사용되고 있지만, 가상은행을 통한 전자자금이체가 다양한 서비스를 시간과 공간의 구애됨이 없이 제공받을 수 있다는 점에서 홈뱅킹이나 ATM보다도 편리하다.

🎁 전자결제의 보안

① SET(Secure Electronic Transation) : 모든 종류의 네트워크에서 안전하게 금융결제를 할 수 있도록 해주는 공개적인 보안체제이다.

② SSL(Secure Socket Layer) : 최종 사용자와 가맹점 간의 지불 정보 보안에 관한 프로토콜이다.

🎁 카탈로그의 유형

① 제작방법에 의한 분류 : 종이카탈로그, 전자카탈로그

② 사용목적에 의한 분류 : 기업과 소비자 간 카탈로그, 기업과 기업 간 카탈로그

종이카탈로그와 전자카탈로그

구분	종이카탈로그	전자카탈로그
장점	• 카탈로그 작성이 용이하다. • 전자카탈로그보다 이동이 간편하다. • 컴퓨터 시스템 없이 카탈로그를 이용할 수 있다.	• 상품의 정보변경을 신속하게 처리할 수 있다. • 강력한 검색능력을 갖고 있다. • 움직이는 사진도 함께 표시할 수 있다. • 배달비용 없이 넓은 지역에 걸쳐 상품정보를 배포할 수 있다. • 개별화된 카탈로그의 실현이 가능하다. • 보다 좋은 비교쇼핑이 지원된다. • 구매와 판매 프로세스가 연결될 수 있다.
단점	• 배포과정이 필요하며, 신속성이 없다. • 주문 시 전화나 팩스 등의 다른 수단을 이용해야 한다. • 인쇄 후 상품정보의 변경이 어렵고, 즉시 처리가 곤란하다. • 지면의 한계로 적은 수의 상품만 광고할 수 있다. • 사진과 글에 의한 한정된 정보제시만 가능하다.	• 전자카탈로그를 개발하기 어렵다. • 전자카탈로그 사용자들이 컴퓨터와 인터넷에 접근해야 하고, 이것을 다루는 기술도 필요하다.

❖ 전자카탈로그(e-Catalog)

① 의의
  ㉠ 전자상거래에 적용되는 기법으로 종이카탈로그를 대체하여 각종 상품의 사진이나 사양 등을 전자적으로 기록해 데이터베이스화하여 제공하는 것이다.
  ㉡ 전자상거래 환경에서 상품의 제반정보를 주고받을 수 있도록 표준규격으로 집적한 디지털 정보이다.
  ㉢ 상품 및 서비스의 거래조건, 가격, 거래처 등의 표준화된 단일장소를 제공함으로써 다양한 전자상거래를 지원한다.

② 전자카탈로그의 목적
  ㉠ 구매자와 판매자 상호 간에 상품 및 서비스에 대한 정보를 교환한다.
  ㉡ 판매자 입장에서 상품과 서비스에 대한 광고와 촉진의 목적을 갖는다.
  ㉢ 구매자 입장에서 구매의사결정을 위한 상품과 서비스에 대한 정보를 검색한다.

❖ 전자카탈로그의 특징

① 종이 등의 인쇄물 형태의 카탈로그보다 제작비용이 저렴하다.
② 판매자가 직접 수정·편집이 가능하다.
③ 시·공간적 제약을 받지 않는다.
④ 상품정보변경의 신속처리가 가능하다.

🎁 전자카탈로그의 구성요소

① **식별요소** : 브랜드명, 제품명, 모델명

② **기본적 속성** : 카테고리, 단위속성, 가격정보

③ **부가적 정보** : 제품설명, 광고적 요소

④ **디스플레이 요소** : 제품사진, 동영상 등 구매결정에 필요한 시각정보

🎁 전자카탈로그의 표준

① **내용적 표준**

　㉠ **상품분류 및 식별표준** : 상품분류 및 식별체계를 구축하기 위한 표준

　㉡ **속성표준** : 상품분류 및 식별체계에 따른 상품의 속성정보를 정의하는 표준

② **기술적 표준**

　㉠ **전송표준** : 통신망으로 교환하기 위한 프로토콜 표준

　㉡ **포맷표준** : 상품정보를 담고 있는 문서형태에 관한 표준

　㉢ **표현기술** : 상품정보를 화면에 출력하기 위한 표준

　㉣ **디렉토리 서비스 표준** : 상품·가격 등에 대한 카탈로그 및 목록 등에 사용되는 디렉토리 표준

제 4과목 적중문제

01 다음 중 정보의 속성에 관한 설명으로 옳지 않은 것은?

① 정보정확성(Accuracy) : 의사결정자가 양질의 정보를 취사선택할 수 있도록 하는 최적의 기준이다.

② 정보완전성(Completion) : 중요성이 높은 자료가 충분히 내포되어 있어야 한다.

③ 정보경제성(Economical) : 필요한 정보를 산출하기 위한 비용이 경제적이어야 한다.

④ 정보신뢰성(Reliability) : 원천자료와 수집방법에 따라 정보의 신뢰성 정도가 결정된다.

⑤ 정보통합성(Combination) : 개별적인 정보는 관련 정보들의 통합으로 더 가치 있는 정보로 재생산된다.

해설 정보정확성(Accuracy) : 정보에 실수나 오류가 없어야 한다.

02 다음의 의사결정모형에 관한 설명 중 옳지 않은 것은?

① 합리모형은 인간과 조직의 합리성, 완전한 지식과 정보의 가용성을 전제로 하는 고전적 의사결정모형이다.

② 합리모형은 현실세계를 단순화한 모형으로 가치관 같은 주관적 합리성을 중시한다.

③ 만족모형은 인간의 제한된 합리성에 주의를 환기시키면서 합리적 모형을 수정한 의사결정모형이다.

④ 최적화 모형은 계량적인 측면과 질적인 측면을 구분하여 검토하고 이를 결합하는 질적인 모형이다.

⑤ 최적화 모형은 합리적인 요인과 초합리적인 요인을 함께 고려하는 모형이다.

해설 현실세계를 단순화한 모형으로 가치관 같은 주관적 합리성을 중시하는 의사결정모형은 만족모형이다.

03 다음 중 다른 시스템과 연계되어 상호작용을 수행하는 형태의 시스템을 일컫는 용어는?

① 가치형 시스템   ② 폐쇄형 시스템

③ 추상적 시스템   ④ 개방형 시스템

⑤ 연계형 시스템

> **해설**   개방형 시스템(Open System) : 다른 시스템과 연계되어 있으며, 정보 · 자원 등을 상호 교환하는 시스템이다.

04 다음은 정보시스템에 관한 설명이다. 옳지 않은 것은?

① 정보시스템은 특정 응용분야의 활동과 관련된 자료를 수집 · 분석 · 처리하여 의사결정자가 의사결정을 하는 데 필요로 하는 정보를 제공해 줄 수 있는 인간과 컴퓨터시스템의 구성요소들로 이루어진 시스템이다.

② 정보시스템은 인적 요소, 절차 및 여러 가지 유 · 무형 자원을 결합하여 조직에서 필요로 하는 정보를 수집하고 활용목적에 맞게 변환하여, 정보를 원하는 부서나 적합한 사용자에게 적시에 분배하는 역할을 수행하는 인간과 기계의 통합적 시스템이다.

③ 정보시스템은 다양한 하위시스템으로 구성된 통합시스템으로 조직 전체의 목표에 부합해야 한다.

④ 하위경영층이 수행하는 세부적인 조직의 기본업무 또는 활동들이 효율적으로 수행되도록 도와주는 시스템을 정보시스템이라고 한다.

⑤ 대화시스템이라고도 하며, 데이터의 입력과 출력, 다양한 분석과정에서 일어나는 사용자와 시스템 간의 인터페이스 환경을 제공하는 정보시스템 모듈을 모델베이스 시스템이라고 한다.

> **해설**   ⑤는 의사결정지원시스템 가운데 사용자 인터페이스 기관에 관한 내용이다.

05 다음 중 관리 및 조직 운영계층에 따른 정보시스템으로 볼 수 없는 것은?

① 전략계획시스템   ② 판매정보시스템

③ 관리통제시스템   ④ 운영통제시스템

⑤ 거래처리시스템

해설 판매정보시스템은 조직 과업수준에 따른 정보시스템이다. **예** 생산정보시스템, 회계정보시스템

06 다음은 유통정보시스템의 설계과정에 대한 내용이다. 옳지 않은 것은?

① 경로시스템에서의 주요 의사결정 영역을 확인하는 단계에서는 전체 유통경로시스템상에서 각 경로구성원들이 수행해야 할 주요 기능들을 재정립한다.

② 의사결정 영역을 수행해야 할 경로구성원(제조업자, 도매상, 소매상)을 규명하는 단계에서는 유통기능의 각 기능을 경로구성원들 중 누가 수행할 것인가에 대해 결정한다.

③ 각 유통경로 의사결정에 필요한 구체적인 마케팅정보를 결정하는 단계에서는 유통기능을 수행하기 위해 필요한 마케팅정보의 유형을 확정한다.

④ 정보활동의 효율성을 저해하는 잡음이 있으므로 정보기술을 이용한 정보의 입력 및 전달 자동화로 잡음 개입의 가능성을 낮출 것이 요구된다.

⑤ 유통정보시스템에서 시장정보(판매, 소비자 정보) 수집하는 단계에서는 정보의 과부하 현상을 방지해야 한다.

해설 정보의 과부하 현상을 방지해야 하는 단계는 유통경로 의사결정에 필요한 구체적인 마케팅 정보를 결정하는 단계이다.

4과목 유통정보

07 다음 중 물류정보의 특성으로 볼 수 없는 것은?

① 정보의 절대량이 많다.

② 피크와 평상시의 정보량 편차가 크다.

③ 정보소스가 집중적으로 구성되어 있다.

④ 물류의 흐름과 정보의 흐름에 동시성이 있다.

⑤ 타 부문과의 연관성이 높다.

> **해설** **물류정보의 특성**
> • 정보의 절대량이 많고 다양하다.
> • 피크와 평상시의 정보량 편차가 크다.
> • 정보소스가 광범하게 분산되어 있다.
> • 물류의 흐름과 정보의 흐름에 동시성이 있다.
> • 타 부문과의 연관성이 높다.

08 다음에서 설명하는 물류정보시스템의 연계요소는?

> 주파수 공용통신이라고 하며 중계국에 할당된 여러 채널을 공동으로 사용하는 것으로, 이동 차량이나 선박 등 운송수단에 탑재하여 정보를 리얼 타임으로 송수신할 수 있는 통신 서비스를 말한다.

① LBS(location based service)

② TRS(Trunked Radio System)

③ EOS(Electronic Ordering System)

④ EAN(European Article Number)

⑤ ERP(Enterprise Resource Planning)

> **해설** 지문에서 설명하는 물류정보시스템의 연계요소는 TRS이다.

09 다음 중 바코드의 특징으로 볼 수 없는 것은?

① 오독률이 높아 신뢰성을 확보하는 문제가 관건이다.

② 바코드에 수록된 데이터는 비접촉 판독이 가능하고 한 번의 주사로 판독이 가능하다.

③ 컨베이어상에서 직접 판독이 가능하여 신속한 데이터 수집이 가능하다.

④ 도입비용이 저렴하고 응용범위가 다양하다.

⑤ 데이터 입력 시 에러율이 감소한다.

> **해설** 바코드의 장점
> • 오독률이 낮아 높은 신뢰성을 확보할 수 있다.
> • 바코드에 수록된 데이터는 비접촉 판독이 가능하고 한 번의 주사로 판독이 가능하다.
> • 컨베이어상에서 직접 판독이 가능하여 신속한 데이터 수집이 가능하다.
> • 도입비용이 저렴하고 응용범위가 다양하다.

10 ISBN에 관한 설명으로 옳지 않은 것은?

① 연속적으로 출간되는 간행물에 국제적으로 조정된 유일의 개별번호를 표시하여 국제 · 국내적인 유통이나 문헌의 정리, 검색 등에 이용하도록 한 국제표준도서번호이다.

② 우리나라는 국립중앙도서관이 한국문헌번호센터로 지정되어 1991년 납본과 내에 한국문헌번호센터를 설치 · 운영하고 있으며, 우리나라의 ISBN과 ISSN을 관리한다.

③ 바코드는 서점의 POS 시스템에서 필요로 하는 것이기 때문에 비매품이거나 유통 시 꼭 필요하지 않은 경우에는 바코드 없이 ISBN만 책에 표시할 수 있다.

④ 전 세계에서 간행되는 각종 도서에 고유번호를 주어 개별화함으로써 문헌정보와 서지유통의 효율화를 기하는 제도이다.

⑤ 개정판인 경우 표지와 판권지에 그것이 개정판임을 표시해야 하며, 이것은 새로운 책이 되므로 ISBN을 새로 부여받아야 한다.

> **해설** ISBN : 개개의 출판물마다 국제적으로 조정된 유일의 개별번호를 표시하여 국제 · 국내적인 유통이나 문헌의 정리, 검색 등에 이용하도록 한 국제표준도서번호이다.

11 다음은 EAN(European Article Number)에 관한 설명이다. 옳지 않은 것은?

① 미국의 UPC에 자극을 받아 유럽의 12개국이 모여 제정한 유럽형 공통상품코드이다.

② 코드의 각 캐릭터는 2개의 바와 2개의 여백으로 형성된 7개의 모듈로 이루어져 있다.

③ 표준형(EAN-13)은 13개의 문자를 포함한다.

④ 각 문자는 9개의 요소로 이루어지고, 그 중 세 개는 논리값 1을 의미한다.

⑤ 단축형(EAN-8)은 8개의 문자를 포함한다.

해설 Code 39(3 of 9) : 각 문자는 9개의 요소로 이루어지고, 그 중 세 개는 논리값 1을 의미한다.

12 다음 중 연속간행물에 대해 국제적으로 표준화된 방법에 따라 부여하는 고유번호는?

① ISBN ② ISSN
③ CODE 128 ④ ITF
⑤ SSCC

해설 ISSN(International Standard Serial Number) : 신문, 잡지, 연감 등 연속간행물에 대해 부여되는 국제표준연속간행물 번호이다.

13 다음 중 SCM의 효과로 볼 수 없는 것은?

① 고객 만족도 증가 ② 업무 절차의 간소화
③ 생산 계획의 합리화 증가 ④ 재고의 감소와 생산성 향상
⑤ 조달의 불확실성 증대

해설 SCM의 도입효과
• 고객 만족도 증가
• 업무 절차의 간소화
• 생산 계획의 합리화 증가
• 재고의 감소와 생산성 향상
• 조달의 불확실성 감소

14 전자적 자료교환(EDI)을 도입하는 효과로 볼 수 없는 것은?

① 거래시간이 단축된다.

② 채찍효과를 일으킨다.

③ 업무처리의 오류가 감소한다.

④ 자료의 재입력, 복사, 수작업 등 관련비용이 감소한다.

⑤ 관리의 효율성이 증대된다.

해설 채찍효과(Bullwhip Effect)는 상품 공급망의 과다한 수요예측으로 인한 공급망의 비효율적 운영현상을 일컫는다.

15 다음 중 채찍효과의 원인으로 볼 수 없는 것은?

① 공급망 정보의 공유로 인한 투기적 행위

② 각각의 단계에서 별도의 주문 처리

③ 개별 주체의 독립적 수요예측 수행

④ 프로모션 등의 가격정책

⑤ 재고 확보를 위해 실제 양보다 많은 수량 주문

해설 정보의 공유가 이루어지면 채찍효과가 감소한다.

16 판매시점정보관리(POS) 시스템의 특징으로 옳지 않은 것은?

① 단품관리가 가능하다.

② 자동판독이 수행된다.

③ 거래시간이 단축된다.

④ 자료의 재입력, 복사, 수작업 등 관련비용이 감소된다.

⑤ 수동화된 처리방식으로 상품이 판독된다.

해설 POS 정보는 일괄 처리방식으로 상품이 판독되어 금전등록기를 통과함과 동시에 판매시점에서 입력된다.

17 데이터 웨어하우스의 특징으로 볼 수 없는 것은?

① 주제지향성(Subject Oriented)　　　　② 통합성(Integrated)

③ 비휘발성(Non-volatile)　　　　　　　④ 시계열성(Time Variant)

⑤ 자료 무결성(Data Integrity)

> **해설** 데이터 웨어하우스의 특징 : 주제지향성(Subject Oriented), 통합성(Integrated), 비휘발성(Non-volatile), 시계열성(Time Variant)

18 다음의 설명에 부합되는 SCM을 위한 정보시스템은 무엇인가?

> 물류관련 정보를 컴퓨터를 이용해 통합·분석하여 발주하는 시스템으로 상품흐름 정보, 실제상품 수령, 재고, 안전재고에 대한 정보, 고객에게 영향을 주는 외부정보 등을 컴퓨터로 분석하여 주문서를 작성한다.

① CRP(Continuous Replenishment Planning)

② CAO(Computer Assisted Ordering)

③ VMI(공급자재고관리)

④ CMI(공동재고관리)

⑤ EDI(전자적 자료교환)

> **해설** CAO : 물류관련 정보를 컴퓨터를 이용해 통합·분석하여 발주하는 시스템이다. CAO에서 이용하는 물류관련 정보는 POS를 통한 상품흐름 정보, 실제상품 수령, 재고, 안전재고에 대한 정보, 고객에게 영향을 주는 외부정보 등이 있다.

19 기업활동에 필요한 모든 인·물적 자원을 효율적으로 관리하여 기업의 경쟁력을 강화하는 통합 정보시스템을 무엇이라고 하는가?

① ERP(Enterprise Resource Planning)
② CAO(Computer Assisted Ordering)
③ CRP(Continuous Replenishment Planning)
④ 크로스도킹(Cross Docking)
⑤ 가치사슬분석(Value Chain Analysis)

> **해설** ERP(Enterprise Resource Planning, 전사적 자원관리) : 기업활동에 필요한 모든 인·물적 자원을 효율적으로 관리하여 기업의 경쟁력을 강화하는 통합정보시스템이다. ERP를 실현하기 위한 소프트웨어로 ERP 패키지가 있다.

20 다음 중 ECR을 실현하기 위한 도구에 포함되지 않는 것은?

① CAO(컴퓨터기반 주문)
② EDI(전자적 자료교환)
③ 데이터 웨어하우스(Data Warehouse)
④ 크로스도킹(Cross Docking)
⑤ 연속적 보충계획(Continuous Replenishment Planning)

> **해설** ECR의 실현도구
> • CAO(컴퓨터기반 주문)
> • EDI(전자적 자료교환)
> • 크로스도킹(Cross Docking)
> • VCA(가치사슬분석)
> • ABC(활동기준원가)
> • 카테고리관리
> • CRP(연속적 보충계획)

21 다음 중 데이터 웨어하우스의 구축효과로 볼 수 없는 것은?

① 사용자에게 직접 데이터를 제공한다.

② 전산부서의 역할이 증대된다.

③ 생산성의 증대 및 기업의 경쟁력을 강화한다.

④ 하나의 일관된 데이터 및 양질의 정보를 제공한다.

⑤ 사용하기 편리하고 다양한 분석을 수행한다.

> **해설** 데이터 웨어하우스의 구축효과
> - 사용자에게 직접 데이터를 제공한다.
> - 생산성의 증대 및 기업의 경쟁력을 강화한다.
> - 하나의 일관된 데이터 및 양질의 정보를 제공한다.
> - 새로운 시장을 발견하고 고객기반을 이해한다.
> - 전산부서에 대한 의존도를 감소시킨다.
> - 사용하기 편리하고 다양한 분석을 수행한다.
> - 원하는 정보에 신속하게 접근한다.

22 다음 중 전자카탈로그에 대한 설명으로 옳지 않은 것은?

① 구매자와 판매자 상호 간에 상품 및 서비스에 대한 정보를 교환한다.

② 구매자 입장에서 구매의사결정을 위한 상품과 서비스에 대한 정보를 검색한다.

③ 상품정보변경에 시간이 많이 걸린다는 한계점이 있다.

④ 종이 등 인쇄물 형태의 카탈로그보다 제작비용이 저렴하다.

⑤ 시 · 공간적 제약을 받지 않는다.

> **해설** 전자카달로그의 특징
> - 종이 등 인쇄물 형태의 카탈로그보다 제작비용이 저렴하다.
> - 판매자가 직접 수정 · 편집이 가능하다.
> - 시 · 공간적 제약을 받지 않는다.
> - 상품정보변경의 신속처리가 가능하다.
> - 구매자와 판매자 상호 간에 상품 및 서비스에 대한 정보를 교환한다.
> - 구매자 입장에서 구매의사결정을 위한 상품과 서비스에 대한 정보를 검색한다.

23 다음 중 가상 상점에서의 소규모 거래(전자소매)를 추구하기 위한 전자상거래 유형은?

① C2C   ② B2B

③ G2C   ④ B2C

⑤ G2G

> **해설**   기업 대 소비자 거래(B to C : Business to Consumer) : 웹의 출현에 따른 인터넷 사용의 급격한 증가로 점차 확산
> 되고 있는 가상 상점에서의 소규모 거래, 즉 전자소매를 의미한다.

24 e-마켓플레이스의 필요성에 대한 설명 중 옳지 않은 것은?

① 원가의 절감과 내부처리의 능률화를 기할 수 있어 판매수입 및 수익성을 증대시킬 수 있다.

② 더 나은 자재계획과 구매로 재고를 줄임으로써 공급체인에서 비롯되는 원가를 절감할 수 있다.

③ 실시간 공동 엔지니어링 설계 및 동시 엔지니어링을 통해 신제품 출하주기를 단축하고 제조 및
서비스 개선을 수행할 수 있다.

④ 별도의 창업비용 없이 새로운 시장에 접근할 수 있다.

⑤ 다양해지는 고객의 욕구에 대응하고 신규고객을 유치할 수 있다.

> **해설**   다양해지는 고객의 욕구에 대응하고 신규고객을 유치하는 것은 CRM을 통해 실현할 수 있다.
> **e-마켓플레이스의 필요성**
> • 원가가 절감되고 내부처리의 능률화를 기할 수 있어 판매수입 및 수익성이 증대된다.
> • 더 나은 자재계획과 구매로 재고를 줄임으로 공급체인에서 비롯되는 원가를 절감할 수 있다.
> • 실시간 공동 엔지니어링 설계 및 동시 엔지니어링을 통해 신제품 출하주기를 단축하고 제조 및 서비스 개선에 적
> 합하다.
> • 별도의 창업비용 없이 새로운 시장에 접근할 수 있다.
> • 기존고객의 유지와 새로운 고객의 유치에 필요한 비용이 절감된다.
> • 구매자의 수요정보를 확보하여 자원을 최적화한다.
> • 고품질의 제품과 서비스를 저렴한 가격으로 필요한 때에 납품할 수 있다.
> • 전 세계 공급업체에 실시간으로 접근할 수 있다.

4과목
유통정보